Die Elemente der Kabbalah

Erster Teil

Theoretische Kabba...

Das Buch Jezirah
Sohar-Auszüge
Spätere Kabbalah

Übersetzungen, Erläuterungen und Abhandlungen
von

Dr. Erich Bischoff

❧

Zweiter Teil

Praktische Kabbalah

Magische Wissenschaft
Magische Künste

Erläutert
von

Dr. Erich Bischoff

Nebst einem Schlusswort:
Der „Sohar" und das „Blutritual"

Weitere Bücher aus der Reprint-Reihe:

Die Geschichte der Heilkunde – Magie, Religion, Ethik, Mystik, Philosophie und Wissenschaft von Dr. Georg Honigmann, ISBN 978-3-89094-469-2

Aberglaube und Zauberei in der Volksmedizin von Carly Seifarth, ISBN 978-3-89094-436-4

Der magische Mensch – Vom Wesen und der Magie der Naturvölker von Theodor-Wilhelm Danzel, ISBN 978-3-89094-503-3

Deutsche Mythologie von Prof. Dr. F. Kauffmann, ISBN 978-3-89094-454-8

Die Geschichte des Teufels – Von den Anfängen der Zivilisation bis zur Neuzeit von Paul Carus, ISBN 978-3-89094-424-1

Mythologie, Magie, Geheimbünde und Kulte von Hawaii von Dr. Thomas Achelis, ISBN 978-3-89094-471-5

Der Duell-Codex und der Ehrenkodex oder Regeln für Duellanten und Sekundanten im Duellieren von Gustav Hergsell und John Lyde Wilson, ISBN 978-3-89094-432-6

Magikon – Archiv für Beobachtungen aus dem Gebiet der Geisterkunde und des magnetischen und magischen Lebens nebst anderen Zugaben für Freunde des Inneren als Fortsetzung der Blätter aus Prevorst von Dr. Justinus Kerner, ISBN 978-3-89094-535-4

Die Geschichte der Templer – Die Geschichte des Ordens und seiner Tempelritter von Dr. Willhelm Havemann, ISBN 978-3-89094-516-3

Geschichte des Johanniter-Ordens – Die Ritter und die Ordensgeschichte unter besonderer Berücksichtigung des Heermeistertums Sonnenburg oder der Ballei Brandenburg von Dr. Eduard Ludwig Wedekind, ISBN 978-3-89094-567-5

© 2. Auflage, Copyright 2018 by Bohmeier Verlag, D-04357 Leipzig, Oelssnerstr. 2, Germany, Tel.: +49 (0) 341-6812811 - Fax: +49 (0) 341-6811837.
Immer erreichbar über unsere Internet-Homepage: www.magick-pur.de

Dr. Erich Bischoff (1865–1936). Das Buch erschien ursprünglich unter gleichem Titel „Die Elemente der Kabbalah – (in 2 Teilen) im Hermann Barsdorf Verlag, Berlin 1913 (1. Teil: 1913; 2. Teil: 1920)". Wir konnten trotz ausführlicher Recherche keinen Rechteinhaber ausmachen. Sollte es dennoch Rechteinhaber geben, bitten wir um Nachricht.

© Coverbild und Covergesamtkonzeption von *JAD*.
Gesamtherstellung: Bohmeier Verlag, Printed in Germany

ISBN 978-3-89094-589-7

Inhaltsverzeichnis

Teil 1 - Theoretische Kabbalah

Teil 2 - Praktische Kabbalah

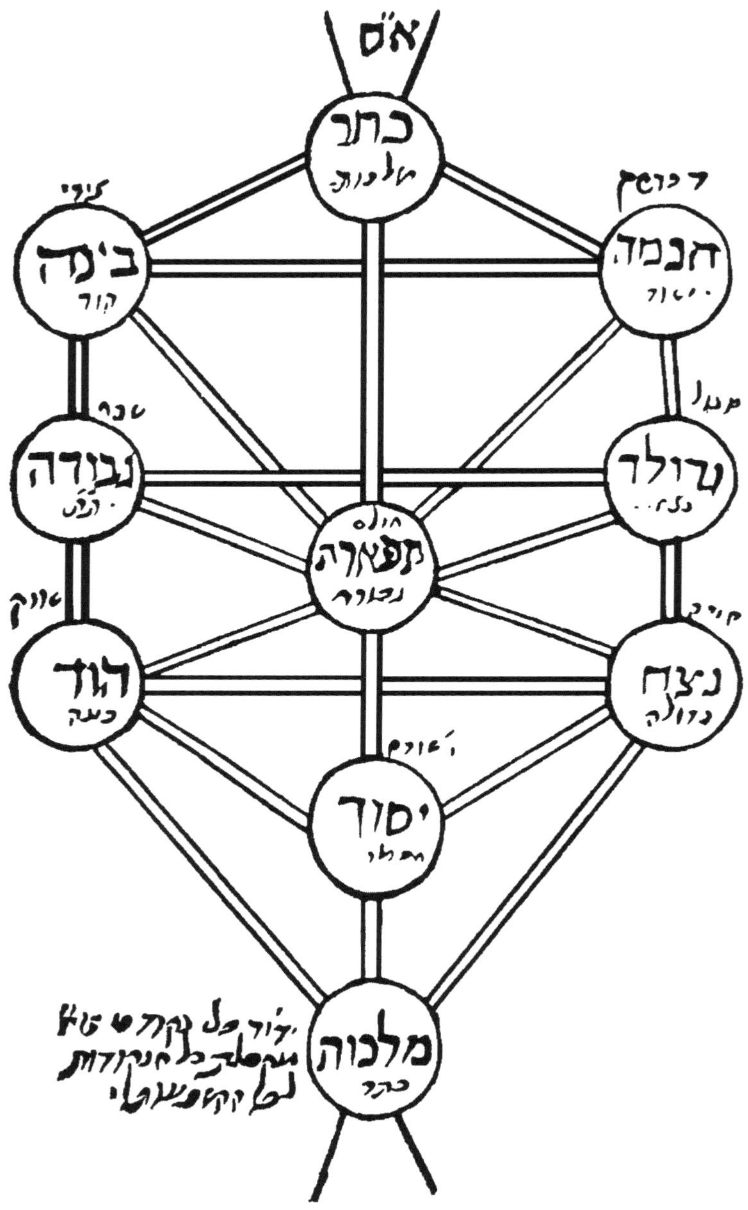

„Kabbalistischer Baum“ (vgl. S. 36) aus einer Sohar-Handschrift.

Die Elemente der Kabbalah

Theoretische Kabbalah

Das Buch Jezirah
Sohar-Auszüge
Spätere Kabbalah

Übersetzungen, Erläuterungen und Abhandlungen
von

Dr. Erich Bischoff

Kommentar zum ersten Band dieser Ausgabe

Schon viele Bücher sind in letzter Zeit aufgetaucht, die uns die Kabbalah näher bringen wollen – und das nicht erst seitdem Madonna aller Welt eröffnet hat, dass die Kabbalah ihre religiöse Grundlage sei.

Doch dieses vorliegende Werk von Dr. Erich Bischoff enthält das bodenständige, von allem Überzogenem befreite Basiswissen in theoretischer Form, das wir heute manchmal schmerzlich vermissen.

Seit über drei Jahren arbeite ich nun für den Bohmeier Verlag, der es sich zur Aufgabe gemacht hat, diese verschollenen Weisheiten wieder für eine breite Öffentlichkeit zugänglich zu machen, dem Okkultismus das Abergläubische zu entziehen und somit dem Unerklärlichen, Unwissenschaftlichen einen Lebensraum zu bieten.

Dieser Band über die Theoretischen Elemente der Kabbalah ist dabei ein Schmuckstück besonderer Art.

So gut es der begrenzte Raum zulässt und doch mit einer erstaunlichen Ausführlichkeit, wird uns als christliche Nation hier die Idee, die den Jüdischen Glauben formt, dargestellt.

Übersichtlich gegliedert und nachvollziehbar erläutert beschreibt Dr. Erich Bischoff die Grundprinzipien, die auf den beiden Büchern „Jezirah“ und „Sohar“ beruhen, macht es uns so einfach wie möglich, uns die Kabbalah bildlich vorzustellen.

Vieles findet sich darin, das mir erstaunlich bekannt vorkam – Sichtweisen, die mir ins Unterbewusste abgesunken waren, so dass ich sie zwar befolgte, aber ohne so recht zu wissen warum. Und mich beschlich der Gedanke, dass hier unser aller Ursprung – der durch Adam und Eva ein jüdischer ist – sich heimlich still und leise einen Weg bahnt.

Das Jüdische in jedem von uns ist immer noch vorhanden. Und es bildet ja auch die Grundlage der christlichen Religion, die sich aus dem Jüdischen Glauben abgespalten (Sektierer) hat, ihr eine neue Richtung gab – was aber nicht bedeutet, dass die alte Richtung falsch war, sondern nur erweitert wurde, eben um die neue Sichtweise.

Dr. Erich Bischoff war bekannt für viele weitere Werke über den Jüdischen Glauben, immer darum bemüht, Vorurteile auszuräumen.

von Elisabeth L. DeCesso
Deutschland, im Juli 2008

Anmerkung des Verlages zu dieser Ausgabe

Alle „gerade stehenden“ Fußnoten waren auch im Original vorhanden und wurden natürlich übernommen. Allerdings – gerade die Fußnoten vom ersten Teil dieses Buches waren im Original ans Ende des Textes verbannt worden. Wir sind von diesem Verfahren abgewichen und haben diese im Textzusammenhang stehen lassen. Nur wenige Fußnoten (alle *kursiven*) wurden vom Verlag ergänzt.
Die Fußnoten wurden der Vereinfachung halber NICHT fortlaufend gesetzt (hier sind wir dem Original gefolgt, weil sonst alle Verweise auf Anmerkungen (Fußnoten) untereinander hätten geändert werden müssen). In Anbetracht dessen, dass wir möglichst alle Fehlerquellen ausschließen wollten, haben auch wir eventuelle „Zwischenfußnoten“ mit [a] o. ä. markiert. Sonderfußnoten des Originals wurden durchgängig mit * angeben.

Verweise zu anderen Originalausgaben und anderen Autoren wurden beibehalten. Nur die Verweise von Teil 1 und 2 dieses Buches wurden untereinander aktualisiert.
Originalschreibweisen von bestimmten Begriffen wurden – selbst wenn sie heute umgangssprachlich anders benannt werden, im Original belassen (z. B. Nezach = Netzach). Vergleiche dazu auch Fußnote [a] auf Seite 29.

Vorwort

Seit vor zehn Jahren mein illustrierter Katechismus „*Die Kabbalah.* Einführung in die jüdische Mystik und Geheimwissenschaft“ (Leipzig, Th. Griebens Verlag), dessen Kenntnis ich in diesem Buch voraussetzen muss, in allen Lagern der Kritik anerkennende, zum Teil geradezu begeisterte Aufnahme[1] gefunden, bin ich immer wieder von Berufenen und Unberufenen mündlich und schriftlich gedrängt worden, das ebenso dunkle und schwierige, wie interessante und schätzereiche Gebiet der Kabbalah wieder zu erschließen, indem ich wenigstens die wichtigsten Stücke der hebräischen und aramäischen Originale derart übersetzte und erläuterte, dass auch Nichtfachleute sich hinreichend unterrichten könnten. Es fehlte mir jedoch nicht nur an Zeit und Stimmung, das gesammelte reiche Material in diesem Sinne zu bearbeiten, sondern auch an einem Verleger, dem ich Interesse, Wagemut und Fähigkeit für ein solches Unternehmen zutrauen zu dürfen meinte. Da führte eine Fügung den Herrn Verleger dieses Buches mit mir zusammen, und auf einer Zusammenkunft in Wittenberg kam im Oktober vorigen Jahres unser gemeinsamer Entschluss zustande, in zwei Bänden das Wichtigste aus der theoretischen und der praktischen Kabbalah übersetzt und gemeinverständlich erläutert weiteren Kreisen zugänglich zu machen. Der erste Band liegt hier dem Leser vor.

Dass das Buch „*Sohar*“, dieser „Universalkodex der Kabbalisten“, hierbei in erster Linie zu berücksichtigen sei, war von vornherein ebenso klar wie andererseits die Untunlichkeit, innerhalb des Rahmens *dieser* Schrift *den ganzen Sohar* wortgetreu zu übersetzen. Dieser umfasst außer dem eigentlichen „Sohar“ auch noch drei vermutlich ältere und drei jüngere Zusatzstücke (*Siphra di-zeniutha* oder „das Buch des Mysteriums“, *Idra rabba* oder „die große Versammlung“, *Idra suta* oder „die kleine Versammlung“, ferner *Raaja mehemna* oder „der treue Hirt“ [Mose], *Tikkune' Sohar* oder „Supplemente zum Sohar“ und *Sohar chadasch'* oder den „neuen Sohar“) – alles in allem über 1.800 eng bedruckte Blattseiten rabbinischen Textes. Auf diesen ist der ungemein weitschichtige und an Umfang wie Bedeutung im einzelnen höchst verschiedenartige Stoff in einer meist so schwer verständlichen Sprache behandelt, dass die fast zu jeder Zeile

---

[1] *Meine „Kabbalah“.* Lediglich um meine öfteren Verweisungen auf mein „Kabbalah“-Buch von 1903 und seine Erwähnung als Vorschule zur vorliegenden Schrift zu rechtfertigen, erwähne ich folgende Urteile: „Dies ist ein Buch, wie ein gleiches oder ähnliches in der ganzen deutschen Literatur tatsächlich noch nicht existiert.“ (Blätter zur Pflege höheren Lebens, 1903, I 9.) – „Wir können das Buch als eine Quelle zur Vermehrung der jetzt sehr notwendigen Kenntnisse über Mystik und Okkultismus aller Art sehr empfehlen.“ (Prof. D. König-Bonn, Theol. Lit.-Ber. 1904, 2, S. 42.) – „Es ist dem Verfasser gelungen, die hervorstechendsten Lehren der jüdischen Mystik in klarer und knapper Form wiederzugeben.“ (Prof. Dr. Bacher-Budapest, Theol. Lit.-Z. 1904, Nr. 11.) – Ferner: Neue Freie Presse, Wien, Nr. 1417 8 (14. 2. 04, S. 37); New Yorker Staatszeitung (24. 4. 04); Israelit. Familienblatt, Hamburg 1903, Nr. 53 (S. 11); Centraal Blaad voor Israelieten in Nederland, Amsterdam 1904, Nr. 46 (12.2.); De Joodsche Courant, Amsterdam 1904, Nr. 71 (15.1.); Deutsche Hochwacht, Berlin 1903, Nr. 169 (17.11.); Neue Metaphysische Rundschau, Großlichterfelde X, 6 (Febr. 04); Theosophisches Leben, Berlin VI, 11 (Febr. 04); Deutscher Hausschatz, Wien XXX, 40 (Dr. Hartl); Sächs. Schulzeitung, Leipzig 1904 (Nr. 12) usw. – Selbst zu August Strindberg hat sich das Büchlein verlaufen, der es in seinem „Neuen Blaubuch“ (übers. v. E. Schering, München 1908) S. 596 zitiert! –

nötigen Erläuterungen selbst bei größter Einschränkung die Textübersetzung (welche mindestens 5.000 deutsche Seiten erforderte) gewiss um das Dreifache übersteigen würden. Ob sich für ein so weitschichtiges Werk (selbst bei Lieferungsform) genügend Interessenten fänden, war zudem vorläufig gar nicht abzusehen. – Es gab daher, um auf dem hier verfügbaren Raum einerseits eine wirklich quellenmäßige Kenntnis, andererseits ein zureichendes Verständnis des Gebotenen zu vermitteln, nur einen praktischen Weg:

1. Systematisch geordnete Auszüge aller hauptsächlicheren Lehren des Sohar in sinngemäßer Übersetzung, die tunlichst schon selbst vieles erläutern, statt durch übergroße Wörtlichkeit noch mehr Erläuterungen nötig zu machen oder aber den Leser im Dunkeln zu lassen;
2. Den Übersetzungen vorangehende Gesamtübersichten der wichtigsten behandelten Punkte;
3. Einzelanmerkungen. Nur so war der gewaltige Stoff – für mich wenigstens – einer einigermaßen gemeinverständlichen Behandlung fähig. Um aber zu beweisen, wie spröde eine Gesamtübersetzung sein würde, habe ich aus einigen der vermutlich ältesten Teile des soharistischen Werkes, nämlich aus „Idra rabba" und „Idra suta", sowie aus dem Anfang des „eigentlichen" Sohar je ein längeres Stück im Zusammenhang übersetzt und nur mit den allernötigsten Erläuterungen versehen. –

Dass ich bei den oftmals ungemein schwierigen Übertragungen mit Dank die Pionierarbeiten eines Franck, Jellinek, Joel, Ph. Bloch, Ginsberg usw. (des alten Knorr v. Rosenroth nicht zu vergessen)[2] benutzt habe, bedarf wohl keines weiteren Wortes, zumal bei einem Werk, das noch weit schwerer zu popularisieren als zu übersetzen ist.
Beim Buch *Jezirah* erschien mir ein wesentlich anderes Verfahren geboten, nicht nur, weil sein verhältnismäßig geringer Umfang eine Gesamtübersetzung gestattet, sondern auch, weil eine leidlich klare Disposition dem Text von Paragraph zu Paragraph zu folgen erlaubt. Diese Schrift (die zwar vor der spezifisch kabbalistischen Literatur (vor

---

2 *Zur Literatur:* 1. *Christian Knorr von Rosenroth*, Kabbalah denudata, I. Sulzbach 1677; II. 1684. Der Verfasser, weiteren Kreisen als Dichter des Kirchenliedes „Morgenglanz der Ewigkeit" bekannt, veröffentlichte 1684 zu Sulzbach eine durch Vollständigkeit ausgezeichnete Textausgabe des Sohar. Geboren 1636 zu Altrauden in Schlesien, starb er 1689 als Geheimer Rat zu Sulzbach in der Pfalz. – 2. *Ad. Franck*, La Kabbale ou la philosophie religieuse des Hebreux. Paris 1843. (2. Ausg. 1892). Deutsche Übersetzung von Ad. *Jellinek*, Leipzig 1844, z. T. Franck verbessernd, doch schlechtes Deutsch. – 3. *D. A. Joel*, Die Religionsphilosophie des Sohar und ihr Verhältnis zur allgemeinen jüdischen Theologie. Zugleich eine kritische Beleuchtung der Franckschen Kabbalah. Leipzig 1849. (Die vorgenannten Schriften sind heute meist nur noch zu hohen Preisen zu haben). – 4. *Ph. Bloch*, Geschichte und Entwickelung der Kabbalah und der jüdischen Religionsphilosophie. Trier 1894 (= Winter und Wünsche, Die jüdische Literatur, Bd. III, S. 219 ff..). – 5. *Ph. Bloch*, Die Kabbalah auf ihrem Höhepunkt und ihre Meister. Preßburg 1905 (= Monatsschrift für Geschichte und Wissenschaft des Judentums, Bd. 49 (13), S. 129 – 166; behandelt aber fast nur Isaak Lurja und dessen Schüler Chajjim Vital, den letztgenannten m. E. ungerecht). – 6. Louis *Ginzberg*, Artikel „Cabala" in der (amerikanischen) „Jewisch-Encyclopedia", Bd. III. – Unbedeutender sind: 7. Franz *Kolb*, Die Offenbarung, betrachtet vom Standpunkt der Weltanschauung und des Gottesbegriffs der Kabbalah. Leipzig 1889. – 8. *M. Ehrenpreis*, Die Entwicklung der Emanationslehre in der Kabbalah des 13. Jahrhunderts. Frankfurt a. M. 1896.

dem 13. Jahrh.) schon vorhanden und ursprünglich wohl als zahlen- und buchstabensymbolische Kosmologie gedacht war, aber schon die meisten kabbalistischen Gedanken im Keim enthält und alsdann ganz kabbalistisch aufgefasst und gedeutet wurde) ist als Vorstufe zur eigentlichen Kabbalah von großer Wichtigkeit und erforderte deshalb eine besonders sorgfältige Wiedergabe. Voraussetzung einer solchen war ein Grundtext, der als möglichst frei von späteren Einschiebseln (zumal solchen, die jüngere kabbalistische Lehren einschmuggeln möchten) zu betrachten war. Einen solchen bietet im Allgemeinen die auch von Goldschmidt[3] in erster Linie berücksichtigte alte Mantuaner Rezension. Dass ich weder Goldschmidts vielfach mangelhafte und flüchtige Übersetzung, noch seine (durch vorgefasste Meinungen, z. B. über das sehr hohe Alter unseres Jezirahbuches, und durch einen übertriebenen Rationalismus ungünstig beeinflussten) dürftigen Anmerkungen als Vorbild nutzte, wird schließlich diesem meinem Buch ebenso zugute gekommen sein, wie die völlige Außerachtlassung der alten Meyerschen Ausgabe.

Wie viel Opfer an Selbstverleugnung mir zuweilen der populäre Zweck des vorliegenden Werkes auferlegte – ich rechne dazu nicht zuletzt die durch den Zeilenguss bedingte Notwendigkeit einer mangelhaften Transkription der hebräischen Wörter und Buchstaben – werden die am besten zu beurteilen vermögen, denen ich das Ganze viel lieber in rein wissenschaftlicher Form geboten hätte, welche – so seltsam dies auch klingen mag – für mich in diesem Fall eine leichtere, aber gewiss keine dankbarere Aufgabe gewesen wäre. Immerhin glaube ich mein Buch so gestaltet zu haben, dass jeder gebildete, aufmerksame und ausdauernde Leser einen zuverlässigen Einblick in die Hauptprobleme der klassischen „theoretischen Kabbalah" erhält. Vielleicht vermag dann mancher einsichtige Laie jene unbelehrbaren Gelehrten zu beschämen, die heute noch in seltsamer Unwissenheit von „kabbalistischen Torheiten" reden,[4] obwohl die alten Kabbalisten oftmals auf einer einzigen Blattseite mehr Tiefsinn, Scharfsinn und religiösen Ernst kundtun als mancher moderne Theologe (gleichviel welcher Konfession), mancher Philosoph oder Theosoph von holzpapierner Modeberühmtheit. Mir wenigstens ist von jeher alte Mystik lieber gewesen als superkluger Modernismus.

Diesem *ersten*, die *theoretische* Kabbalah behandelnden Teil wird der *zweite* über die „*praktische* Kabbalah" in kürzester Frist folgen. Dieser Schrift werde ich alsdann eine seit mehr als neun Jahren vorbereitete Darstellung der verschiedenen Lehren von der Präexistenz (dem vorgeburtlichen Dasein) und der Seelenwanderung folgen lassen, worauf ich noch Verschiedenes aus der christlichen Mystik herauszubringen hoffe. Einiges, was ich gegenwärtig nur kurz behandeln konnte, gedenke ich in jenen Büchern weiter auszuführen.

Der Verfasser

---

3 Buch *Jezirah*: 1. Lazaraus *Goldschmidt*, Sepher Jesirah. Das Buch der Schöpfung … Text nebst Übersetzung … Erläuterungen und … Einleitung. Frankfurt a. M. 1894. (Das „Deutsch" des Verfassers ist schmerzhaft.) – 2. *J. F. von Mayer*, Das Buch Jezira, die älteste kabbalistische Urkunde der Hebräer, Leipzig 1830.

4 „*Kabbalistische Torheiten*". Leider hält selbst ein sonst so achtbarer Schriftsteller wie *Freudenthal* (Spinoza. Sein Leben und seine Werke, I, S. 6) sich nicht für zu gut, diesen törichten Ausdruck nachzubeten.

Einleitung

„*Kabbalah*“ bedeutet „Überlieferung“, Tradition.[5] Diese Überlieferung geht nachweislich[6] zurück auf *uralt-orientalische Gedanken*, die uns zuerst vor vier bis fünf

---

5 *Kabbalah.* Als Ausdruck für die theosophisch-metaphysisch-naturphilosophischen Spekulationen und Lehren mystischer Art kommt nach W. Bacher (Die exegetische Terminologie usw. Bd. I, S. 165 f., Leipzig 1899) das Wort „Kabbalah“ erst im 13. Jahrhundert n. Chr. vor. Vorher ist es meist die Bezeichnung für die biblischen Bücher des Alten Testamentes außer den 5 Büchern Mose (der „Thorah“, Lehre), um jene Schriften als ebenfalls heilige, letzten Endes auch auf Mose zurückgehende „Überlieferung“ (oder als ebenfalls vom „Heiligen Geist“ inspiriert) hinzustellen. – Das eben angeführte Wort „Thorah“ (Lehre) bedeutet im engeren Sinn den Pentateuch (die 5 Bücher Mose), in weiterem Sinn (oft mit dem Zusatz: „schriftliche“ Thorah) die ganze „Heilige Schrift“ Alten Testaments im Gegensatz zu der „mündlichen Lehre“, d. h. zu den von den Schriftgelehrten und den talmudischen Rabbinern durch Schriftdeutung usw. gewonnenen außerbiblischen religionsgesetzlichen Vorschriften, „*Halachah*“ (Richtung, Norm) genannt, durch welche sich im talmudischen Schrifttum ständig die unverbindliche „*Haggadah*“ (Bericht, Erzählung) mit buntestem Inhalt – anekdotischer, geschichtlicher, moralischer, religionsgeschichtlicher, religionsphilosophischer usw. Natur – in inniger Umrankung schlingt.

6 *Altorientalisches.* Aus den in der „Haggadah“ (s. vor. Anm.) der weiten jüdischen Talmud- und Midrasch-Literatur verstreuten religionsphilosophischen und ähnlichen Ideen hat sich einerseits die jüdische Religionsphilosophie (mit ihrem Höhepunkt in dem Aristoteliker Maimonides), andererseits die jüdische Mystik (mit ihrem Höhepunkt in der Kabbalah) entwickelt. Alle Hauptlehren der Kabbalah finden sich schon in den beiden Talmuden (dem palästinischen und dem babylonischen) sowie in den Midraschwerken (homiletischen Schriftkommentaren) vor. In meinem Buch „*Babylonisch-Astrales in Talmud und Midrasch*“ (Leipzig, J. C. Hinrichs 1907) habe ich gezeigt, dass *alle diese talmudisch-midraschischen Momente*, zumal die mystischen Geheimlehren von der Schöpfung und der „Merkabah“ (der Gotteserscheinung), *jüdisch-monotheistische Bearbeitungen uralt-orientalischer, meist astral eingekleideter Überlieferungen sind.* Wer jenes (von der gesamten Kritik als richtig anerkannte, auch für das Verständnis der gegenwärtigen Schrift notwendige) Tatsachenmaterial kennt, wird zugeben, dass „die Kabbalah“ – wenn auch als technische Bezeichnung erst mittelalterlich – doch sehr altes orientalisch-mystisches Gut enthält. Mag wirklich, wie man heute zumeist annimmt, das Buch *Jezirah* von einem unbekannten Verfasser im 9. Jahrhundert n. Chr. niedergeschrieben und umredigiert sein und der Text des Sohar im wesentlichen auf den 1305 gestorbenen Rabbi Mose de Leon zurückgehen, so liegt doch in dem Umstand, dass schon der erste Erklärer des Jezirahbuches, Saadjah (892–942), dieses auf Lehren Abrahams zurückführt, und dass jahrhundertelang von den meisten (auch von Knorr v. Rosenroth – s. o. Anm. 2) der Talmudist Rabbi Simeon ben Jochai (um 150 n. Chr.) für den Verfasser des Sohar gehalten wurde, eine Andeutung, dass man sich bewusst war, hier sehr alte Traditionen vor sich zu haben. Simeon ben Jochai galt schon seinen Zeitgenossen infolge seines enormen und tiefen Wissens (Pesachim 66 a) als Wundermann (vgl. meinen „Talmudkatechismus“, Leipzig, Th. Grieben's Verlag 1904, S. 79ff., und bab Talmud Me'ilah 17a), dem man die kabbalistische Weisheit ebenso zuschrieb, wie man alte rabbinische Religionsvorschriften als „Tradition des Mose von Sinai her“ bezeichnete. Und wie die Bezeichnung des „Chaldäers“ Abraham als eines ausgezeichneten Astrologen der deutliche Ausdruck für jüdische Übernahme astraler Lehren aus Altbabylonien ist (vgl. mein „Babylonisch-Astrales“ S. 124f., 130ff.), so deutet auch die ihm beigelegte Verfasserschaft des Buches Jezirah auf das Bewusstsein hin, dass hier ebenfalls „chaldäische“, d. h. altorientalische Traditionen enthalten sind. Sagt doch selbst der ziemlich rationalistische Saadjah, der Sinn der behaupteten Autorschaft Abrahams sei nicht der, dass er das Buch Jezirah geschrieben, sondern dass er dessen Grundlehren gekannt habe (Vgl. noch mein „Babylonisch-Astrales“ S. 81f.,

Jahrtausenden „an Wasserflüssen Babylons“ in astraler Einkleidung entgegentreten, in der jüdischen Geisteswerkstatt aber – und das gilt auch von der älteren Kabbalah[7] -

---

101, 149–155 u. o., sowie mein „Im Reiche der Gnosis“, Leipzig, Th. Grieben's Verlag 1906, S. 1–22, 36f., 126f. usw.). Ja, der Sohar sagt gelegentlich von einer überkommenen Lehre geradezu, sie stamme von den „Kindern des Ostens“, welche „diese Weisheit seit den urältesten Tagen besaßen“ (I 99 b).

7 *Monotheismus der Kabbalah.* Trotz der Verteilung des göttlichen Wirkens auf die Sephiroth (s. u. Anm. 36) usw. und trotz der hieraus entspringenden Vielnamigkeit des göttlichen Waltens, ja auch trotz der Dreifaltigkeitsgedanken (vgl. Erste Abteilung, zweite Abhandlung) ist die ganze Kabbalah doch durchaus monotheistisch gesinnt. Mitunter will es freilich anders scheinen, wenn z. B. in den Idra's der „Langgesichtige“ und sein Weib, der „Kurzgesichtige“ und sein Weib von einer solchen anscheinenden Mythologie umgeben erscheinen, dass man sie kaum noch als zusammenfassende Allegorien göttlicher Wirkungen usw. erkennt (vgl. oben „Sohar-Auszüge“ XIV), oder wenn in naiv-orientalischer Weise die Vereinigung des Göttlichen (als Sephirah „Tiphereth“ oder „König“) mit der (durch Sephirah „Malkuth“ oder „Matrone“, „Königin“ vertretenen) Welt im krassen Bild eines Geschlechtsaktes dargestellt wird, oder wenn später in der Lurjanischen Kabbalah „Vater“ und „Mutter“ männliche und weibliche „Parzuphim“ (Prosopen, Personifikationen des Göttlichen) erzeugen, die fast wie selbständige Urwesen erscheinen, oder wenn endlich bei anderen die Sephiroth in recht bedenklicher Weise zu selbständigen Substanzen werden, so dass sogar Gebete zu ihnen vorkommen. Es sind dies lediglich orientalisch-krasse Gedankeneinkleidungen, hervorgegangen z. T. aus der Gewohnheit derbsinnlich-gegenständlicher Darstellung des zu schwer vorstellbaren Übersinnlichen, z. T. aus dem Bestreben der Verhüllung dieser tiefen Lehren durch Bilderrede (vgl. Anm. 10). Selbst bei einer für abstrakte Darstellung so viel mehr als das Aramäische geeigneten Sprache, wie es die deutsche ist, führt die natürliche Mangelhaftigkeit jedes sprachlichen Ausdrucks angesichts der Aufgabe, übersinnliche Funktionen usw. darzustellen (vgl. Anm. 8), zu missverständlichen Personifikationen und dergleichen, und wenn in etwa achthundert Jahren einmal jemand lesen wird, was z. B. bei E. v. Hartmann das „Unbewusste“ alles tut und leidet, wird ihm dies kaum minder „mythologisch“ vorkommen, als dies uns ergeht, wenn wir die Beschreibungen der Hirnschale, des Bartes usw. des „Langgesichtigen“ in Idra rabba lesen. – Gegenüber diesem scheinbaren Ausgleiten der Darstellung ins Polytheistische finden wir in der Kabbalah (und schon im Sohar) hinwiederum den Monotheismus nahezu zum Monismus gesteigert, z. B. wenn (vgl. „Sohar-Auszüge“ I 1 und 2, III 5, XIII 3 b) die absolute Gottheit als eigentlich allein in Wahrheit existierend betrachtet wird, während alles andere nur ihr lichtes, von ihr für sich selbst geschaffenes und beliebig zerstörbares, dereinst ganz verschwindendes Kleid ist. – Doch ist allenthalben dieser Monismus, der mehr im Ausdruck, als im Gedanken selbst liegt, wieder gemindert durch die im Geist des wohl verstandenen biblischen *Monotheismus* gehaltene, in der *älteren* Kabbalah ständig wiederkehrende Betonung der *schöpferischen spontanen Tätigkeit Gottes*! Immer wieder heißt es z. B. im Buch Jezirah: „Setze den Bildner an seinen (ihm gebührenden) Platz“, oder im Sohar: „Als der Verborgene usw. sich offenbaren *wollte*“. An sich scheint ja kein allzu großer Unterschied obzuwalten zwischen der Anschauung, welche Gott die Welt aus sich heraus geistig *schaffen* und gestalten lässt, und der anderen, welche die Welt aus ihm *emanieren* (herausströmen) lässt. *Theologisch* aber ist die Unterscheidung wesentlich und notwendig. Eine Welt-Schöpfung setzt einen lebendigen, allmächtigen, bewusst wollenden und handelnden Gott voraus, der *Emanations*-Gedanke lässt auch Platz für die materialistische Auffassung, dass alles einem blind-naturgesetzlichen oder zufälligen Geschehen zufolge sich entwickelt habe. – Dies ist ein allgemeiner Unterschied zwischen der älteren und der späteren Kabbalah, und Franck (s. o. Anm. 2) tut, wie Jellinek mit Recht betont, unrecht, wenn er schon manche Soharstellen im Sinne der Emanation deutet. Auf diesem Unterschied scheint mir auch ein Teil der Anfeindungen zu beruhen, die manche als Kabbalisten bekannte Rabbiner von anderen Rabbinern zu erfahren hatten (auch in den Streit wider Eibeschütz spielt dies z. T. mit hinein). Nicht, dass die Gegner jener Männer Kabbalah-Gegner gewesen wären; im Gegenteil, bis ins 18. Jahrhundert hinein war jeder bedeutendere Talmudist auch

durchweg monotheistisch umgestaltet, ausgebaut und auf feste religionsphilosophische Grundlage mit theologischer Beweisstützung gestellt sind.

Weit über die Sternenwelt hinaus, alle Schalen und Hüllen der Materie abstreifend, erhebt sich hier der kühne Schwung des Denkens zu den reinsten Höhen des Urseins, um von hier alles Dasein abzuleiten und auf dieser über Raum, Zeit und Welt erhabenen Ewigkeitszinne alles Sinnens und Seins höchstes und tiefstes Wesen zu erfassen. Zu diesem Aufschwung in die höchsten Regionen des Denkens reicht allerdings der klappernde Mechanismus der Alltagslogik nicht zu. Unser gewöhnliches „diskursives" Denken vermag von jenen höchsten Dingen bestenfalls nur zu sagen, was sie nicht seien, wie dies z. B. auch Kant lehrt, wenn er das Wesen des „Dinges an sich" als über unser Denken hinausliegend bezeichnet, als eine Denknotwendigkeit, die wir aber nur als eine Grenzbestimmung für die uns mögliche Vernunfterkenntnis erfassen können. Weiter hinaus bedarf es eben einer ganz anderen Erkenntnisart, der reinen Anschauung oder Intuition, die das ewige Wesen alles Seins, das „reine Sein" oder „das Absolute" unmittelbar erfasst. Das ist die dem Alltagsverstand ewig unerreichbare Erkenntnis der *Mystik*, in welcher der endliche, aber (wie unsere deutschen Mystiker sagen) „vergottete" Geist kraft seiner Gottebenbildlichkeit das Ewige, Unendliche zu erfassen, in die „Tiefen der Gottheit" einzudringen vermag.

Die „unaussprechlichen Worte", wie Sankt Paulus sagt (2. Kor. 12, 4), in menschliche Rede zu fassen und ihren geistigen Inhalt dem Gefüge des üblichen Denkens einzupassen, ist freilich ungemein schwierig und nur bis zu einer gewissen Grenze möglich.[8] Daher einerseits die von den Fachgelehrten so oft kopfschüttelnd festgestellte „mystische Umbiegung" des Denkens der größten und folgerichtigsten Philosophen, sobald sie zur Erörterung jener höchsten Probleme kommen,[9] daher andererseits die Notwen-

bis zu einem hohen Grad Kabbalist (vgl. meine „Kabbalah" § 12). Die Widersacherschaft richtete sich vielmehr gegen die mehr oder minder große Hinneigung zu *Emanations*-Theorien, die in ihren Folgerungen leicht zum Widerspruch mit dem jüdischen reinen Monotheismus führen konnten. – Die Mystik denkt über diesen ganzen Streit wie Rückert (Weisheit des Brahmanen XI 75): „Ob Gott verborgen dir erscheint in der Natur, ob außer, über ihr, ist eins im Grunde nur. Ob du Weltschöpfer ihn, ob ihn Weltordnung nennst, in ihm ist ungetrennt, was im Begriff du trennst."

8 *Die arme Sprache*. Treffend sagt hierüber Goethe: „Alle Sprachen sind aus *nahe liegenden menschlichen* Bedürfnissen, menschlichen Beschäftigungen und allgemein menschlichen Empfindungen und Anschauungen entstanden. Wenn nun ein *höherer* Mensch über das *geheime Wirken und Walten* der Natur eine *Ahnung* und *Einsicht* gewinnt, so *reicht seine ihm überlieferte Sprache nicht hin,* um ein solches von menschlichen Dingen durchaus *Fernliegendes* auszudrücken. Es müsste ihm eine *Sprache der Geister* zu Gebote stehen, um seinen eigentümlichen Wahrnehmungen zu genügen." (J. P. Eckermann, Gespräche mit Goethe. [20.6.1831.] 9. Originalauflage, hrsg. V. H. H. Houben, Leipzig 1909, S. 602f.)

9 *Aristoteles*, der scharfe griechische Denker, dessen Lehren ja für die jüdische Religionsphilosophie (zumal die des Maimonides und seiner Schule) von so ungemeiner Wichtigkeit sind, bekommt z. B. von Schwegler (Geschichte der Philosophie im Umriss, § 16, 3 Ende) zu hören, dass „die Idee seines absoluten Geistes … im 12. Buch der Metaphysik ganz … unerwartet auftritt", und dass seine „Schilderung des in ewiger Ruhe sich selbst als die absolute Wahrheit wissenden … Gottes" (Metaphysik XII 7) „fast hymnisch" sei. Von *Spinoza* sagt Überweg (Grundriss der Geschichte der Philosophie II, § 13, Schluss), dass er „mit der intellektuellen Liebe zu Gott die volle Mystik in seinen Rationalismus aufgenommen hat".

digkeit der bildlichen Rede, um solche Höhengedanken wenigstens einigermaßen dem üblichen Denken nahezubringen, sie zu „versinnbildlichen“ – eine Not, aus der auch die Kabbalah eine Tugend zu machen sucht. Ja, diese Bilderrede voll mannigfaltigster und tiefsinnigster Beziehung ist hier (neben anderen, geradezu modern anmutenden Ausführungen) vielfach – zumal im „Mysterienbuch“ und den beiden „Idra's“ – derart üppig entwickelt, dass es eingehendsten Studiums und großer Mühe bedarf, um den dahinter verborgenen metaphysischen Ideengehalt herauszuschälen und annähernd in eine unserem Denken üblichere Form zu bringen – was ich in den Erläuterungen nach Kräften versucht habe.

Rechtfertigt sich die Anwendung der Bilderrede in der Kabbalah zum Teil einfach aus der Natur der zu vermittelnden metaphysischen Ideen, so findet das für unsere Begriffe oft lästige, anscheinende Übermaß kabbalistischer „Bilderei“ seine Erklärung in dem ganz besonderen, letzten Endes tief sittlich-religiösen Zweck, der damit verfolgt wird: bloße müßige Neugier durch die Schwierigkeiten solcher Rätselrede abzuschrecken und denkschwache Köpfe oder moralisch unreife sowie religiös ungefestigte Gemüter von unbefugter Beschäftigung mit jenen erhabensten Dingen fernzuhalten, da sonst unfähige Gehirne und unfertige Charaktere leicht Schaden nehmen könnten.[10] Ich für meinen Teil glaubte einer solchen Gefahr anlässlich des vorliegenden Buches durch besonnene Auswahl des zu übersetzenden Stoffes und durch korrekte Erläuterungen angemessen vorzubeugen.

Auch so wird der wirklich eindringende Leser noch manche Schwierigkeiten zu überwinden haben, aber für dieses Bemühen, wie ich hoffe, sich belohnt sehen. Denn so unleugbar es einerseits ist, dass die Beschäftigung mit mystischen Spekulationen einem, der unreinen Herzens und aus unlauteren Beweggründen an sie herantritt, zum

---

[10] *Bilderrede.* So sagt Clemens von Alexandria ebenso tief wie schön: „Alle Theologen unter den Griechen und Nichtgriechen (der Vorzeit) haben das Wesen der Dinge verborgen und die Wahrheit in Rätseln und Symbolen, in Allegorien und Metaphern (Bildern) überliefert.“ – Aus dem im Text genannten Grund wird auch im Talmud vorgeschrieben, die mystischen (theosophischen) Lehren über die Entstehung der Welt und das innere Wesen der Gottheit nur wenigen Berufenen zugänglich zu machen. Vgl. hierüber ausführlich mein „Babylonisch-Astrales“ S. 78 ff.. und 149 ff.., wo das ganze Material zusammengestellt ist. Ohne Kenntnis jener talmudischen Grundlagen sind die kabbalistischen Anschauungen über diese Dinge kaum zu verstehen. – Eine solche geheimnisvoll den Gegenstand verhüllende Kunstsprache finden wir biblisch z. B. schon in Koheleth (Pred. Sal. 12, 2ff.) bei der Schilderung des Greisenalters (Sonne usw. = Augenlicht; Wolken = Sorgen; Hüter = Arme; Starke = Beine; Müller [Müllerinnen] = Zähne; Fenster = Augen; Türen = Verdauungsorgane; Müllerin [Mühle] = Sprachorgan; gedämpfte Töchter des Gesanges = Schwerhörigkeit; Mandelbaum = weißes Haar; Heuschrecke beladen [lies. abfallende Kaper] = Schwinden der Kraft; silberne Schnur = Lebensfaden; goldene Quelle = Lebenskraft; Eimer usw. = Lebensfunktionen). – Die Rabbinen des Talmud hatten eine eigene Kunstsprache ausgebildet (L'schon chochmah), von der u. a. im Traktat Erubin 53 a Proben gegeben werden; z. B. „Die Kanne klopft an den Krug; enteilet, Adler, zu euren Nestern“ (= Geht zum Mittagessen), „Bereitet mir zwei Verkünder im Finstern“ (= Schlachtet und bratet mir zwei Hähne), „Mephiboscheth“ (= Gelehrte des Südlandes) usw. – Theosophische Bilderrede haben wir (wie im Neuen Testament in der Apokalypse) bei den Propheten, zumal bei Hesekiel und Daniel. An die berühmte Theophanie in Hesekiel 1 schließen sich die Spekulationen über das „Wagengeheimnis“ (Maasèh merkabah, vgl. mein Babyl.-Astrales a. a. O.) an, und den „Alten“ usw. der Kabbalah finden wir bereits Daniel 7, 13f.

sittlichen, geistigen, ja sogar physischen Verderben werden kann – selbst einige Kabbalisten mussten dies erfahren – so gewiss ist es auf der anderen Seite, dass *jede* Mystik den, der sich reinen Herzens, aus lauteren Absichten und mit sittlichem Ernst in ihre Tiefen versenkt, nicht nur vielfach weiser, sondern vor allem auch sittlich-reiner und glücklicher zu machen vermag.

Sogar der in mancher Hinsicht stark ausgearteten Kabbalah der Schule Isaak Lurja's erkennt Ph. Bloch[11] einen gewaltigen wohltätigen Einfluss auf die ins dumpfe Ghetto gebannte jüdische Volksseele zu: „Sie hat eine neue Quelle des Mutes, der Kraft, zu dulden und zu tragen, den Gequälten und Verjagten eröffnet, als im 17. und 18. Jahrhundert wiederum schwere Stürme und Verfolgungen über zahlreiche Gemeinden hereinbrachen ... Sie hat den Glauben gehoben, die Nerven gestählt, den Blick unverwandt an den Himmel geheftet, an welchem die Hoffnungssterne dem trostbedürftigen Auge nimmer entschwanden. Sie war es, welche ... die Gewissen schärfte und das Pflichtbewusstsein stärkte." – Ähnliches gilt nicht nur von dem Einfluss der älteren Kabbalah, sondern jeder echten Mystik überhaupt für jeden – gleichviel welcher sonstigen Richtung Angehörigen – der sich ernst mit ihr beschäftigt, besonders auch in unseren Tagen, wo die starke Hinwendung zu allerhand mystischen Pfaden jedenfalls ein bedeutsames Anzeichen dafür ist, dass zahlreiche, auf diese Weise Gott und Erlösung suchende Seelen zu ihrem eigenen Heil an den Idolen unserer Zeit irre geworden sind und sich endlich auf ihre durstende, hungernde und frierende Seele besinnen.

Es ist immerhin schon etwas gewonnen, wenn einem die Erkenntnis aufdämmert, dass es außer der modernen Götzentrinität Mammon, Maschine und Materialismus auch noch andere herrschende Gewalten im Welt- und Menschenleben gibt, dass Augenweide, Ohrenschmaus, Gaumen- und Sinnenkitzel, Prunk, Schönheit und Ehren nicht den einzig erstrebenswerten Inhalt des Daseins bieten, und dass es für den Geist des Menschen schließlich noch wichtigere Gegenstände geben kann, als lediglich das Denken an Geschäft, Gesellschaftsfragen, Prozesse, Sport und Spiel. – Materiell „geordnete Verhältnisse" streben die meisten Leute an; geordnete Verhältnisse in ihrem höheren Innenleben zu schaffen, daran denken die wenigsten mit dauerndem Ernst! Selbst wer wirklich – nicht bloß vor anderen renommierend – noch kurz vor seinem Lebensende an keine seelische Fortdauer nach dem Tod glauben sollte, dürfte in jenen letzten Augenblicken, wenn alles andere von ihm abfällt und ihm nur noch seine Seele bleibt, schwerlich Stolz darüber empfinden, diesen seinen dauerhaftesten Besitz nicht vollkommener ausgebildet zu haben. Noch mehr wird *der vor* der Hohlheit und Verwahrlosung seines Inneren dann erschrecken, der an die sittliche Lebensaufgabe innerer Selbstvervollkommnung und an eine Fortdauer der Seele nach dem Tod glauben gelernt hat oder wenigstens einer von beiden Tatsachen zustimmt. Im tiefsten Seelengrund schlummert doch bei jedem die Anerkennung eines ethischen Sinnes unseres Daseins und einer sittlichen Lebensaufgabe, und in der heutigen starken Zuflucht zu allerlei Mystik – die ja im letzten Grund *eine* ist – liegt, zumeist unbewusst, das Sehnen nach einer Vertiefung der Lebensauffassung, einer Veredelung und sittlichen Bereicherung des Lebensinhalts und einer Vervollkommnung der Frieden und Innenglück

---

11 Monatsschrift für Geschichte und Wissenschaft des Judentums, Bd. 49 (13), 1905, S. 164f.

suchenden Seele. Und die Mystik befriedigt dieses Sehnen, ohne darum den Menschen asketisch aus der Welt zu verbannen. Sie führt ihn in alle Höhen und Tiefen, ordnet sein Einzelsein in die großen Zusammenhänge alles Seins ein und erklärt ihm die Unvollkommenheiten unseres Daseins und den Weg zur Vervollkommnung unter fortwährendem Anreiz zu dieser klar erkannten Pflicht, um so ihre Jünger immer mehr aus der Tiefe empor zum Frieden und zum Licht zu führen.
Sie macht es ihnen – zumal auf dem kabbalistischen Pfad – keineswegs leicht, sondern fordert eine starke Energie des Denkens und des Wollens. Ist der Forschende in den Sinn ihrer Lehren mühsam Schritt für Schritt eingedrungen, so muss er sich mit ihnen weiter auf Schritt und Tritt prüfend auseinandersetzen, um schließlich zu einem eigenen Standpunkt zu gelangen, auf dem er seine selbst erarbeitete Anschauung in fortwährender Selbsttätigkeit ausbauen und sich zugleich mit ihre vervollkommnen kann und soll. Daher teilte man schon in der talmudischen Mystik dem Lernbeflissenen nur die Grundlinien mit,[12] um ihn zu *eigenem* Weiterforschen in ernster Selbstzucht zu veranlassen. Es ist dies überhaupt alte und altbewährte Lehrmethode, die dem Lernenden lediglich die Hand reicht, damit er sich erstarkend emporrecke und zum Meister heranwachse.[13] Daher wird keine unfehlbare Lehre aufgestellt,[14] sondern dieser oder jener Beweisgang vorgetragen, den es zu verstehen und mit dem es sich auseinanderzusetzen gilt, um vielleicht durch bessere Einsicht noch weiter zu kommen.
Dies alles schärft nicht nur den *Verstand*, klärt nicht allein die *Einsicht* in das große Getriebe alles Seins, sondern stählt vor allem auch die *sittliche* Energie des *Willens*, der, so geübt, den hohen Anforderungen des Aufrufs zu einem reinen, innerlich reichen Leben voll Wahrheit und Licht ganz anders gerecht zu werden vermag, als wenn ihm nur rationalistische Morallehren zu tunlichster Anempfindung eingedrillt oder zum Aussuchen vorgelegt worden wären! Zudem weiß der Kabbalah-Kundige, dass jeder gute Gedanke und ebenso jede gute Tat *geistige Wirklichkeiten* zeugt, die an ihrem Teil in dem großen Zusammenhang des Universums weiterwirken, weit über ihre unmittelbar sichtbaren Folgen hinaus, so dass also der sittlich-religiös Denkende und Handelnde nicht nur sich selbst vervollkommnet, sondern zugleich ständig mit allen ebenso Gerichteten und Tätigen an der Erlösung dieser unvollkommenen unteren Welt und ihrer Emporhebung in die reinen Höhenregionen wirksam ist. –
Dass sowohl durch die Ethik wie durch die gesamte Lehre der Kabbalah laut oder leise ein religiöser Grundton klingt, wird nur dem nicht zusagen, der nicht weiß, was Religion wirklich ist. Alles Denken und Wissen, das vom letzten Urgrund ausgehend zu ihm zurückführt, ist Theosophie, und Theosophie ist wesentlich religiös. Alles Religiöse wiederum ist im Wesenskern immer wahr, weil es sich bezieht auf den Urgrund alles Denkens und Seins überhaupt – mit einem Wort: auf Gott!

---

12 Vgl. mein „Babyl.-Astrales“ S. 150 und auch das S. X über Lurja Bemerkte.

13 Noch Kästner sagt in einem oft zitierten Epigramm dasselbe: „Dem Kind gab die Hand zu meiner Zeit der Mann. Da reckte sich das Kind und wuchs zu ihm heran. Jetzt kauern hin zum lieben Kindelein die pädagogischen Männelein.“

14 Vgl. meine „Kabbalah“ S. VI. (Nachlesen!)

Erste Abteilung: Abhandlungen

A. Die Grundgedanken der Kabbalah

(Mit besonderer Berücksichtigung des Sohar)

Es gibt eine Unzahl kabbalistischer Schriften, verschieden nach den Namen, der geistigen Reife, den Zwecken und der Darstellungsart ihrer Verfasser. Deswegen von verschiedenartigen kabbalistischen Systemen sprechen zu wollen, erscheint gewagt; denn die großen Hauptgedanken sind bei allen im wesentlichen dieselben, die Abweichungen voneinander dagegen in Einzelheiten wohl vorhanden, aber mehr solche der Form und der Gedankenverbindung, so dass im allgemeinen durchaus nichts im Wege steht, ein Gesamtbild von den Hauptlehren der Kabbalah zu entwerfen oder wenigstens einen Durchblick durch diese zu geben, wie ich es im 3. Teil meiner Kabbalah von 1903 getan habe.[15] Zumal in Schriften wie der genannten und der vorliegenden, die jedem Leser, der sich für diese Fragen interessiert, verständlich sein sollen, wäre eine solche Scheidung in verschiedene „Lehrtropen" und Anschauungsnuancen geradezu töricht, weil zwecklos langweilend. Ich gestehe, den Blick lediglich auf die Hauptsachen gerichtet, nur einen wirklich erheblichen Unterschied in den kabbalistischen Lehrmeinungen zu, der zugleich (im allgemeinen) die ältere von der jüngeren Kabbalah

---

15 *System der Kabbalah.* Wenn *Bacher* in seiner Rezension (vgl. Anm. 1) bezweifelt, ob „von einer einheitlichen Lehre der Kabbalah" gesprochen werden kann, so bezieht sich das lediglich auf die verschiedenen Abweichungen der einzelnen kabbalistischen Autoren und Bücher in *Einzelheiten.* Ohne das Vorhandensein solcher Verschiedenheiten in der Auffassung wären die zahlreichen kabbalistischen Schriften überhaupt nicht entstanden, da man damals nur schrieb und drucken ließ, wenn man etwas Neues und Wichtiges sagen zu können glaubte. Nun aber ist nach der bekannten kaustischen Definition ein Gelehrter „ein Mann, welcher anderer Meinung ist", was von den Rabbinen ganz besonders gilt. Mag indessen auch Auffassung und Ausgestaltung der kabbalistischen Lehren bei deren einzelnen Vertretern an diesen oder jenen Punkten mehr oder minder merkliche Verschiedenheiten aufweisen – so viel ist unleugbar, dass mindestens vom Sohar ab der *Grundstock* aller dieser Systeme im wesentlichen derselbe ist: ein absolutes göttliches Wesen, das aus seiner Fülle heraus die Sephiroth setzt, die sich dann durch zwei ähnlich organisierte, jeweils tiefer stehende intelligible „Welten" hindurch zu der entsprechend eingerichteten Welt der irdischen Erscheinungsdinge materialisieren, sowie die aus dieser Metaphysik fließenden anthropologischen und besonders sittlichen Ideen. – Das allzu spitzfindige Streben nach Aufdeckung von Lehrverschiedenheiten und Modifikationen, neuen Lehrtypen und ganz neu eingegliederten Lehren ist schon deshalb misslich, weil durch eine solche haarscharfe Abzirkelung der oft verfließenden Grenzen häufig dem Sinn des Geschriebenen Gewalt angetan wird; außerdem beweist der Umstand, dass ein Autor eine Lehre *nicht erwähnt, keineswegs*, dass er sie *noch nicht gekannt* habe, sie vielmehr erst von einem Späteren nagelneu geprägt worden sei. Diese Folgerung wäre falsch! So kommt z. B. die Lehre vom „Zimzum" (der Selbstkonzentration des absoluten Gottes behufs eines schöpferischen Uraktes), als deren ersten Urheber man gemeinhin Lurja bezeichnet, bereits lange *vor* diesem im Midrasch vor (Schemoth rabba, K. 34, 1, und Pesiktha die Rab Kahana, Nr. 6, 62 a), danach, wenn Adolf Jellinek (Auswahl kabbalistischer Mystik, Leipzig 1853, deutscher Teil, S. 5) richtig datiert, bereits etwa 4 Jahrhunderte vor Lurja in „Massecheth Aziluth" (das., hebr. Teil, S. 1 und 2), angedeutet sogar schon im Midrasch Bereschith rabba, K. 5 (3. Jahrh. n. Chr.).

unterscheidet: die ältere Lehrform (vor allem im Sohar) lehrt eine rein geistige *Urschöpfung*,[16] d. h. die Setzung eines großen Weltplanes und der diesen bewirkenden Kräfte durch die absolute Gottheit; die andere Lehrform nimmt mehr oder minder bestimmt eine *Emanation* an, d. h. ein zeitloses und aus der Natur des Absoluten selbst mit Notwendigkeit folgendes und sich vollziehendes Ausströmen aller Potenzen der geistigen und materiellen Welt. Dieser Unterschied indessen ist zwar theologisch (vgl. Fußnote 7 – *Monotheismus der Kabbalah*) von Wichtigkeit, weniger aber für eine Darstellung des hauptsächlichen Inhaltes der hervorstechendsten kabbalistischen Lehren. Ich habe ihn daher auch in meinem früheren Buch nicht betont, zumal da dort schon der knappe Raum Beschränkung auf das Wissenswerteste gebot.
Die gegenwärtige Abhandlung unterscheidet sich von jener summarischen Darstellung des „*Was*" der kabbalistischen Lehren durch ihre ganz andere *Aufgabe* und darum durch das „*Wie*" ihrer Gedankenführung: sie will die wichtigsten Grundgedanken der Kabbalah nicht einfach aufzählen, sondern sie *verstehen* lernen, indem sie die Gedankengänge weiter ausführt, auf welchen man zu ihnen kommen kann, und ihre Zusammenhänge kenntlich macht. Ich möchte dem Leser eine erste Anleitung dazu geben, sich in die kabbalistische Gedankenwelt *hineinzudenken*, „einzufühlen" (wie man heute gern sagt); denn ohne eine solche Anleitung dürften trotz der versuchten systematischen Gruppierung die „Auszüge" der zweiten Abteilung dieses Buches[17] nicht genügend verständlich sein, und da „orientalisch umzudenken"[18] nicht einmal die Mehrzahl unserer „Religionsgeschichtler" versteht, war es bei der bewusst populären Art dieser meiner Schrift geradezu notwendig, die orientalische Denkart dem Leser sozusagen in die unsere zu übersetzen. Dies möchte ich nun, so gut ich kann, versuchen.

I. Der Urgrund

Wenn auch über das begriffliche Denken hinaus nur die Intuition, die übersinnliche und überbegriffliche reine Anschauung reifer Auserwählter bis zu den letzten Geheimnissen

---

16 Vgl. schon im Buch Jezirah (I 4) die Mahnung: „Setze den Bildner an seinen (ihm als solchen gebührenden) Platz", ferner seine Gottes Weltregierung (das. I, 5, VI 8), sodann in den „Auszügen aus dem Sohar" (vgl. vorn Zweite Abteilung, I 1 und 2): „Zehn Formen brachtest Du hervor" – „Du aber bist es, der sie regiert" – „Die Kanäle, die er gemacht hat" – „Er kann ... vermehren ... wie es ihm beliebt" – „Er hat ... einen Thron gemacht" usw. – Die ältere Kabbalah wenigstens kennt keinen monistischen Pantheismus etwa im Sinne Spinozas, bei dem sich alles Endliche von Ewigkeit her in logischem Prozess aus der göttlichen Substanz ergibt. – Vgl. noch oben Anm. 7!

17 Die „Auszüge". Ebenso wenig wie das Alte oder Neue Testament, der Talmud oder der Koran stellt der Sohar ein systematisches Lehrbuch dar; vielmehr ist er ganz nach Art der jüdischen Midraschwerke angelegt (von denen z. B. „Schemoth rabba", „Bemidbar rabba" und „Midrasch Tehillim" ihre heutige Form erst im 11. bis 13. Jahrhundert erhielten, also nur 300–100 Jahre vor dem Sohar selbst). So enthält der Sohar, im Hauptteil äußerlich der Einteilung nach den synagogalen Wochenabschnitten der fünf Bücher Mose folgend, gleich dem Midrasch ein buntes Durcheinander von Lehrmeinungen, Allegorien, Beispielen, Erzählungen usw. – die Lehrbuchstücke oftmals in verschiedenen Typen, zuweilen sogar sich widersprechend. Die Idra's (vgl. Vorwort) markieren zwar äußerlich eine gewisse Disposition, innerhalb dieser aber ist ihr Inhalt zumeist so kraus wie nur möglich.

18 „*Orientalisch umdenken*!" Vgl. Alfred *Jeremias*, Babylonisches im Neuen Testament, Leipzig 1905, Seite 40, Anm. 2, und daselbst Seite 67.

emporzugelangen vermag, so ist unser Geist doch imstande, bis an die äußersten Grenzen seiner Erkenntnisfähigkeit vordringend, eben an dem Vorhandensein dieser *Grenzen* zu erkennen, dass dahinter noch etwas *Begrenzendes* liegen muss, obgleich wir uns davon nur negative (Grenz- und Beziehungs-) Begriffe bilden können. So ist es ja auch keinem Mathematiker möglich, sich das unendlich Große oder das unendlich Kleine vorzustellen oder wirklich durchzudenken; dennoch sieht er sich vor die Denknotwendigkeit gestellt, es als wirklich existierend anzunehmen, und mittels dieses niemals erkennbaren, nicht beweisbaren und dennoch mit Notwendigkeit als real anzunehmenden unendlich Kleinen und unendlich Großen hat die Mathematik in der Infinitesimalrechnung die Möglichkeit gefunden, Naturgesetze usw. zu entdecken und zu analysieren, die über die Grenzen jeder Sinneserfahrung und alles darauf beruhenden Denkens liegen. Ohne den Vorhang lüften zu können, hinter dem das Unerkennbare liegt, vermag er doch so viel von ihm zu wissen, dass er damit alles Nötige zu erklären imstande ist, so dass dieses Unerkennbare einen lebendigen, Erkenntnis spendenden Faktor in seinen Berechnungen bildet! – Kein Physiker oder Chemiker kann uns die Atome, Ionen, Elektronen und Moleküle zeigen, wohl aber ihr tatsächliches Vorhandensein aus ihren Wirkungen und aus dem Umstand beweisen, dass ohne ihre Annahme eine wissenschaftlich zureichende Erklärung der materiellen Dinge und Vorgänge unmöglich wäre. – Auch der Astronom vermag niemals den dunklen von zwei Doppelsternen zu erkennen und sein Vorhandensein anderen zu zeigen; und doch erkennt er ihn in seinen Wirkungen und weiß, dass der Unerkennbare da sein muss! – In ähnlicher Weise ist (um auf Philosophisches zu kommen) sich *Kant* z. B. völlig klar bewusst, dass das „Ding an sich“ niemals ein Gegenstand unserer gemeinen oder wissenschaftlichen Erfahrung sein könne, sondern unbedingt über deren Grenzen hinausliege; aber nicht im Mindesten zweifelt er deshalb an dem *Vorhandensein* dieser (der Welt der Erscheinungen zugrunde liegenden) „Dinge an sich“ und weiß sogar wenigstens negativ (erklärend, was sie nicht sind) eine ganze Anzahl von Bestimmungen über sie aufzustellen. – Aus dem Vorstehenden ist ersichtlich, dass immerhin die Möglichkeit besteht, noch über die Erfahrungsbegriffe hinaus gewisse zuverlässige Erkenntnisse zu gewinnen,[19] wie Rückert so schön sagt (Weisheit des Brahmanen XI 13):

„Du kannst die Grenze nicht des Denkens überschreiten,
Doch stehend an der Grenz‘ hinüberschaun vom weiten;
Und wie dein Auge sieht, was es nicht kann ergreifen,
So kann dein höhrer Sinn ins Undenkbare schweifen.“

Das ist ganz kabbalistisch gedacht. –

---

19 *Denkbarkeit des Absoluten.* In echt mystischem Sinn gibt Rückert (Weisheit des Brahmanen XI 36) den Grund dafür so an:

„Der Zweifel, ob der Mensch das Höchste denken kann,
Verschwindet, wenn du recht das Denken siehest an.
Wer denkt in deinem Geist? Der höchste Geist allein!
Kein Zweifel ist, daß er sich selbst muß denkbar sein.
In den Gedanken mußt du die Gedanken senken:
Nur weil Gott in dir denkt, vermagst du Gott zu denken.“

Das ist zugleich (Gegensätze berühren sich stets) echt spinozistisch gedacht!

Durch den berühmten Religionsphilosophen *Maimonides* (1135–1204) war den jüdischen Denkern Kenntnis von den ins Arabische übersetzten Lehren des großen griechischen Meisters *Aristoteles* (384–322 v. Chr.) geworden. Dieser hatte in sorgsamer Denkarbeit dargelegt, dass alles Sein in der Welt – materielles wie geistiges – eine große Stufenfolge bildet, an deren unterem Ende der Stoff schlechthin, das Materielle steht, sodann durch zahllose immer reinere Formen hindurch am obersten Ende die reine Form, der absolute göttliche Geist, welcher sowohl die Ursache aller Ursachen, also das „erste Bewegende", wie auch das reine Denken ist, in welchem Denken und Sein (genauer: Denken, Denkender und Gedachtes) schlechthin zusammenfällt. Alles bewegend und doch selbst in ewiger Ruhe verharrend und in dieser ewigen Ruhe sich selbst als die absolute Wahrheit wissend, keines Handelns bedürfend, sondern nur sich selbst genießend, ist diese Gottheit das Höchste, was sich denken lässt, und was notwendig als Urgrund allen Seins, Handelns und Denkens gedacht werden *muss*.
Den Denkweg von unten nach oben, vom Fürsichsein des Einzelnen über das Ansichsein, Dasein und Sein bis zu dem absoluten (zwar notwendigen, sonst aber völlig unerkennbaren) reinen Sein, dem „Bruder des Nichtseins", hat ja von den Neueren *Hegel* eingeschlagen, um alsdann, von dieser Ätherhöhe abwärts schreitend, aus dem höchsten, absoluten Sein die ganze Weite, Breite und Tiefe der geistigen und materiellen Welt zu entwickeln. Diesen Weg von oben nach unten verfolgen u. a. auch die Kabbalisten, und es ist gewiss interessant zu bemerken, dass die große dialektische Zauberformel, mit der Hegel seine gesamte Weltentwicklung zuwege bringt (Thesis, Antithesis, Synthesis = Gesetztes, Gegensatz, Ausgleich = Position, Negation, Vermittlung), unter der Bezeichnung „Waage" (rechte Schale, linke Schale, Waagezunge) bereits im Buch Jezirah (III 1) und dann allenthalben in der Kabbalah (vgl. „Sohar-Auszüge" VI) als dialektisch-methodisches Entwicklungsprinzip sich wirksam erweist. Diese Vorgänger eines Hegel (so viele Jahrhunderte vor seiner Geburt!) scheinen mir denn doch sehr viel mehr als bloße phantastische Faselanten und Fabulanten zu sein!
Philo, das Haupt der jüdisch-alexandrinischen Schule zurzeit Christi), bei dem wir viele Keime späterer kabbalistischer Anschauungen vorfinden, geht minder systematisch vor als Aristoteles. Ähnlich wie die *Neuplatoniker* setzt er das Göttliche oder Absolute vielmehr ohne weiteres als Denk- und Seinsnotwendigkeit, als dass er sich um den Beweis seines Vorhandenseins müht. Das tut im Grunde auch die ältere Kabbalah (z. B. der Sohar) nicht; sie hat dies auch umso weniger nötig, als ja durch die jüdische Philosophie bereits seit Jahrhunderten zuvor der Begriff eines einzigen, höchsten und ewigen Gottes, des mit Notwendigkeit Seienden und zu denkenden Urgrundes aller Dinge, bereits fest ausgebildet war. So sehen wir diese Kabbalisten vornehmlich bemüht, jenen höchsten Begriff (trotz aller Bilderrede) möglichst rein zu fassen und dialektisch zu entwickeln. Ihnen fällt dieses höchste Seiende (ebenso wie vielen Späteren) zusammen mit dem unendlichen Sein, dem „En soph", das bei ihr nicht nur als Urgrund und Uridee, sondern zugleich als *Urwille* (razon ha-kodesch) erscheint, worüber weiter unten mehr.
Bei philosophisch noch tiefer bohrenden Kabbalisten ist die „erste Ursache" noch genauer vom „Urwillen" unterschieden, ähnlich wie bei Hegel das bestimmungslose „reine Sein" vom „Sein". Da vom „reinen Sein" größtenteils nur gesagt werden kann,

was es *nicht* sei, nennen die Kabbalisten es manchmal geradezu „En“ (Nichtseiendes), weil in ihm noch alles unerkennbar verborgen liegt, (mitunter auch „En soph“, hier aber in der Bedeutung des Begrenzungs- d. h. Bestimmungslosen); dann heißt „die erste Wirkung“ oder der Urwille bei ihnen zum Zweck der Unterscheidung „Or En soph“, das „Licht des Bestimmungslosen“, das Urphänomen!

– Außer den rein negativen Bestimmunen (unbegrenzt, unendlich, unverursacht, unzeitlich, immateriell, unbeweglich usw.) kann aber von dem Urgrund (dem Ursein, der Uridee, ersten Ursache) wenigstens *das* positiv ausgesagt werden, dass er die absolute Weisheit ist, in welcher (wie bei der absoluten Gottheit des Aristoteles) Denken, Denkendes und Gedachtes völlig eins ist, in welcher daher schon die ganze Weltentwicklung[20] als absoluter Gedanke, aber noch völlig „unkündlich“ (wie Jakob Böhme sagen würde), tief verborgen liegt. Sie bleibt, trotzdem sie der Urgrund von allem ist, doch ewig unveränderliche absolute Einheit, auch wenn die Vielheit, Veränderung, Bewegung usw. im Universum in ihr die urewige, allerletzte, absolute Ursache hat.

Direkt aus dieser ersten Ursache aber kann die Welt nicht entstehen. Denn bei jener findet ja gar kein Unterschied zwischen Subjekt und Objekt, zwischen Denkendem und Gedachtem, Ursache und Wirkung statt. Sie muss erst aus sich das „Moment“ des *Werdens* heraussetzen, den ebenfalls rein geistigen, einfachen und unendlichen *Urwillen* (Or En Soph), durch den erst alles weitere entsteht und geordnet wird, in dem erst der *Weltplan* zur Tatsache wird, zur ersten Wirkung, welche die weiteren wirkt.[20]

Mir scheint diese schwierige metaphysische Unterscheidung zwischen dem Urgrund (als erster Ursache) und dem Urwillen („En soph“ als erster Wirkung) aus verschiedenen Gründen erfolgt zu sein. Nimmt man, wie sonst gewöhnlich in der Kabbalah, das „En soph“ als Absolutes, als Urprinzip, so muss man in dieses eine Anzahl von Momenten hineindenken, die sich zum Teil widersprechen! Es muss da einerseits als ewig in sich selbst ruhend, als unbewegt und unveränderlich gedacht werden, andererseits aber auch wieder das Prinzip der Entwicklung, Bewegung, Veränderung und Gestaltung sein, zugleich also das reine *Sein* und das *Ur-Werden* darstellen, die logische

---

20 *Urgrund und Urweisheit.* Vgl. bei Js. Misses (Zophnath Paaneach, Darstellung u. krit. Beurteilung der jüd. Geheimlehre. Krakau 1862. Heft I, S. 22 f.) das nach Eibeschütz (s. m. „Kabbalah“, S. 116) wiedergegebene Gleichnis dieses Verhältnisses: „Wie ein geschickter Architekt, wenn er den Plan eines Gebäudes entwirft, nicht nur dessen gegenwärtige Konstruktion, sondern auch alle Eventualitäten berücksichtigt, welche Reparaturen, Modifikationen, Abtragen, Zubauen usw. erheischen werden, so schließt auch der urewige Weltplan alles ein, was nach der unermesslichen und unerforschlichen Weisheit in der Welt vorgehen soll: die ganze Geschichte des Universums – freilich in ungleich vollkommenerem Maß, als das je bei einem Architekten der Fall sein kann, und mit dem Unterschied, dass es nicht bloß eine Konstruktion, sondern bereits ein geistiges Konkretum ist. Obwohl urewig mit der ersten Ursache wesenseinig, keimt doch in diesem Gedachten, wenn auch in tiefster Verborgenheit und Umhüllung, der Grund der entstehen sollenden Verschiedenheiten, Begrenzungen, Manifestationen und waltenden Kräfte, durch welche die Weltschöpfung zu einer bestimmten Zeit erfolgte. Der bei der Weltschöpfung sich vollziehende Übergang aus der Möglichkeit zur Wirklichkeit liegt hiernach *nicht* in der ‚ersten Ursache‘, die nach wie vor ganz unverändert bleibt“ [vgl. das aristotelische unbewegte „erste Bewegende“], „sondern in der ‚ersten Wirkung‘. Die Weltschöpfung zu einer bestimmten Zeit lag weder in äußeren Umständen, noch in einer Willensänderung, sondern in dem urewigen Weltplan, der hiermit seine Urbestimmung verwirklicht hat.“

20 *Wiedergabe wie im Original – s.o. Anmerkung 20 (D. V.)*

Möglichkeit und die Keimzelle aller aktiven Wirklichkeit bilden, kurz als Urgrund, Uridee und Urwille zugleich gefasst werden, was bei genauerer Zergliederung dieser Begriffe seine großen Denkschwierigkeiten hat. Dem hilft jene Unterscheidung zwischen Urgrund und Urwillen einigermaßen ab. – Den Hauptgrund für die Unterscheidung glaube ich aber darin zu finden, dass es dadurch leichter wird, die in der kabbalistischen Ethik so streng festgehaltene menschliche *Willensfreiheit*[21] metaphysisch zu begründen und ihre Vereinbarkeit mit dem göttlichen *Weltplan*, der göttlichen Vorsehung und der göttlichen Allwissenheit zu erweisen.[22] Im Allgemeinen ist jedoch (wie oben bemerkt) in der Kabbalah das En Soph *Urgrund, Uridee und Urwille zugleich.*

---

21 *Willensfreiheit.* Vgl. meine „Kabbalah" § 132, 133, 149 (S. 65, 71); ferner unten Anm. 174!

22 *Willensfreiheit.* Vgl. Misses (a. a. O.) S. 26, 27: „Der ‚*Urwille*', der den Plan des ganzen Universums in seiner ganzen räumlichen und zeitlichen Unendlichkeit enthält, bildet deshalb ganz ohne weiteres die *Vorsehung* und besitzt auch *Allwissenheit* von allen unendlichen Einzelheiten. Wohl ist die ‚erste Ursache' die einzige und letzte Quelle alles Wissens und Leitens des ‚Urwillens', der sich nach ihrer Weisheit (d. h. nach ihr selbst, weil sie und ihre Weisheit eines sind) richtet; aber die ‚erste Ursache' ist eine solche Quelle nur auf die allgemeinste, einzigste Weise. Alle Vorgänge, alle Einzelheiten bringen bei ihr keine Veränderung, keine Vielheit hervor, weil sie mit diesen in gar keine unmittelbare Berührung kommt. Die ‚erste Ursache' (das Absolute) ist gewissermaßen die gesetzgebende, die ‚erste Wirkung' (der Urwille) dagegen ist die vollstreckende Gewalt. Deshalb *beschränkt* die ‚erste Ursache' die *menschliche Freiheit nicht*, weil die ‚erste *Ursache*' sich nicht auf das Einzelne ausdehnt. Die Allwissenheit der ‚ersten *Wirkung*' aber ist nur eine hypothetische und lässt dem menschlichen Willen freien Lauf. – Ein Beispiel! Das Kriegsministerium vertraut dem Oberbefehlshaber, besonders in Kriegszeiten, eine gewisse Summe an zur Verwendung in allen nur erdenklichen Fällen, bei Krankheiten, Verwundungen, Verstümmelungen, zur Aufmunterung der Lauen, Belohnung der Tapferen aller Grade je nach Verdienst, Einfluss und Bedarf eines jeden einzelnen. Das Ministerium besitzt also vollkommene Kenntnis und Vorauswissen aller jener Eventualitäten und den dazu nötigen Fonds *im Allgemeinen.* Der Oberbefehlshaber, im Geiste, Sinn und nach der Vorschrift des Ministeriums handelnd, muss einerseits von vornherein von allen einzelnen zu erwartenden Ereignissen wie von der Eigenart und den Bedürfnissen einer jeden Person genaues Einzelwissen haben, um danach alle seine Maßnahmen im voraus zu treffen, er muss andererseits den Lauf der Dinge und das Verhalten der Einzelpersonen ständig beobachten, um bei eintretendem Wechsel in der Situation oder in der Natur oder in dem Handeln der Personen seine Maßnahmen entsprechend abzuändern – alles aber nach dem allgemein ausgesprochenen Willen oder der ursprünglich festgesetzten Norm des Ministeriums. Die ganze Manipulation [Ausführung] ist das Werk des Oberfeldherrn, der Geist aber, der sie leitet, geht vom Ministerium aus! – Ähnlich natürlich aber in viel höherer, geistiger Art, empfängt der ‚Urwille' oder die ‚erste Wirkung' von der ‚ersten Ursache' nach deren urewiger, *allgemeiner*, unveränderlicher Norm den ganzen Fonds des Lebens, des Daseins, für alles Existierende, dessen Verteilung jener Norm gemäß nach der jedesmaligen Situation und dem Wert oder Unwert der Empfänger ihm, dem ‚Urwillen', obliegt. Die von der allervollkommensten Weisheit, der ‚ersten Ursache', festgesetzte Norm bleibt ewig ein und dieselbe, und nur ihr entsprechend gehen alle die *Veränderungen*, welche durch die Wechselfälle der Welt und den *freien Willen* des Menschen bewirkt werden, mittels der ‚ersten Wirkung' oder des ‚Urwillens' vor sich – wie schon unsere Weisen (im Talmudtraktat Pirke Aboth, K. III) lehrten: *Alles ist vorherbestimmt,* aber *Freiheit ist gegeben.*" – So weit Misses. Der Sinn der letzten Worte kommt auf die Lehre aller Mystik heraus (vgl. auch meine Ausgabe von Olcotts „Buddhist. Katechismus", 36. (3.) Ausgabe, Leipzig 1906, S. 108 f. und S. 122, Anm. 137), dass zwar die ganze sonstige Welt der Erscheinungen (Dinge) der Notwendigkeit der Naturgesetze folgt, dass aber diese nicht das sittliche Handeln des Menschen blind zwingend bestimmen, der Mensch vielmehr alleiniger, freier Meister seines guten oder bösen Handelns und dafür verantwortlich ist. Ist doch der Mensch im Gegensatz zu allen anderen geschaffenen Dingen „im Bilde Gottes" geschaffen!

2. Das Weltall

Das „*En Soph*“ ist (auch wenn man es noch genauer von der „ersten Ursache“ unterscheidet, gleich dieser) absolut einfach, unendlich, jeder Besonderung und Bestimmtheit bar. Wie kann da aus ihm das Universum mit seiner Vielheit endlicher, zusammengesetzter, besonderter und bestimmter Erscheinungen hervorgehen? Wie ist das erstens überhaupt möglich, und zweitens wie geschieht das? Auf die erste Frage antwortet:

1. Die Lehre vom Zimzum[23]

von der „Zusammenziehung“ des Absoluten, von seiner Selbstkonzentration oder Selbsteinschränkung, man könnte wohl auch sagen: von seinem „Konkretwerden“! Der metaphysische Begriff lässt sich nur annähernd in bildlichem Ausdruck wiedergeben. Die Bedeutung des sprachlichen Stammes „z-m-m“ ist die des Sichzusammenziehens und dadurch zugleich eines Zunehmens an Dichte (also eines Kompakt- oder „Konkret“-Werdens) sowie zugleich einer Abnahme an Volumen; das Unendliche kommt also zur endlichen, bestimmten, fasslichen Erscheinung! Uns Modernen liegt als verdeutlichendes Beispiel wohl am nächsten die Kant-Laplacesche Theorie von der Entstehung des Sonnensystems durch eine Kontraktion und Verdichtung des Urnebels, woraus sich ein Zentralkörper bildet, der dann die anderen Weltkörper aus sich heraussetzt. Ja, wir könnten auch daran denken, dass bereits fast zweitausend Jahre vor den Kabbalahschriftstellern nämlich im 6. Jahrhundert v. Chr., der Grieche Anaximenes von Milet die Erde, das Wasser usw. durch „Verdickung“ der „Urluft“ entstehen ließ! – Die Kabbalisten, die jenes übersinnliche Geschehen auch durch ein sinnenfälliges Beispiel wiedergeben möchten, wählen das Bild: Gott (ursprünglich das ganze All ausfüllend) habe sich gewissermaßen zusammengezogen, um für die Welt einen leeren Raum zu schaffen, in dem sie nun geschaffen werden konnte, weil in diesem Raum ein Abglanz seines Lichts noch zurückgeblieben war. Der biblische Begriff des außerweltlichen Gottes, der die Welt aus dem Nichts schafft, ist hier ebenso wirksam wie das innere Widerstreben der Kabbalisten gegen einen rein physischen Emanationsgedanken, als sei die Welt sozusagen direkt durch eine notwendige Veränderung der göttlichen Urmaterie entstanden oder wenigstens zum Teil aus dieser geflossen. – Wie bereits oben[15] erwähnt, findet sich der Gedanke des „Zimzum“ schon im Midrasch, so dass er auch den älteren Kabbalisten nicht unbekannt war; doch gingen sie, als Gegner der Emanationstheorie, auf ihn wohl deshalb nicht ein, weil jener in dem leeren Raum zurückgebliebene göttliche „Lichtstoff“ immerhin Anlass zu einer Emanationsanschauung bieten konnte.

Daher bewirkt nicht die Gottheit das böse Denken und Handeln im Menschen, sondern dieser selbst, während die Gottheit es nur ewig voraussieht und bis zu einem gewissen Grad zulässt; andererseits lässt sie dem gut Denkenden und Handelnden aber fördernde Kräfte aus der Höhe zufließen.

[23] *Zimzum*. Vgl. „Kabbalah“ § 99 und oben Anm. 15, Schluss.

[15] *Wiedergabe wie im Original – s.o. Anmerkung 15 (D. V.)*

2. Die vier Stufenwelten

Den Übergang vom Absoluten zum rein Materiellen stellt die Kabbalah bekanntlich[24] im Bild von vier Stufen oder untereinander stehenden „Welten“ dar:

1. *Aziluth* (Gesamtheit der dem Absoluten am nächsten stehenden Weltprinzipien, vornehmlich der zehn Sephiroth, vgl. nächsten Abschnitt 3);
2. *Beriah* (Welt der Urschöpfung, enthaltend die zehn Urformen der zu schaffenden oder geschaffenen Dinge, also schon Prinzipien des Individuellen, und zugleich die Thorah [heilige Lehre] als eine Art speziellen Weltgrundriss);
3. *Jezirah* (Welt der Formung, enthaltend die übersinnlichen Vorbilder der materiellen Welt, auch die Engel und die künftigen Menschenseelen; zuweilen werden auch die sieben Planeten-Sphären hierzu gerechnet);
4. *Asijjah* (Welt der materiellen Ausgestaltung, enthaltend die Dämonen und alle materiellen Wesen und Dinge). –

Bei den einzelnen so entstehenden oder entstandenen Prinzipien, Formen und Dingen und auch in deren allgemeiner Gruppierung wird außerdem vielfach noch eine *männliche* und *weibliche* Seite („Vater und Mutter“) unterschieden (vgl. meine Kabbalah § 120!). Als Moderne könnten wir versucht sein, diese vier Stufen mit denen der *Hegelschen* Dialektik (s. o.) zu vergleichen: *Aziluth* (als dem absoluten, reinen Sein des „En soph“ am nächsten) = Sein, *Beriah* = Dasein, *Jezirah* = Ansichsein, *Asijjah* = Fürsichsein. Diese Parallele kann wenigstens dazu dienen, zu zeigen, dass der kabbalistischen Abstufung vom Absoluten zum Materiellen eine selbst modern-philosophisch begründbare Systematik innewohnt. Wichtiger ist wohl, dass sich diese vierfache metaphysische Abstufung auch bei den *Neuplatonikern* findet, z. B. bei Plotin im 3. Jahrh. n. Chr. Hier lässt das Absolute (Ur-Eine, Göttliche) aus sich, als sein Abbild, 1. die Weltintelligenz oder Vernunft hervorgehen, welche die höchsten Ideen in sich schließt; aus dieser strömt 2. die (schöpferische) Weltseele, welche 3. mittels der aus ihr hervorgehenden Einzelideen die Formung des Weltalls zustande bringt; neben den Einzelideen gehören hierher auch die einzelnen Seelen, die kraft ihres Ursprunges die Ideen bis hinauf zum Absoluten zu schauen vermögen; darunter steht 4. die materielle, die Sinnenwelt. Das ist immerhin etwas Ähnliches wie die vier kabbalistischen „Welten“!

Was das „*Männliche und Weibliche*“ anlangt, so habe ich schon in meinem „Babylonisch-Astralen“ (S. 81, 100, 155) darauf hingewiesen, dass hier uralt-orientalische (astrale) Gedankengänge zugrunde liegen, und in meiner Schrift „Im Reiche der Gnosis“ (vgl. daselbst S. 7 f. und S. 27) ist einerseits auf die doppelten (mannweiblichen) Emanationen des babylonischen *Ea*, sowie auf die mystische Paarung der Prinzipien „Vater und Mutter“ (Gott und Weisheit) bei dem jüdischen Alexandriner *Philo* aufmerksam gemacht, von der ganz ähnlich geredet wird wie etwa in der Idra’s des Sohar von dem Akt zwischen „König“ und „Matrone“! (vgl. hinten „Sohar-Auszüge“ XIV, 2.) Durch Vermittlung des Midrasch und der jüdischen Religionsphilosophie waren jene Gedanken den Kabbalisten ganz geläufig. Jedenfalls ist so viel klar, dass auch in den zunächst sonderbar anmutenden kabbalistischen Ausführungen über die männliche

---

[24] *Stufenwelten usw.* Vgl. meine „Kabbalah“ § 113 ff.., 124 ff.. (die 4 „Welten“), § 120 („männlich und weiblich“); ferner die „Sohar-Auszüge“ der Zweiten Abteilung des vorliegenden Buches.

und weibliche Seite dieses oder jenes Begriffes altes orientalisches Gedankengut vorliegt, das ja auch in der christlichen Gnosis eine große Rolle gespielt hat; jede Kirchengeschichte gibt Bericht über die paarweise erfolgende Emanation (die „Syzygien") der „Äonen" aus dem göttlichen „Urgrund" (Bythos) bei diesen Gnostikern. Modern gedacht, lässt sich die „männliche" und „weibliche" Seite vielfach auffassen als positives und negatives Moment, zu dem dann das „Sohn"-Prinzip die ausgleichende Vermittlung bildet, wie schon bei Philo („Im Reich der Gnosis" S. 6f.).

3. Die zehn „Sephiroth"

Die Lehre vom Zimzum begründet nur die metaphysische *Möglichkeit* eines Hervorgehens oder Hervorgebrachtwerdens der übersinnlichen und sinnlichen Welt aus dem Absoluten. Die vier Stufenwelten oder Weltstufen geben lediglich eine *Gruppierung* (ein Schema) des als schon entwickelt betrachteten Allseins vom Absoluten aus bis herab zum Konkreten, Materiellen.

Das *Wie* dieser Entwicklung liegt in der Lehre von den zehn „Sephiroth". Mit ihnen beginnt sozusagen das metaphysische Sein zum metaphysischen Geschehen zu werden, das bisher als gleichförmig betrachtete Absolute in zeitliche oder richtiger vorzeitlich-übersinnliche Ereignisse überzugehen. Eine Darstellung dieser Selbstbewegung des (oder im) Absoluten ist durch den Umstand erschwert, dass unsere durch die Anschauungsformen des Raumes und der Zeit bestimmte Vorstellungskraft dieses übersinnliche, „intelligible" Geschehen nur im Bild von *zeitlich* aufeinanderfolgenden Vorgängen vor- und darzustellen vermag, während es eigentlich ein *über* allen Raum und alle Zeit erhabenes vor- und überphysisches, also metaphysisches, raum- und zeitloses, ewiges Geschehen ist, das nur von der intelligiblen, reinen, übersinnlichen Anschauung (Intuition) mit einem Blick umfasst werden kann. Suchen wir es aber unserem diskursiv verfahrenden Verstand zu verdeutlichen, so müssen wir die Form einer Art von *Erzählung*[25] verwenden. Von den jüdischen Religionsphilosophen und (mindestens) den älteren Kabbalisten wird dieser Umstand jedoch nicht als störend empfunden, weil nach ihrer Meinung die Weltschöpfung zu einer bestimmten *Zeit* von vornherein im urewigen Weltplan gelegen hat.

Das Absolute ist, wie wir oben sahen, zugleich Urgrund, Uridee und Urwille. Im Urwillen liegt sozusagen die Spannung zwischen dem reinen Denken der Uridee und dem reinen Sein des Urgrundes. Ist in der Uridee bereits der ganze Plan des Alls (der Welt) und im Ursein der Urgrund aller Wirklichkeit gegeben, so liegt im Urwillen das Moment des *Werdens*, welches den Weltplan zur Weltwirklichkeit, die Idee zur Realität macht. Erst im Urwillen beginnt das Absolute aus seiner dunklen „Gestaltlosigkeit",

---

25 „Erzählung" (Mythos). Dies ist auch der Anlass der „Mythen". Der Mythos (= Erzählung) ist die Darstellung übersinnlicher Dinge und Vorgänge in der Form räumlicher Erscheinungen und zeitlicher Ereignisse. Als ewige Wahrheit in zeitlicher Einkleidung, Himmelsgedanke in irdischem Bild ist der Mythos also stets etwas Wertvolles, kein läppisches Ammenmärchen oder dergleichen. Nur der Umstand, dass mancher nicht weiß, was er hinschreibt, lässt es entschuldigen, wenn s. Z. David Friedrich Strauß die neutestamentlichen Erzählungen dadurch als unglaubhaft und unsinnig herabzusetzen wähnte, dass er sie als „Mythen" bezeichnete. Und der modern-theologische Durchschnitts-Religionsgeschichtler weiß es noch heute nicht besser.

d. h. Unerkennbarkeit, hervorzutreten als „*Licht* des Unendlichen“ oder Absoluten („Or En Soph“) und dann aus sich heraus das ganze All als eine Welt voll Licht und Glanz (Sohar = Glanz!) zu entwickeln oder zu schaffen.

Dies geschieht zunächst[26] in den *zehn Sephiroth*. Über deren komplizierte Namens- und Begriffsgeschichte vgl. Anm. 36 in der dritten Abteilung dieses Buches, die ich hier zu lesen bitte. Im Sohar wird, wie auch aus den „Auszügen“ (in der Zweiten Abteilung, B) zu ersehen ist, daran festgehalten, dass die Sephiroth *geschaffene* und eventuell von Gott zerstörbare Wesenheiten sind. Immerhin aber entsprechen sie den Attributen (Eigenschaften), unter denen sich das Absolute oder die Gottheit offenbart, und werden daher (vgl. „Auszüge“, B 1, 2) zuweilen mit diesen parallel gesetzt als sozusagen „geschaffene Attribute“, Urkräfte, gottgesetzte Urpotenzen von zugleich intellektueller, physischer und moralischer Wirksamkeit, metaphysisch-dynamische Bereiche (Sphären), die sich aus einander entwickeln und zugleich einander (und in ihrer Gesamtheit gewissermaßen die Gottheit wie ein Lichtkleid) einhüllen – andererseits auch wieder den Leitungen eines Gewässers vergleichbar, Fassungen und *Kanäle*, durch die das Absolute seine Wirkungen sich nach unten zu schaffend und erhaltend äußern lässt, und durch die hinwiederum sich der „vergottete“ Geist des Menschen hinauf zur Gottheit in Gedanken und Gebet erheben kann (vgl. Zweite Abteilung, B I, 2). Auch einem vom Himmel nach der Endlichkeit zu wachsenden Baum (vgl. „Kabbalah“ § 111) werden sie verglichen. –

Die einzelnen „Sephiroth“ sind nichts Substanzielles; nur in ihrer Beziehung auf das Absolute oder Gott dürfen sie betrachtet werden. Unter sich bilden sie eine Harmonie, von der göttlichen Kraft durchwaltet. In dieser Gesamtheit betrachtet, werden sie

---

26 *Vom „En soph“ zu den Sephiroth*. In den älteren Bestandteilen des Sohar (Mysterienbuch und Idra’s) sowie in der gerade auf deren Grund weiterbauenden Schule Lurjas begnügte man sich mit diesem Übergang, der wohl noch zu schnell und unvermittelt schien, noch nicht, sondern setzte dazwischen noch ein vermittelndes System, das in der Form einer Verbindung von *Buchstabendeutung* und *Geometrie* erscheint (während im Buch Jezirah Buchstabendeutung und Arithmetik zusammenwirkt). Die Buchstabendeutung bezieht sich hier auf den heiligen Gottesnamen „Jhwh“, das Tetragrammaton, das bekanntlich seinem eigentlichen Wortlaut nach („Jaheweh“ oder „Jahweh“, wie man heute annimmt – genau weiß man es, trotz aller gegenteiligen Behauptungen, keineswegs) nach der Tempelzerstörung nicht einmal mehr beim Gottesdienst (vorher bei bestimmten Gelegenheiten vom Hohenpriester) ausgesprochen werden durfte, sondern durch Adonaj [Adonai] (der Herr) ersetzt wurde. Dieser doppelte Charakter, die nichtausgesprochene und die ausgesprochene Form, wurde darauf bezogen, dass die absolute Gottheit einerseits in ihrem ureigensten Wesen (als Urgrund usw.) menschlicher Einsicht unerreichbar und verborgen, andererseits (in den Wirkungen des Urwillens) offenbar geworden ist, ähnlich wie Paulus sagt, dass „Gottes unsichtbares Wesen“ erkennbar geworden sei „an den Wirkungen, nämlich bei Schöpfung der Welt“ (Römer, 1, 20). – Das *J* des Gottesnamens „Jhwh“ bezeichnet nach dieser Deutung (weil es im Hebräischen einem Punkt ähnelt) den „*Urpunkt*“, der von dem Absoluten (oder der mit diesem verbundenen Sephirah „Kether“) als erstes Gestaltetes und Weitergestaltetes herausgesetzt wird; dieser Urpunkt erweitert sich dann zur *Linie* (d. h. dem hebräischen *W*, das einer Linie mit einem Punkt als Kopf ähnelt); aus beiden geht dann die *Fläche* hervor (das *H* des Gottesnamens, das im Hebräischen einem Quadrat ohne Unterlinie ähnelt). – Im Sohar wird das J des „Jhwh“ auf die Sephirah „Chochmah“ bezogen, das erste H auf „Binah“, das W (als hebräisches Zahlzeichen = 6) auf die sechs folgenden Sephiroth (Chesed, Din, Tiphereth, Nezach, Hod, Jesod), das letzte H auf „Malkuth“. Außerdem gibt es noch mancherlei andere Deutungen des „Jhwh“.

zuweilen „der himmlische Mensch“ (auch der „Urmensch“, Adam Kadmôn, vgl. nächsten Abschnitt 4), die „höchste Welt“ (oder „Aziluth“, vgl. vorigen Abschnitt 2), ja sogar in überkühnem Bild die „Gestalt Gottes“ genannt.
Ihre Gruppierung als „kabbalistischer Baum“ (vgl. Abbildung in „Kabbalah“, S. 61) ist folgende:

	(En soph.)[a]	
	1. Kether	
3. Binah	(Da'ath)	2. Chochmah
5. Geburah	6. Tiphereth	4. Gedullah
8. Hod	9. Jesod	7. Nezach
	10. Malkuth	

„*Kether*“ =	Krone (auch „Rum ma'alah“ = höchste Höhe) genannt, die Ur-Sephirah, aus der die anderen hervorgehen.
„*Chochmah*“ =	Weisheit (theoretische Vernunft).
„*Binah*“ =	Verstand, Einsicht (praktische Vernunft).
(„*Da'ath*“ =	Erkenntnis, Wissen, als Vermittlung zwischen „Chochmah“ und „Binah“ zuweilen eingefügt, s. u.)
„*Gedullah*“ =	Größe (öfter noch „*Chesed*“ = Gnade, Liebe, Langmut genannt).
„*Geburah*“ =	Stärke, Härte (oder „Din“ = strenges Recht).
„*Tiphereth*“ =	Herrlichkeit (Vermittlung zwischen „Chesed“ und „Geburah“).
„*Nezach*“ =	Sieg, Festigkeit, Dauer, Konsistenz.
„*Hod*“ =	Ruhm, Glorie, Pracht, Resistenz.
„*Jesod*“ =	Grund, Fundament (Vermittlung zwischen „Nezach“ und „Hod“).
„*Malkuth*“ =	Herrschaft, Reich.

Die Sephirah „*Kether*“ nimmt unter allen übrigen eine bevorzugte Stellung ein. Sie umfasst gewissermaßen alle anderen, die erst aus ihr wieder hervorgebracht sind – ähnlich wie die erste aristotelische Kategorie „Wesen“ der Inbegriff der übrigen neun Kategorien ist. Als erstes und einziges Bindeglied zwischen dem Absoluten („En soph“) und den höchsten Sephiroth hat sie noch so viel Ähnlichkeit mit dem Absoluten, dass sie meist mit diesem zusammengebracht wird – als das erste diskursiv Erkennbare – und sich dadurch über den Komplex der anderen Sephiroth so sehr heraushebt, dass man sie oftmals gar nicht zu diesen zu rechnen wagt. Es wird dann, um die Zehnzahl wieder voll zu machen und zugleich ein Vermittlungsglied zwischen „*Chochmah*“ und „*Binah*“ zu haben, die Hilfssephirah „*Da'ath*“ eingeschoben. – Wegen ihrer eben geschilderten bevorzugten Stellung unter den Sephiroth wird die Sephirah „*Kether*“ in der Bilderrede der „Idra's“ des Sohar (vgl. Zweite Abteilung, B XIV 1 und 2) mit ganz ähnlichen Bezeichnungen ausgestattet wie das „En soph“ oder Absolute. Wie dieses „der Alte der Alten“, „der Verborgene der Verborgenen“, „der Höchste der Hohen“ heißt, so erhält „*Kether*“ die Beinamen „*der Alte, dessen Name geheiligt sei*“ (der Alte,

---

[a] *Fortfolgend wurde die Schreibweise des Originals übernommen, obwohl heutzutage eher ‚En Soph' statt ‚En soph' und ‚Netzach' statt ‚Nezach' geschrieben wird. Wir verweisen auch nochmal auf unser Vorwort. (D. V.)*

Gebenedeite), „das weiße Haupt", „das klare, hell glänzende Licht" (als erster Abkömmling des „Or En soph" oder unendlichen Lichtes), die „höchste und geheimnisvolle Weisheit". Ja, an einzelnen Stellen scheinen die oben genannten Namen des „En soph" auch auf „Kether" bezogen. Schon hier sei erwähnt, dass der „Langgesichtige" (oder „Langmütige") der Idra's (Zweite Abteilung, B XIV 1) sich in der Regel auf „*Kether*" (zuweilen mit Chochmah und Binah zusammen gedacht) bezieht, der „Kurzgesichtige" („Kurzmütige") dagegen meist auf die Gesamtheit der anderen Sephiroth (ohne oder mit Chochmah-Binah).

Die Sephirah „*Chochmah*" ist bei der geschilderten Oberstellung von „Kether" die *erste der eigentlichen* Sephiroth und gewissermaßen die Potenz, bei der die schöpferische Wirkung des Absoluten in Bezug auf die vier Welten *anfängt*. Sie wird daher mit dem „*Anfang*" (1. Mose 1, 1) gleichgesetzt, indem man deutet: „Be-reschith bara" (im Anfang schuf) = *mit* dem „Anfang" schuf usw. (be = mit, reschith = Anfang), und dies umso mehr, als der aramäische Bibeltext hat: „Be-chuchma b'ra" = mit „*Weisheit*" schuf usw. (Über die Rolle der „Weisheit" bei der Weltschöpfung vgl. Sprüche Salomons 8, 27 ff. und mein „Babylonisch-Astrales", S. 5. Die spätere philosophierende Kabbalah setzt daher, wie schon Philo, ganz folgerichtig „Chochmah" mit dem weltschöpferischen „Logos" gleich und sieht dann in „Binah" dessen Selbstbewusstsein.) – „*Chochmah*" und „*Binah*" gelten als die ersten mittels „Kether" hervorgebrachten bzw. aus „Kether" hervorgegangenen Sephiroth. Dabei wird „Chochmah" als *männliches*, „Binah" als *weibliches* Element aufgefasst; denn „alles, was durch den Alten, dessen Name geheiligt sei (= „Kether"), gebildet ist, besteht in männlicher und weiblicher Form. Chochmah ist der Vater, Binah die Mutter" (Sohar III 290 a). – Aus „Chochmah" und „Binah" geht als vermittelndes Glied „*Da'ath*" hervor, soweit dieses mitgerechnet wird. Ohne „Da'ath" ist der weitere Sephirothstammbaum folgender: „Chochmah" (männlich) und „Binah" (weiblich) bringen einerseits „Gedullah" oder „Chesed" (männlich), andererseits „Geburah" oder „Din" (weiblich) hervor, deren Vermittelung (Mittelglied) „Tiphereth" (männlich) ist. Aus „Chesed" und „Geburah" gehen hervor „Nezach" (männlich) und „Hod" (weiblich), deren Mittelerzeugnis „Jesod" als männlich, „Malkuth" dagegen als weiblich aufgefasst wird. Die Einzelgenealogie der Sephiroth schwankt an den verschiedenen davon handelnden Stellen. Jedenfalls stehen alle Sephiroth miteinander in lebendigen Wechselbeziehungen: „Jede Sephirah enthält zugleich die Eigenschaften aller übrigen, nur dass jede ihre überwiegende Spezialeigenschaft hat" (Tikkune Sohar 47).

Wie schon (in „Kabbalah" § 112) bemerkt, bilden „*Chochmah*" und „*Binah*" (mit oder ohne „Da'ath") als theoretische und praktische Vernunft das „*Vernunftreich*", unmittelbar nach der dem Absoluten noch verwandten Sephirah „Kether", aus der sie stammen. Diese ist gewissermaßen die Krone, die Aureole, der unsichtbare Lichtschein über dem Haupt des Sephiroth-Menschen (s. u. Abschnitt 4), während „Chochmah" und „Binah" dessen Gehirn und Herz darstellen, entsprechend ihrem Wesen als theoretische und praktische Vernunft, jene (männlich, rechts) ruhig und mild, diese (weiblich, links) energisch und streng.

Die aus ihnen hervorgebrachten Sephiroth „*Gedullah*" oder „*Chesed*" (Größe, Gnade oder Liebe; männlich, rechts) und „*Geburah*" oder „*Din*" (Stärke, Kraft oder strenges

Recht; weiblich, links) bilden das „*Seelenreich*" oder besser noch das *Reich des Willens*, der aus der Vernunft ähnlich hervorgeht, wie der Urwille aus der Weisheit des Urgrundes. „Gedullah" oder „Chesed" wird im Sohar (III 143 b) ansprechend auf die Größe oder Weitherzigkeit des Willens, kurz, auf seine *Expansion* gedeutet, „Geburah" oder „Din" auf seine Stärke oder Strenge, kurz auf seine *Konzentration*; in der ruhigen, weitherzigen Größe von „Gedullah" wird das Ursprungselement der (später in der Jezirah- und der Erdenwelt zu findenden) männlichen Seelen, in der energischen Stärke von Geburah oder Din das der weiblichen gesehen. – „*Tiphereth*" ist (als Schönheit oder Herrlichkeit) die Vereinigung von Größe und Stärke, als „*Rachamim*" (Barmherzigkeit, wie sie auch heißt) der Ausgleich zwischen Liebe (Gnade) und strengem Recht. Von „*Nezach*", „*Hod*" und „*Jesod*" heißt es im Sohar (III 296 a): „Unter *Nezach* und *Hod* versteht man die Ausdehnung und die Intensität der (Natur)-Kraft; denn alle Kräfte der Natur kommen aus ihnen, und darum heißen diese beiden Sephiroth die Heerscharen (Zebaoth) des Herrn. (Jesod ist beider Vermittlung, die Grundkraft.) Alles (in der Natur) kehrt zur Sephirah Jesod zurück, in der sein letzter Ursprung liegt. Alles Mark, aller Saft und alle Kraft ist hier vereinigt. Von hier gehen alle (Natur-)Kräfte aus durch das Zeugungsorgan" (des Sephiroth-Menschen, vgl. Abschnitt 4). Der biblische „Herr der Heerscharen" (Zebaoth) wird daher kabbalistisch als Sephirah *Jesod* gedeutet! – „Nezach", „Hod" und „Jesod" bilden (vgl. „Kabbalah" § 112) das Naturreich, d. h. die der später zu entwickelnden materiellen Natur zugrunde liegenden Urpotenzen. „*Netzach*" (Sieg, Festigkeit, *Dauer*, sogar Ewigkeit) entspricht in seiner extensiven Natur den beiden oberen (ebenfalls männlichen, rechtsstehenden) Potenzen der umfassenden theoretischen Vernunft (Chochmah) und der Expansion des Willens (Gedullah), während „*Hod*" (Pracht, Ruhm, Jugendfrische, *Widerstandskraft*) gemäß ihrer intensiven Natur sich den oberen Sephiroth „Binah" und „Geburah" der linken weiblichen Seite entsprechend zeigt.

Die Sephirah „*Malkuth*" (Reich, Herrschaft) steht, wie „Kether" *über*, so ihrerseits *unter* den anderen Sephiroth. Ist „Kether" gewissermaßen die Ursprungspotenz der übrigen, so ist „Malkuth" deren Resultat, die Quintessenz ihrer Elementarkräfte, die Harmonie zwischen ihnen und das Symbol ihrer Herrschaft über die unteren Welten, zu deren nächster („Beriah") sie überleitet. Wie „Kether" vielfach als der obere, dem Absoluten nahe Inbegriff der Sephiroth inhaltlich nicht zu diesen gerechnet wird (so dass zur Vervollständigung der Zehnzahl „Da'ath" hinzugefügt wurde), so wird von manchen auch Malkuth nicht als selbständige Sephirah betrachtet, sondern einerseits (wie oben erwähnt) als deren Harmonie in Bezug auf die unteren Welten, andererseits aber auch als Inbegriff der „*Schechinah*", d. h. (eigentlich der Gottesgegenwart oder hier speziell) der immerwährenden Gegenwart und Herrschaft Gottes in allen Sephiroth zusammen aufgefasst. Das gibt ihr, wie wir gleich sehen werden, noch eine ganz besondere Bedeutung.

Blicken wir zunächst noch einmal auf die Gesamtheit der Sephiroth! In dem obigen Sephiroth-Schema bilden die neun, zu je drei von links nach rechts *waagerecht* nebeneinander stehenden (Chochmah, Da'ath, Binah; Gedullah, Tiphereth, Geburah; Nezach, Jesod und Hod) das Reich der Vernunft, des Willens und der Natur; zum Reich der Vernunft wird oft „Kether" gerechnet und dann „Da'ath", die Hilfs-Sephirah, weggelassen. *Vertikal* betrachtet, bilden die drei Sephiroth rechts die „Säule der Gnade" (nach der mittelsten, „Chesed", so genannt) oder die Reihe der *extensiven* und *expansiven* Potenzen. Die drei linken sind die „Säule des Rechts" (nach „Din" genannt) oder die Reihe der *intensiven* Potenzen voll Konzentration und Widerstandskraft. Die drei mittleren („Kether", „Tiphereth" samt „Jesod", endlich „Malkuth") stellen die „Säule der Mitte" oder die Reihe der sozusagen *substantiellen* Potenzen dar. Die philosophierende Kabbalah deutet (unter Vernachlässigung von „Jesod") „Kether" wegen der Verwandtschaft mit dem „En soph" als absolutes, „Tiphereth" als ideales Sein, und „Malkuth" als die immanente Kraft (oder auch: Kether = Substanz, Tiphereth = Gedanke, Malkuth = Leben).

„*Tiphereth*" und „*Malkuth*" stehen (z. B. in den Idra's) noch in besonderer Beziehung zueinander. „*Tiphereth*" heißt da in der kabbalistischen Bildersprache „der *König*" oder „der heilige König", oder „Mann", „*Malkuth*" ist „die Königin" oder „die Matrone" oder „Frau"; beide zusammen heißen: „die beiden Gesichter". Aus ihrer Vereinigung geht dann die nächstuntere Welt („Beriah") hervor.

Die *unteren Welten* sind ganz ähnlich organisiert wie die Sephiroth-Welt (Aziluth). Sie haben ihre, den Sephiroth entsprechenden Potenzen, sozusagen Unter-Sephiroth, so dass die Sephiroth durch diese Fortsetzungen ihr metaphysisches Kanalsystem bis in die Welt des Materiellen hinein erstrecken. Durch diese Kanäle dringen aber nicht nur Einwirkungen von oben nach unten, sondern auch von unten nach oben! Der altorientalische Gedanke (vgl. mein „Babyl.-Astrales", S. 1ff.), dass die untere Welt eine Entsprechung der oberen ist, findet sich auch im Sohar (II 20 a): „*Die ganze untere Welt ist entsprechend der oberen Welt gemacht*. Alles was dort existiert, erscheint uns hier unten wie in einem Abbild, das mit dem Urbild zusammenfällt." Und wie nun der Kabbalah diese Welt nach dem Bilde des Menschen gemacht wurde (s. Abschnitt 4) und erst dadurch Halt bekam, so sagt der Sohar geradezu von den Werken der Frommen, dass sie kraft jenes Zusammenhanges heilsame Einwirkungen auf die oberen Welten ausüben und durch diese Impulse wiederum Segen von oben herniederkommen lassen. Die Hauptstelle hierfür steht (vgl. „Auszüge" in der Zweiten Abteilung) Sohar I 35 a und besagt u. a.: „Die oberen und unteren Welten beruhen gegenseitig aufeinander … *Von den Werken der Frommen hienieden geht ein Impuls aus, welcher die Tätigkeit der höheren Welten anregt.*" – Umgekehrt verengt und verstopft die Sünde jene metaphysischen Segenskanäle aus den oberen Regionen; erst echte Buße eröffnet sie wieder.

Mit dem *Gebet* haben die Sephiroth noch einen ganz besonderen Zusammenhang. Wie schon in den beiden Eingangsstücken der „Auszüge" (Zweite Abteilung, B I, 1 und 2 dieses Buches) angedeutet erscheint, stehen die zehn Sephiroth in Beziehung zu den zehn heiligen Gottesnamen; deren Zuordnung zu den einzelnen Sephiroth zeigt das große Sephiroth-Schema im Schluss von Anm. 36 der Dritten Abteilung! Jene heiligen Gottesnamen offenbaren sich uns durch die Sprache; diese wiederum beruht auf den 22 Buchstaben des hebräischen Alphabets in ihren Trillionen von Zusammensetzungen (vgl. Anm. 100). Die Buchstaben sind zwar ihrer Form nach materielle, haben aber zugleich als Ausdrücke der übersinnlichen Ideen und speziell als Bildner der heiligen Gottesnamen rein geistige Eigenschaften. Durch diese Doppelnatur werden sie zu Vermittlern zwischen der materiellen und der rein geistigen Region, zwischen dem Erdenmenschen und der absoluten Gottheit. Kraft der bereits oben erwähnten Einwirkung der frommen Menschen von unten aus auf die oberen und bis in die höchsten Regionen dringt die Sprache des Gebets hinauf und zieht segnende Wirkungen herab! In noch höherem Grad tun dies die *liturgischen Gebete und Segenssprüche*; einmal, weil sie durch den gleichzeitigen konformen Gebrauch seitens vieler Andächtigen wesentlich verstärkt wirken, dann aber auch wegen ihrer besonderen Natur. Den alten Verfassern jener Gebete und Segenssprüche waren (nach kabbalistischer Ansicht) die geheimen Bedeutungen bestimmter Buchstabenzusammensetzungen und deren Beziehungen zu den heiligen Gottesnamen in den Sephiroth bekannt, und so haben denn die von ihnen aufgrund solcher Kenntnisse zusammengesetzten Gebete und Segenssprüche gerade in dieser ihrer festen Form ganz besondere Wirkung, mehr als ein freies Privatgebet! Deshalb bleibt sogar dann, wenn einer das vorgeschriebene Gebet oder den Segensspruch auch nicht mit voller Andacht hersagt, vermöge der geheimnisvollen inneren Gottesnamenskraft das (wenigstens in der vorgeschriebenen Form hergesagte) Gebet oder Segenssprüchlein nicht gänzlich ohne Wirkung. –

Ähnlich steht es mit der *Thorah*, der Heiligen Schrift, die samt ihren Ge- und Verboten durch deren Inbegriff, die zehn Gebote, ebenfalls mit den Sephiroth in engster Beziehung steht (vgl. das große Sephiroth-Schema zu Anm. 36 in der Dritten Abteilung).

Die Sephiroth empfangen gleichsam die Gedanken, Worte und Taten der Menschen, reinigen sie von dem noch daran haftenden Materiellen und bringen sie so in vergeistigter Form vor das Absolute, von dem dann hierdurch die entsprechenden intellektuellen, physischen und moralischen Kräfte überirdischer Art derart in Tätigkeit gesetzt werden, dass sie gemäß den rechtschaffenen Handlungen oder den frommen Gebeten der Menschen auch auf unsere Welt, und zwar auf die physischen wie geistigen Kräfte in dieser, wirken. So vermag das *Gebet* eines frommen, geistig vervollkommneten Menschen Kräfte aus der Höhe auszulösen und sogar Wunder zu wirken: So „zerreißt" (wie es schon im Talmud heißt, vgl. mein „Babyl.-Astrales", S. 131) die intensive *Buße* des Redlichen „einen himmlischen Strafbeschluss", und ein vollkommener Gerechter, ein *reiner Mensch* kann für die Welt vielen Segen verursachen und wie ein Versöhnungsopfer wirken: „Die Frommen sind das Opfer und die Versöhnung der Welt" (Sohar I 68 a); darum „stehen die Seelen der Gerechten *über* den Gewalten und Dienstengeln droben" (I 245 b).

Wie nach der Anschauung des Sohar (vgl. Abschnitt 4) erst *die* Welt Bestand hatte, welche nach dem (idealen) Bild des Menschen geformt war, so ist auch in letzter Linie alles um des Menschen willen gemacht, und in überkühnem Gedankenschwung sagt der Sohar sogar einmal, dass ohne den Menschen und seine Erfüllung des göttlichen Gesetzes die Gottheit arm sein würde! Das ethisch-religiöse Tun des sittlich-freien Menschen vollendet erst den göttlichen Willen, das Werk der absoluten Gottheit in der Welt. Die auch für die kabbalistische Willensfreiheitslehre bedeutsame Stelle lautet: „Wenn der Heilige, Gebenedeite (Gott) in uns nicht den guten und den bösen Trieb gelegt hätte, welche die Heilige Schrift unter dem Bild des Lichts und der Finsternis darstellt, so würde es für den Menschen als Geschöpf weder Verdienst noch Schuld geben. Aber wäre es nicht besser, wenn es für ihn weder Belohnung noch Strafe zu geben brauchte, wenn nämlich der Mensch vielmehr überhaupt nicht zu sündigen vermöchte?

Nein, es ist recht, dass er so geschaffen wurde, wie er ist. Alles, was der Heilige, Gebenedeite (Gott) gemacht hat, war notwendig. So hat er wegen des Menschen das Gesetz der Schöpfung gemacht" (d. h. die Thorah, das von dem Menschen als Geschöpf zu erfüllende, geoffenbarte göttliche Gesetz, das zugleich eine Kopie des göttlichen Weltplans ist, vgl. Babyl.-Astrales, S. 3 ff.). „Nun ist aber die Thorah das Kleid der Gottheit. Ohne den Menschen und das (von ihm beobachtete) Gesetz (der Thorah) wäre die göttliche Gegenwart (Gottes Wirken in der Welt) wie ein Armer, der nichts hat, um sich zu bekleiden" (I 23 ab). – –

Schon vor 110 Jahren hat Schleiermacher in den „Grundlinien einer Kritik der bisherigen Sittenlehre" nachgewiesen, dass kein einziges philosophisches System es vermocht habe, eine *metaphysische Begründung des Sittlichen*, d. h. eine Ableitung der Ethik aus den Grundgedanken des jeweiligen Systems, einwandfrei auszuführen; und man darf hinzufügen, dass dies auch weder ihm selber noch den späteren Philosophen gelungen ist. Am folgerichtigsten verfährt noch, wie Schleiermacher selbst zugibt, Spinoza; aber was er aus seinem philosophischen Grundgedanken ableitet (und weswegen er sein ganzes System „Ethik" nennt), ist leider, bei Licht besehen, gar keine Ethik, keine philosophische Sittenlehre, denn es fehlt hier gerade die Grundlage alles sittlichen Handelns, die menschliche *Willensfreiheit*, die Spinoza grundsätzlich leugnet! Mit umso größerem Erstaunen sehen wir schon aus den obigen (notgedrungener maßen nur skizzenhaften) Ausführungen, dass die als blöde Toren und verbohrte Phantasten verschrienen *Kabbalisten* die „Metaphysik des Sittlichen" d. h. die Ableitung der Ethik aus dem Grundgedanken ihrer Lehre (und allen Seins, nämlich aus dem Absoluten) nicht nur als Problem richtig erfasst, sondern auch folgerichtig durchgeführt haben – ja, dass sie noch mehr taten, indem sie das sittlich-religiöse Dichten und Trachten, Wollen und Handeln des Menschen im engsten Zusammenhang mit ihrer Sephiroth-Lehre als ein *dynamisches Weltprinzip* nachweisen, ohne dass der gesamte Kosmos, das geistige wie das materielle All, keinen Bestand hätte, und wegen dessen Noch-nicht-vorhandenseins frühere Welten zugrunde gingen!

Bevor ich auf diesen Gedanken (in Abschnitt 4) noch weiter eingehe, mögen hier sogleich noch einige Bemerkungen über die *kabbalistische Seelenlehre* Platz finden, die ja (wie ich bereits bei deren Skizzierung in meiner „Kabbalah", § 128 – 166, andeutete) sowohl mit der Sephiroth-Lehre einerseits, wie mit der Ethik andererseits in engstem Zusammenhang steht. Indem ich ausdrücklich auf jene früheren Ausführungen als Grundlagen zum Verständnis dieser Fragen hinweise, gebe ich hier (wo es sich nur um die Grundgedanken handelt) lediglich so viel, als für die richtige Auffassung der Zitate in den „Auszügen" (Zweite Abteilung, B XII)[27] nötig ist.

„Was den Menschen wirklich ausmacht, ist seine *Seele*", heißt es im Sohar (I 191 a), der Körper ist nur ihr Kleid. Sie entspricht dem eigentlichen Wesen des „himmlischen Menschen", also (s. Abschnitt 4) der Sephiroth-Welt. Ihre drei[28] Hauptbestandteile

[27] Vgl. oben in der Zweiten Abteilung die Stelle aus Sohar III 348 b.

[28] *Fünf Seelenteile.* Lurja's Schule teilt, analog ihrer fünfteiligen Sephiroth-Gruppierung (1. Kether, 2. Chochmah, 3. Binah, 4. Gedullah bis Jesod, 5. Malkuth), auch die Seele fünfteilig ein: 1. „Jechidah" oder Mosesseele, der Aziluth-Welt entsprechend; 2. „Chajjah" oder hohe Vernunftseele, der Beriah-Welt entsprechend; 3. „Neschamah", niedere Vernunftseele, der Jezirah-Welt entsprechend; 4.

sind: 1. die „*Neschamah*", die vernünftige Seele, der Geist, der dem Absoluten verwandte Seelenteil, weshalb die Neschamah auch als von der Sephirah „Kether" (Krone) oder vom „En soph" herkommend betrachtet wird; 2. Die „*Ruach*", die Geist-Seele oder „Seele" schlechthin, als Sitz des Guten und Bösen, also des Wollensbereiches, weshalb sie von Sephirah „Tiphereth" abgeleitet wird; 3. Die „*Nephesch*", die animalische Seele, die unteren (sinnlichen) Seelenkräfte umfassend, daher von Sephirah „Malkuth" abgeleitet. Diese den drei Sephiroth-Reichen entsprechende Seelen-Einteilung (s. auch „Kabbalah" § 129) ist die im Sohar (z. B. II 142 a) nach biblischem und talmudischem Vorbild übliche. – Die menschlichen Seelen sind *präexistent*, d. h. sie existieren bereits vor diesem Erdenleben; sie wurden insgesamt schon bei der Schöpfung erschaffen und werden bis zu ihrem (ersten) Abstieg in einem Himmelsraum aufbewahrt. Die meisten Seelen verlassen diese himmlische Existenz nicht gern, einige dagegen wünschen Verleiblichung (doch ist diese letzte Ansicht vereinzelt). Der Zweck des Erdenwandels ist Läuterung und Vervollkommnung. Gelingt diese in einer Erdenexistenz nicht, so findet behufs weiterer Vervollkommnung *Seelenwanderung* statt, nötigenfalls unter Hinzutritt einer *Hilfsseele*. Die Seelenwanderung kann aber auch als Strafe eintreten. – Nach dem (endgültigen) Tod gehen die Seelenteile wieder an ihre Ursprungsorte zurück, d. h. erst, wenn die Vervollkommnung vollständig durchgeführt ist, was zumeist erst nach verschiedenen Seelenwanderungen geschieht (Vgl. in der Zweiten Abteilung der Sohar-Auszüge und besonders den umfangreichen Auszug [C] aus Lurjas Schrift von der Seelenwanderung).

Nirgends fällt eine psychologische oder ethische Anschauung der Kabbalisten aus dem Rahmen der grundlegenden Sephiroth-Lehre heraus. Auch die Ansichten über Gesichts- und Handliniendeutung sind, obwohl von außerhalb übernommen, restlos in diesen Zusammenhang eingefügt, wie die Zitate (in den „Auszügen" der Zweiten Abteilung) dartun, die zu diesem Zweck hier mit aufgenommen sind. Weiteres über diese Gegenstände bringt Bd. II dieses Werkes, die „praktische Kabbalah".

Auch die sogleich zu behandelnde Idee des „himmlischen Menschen" oder „Urmenschen" ist ursprünglich, wie sich noch zeigen wird, nichtjüdisch und nichtkabbalistisch, aber in bewundernswerter Weise so gut mit diesen Anschauungen in Einklang gebracht und so folgerichtig mit dem Sephiroth-System verbunden, dass man sie für dessen unmittelbaren Ausfluss halten könnte.

4. Der „himmlische Mensch"

Im voraus bemerke ich, dass die Namen „*himmlischer*" (oberer) Mensch, Urmensch oder „*Adam kadmon*" („Adam kadmoni") dasselbe sind und sich niemals auf den irdischen Adam, „unseren Urvater Adam" beziehen, welcher vielmehr „der *erste* Mensch" („Adam ha-rischon", vgl. im Neuen Testament: 1. Kor. 15, 45) heißt.

Der „himmlische" (obere) Mensch ist sozusagen der Sephiroth-Mensch, der *Komplex aller Sephiroth*. Wenn er gelegentlich mit Sephirah „Kether" allein gleichgesetzt wird

„Ruach", sinnlich erkennender Geist, und „Nephesch", die vegetative Seele, der Inbegriff der physischen Instinkte, beide der Asijjah-Welt entsprechend – ja, alle nicht nur den genannten Welten entsprechend, sondern aus ihnen stammend.

(z. B. in den „Tikkune Sohar“), so geschieht das, weil – wie wir oben sahen – auch „Kether“ ja alle Sephiroth gewissermaßen in sich schließt.
Im „Gebet des Propheten Elias“ (Zweite Abteilung B I 1) finden wir eine Parallelisierung der einzelnen Sephiroth mit den verschiedenen Teilen des Menschenleibes; in etwas anderer Form (der oben zitierten Soharstelle entsprechend) sehen wir diese Verteilung der Sephiroth auf der beigegebenen Illustration und in dem Sephiroth-Schema Anm. 36 durchgeführt.
Dass dies keine bloße Metapher oder Symbolik ist, sondern dass der Sohar vielmehr wirklich in dem Komplex der Sephiroth das Urbild der späteren irdisch-menschlichen Gestalt sieht, geht – wie sogleich des näheren zu erläutern sein wird – aus folgenden Stellen hervor:
„Es hat (vor unserem Weltall) schon frühere Welten gegeben, die zerstört wurden“ (III 292 a; vgl. die Parallelen in den „Auszügen“ der Zweiten Abteilung!). – „Warum wurden die früheren Welten zerstört? Weil *der Mensch* noch nicht geformt war. Denn die Form des Menschen schließt alle Dinge in sich, und alles, was besteht, hat nur durch sie Bestand. Da diese Form noch nicht vorhanden war, hatten die (vor ihr geschaffenen) früheren Welten keinen Bestand“ (III 135 a). – „Keine Form (Gestalt), keine Welt hat Bestand, bevor die *Form des Menschen* vorhanden war. Denn sie schließt alle Dinge in sich, und alles, was besteht, hat nur Bestand durch sie. Doch ist zu unterscheiden zwischen dem *„oberen“* (himmlischen) *Menschen“* und dem *„unteren“*. Dieser könnte ohne jenen nicht bestehen. Auf der (idealen) Gestalt des (oberen) Menschen beruht die ganze Formung des Alls. Von jener Form (oder Gestalt) ist die Rede, wenn es (Ezechiel 1, 26) heißt, dass man über der Merkabah (dem Throngefährt der göttlichen Offenbarung) ‚die Gestalt eines Menschen‘ sah; ebenso, wenn es bei Daniel (7, 13) heißt: ‚Es kam einer in des Himmels Wolken wie eines Menschen Sohn bis zu dem Alten der Tage und ward vor ihn gebracht!“ (III 144 a). – „Die *Gestalt des Menschen* schließt alles in sich, was im Himmel und auf Erden ist, die oberen und die unteren Wesen. Daher hat der Alte der Alten [das sich in den Sephiroth offenbarende „En soph“] sie zu der seinen gemacht!“ (III 144 b). Es ist ja eben „die ganze untere Welt *nach dem Vorbild der oberen* (himmlischen) gemacht“ (II 20 a) und der Mensch nach dem Bild Gottes geschaffen, wie schon das 1. Kapitel des 1. Buches Mose lehrt! –
Ich muss hier der Kürze halber auf mein *„Babylonisch-Astrales“* (Leipzig 1906) verweisen. Dort habe ich ausführlich dargelegt: 1. Dass der Gedanke, Gott habe *vor dieser* Welt bereits *andere geschaffen*, aber als unvollkommen wieder zerstört, bereits im 2. und 3. Jahrhundert nach Christus von Rabbinen des Talmud und Midrasch vorgetragen wird, die aus der Heiligen Schrift sogar beweisen, dass der Schöpfung unserer Welt nicht weniger als 974 Generationen vorausgingen (a. a. O., S. 83 ff.); 2. Dass nach rabbinischer Ansicht (1.–2. Jahrhundert n. Chr.) „alles was der Heilige, Gebenedeite (Gott) *an seiner Welt geschaffen hat, er auch am Menschen geschaffen*“ habe, und dass von den Rabbinern nun des wieteren durch Schriftstellen nachgewiesen wurde, dass das Weltall gleich dem Menschen ein Haupt, Augen, Ohren, einen Mund, ein Herz, Hände, Füße, einen Nabel und Lenden aufweise (a. a. O., S. 109 f) – ein Gedanke, der in Bezug auf das physische All sich auch bei modernen Philosophen wie Fechner und Paulsen

findet (a. a. O., S. 108), der aber von den Kabbalisten noch viel kühner auf die metaphysische Welt der Sephiroth angewendet wird!
Am angeführten Ort (S. 111) ahnte ich erst den altorientalisch-*astralen* Ursprung dieses Menschen-Prototyps einer oberen Welt. Noch in demselben Jahr (1900) entdeckte ich, dass der kabbalistische „Adam kadmon" eine Parallele in den durchaus astralen Urgestalten des „Gabra kadmaja" der Mandäer und des „Enascha kadmaja" der Manichäer (beide schon im 3. Jahrhundert n. Chr. nachweisbar) habe, die beide ebenfalls „Urmensch" oder „intelligibler Menschenprototyp" bedeuten, wie „Adam kadmon"! (vgl. mein Buch „Im Reiche der Gnosis", S. 36 und 58). Dass die jüdischen Rabbiner von den mandäischen und manichäischen Lehren Kenntnis hatten, habe ich in dem genannten Buch (S. 12 f., 104, 139) nachgewiesen. Trotzdem beschränke ich mich auf die Feststellung des Parallelismus, da mir beide aus einer Wurzel entsprungen erscheinen.

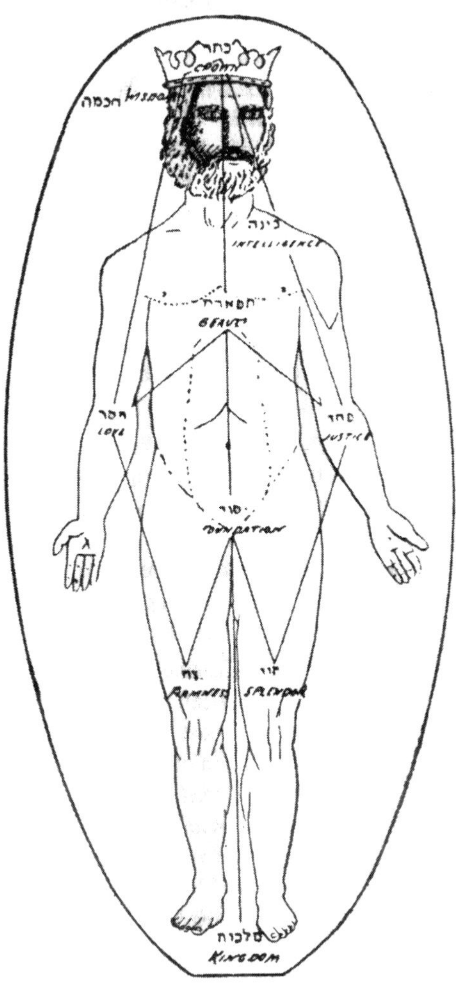

Der *astrale Ursprung* dieser Anschauung von dem überirdischen, intelligiblen Urbild des Menschen lässt sich noch in viel ältere Zeiten hinauf verfolgen! In seinem soeben erschienen tiefgründigen Werk „Der Ursprung des Alphabets" (Leipzig, Hinrichs, 1913) weist der rühmlichst bekannte Orientalist *Eduard Stucken* (S. 1 ff.) nach, dass schon in den unzweifelhaft ältesten indischen und ägyptischen Quellschriften sich mindestens vier Stellen finden, an welchen ein „*Himmelsmann*" (oder „himmlischer Mensch") aus einer typischen Anzahl von *Gestirnen* zusammengesetzt gedacht wird, und dass diese Gestirne die so genannten „Mondstationen" bilden, aus denen dann Stucken in genialer Beweisführung den *Ursprung der Buchstaben des Alphabets* herleitet! (Man denke hierbei an den im vorigen Abschnitt erörterten Zusammenhang der Sephiroth und der Buchstaben des Alphabets einerseits, sowie an die Zusammenstellung der Buchstaben mit den menschlichen Körperteilen andererseits im Buch Jezirah!) Eine ganz frappante, fast noch ganz kosmisch-astrale Parallele zu diesem altorientalischen „Sternenmann" bildet die folgende Soharstelle (I 191 a): „Die verschiedenen Teile unserer Körpers entsprechen den Geheimnissen der höchsten Weisheit, z. B. die Haut dem Firmament, das sich allenthalben ausdehnt und alles überdeckt … Ebenso wie wir am Firmament, welches die gesamte Welt umgibt, gewisse Formen (Figuren) durch die Sterne und Sternbilder gebildet sehen, um uns verborgene Dinge und tiefe Geheimnisse zu künden, ebenso gibt es auf der Haut, die unseren Körper umgibt, Formen (Figuren) und Züge (Zeichen), die gleichsam die Sterne und Sternbilder unseres Körpers sind." – Hier hätten wir also die Verbindungsstufe zwischen dem altorientalischen Sternenmenschen und dem kabbalistisch-metaphysischen „himmlischen Menschen" in aller Deutlichkeit!

Nur anhangsweise möchte ich noch auf eine andere Stelle hinweisen, die mit Stuckens astraler Ableitung des Alphabets einige Ähnlichkeit hat. Sie trägt astrologische Natur; ihre Hauptgedanken sind (Sohar II 130 b): „Im weiten Himmelsraum, dessen Wölbung unsere Welt umgibt, finden sich Figuren und Zeichen, mittels deren man die tiefsten Geheimnisse entdecken kann. Sie sind gebildet durch die Sternbilder und Sterne … Diese glänzenden Figuren sind die Buchstaben, mit welchen der Heilige, Gebenedeite (Gott) Himmel und Erde geschaffen hat, und sie bilden seinen geheimnisvollen, heiligen Namen". –

Ich schließe hiermit meine Bemerkungen über die Grundgedanken der Kabbalah, indem ich für mancherlei Einzelheiten auf die Texte der Zweiten und die Anmerkungen der Dritten Abteilung verweise. Das schier ufer- und grundlose Meer der Kabbalah mit dem Fingerhut dieses Buches über ihre Elemente erschöpfen zu wollen, kam mir nie in den Sinn. So viel aber dürfte auch aus dem Vorstehenden schon klar sein, dass die Grundgedanken des Sohar – und mit ihnen die der Kabbalah überhaupt – wenn sie auch nicht allzu oft (wie Zweite Abteilung, B I 1 und 2) systematisch zusammenhängend vorgetragen werden, doch ein tiefsinniges metaphysisches System andeuten, das sich selbst neben modernen Philosophemen (vgl. Hegel!) sehen lassen kann, zumal hinsichtlich der Ableitung der Ethik aus der Sephiroth-Lehre. Es lohnt sich auch heute noch, diesen verborgenen Lichtgedanken nachzudenken – vielleicht auch, sie sozusagen ins Moderne zu übersetzen und als Richtlinien für ein System zu benutzen, das die alten und neuen Tatsachen der Natur- und Geisteswissenschaften geistig durchdringt und zu einer lebensvollen Einheit zusammenfasst und uns damit ebenso aus dem zersplitterten und zersplitternden Banausentum des wissenschaftlichen Spezialistentums wie aus der materialistisch-atheistischen Froschperspektive des heutigen Talmi-Monismus und seiner geistsinn- und seelenlosen Weltanschauung erlöst. [Die tiefere Einsicht in das Wesen der neuerdings entdeckten Röntgen-, Radium- und anderen Strahlen, deren Erforschung ja durch die Aufzeigung der Wandelbarkeit der „ewigen" (ich weiß nicht wie viel) Elemente schon jetzt den (durch sophistische Wechselreitereien kaum noch verhüllten) Bankrott der bisherigen „Naturwissenschaft" vorbereitet, wird vielleicht einen nicht unwichtigen Wegweiser zu besserer Erkenntnis bilden.] Wie zu Beginn der so genannten neueren Philosophie die (durch die Systematik kabbalistisch modifizierter griechischer Lehren gegangenen) uralt-orientalischen Gedanken einen Nikolaus Cusanus, Paracelsus, Giordano Bruno usw. zu ihren für die damalige Zeit grandiosen Systemen geführt haben, und wie die indirekt kabbalistisch beeinflusste Theosophie eines Jakob

Böhme die Lehrmeisterin eines Schelling und Hegel wurde, so wird jene uralte orientalische Weisheit, über die kabbalistische und christlich-mystische Gedankenfassung hinaus zu deren höherer Einheit geformt, vermutlich noch einmal von Neuem das dynamische Werkzeug bilden, um den heute aus unzähligen, anorganisch zusammengewürfelten Einzelheiten bestehenden, geistes- und naturwissenschaftlichen Erkenntnisstoff einschließlich der religiös-sittlichen Ideen zu durchdringen, zu ordnen und zu einem lebendigen und lebenspendenden Gesamtorganismus zu vereinigen. Mag auch vielleicht ein wirklich glückhafter Versuch der Verwirklichung dieses Ideals in noch so weiter Ferne liegen: ein jeder kann wenigstens in seinem engen Kreis durch Arbeit an sich selbst ein Steinchen zu dem großen Bau mit beitragen. Und – wir können dann mitten in den Torheiten des Heute und Morgen eines Besseren warten, des schönen Lessing-Wortes gedenkend (Erziehung des Menschengeschlechts, § 100): „Was habe ich denn zu versäumen? *Ist nicht die ganze Ewigkeit mein*?"

B. Ein Kapitel über Kabbalah, Judentum und Christentum

Im Vorstehenden habe ich nur sparsam auf die Parallelen hingewiesen, welche sich zwischen den Grundgedanken der Kabbalah und anderen, zum Teil nicht-jüdischen Lehren zeigen. Solche Parallelen besitzen in einem für weitere Kreise bestimmten Buch einen Anspruch auf ausführliche Erwähnung nur dann, wenn sie als direkte Quellen für die dargelegten Lehren gelten können. Man ist heute mit den „Entlehnungs"-Theorien vernünftigerweise vorsichtiger als früher geworden, wenn auch manche Religionsgeschichtler diese Eierschalen einer früheren Periode immer noch mit sich schleppen und bekannte Dogmengeschichtler z. B. die christliche Lehre als ein von rechts und links her zusammengepumptes Sammelsurium von allem möglichen hinstellen möchten, wie heute etwa ein angehender oder schon lange im Gang befindlicher Professor seine „Werke" aus den Leistungen anderer zusammenleimt. Gegenüber dieser weder dem Wesen der „Religion" noch dem der „Geschichte" gerecht werdenden Bücherwurmweisheit bricht sich langsam, aber doch siegreich über den Wust der maßgebenden „Nachtmützen und Schlafrockfetzen" die Erkenntnis Bahn, dass es sich bei solchen Parallelen in der Regel nur um ähnliche Ausgestaltungen uralt-orientalischer Gedanken von wirklicher Weisheit handelt, die – vielleicht „sumerischen" Ursprungs – uns in den ausgegrabenen Schätzen Altbabylons und – von dort ausstrahlend – in den alten Religionsurkunden Ägyptens, Persiens, Indiens usw. entgegentreten. Für die alt- und neutestamentlichen Urkunden hat vor allem *Alfred Jeremias* (Das Alte Testament im Licht des alten Orients. 2. Aufl. Leipzig, Hinrichs 1906; Babylonisches im Neuen Testament, daselbst 1905, u. a. m; vgl. auch betr. des Rabbinischen mein „Babylonisch-Astrales") den Einfluss des altorientalischen Schemas auf die Darstellungsweise (natürlich nicht auf die spezifischen Heilsgedanken) ausführlich nachgewiesen.

Zu den Lehren der Kabbalisten finden wir bei *Ad. Franck* im dritten Teil seines Werkes (S. 261–390) eine ziemlich reichhaltige Parallelensammlung aus platonischen, neupythagoreischen, neuplatonischen Schriften, aus Philo, aus christlichen Urkunden und aus parsischen Werken, zumal aus dem Avesta. Er kommt aber selbst zu dem Resultat, dass die Grundlehren der Kabbalah weder eine Frucht des Platonismus, noch der Lehre Philos, des Neuplatonismus, des Christentums, eines christlichen oder anderen gnostischen Systems sein könnten; einen Einfluss des Parsismus glaubt er eher annehmen zu dürfen, allerdings mit der Maßgabe, dass dessen Lehren jüdisch-monotheistisch umgestaltet worden seien. Franck, als erster Entdecker der letztgenannten Ähnlichkeiten, überschätzt – wie es Entdeckern meistens geht – deren wahre Tragweite und hält zudem die parsischen Quellen für weit älter, als sie bekanntlich sind. Nähere Prüfung ergibt, dass es sich in allem Wesentlichen um ähnliche Ausgestaltungen derselben altorientalischen Grundlage, nicht um einfache Entlehnungen handelt. Das trifft auch hinsichtlich der gnostischen Emanationslehren und sogar hinsichtlich des „Adam kadmon" zu.

Das Wichtigste über die griechischen Philosophenschulen kannten die Kabbalisten aus der jüdischen Religionsphilosophie, und speziell über Aristoteles waren sie durch Maimonides sehr genau unterrichtet. Wenn nun z. B. hinsichtlich der Problemstellung über das Absolute, hinsichtlich der Kategorien und ihrer Zehnzahl, der zehn Sphären usw. sich Parallelen bei Aristoteles usw. finden, so waren das eben Probleme, die jedem jüdischen und nichtjüdischen Religionsphilosophen und Philosophen überhaupt geläufig waren, so dass man eine absichtliche, bewusste Entlehnung aus dem einen oder anderen Philosophen ebenso wenig annehmen darf, als wir uns z. B. bei tausend Gelegenheiten des täglichen Lebens bewusst sind, eine Wendung zu gebrauchen, die aus der Bibel stammt. Übrigens waren die Kabbalisten wie alle bedeutenderen jüdischen Religionsphilosophen ihrer Zeit (in wohltuendem Gegensatz zu manchen modernen), Männer von so umfassender und tiefer Bildung, dass sie selbstverständlich sämtliche religionsphilosophischen Fragen ihres Gebietes beherrschten und nicht allein die jüdische Literatur, sondern auch außerjüdische Anschauungen und Schriften hierüber kannten. Wer die Verwendung dieses wissenschaftlichen Handwerkszeuges in so und so viel „Einflüsse" zerfasern will, der wird vielleicht auch einen „Einfluss" Adam Rieses auf sich spüren, wenn er seine Einnahmen und Ausgaben zusammenrechnet, am Ende sogar arabische Inkubation, da er ja „arabische" Zahlen dabei gebraucht.

Aus *Philo* ließe sich allerdings eine Art kleines kabbalistisches Taschenbüchlein ausziehen, obwohl sicher kein Kabbalist den griechischen Text von Philos Werken gelesen hat und schwerlich eine Übersetzung davon besaß. Auch dass einige seiner Gedanken in den hebräisch-aramäischen Midrasch und in die Religionsphilosophie übergegangen seien, erklärt die Sache noch nicht zur Genüge; dazu sind diese Einzelzüge nicht hinreichend, da es sich für uns um eine Ähnlichkeit philonischer und kabbalistischer *Gesamt*anschauungen handelt. Dass beiden dasselbe altorientalische Gedankenschema zugrunde liegt, ist unbestreitbar. Wir hätten dann ein Beispiel, wie die Eigenart jüdisch-monotheistisch-mystischen Denkens trotz des dazwischenliegenden Zeitraums vieler Jahrhunderte dieselben Probleme in derselben Weise anfasst und erledigt, ähnlich wie z. B. von Paul Deussen die merkwürdigsten Übereinstimmungen zwischen der altindischen Vedanta-Philosophie und modernen philosophischen Systemen nachgewiesen worden sind, obgleich z. B. ein Kant nicht die mindeste Ahnung auch nur von der Existenz jener indischen Weisen und von ihren Schriften gehabt hat. Ein Rassenfanatiker könnte hieraus vielleicht Anlass zu einigen Druckbogen voll Chamberlainerien über die rassenmäßige Bestimmtheit „arischer" oder „semitischer" Denkanlage nehmen. Die Sache lässt sich wohl mit weniger Phantasieaufwand erledigen. In meinem „Babylonisch-Astralen" habe ich bereits darauf hingewiesen, dass sich schon im älteren Judentum – vor und nach Philo, also vor und nach Christi Geburt – eine mystische Schöpfungs- und Gottheitslehre („Ma'aseh bereschith" und „Ma'aseh merkabah") auf altorientalischer Grundlage gebildet hat, deren Grundzüge wir vor und bei Philo und dann zerstreut in Talmud und Midrasch finden – eine Tradition, die bei Philo noch in unbefangener Wiese literarisch ans Licht tritt, während sie später – nach der politischen Zerstreuung, wo es sich um Festhaltung des Monotheismus handelt und dieser daher umso strenger betont wird – nur noch insgeheim ganz gereiften, tiefer veranlagten und forschenden Köpfen von Mund zu Mund mitgeteilt werden darf und daher nur gelegentliche und vereinzelte literarische Spuren durch die Jahrhunderte hindurch sehen lässt, bis sie in der Kabbalistik wieder in größerem Zusammenhang und weiter ausgebaut für uns sichtbar wird.

Als Ganzes betrachtet, ist daher *die Kabbalah durchaus ein Erzeugnis jüdischen Geistes*, und Joel sagt (S. 387) ganz mit Recht: „Das Judentum hat sie aus eigener Kraft erzeugt, d. h. sie ist aus dem Bedürfnis einer (!) tieferen Verständnis der Heiligen Schrift und aus dem Verlangen, mehrfache schwierige, in der jüdischen Theologie sich fühlbar machende Probleme nach Kräften zu lösen, hervorgegangen." – Zuvor (S. 83 ff.) hatte Joel nachzuweisen versucht, dass mit Ausnahme der Lehren von der Seelenwanderung, von der Seelenschwängerung („Ibbur", vgl. in der Zweiten Abteilung den Auszug aus Lurja), der Chiromantie und der Physiognomik fast alle kabbalistischen Hauptlehren sich mindestens keimartig schon im Talmud und Midrasch finden ließen. Er fährt dann (S. 387) fort: „Ihre (der Kabbalisten) Meditationen sind tiefsinnig, ihre Forschungen kühn, doch *immer innerhalb der Schranken der Grundprinzipien des Judentums* sich bewegend. Dass ein großer Fond echt jüdischer Gelehrsamkeit in den Urhebern der Kabbalah sich vorgefunden, dass sie das ganze Gebiet der jüdischen Theologie beherrscht und zahlreiche Hilfsmittel ihnen zu Gebote gestanden haben – wer kann dies bezweifeln? Dass unter diesen Hilfsmitteln auch *wichtige Traditionen aus den ältesten Zeiten* gezählt werden dürfen, dafür ist wenigstens eine große Wahrscheinlichkeit vorhanden." – *Wir* kennen jetzt den Ursprung und die Weiterentwicklung dieser uralten Traditionen besser als dies dem verdienstvollen Forscher 1849 gegeben war, und eine zukünftige Geschichte der jüdischen Mystik verfügt schon heute über genug Material, um sie von Beginn an durch die Jahrtausende hindurch zu verfolgen und zureichend zu schildern.

Bewegt sich aber die Kabbalah (insonderheit der Sohar) wirklich „innerhalb der Schranken der Grundprinzipien des Judentums"? Das Judentum hat bekanntlich keine autoritative Dogmatik, die wir als Maßstab nehmen könnten; nicht einmal die dreizehn Artikel, in welche Maimonides den Hauptinhalt der jüdischen Lehre zu fassen versuchte, sind je als verbindlich anerkannt worden; immerhin aber dürfen Werke oder Geistesrichtungen, die im wesentlichen den Hauptanschauungen der jüdischen Religionsquellenwerke Talmud und Midrasch entsprechen, als wirklich jüdischen Charakters bezeichnet werden. Wenn dabei der Sohar oder ein ähnliches kabbalistisches Werk sich erheblich von gewissen *modernen* „Grundrissen einer systematischen Theologie des Judentums" oder einem der verschiedenen „Wesen des Judentums" unterscheidet, so beweist das mindestens nichts gegen das echt Jüdische der genannten *älteren* Werke! Wer zum ersten Mal in den „eigentlichen" Sohar hineinblickt und zu lesen anfängt, der wird zunächst keinen merklichen Unterschied mit einem der üblichen Midraschwerke späterer Zeit finden. Die speziell als „kabbalistisch" zu bezeichnenden Stücke, von denen die „Auszüge" der Zweiten Abteilung die bemerkenswertesten wiedergeben, fallen vielfach erst dem geübten Verständnis mitten unter dem (erbaulich-auslegenden und die so gewonnenen Gedanken religiös weiterspinnenden) übrigen Inhalte in ihrer Eigenart auf. Auch das mit hebräischen Typen gedruckte jüdisch-deutsche Exzerpt-Werk „Nachlath Z'bi" von *Chotsch* (Dyhernfurth 1786) enthält z. B. fast nur solche Sohar-Stücke. Betrachten wir aber den Inhalt der soeben als „spezifisch kabbalistisch" bezeichneten Bestandteile – sei es auch nur an der Hand der Sohar-Auszüge in der Zweiten Abteilung dieses Buches – so zeigt sich uns auch da nichts, was wir als „unjüdisch" bezeichnen müssten. Die von Joel (s. o.) als nicht aus Talmud und Midrasch belegbaren Lehren von der Hand- und Gesichtsausdrucksdeutung (Chiromantie und Physiognomik) sind kein notwendiger Bestandteil der kabbalistischen Lehre, sondern mehr eine Zukost, die „Ibbur“ (erst von Lurja ausgebaut) ließe sich schließlich auch entbehren, und selbst ohne die Lehre von der Seelenwanderung (die ja nicht einmal eigentümlich jüdisch ist) würde das kabbalistische System bestehen können. – Andererseits befindet sich die kabbalistische Lehre vom Urgrund und Urwillen bzw. der Uridee in Übereinstimmung mit der jüdischen Religionsphilosophie und ist, wenn man sich deren Schriftauslegung zu eigen macht, schon aus dem Alten Testament und aus Talmud und Midrasch herauszulesen. – Die zehn Sephiroth ferner haben u. a. ihren Keim in den zehn Schöpferworten Gottes („Und Gott sprach“ 1. Mose 1), weshalb sie anfangs geradezu „Ma'amaroth“ (Worte, vgl. „Kabbalah“ § 26) heißen, und in den mittels rabbinischer Deutung aus der Bibel gezogenen zehn schöpferischen Potenzen (s. Anm. 36 der Dritten Abteilung); den vier kabbalistischen „Stufenwelten“ entspricht (in aufsteigender Reihe) die talmudisch-midraschische Einteilung: 1. Erde, 2. Zwei untere, kosmische Himmelssphären, 3. Fünf obere, geistige Himmelssphären, 4. Der Raum der über dem All thronenden Gottheit (vgl. mein „Babylonisch-Astrales“ S. 104 u. 34). – Kurz, es sind alle kabbalistischen Grundgedanken in der jüdischen Religionsliteratur wohlfundiert. In *einem* Punkt aber überragt die kabbalistische Lehre alles das, was wir als „systematische Theologie“ des Judentums bezeichnen können und z. T. so bezeichnet finden, zumal die „Theologie“ des Reformjudentums (und zugleich auch die der wahlverwandten christlichen Modernisten): *in der klaren Anschauung einer göttlichen Offenbarungstrinität*!

In dem notwendigen Kampf gegen die Vielgötterei seiner heidnischen Umgebung hatte das Volk Israel sich in seinen geistig führenden Schichten von der bloßen Monolatrie (Verehrung eines Gottes ohne Bestreitung des Vorhandenseins anderer, aber als unvollkommen oder böse betrachteter Götter) zum Monotheismus (zur Anerkennung der Existenz nur eines einzigen Gottes) erhoben. Mögen sich auch in den heidnischen Religionen des Altertums (meist pantheistische) Keime von Monotheismus – oder Überreste eines früheren Monotheismus – finden: so ernst mit dem Monotheismus als das sich immer mehr zum reinen Judentum entwickelnde Israel und als das sich konsolidierende Judentum hat kein anderes Volk es genommen! Die jüdische Religionsphilosophie unternahm es, diesen religiös errungenen einzigen Gott in seinem Wesen wissenschaftlich klar zu machen – schließlich mit dem Erfolg, dass der strenge Monotheismus zum starren Monotheismus, der einzige Gott immer transzendentaler, d. h. außerweltlicher, wurde und es von ihm, dem Absoluten, kaum noch eine Brücke zur Welt gab. Es entstand schließlich ein „arithmetischer“ Monotheismus, der den (wie gleich gezeigt werden wird) uralten Gedanken einer dynamischen Offenbarungstrinität, d. h. eines sich in dreifacher Wirksamkeit offenbarenden – wiewohl dem Wesen nach stets *einen* – Gottes lediglich additionell als Dreigötterei aufzufassen imstande war und ihn daher als „Schittuph“ („Beigesellung“ d. h. Mehrgötterei) strengstens verpönte. Aber je sublimierter, desto steriler war und ist dieser Gott der starren Abstraktion. Sehr schön zeigt der wackere Provinzialrabbiner von Fulda, *Dr. M. Cahn*, in seinem Buch „Die religiösen Strömungen in der heutigen Judenzeit“ (Frankfurt a. M. 1912, S. 238ff.), wie der rein philosophisch gefasste Gottesbegriff der modernen jüdischen Theologie neben der nach „unseren wissenschaftlichen Begriffen“ ewigen, unendlichen, von ihren eigenen Gesetzen gelenkten Materie eigentlich gar keinen Wirkungskreis mehr hat und im ganzen System eigentlich nur noch eine schöne Anstandsphrase ist (S. 285 ff.), seine ganze so genannte „Offenbarung“ aber darin gesehen wird, dass der Mensch von *sich* aus auf diese oder jene mehr oder minder gediegene Idee kommt! – Die christliche „Moderne“, welche den trinitarischen Offenbarungsbegriff „wissenschaftlich überwunden“ hat, befindet sich in derselben Lage. Und es ist auch gar nicht anders möglich. Dieser philosophisch sublimierte Gott ist entweder eine bloße Dekorationsfigur oder aber ein großes X, das sich irgendwie in magischer Weise in das Weltgeschehen einmischt, welches eigentlich auch ohne sein Dasein vorstellbar ist; oder er wird pantheistisch zur Naturkraft oder zum Natursein oder aber ein noch verworrenerer „pan-entheistischer“ Begriff, wie beim seligen Jatho, bei dem er lediglich die Funktion immerwährenden „Strömens“ hat. Demgegenüber ist seit den ältesten Zeiten in der denkenden Menschheit der Gedanke heimisch gewesen, *dass die lebendige, dem Wesen nach eine Gottheit sich in dynamischer Dreieinigkeit offenbare.* Chamberlain, der allerdings falsche Schlüsse auf eine „Natursymbolik“ daraus zieht, sagt über die Tatsache im wesentlichen richtig (Grundlagen des neunzehnten Jahrhunderts, S. 554), dass wir diese, mit Goethe zu reden, „ewig unveraltete dreinamig dreigestaltete“ Gottheit bereits „in den drei Gruppen der indischen Götter, später dann … zu der ausführlichen und ausdrücklichen Dreieinigkeitslehre, der Trimurti, ausgebildet finden“ (Auf die babylonische Trinität hat A. Jeremias allenthalben hingewiesen). Und er fährt fort, dass sich diese Vorstellung „schon früh aufdrängen *musste*“, denn gerade die Dreizahl, „und sie allein, ist weder einem Zufall (wie die von den Fingern entnommene Fünf- oder Zehnzahl), noch eine herausgerechnete Zahl (wie die von den vermeintlichen sieben Wandelsternen entnommene Sieben), sondern sie drückt ein *Grundphänomen* aus, so zwar, dass die Vorstellung einer Dreieinigkeit fast eher eine *Erfahrung* als ein Symbol genannt werden könnte“. Er verweist dann auf die drei Grundformen menschlicher Erkenntnis (Raum, Zeit, Ursächlichkeit), auf die drei Dimensionen des Raumes und der Zeit, auf die drei Aggregatszustände jedes Elementes usw. „Kurz, *die Dreifaltigkeit als Einheit umringt uns auf allen Seiten als ein Urphänomen der Erfahrung* und spiegelt sich bis ins Einzelne wieder.“ Sie sei „auch nicht bloß Symbol, sondern die ganze Natur verbürgt uns die *innere, transzendente Wahrheit eines derartigen Dogmas* und seine Fähigkeit zu lebensvoller Weiterentwicklung.“ – Jedenfalls ersieht man aus diesem Zitat, dass selbst von einem stark rationalistischen Standpunkt aus die dynamische Trinität als Gottesoffenbarung verständlich werden kann. Erst mit der Entwicklung seiner heilsgeschichtlichen Trinitätslehre hat das Christentum nicht allein die metaphysische Fundamentierung, sondern auch seine welterobernde und welterlösende Kraft entfaltet und diese in demselben Maß verloren, als man in den theologischen Studierstuben die Milchmädchenrechnung anstellte, dass 1 nicht 3 sein „könne“ (obwohl 1 dynamisch *immer* 3 war), und demgemäß eine religiöse Wahrheit tunlichst zu vertuschen für gut befand, weil die eigene Flachheit deren Tiefe nicht mehr zu fassen vermochte.

Die Kabbalah macht in ganz anderer Weise mit dem trinitarischen Prinzip Ernst. Es ist in ihrem Gedankenbau geradezu eine *innere Notwendigkeit* und wird für sie zum lebendigen metaphysischen Entwicklungswecker. Die gesamte Offenbarung des Absoluten geschieht hier durchweg *dreifaltig*. Das Absolute selbst ist Urgrund, Uridee, Urwille. Die drei obersten Sephiroth sind die lebendige Offenbarungs- und Schöpfungstrinität.

Die Sephiroth bilden horizontal die drei Reiche der Vernunft, des Willens und der Natur, vertikal die Säule der Gnade, des Rechts und der Mitte, je aus drei Sephiroth bestehend. Aus je zweien geht eine dritte hervor; wie denn die ganze Entwicklung aller Einzelmomente durch die drei Faktoren Thesis, Antithesis, Synthesis erfolgt, wie das auch schon im Buch Jezirah vollbewusst ausgesprochen ist (vgl. unten, Zweite Abteilung A III 1ff., VI 1ff.). Die Dreiteilung (oder besser Dreigestaltigkeit) der Seele ist nicht nur ein Abbild der drei „Reiche" (der Vernunft, des Willens und der Natur), sondern geradezu ein Antitypus der göttlichen Dreifaltigkeit, wie wir diese in Urgrund, Uridee, Urwillen oder auch in der Trias „Kether", „Chochmah", „Binah" sich offenbaren sehen;[29] denn der Mensch ist ja nach (hebräisch sogar: in) dem Bild der Gottheit gemacht! Der wahre Mensch aber ist die Seele (Sohar I 191 a)!
Der Kabbalist ist sich voll bewusst, bei Nennung dieser dynamischen Offenbarungsdreifaltigkeit nicht eine Dreiteilung von *sich* aus in den Begriff der Gottheit hineinzutragen, ein bloßes subjektives Einteilungsprinzip anzuwenden, sondern das *objektive* dreifaltige Wesen der sich offenbarenden Gottheit wiederzugeben. Zum Beweis sei auf drei (in der Zweiten Abteilung ausführlich übersetzte) Stellen hingewiesen; zunächst auf Sohar II 43 b und III 162 a, welche den bekannten Anfangsvers der „Sch'ma"-Formel (5. Mose 6, 4ff.) zum Gegenstand haben: „Höre, Israel, der Herr (Jhwh), unser Gott (Elohenu), ist ein einziger (echad) Herr (Jhwh)". Es wird da an der *erstgenannten* Stelle das Geheimnis der durch diesen dreimaligen Gottesnamen angedeuteten wesenseinigen göttlichen Dreifaltigkeit verdeutlicht „durch das Geheimnis der Stimme: Die Stimme ist für den, der sie vernimmt, *ein* Laut, und doch sind in ihr drei Elemente wirksam: Feuer (Wärme des Atems), Luft (der Hauch des Atems) und Wasser (die Feuchtigkeit des Atems). Trotzdem sind alle diese drei in dem Geheimnis der Stimme eins und können auch nur als eine Einheit aufgefasst werden. So sind auch hier „Jhwh", „Elohenu" und (zweimalig) „Jhwh" eins, drei Formen, die eine Einheit ausmachen". Und die *andere* Stelle sagt nicht minder deutlich: „Es sind (hier) zwei Namen, und noch einer vereinigt sich mit ihnen, alsdann sind es drei. Indem sie aber drei sind, sind sie (doch) eins. Jene zwei sind die zwei Namen „Jhwh" und „Jhwh" im „Sch'ma" (Höre, Israel, usw.), „Elohenu" aber ist der dritte, der sich mit ihnen vereinigt. Und das ist das Siegel der Wahrheit: Alle drei Namen zusammen bilden eine absolute Einheit." – *Drittens* verweise ich auf die Stelle Sohar III 65 über den Vers (2. Mose 3, 14): „Ich bin (Ehejeh), der (ascher) ich sein werde (ehejeh)", der in der Bibel als Erklärung des (im folgenden Vers erstmalig als göttliche Selbstbezeichnung erwähnten) Namens „Jhwh" dient. Hier wird die Dreifaltigkeit der göttlichen Selbstentwicklung aus dem doppelten „Ehejeh" und dem folgenden „Jhwh" gedeutet. Das erste „Ehejeh" bezeichnet die noch

---

[29] *Analogien der Trinität.* Auch die christliche Theologie vergleicht öfters die Dreifaltigkeit in den Äußerungen der menschlichen Seele mit der göttlichen Trinität, aber nur zum Zweck einer annähernden Erläuterung der Einheit in der Dreiheit. So sagt z. B. Augustinus (Über die Trinität IX, 18): „Eine Art Abbild der Trinität bietet der Geist an sich, sein Selbstbewusstsein und die Liebe als drittes, und diese drei bilden eine und dieselbe Substanz"; (X 11:) „Diese drei: Gedächtnis, Verstand und Wille, sind nicht drei Seelenleben, sondern eines, nicht drei Geister, sondern ein Geist, folglich nicht drei Substanzen, sondern eine."

unterschiedslose Gottheit, das zweite die sich in der geistigen, überirdischen Welt, das „Jhwh“ die sich in der Welt der Erscheinungen wirksam zeigende Gottheit!
Diese und andere Belegstellen aus dem Alten Testament für die Erweisung der göttlichen Trinität haben die Kabbalisten mit den alten christlichen Dogmatikern gemeinsam. Wenn man heute behauptet, sie läsen zu viel in diese Stellen hinein, so kann man von den neueren Dogmatikern und Exegeten hinwiederum sagen, dass sie aus solchen Stücken zu wenig herauslesen.
Gleichviel! Trotz dieser Ähnlichkeit wird ein jeder, der sich eingehender in die christliche Trinitätslehre und ihre Entwicklung vertieft hat, zugeben, *dass die kabbalistische und die christliche Dreifaltigkeitslehre* zwei vielleicht in manchen Gedanken parallele, aber ganz selbständig aus uralter Wurzel hervorgegangene, innerlich *ganz selbständig entwickelte Ideenkomplexe* sind, die man lieber nicht in einem Atem nennen sollte.
Ebenso unleugbar ist aber auch folgendes: Wenn diesem fruchtbaren, lebendigen Trinitätsgedanken der Kabbalah in der jüdischen Theologie und Religionsphilosophie mehr Rechnung getragen worden wäre, dann stünde es mit der modernen systematischen Theologie des Judentums nicht so traurig, wie es der Fall ist, ähnlich wie bei der modernistischen christlichen Theologie, die ihren Trinitätsgedanken leichtherzig über Bord geworfen hat, worüber hohle Phrasen in beiden Lagern nicht zu täuschen vermögen.
Den Kabbalisten aber bleibt für immer der Ruhm, auf ihre Weise und nach ihren Kräften Herolde eines der größten Menschheitsgedanken – der Trinitätsidee – gewesen zu sein.

Kabbalistisches Jugendgedicht

des berühmten christlichen Hebraisten

† Professor D. Franz Delitzsch

zu Leipzig

Auf! Entstürm‘ dem finstren Tale,
Zünd‘ am Licht im ew’gen Sein
Prometheisch Ideale,
Dring‘ in Gottes Zentrum ein!

Sei ein Gast beim mag’schen Hymen
Des Ur-Ew’gen mit der Zeit,
Mit des Sinnes festem Riemen
Gürte die Unendlichkeit!

Nimm dem Urbild seine Decke,
Hundertarm’gem Riesen gleich,
Und dein Haupt von Erde strecke
In das höh’re Geisterreich!

Zweite Abteilung: Texte

A.[*] Das Buch Jezirah[30] (Buch von der Weltformung)[31]

Erstes Kapitel

I 1.

In zweiunddreißig[32] geheimnisvollen Bahnen der Weisheit hat Jah, Jhwh der Heerscharen, der Gott Israels, der lebendige Gott und König der Welt, der allmächtige Gott, der Barmherzige und Gnädige, Hohe und Erhabene, ewig (in der Höhe) Wohnende und

---

* In (runden) Klammern stehen erläuternde Zusätze des Übersetzers, in [eckigen] Textstücke von zweifelhafter Echtheit oder vereinzelt auch [Paranthesen] innerhalb (runder) Klammern.

30 Der Übersetzung habe ich im Allgemeinen den Text der Mantuaner Ausgabe von 1562 zugrunde gelegt, wie dies auch Goldschmidt (s. o. Anm. 3) tut, der ihn mit „A" bezeichnet. Die Paragraphenzählung weicht von G. ab, da dieser auch Einschaltungen aus anderen Texten, die er selbst als spätere Einschiebsel anerkennt, dennoch mitzählt. Über die *Grundgedanken* des Buches vgl. die Übersicht in meiner „Kabbalah" (Leipzig 1903), § 18, 19!

31 „*Jezirah*" ist eigentlich *nicht* die „Schöpfung" (wie es meist übersetzt wird) im biblischen Sinne, d. h. die Hervorbringung der materiellen Welt, was vielmehr kabbalistisch mit „Asijjah" bezeichnet wird, sondern die „*Formung*" (Bildung) der dieser Welt zugrundeliegenden Wesenheiten mittels der 10 Zahlen- und 22 Buchstabenprinzipien, so dass also die als derartig „geformt" erwähnten Dinge (z. B. die drei Naturelemente Luft, Feuer, Wasser, ferner Himmel, Erde, Wind, die Sterne, Sternbilder, Wochentage, Monate und Körperteile) eigentlich nicht die materiellen Erscheinungen, sondern deren übersinnliche Formen (Substrate, Dinge an sich, Ideen) bezeichnen. Daher wird im Text unseres Buches das biblische Wort für „(materiell) schaffen" [„bara"] absichtlich vermieden und dafür stets „jazar" (formen, bilden) gesagt. Die „Urschöpfung" der zu dieser „Formung" dienenden ideellen 10 Zahlenkategorien und 22 Buchstabenelemente würde mit dem kabbalistischen Ausdruck „Beriah" zu bezeichnen sein (vgl. in meiner „Kabbalah" § 114–116, 124 die spätere Klassifikation der 4 „Welten").

32 (I 1.) „*Zweiunddreißig.*" Die Zahl 32 kommt eben heraus durch Addition der 10 „Zahlen" und 22 „Buchstaben". Die späteren Kabbalisten bringen zur Erläuterung der Zahl „32" aber noch vieles andere vor, z. B.: 1. Im Schöpfungsbericht (1. Mose 1) kommt im hebräischen Text der Name „Gott" (Elohim) 32 mal vor (bei Luther ist nach dem Urtext zu ergänzen: V. 5 „und *Gott* nannte", V. 28 „segnete sie, und *Gott* sprach"); 2. Vom Gehirn gehen (nach kabbalistischer Anatomie) 32 „Kanäle" (Nervenpaare) aus, vgl. Sohar III 136 a; 3. Der Mensch hat 32 Zähne; 4. Wo in der Heiligen Schrift das (mit „Sephiroth" [vgl. Anm. 36] verwandte) Wort „Sepher" (Buch) zuerst vorkommt, nämlich 1. Mose 5, zählt dieses Kapitel 32 Verse; 5. Die Anfangsbuchstaben der von Adam handelnden ersten fünf Verse desselben Kapitels haben im Hebräischen zusammen den Zahlenwert von 32; 6. Denselben Zahlenwert haben die hebräischen Anfangsbuchstaben der vom ersten Schöpfungstage handelnden selbständigen ersten sechs Sätze des Schöpfungsberichtes (1. Mose 1, 1–5); 7. Die Zahl der „Bücher" des Alten Testamentes in der hebräischen Bibel beträgt ebenfalls 32 (1 Pentateuch, 4 „erste Propheten", 15 „spätere Propheten", 12 Hagiographen); 8. Es gibt 32 Arten des Verstandes (aufgezählt bei Goldschmidt, S. 14f. Anm. 3). – Eine so genannte „Systemzahl" (vgl. vorn Buch Jezirah VI 2 und hier Anm. 39) ist die 32 sonst nicht. Ich habe diese Zahl sonst nur noch gefunden: 1. Bei Cicero, der einmal die Anzahl von „32 Richtern" erwähnt. 2. Vier Monate des elamitischen Venus-(statt Sonnen-)Jahres hatten je 32 Tage.

Heilige, seinen Namen[33] eingegraben. [Geschaffen aber hat er seine Welt durch drei Ur-Zählformen: Zählen, Zählender und Gezähltes.)[34]

I 2.

(Jene zweiunddreißig Bahnen sind:) 10 in sich geschlossene[35] Zahlen (Sephiroth)[36] und 22 Grundbuchstaben[37] (s. u. II 1ff.).

---

33 (I 1.) Durch seinen „*Namen*", der seine Wesenheit ausdrückt, wird er uns offenbar.

34 (I 1.) „*Geschaffen.*" Schon die Anwendung des sonst im ganzen Buch (vgl. Anm. 31) geflissentlich vermiedenen Wortes „bara" (schaffen) macht diesen Satz verdächtig, ferner das sonst nicht in dieser Bedeutung (Ur-Zählformen, Zählprinzipien) vorkommende Wort „Sepharim" (hier = Gezähltes), das sonst nur „Bücher" bedeutet. Vor allem aber scheint dieser Satz erst später aus der jüdischen Religionsphilosophie eingedrungen zu sein, welche im Anschluss an Aristoteles (Metaphysik XII 7) lehrte, dass in Gott „Denken, Denkender und Gedachtes" zusammenfielen (identisch seien) (vgl. z. B. Maimonides, Moreh nebuchim I 68 und vorn „Sohar-Auszüge" V 4). Unser Satz, der dies (weil im folgenden von „Zahlen" die Rede ist) auf das „Zählen" (statt wie sonst auf das Denken, Erkennen oder Wissen) anwendet, scheint mit dieser Betonung der Identität von Subjekt, Objekt und Wirkung in Gott der Annahme vorbeugen zu wollen, als seien diese 32 „Bahnen" gleich Gott von Ewigkeit vorhanden gewesen und von ihm nur zur Weltformung benutzt, nicht aber selber von ihm zu diesem Zweck geschaffen worden. Ihre „Ur-Schöpfung" durch Gott (Beriah, s. Anm. 31) könnte mit dem Ausdruck „bara" angedeutet werden sollen, mit der Maßgabe, dass mit dieser Urschöpfung das sich aus dieser dann entwickelnde Universum („Olam" = Welt) schon im Keim mitgeschaffen sei. Dass aber die „Zahlen" und Buchstaben *geschaffen* seien, steht schon deutlich I 4 (s. Anm. 41).

35 (I 2.) *In sich geschlossene Zahlen (Dekade)*. Für „geschlossene" steht im hebr. Text „b'limah", das der Verfasser offenbar vom Stamm „b-l-m" = „schließen" ableiten will (vgl. I 8: „b'lom picha" = „schließe deinen Mund"). Er meint die Zahlen der *Dekade* von 1 – 10, die insofern ein geschlossenes Ganzes (Elementarzahlen) bilden, als sie in fast allen Zahlwörtern (ausgenommen die für 100, 1000, z. T. auch 10 000) in allen Sprachen und bei allen Zählungen (die nahezu bei allen Völkern nach dem *Zehnersystem* geschahen und geschehen) immer wiederkehren. Ihre allgemeine Verwendung erklärt sich wohl am einfachsten aus der Zehnzahl der zum Zählen gebrauchten Finger, denen zudem 10 Zehen entsprechen (vgl. Jezirah I 3). – „B'limah" bedeutet auch „absolut" und könnte dann besagen, dass die „Zahlen" hier absolute, ideelle Prinzipien (Kategorien) darstellen sollen (vgl. Anm. 31). Die späteren Kabbalisten wollen in diesem Wort ausgedrückt finden, dass diese „Zahlen" eine Emanation (Ausfluss) des Absoluten („En soph") seien. – Aristoteles (Metaphysik I 5) nennt *die Zehn* die „Zahl der Vollendung", weil die Zahlen der ersten Dekade zur Bildung aller anderen Zahlen und Zahlwörter dienen. Schon vorher genoss bei den Pythagoreern die „Tetraktys" (Summe der ersten 4 Zahlen, also die Zehn) ganz besondere Verehrung. Auch im Chinesischen bedeutet „schip-fen" (zehnmal) geradezu „vollkommen"! Eine „*Systemzahl*" von mannigfaltigster Verwendung ist die 10, weil sie aus den „Systemzahlen" (d. h. Zahlen des altorientalischen Astralsystems) 1 + 2 + 3 + 4 gebildet ist. – Pythagoras zählte 10 Welt-*Sphären* (Erde, Gegenerde, Mond, Sonne, Merkur, Venus, Mars, Jupiter, Saturn, Fixsternsphäre), ebenso Hipparch und Ptolemäus. – Biblisch: 10 Gebote, ferner 10 apokalyptische Hörner (Daniel 7, 7; Apokal. 13, 1), der 10. Tag (des 7. Monats = Versöhnungstag, Ezechiel 12, 3; 3. Mose 16, 29), 10 Brüder Josephs (1. Mose 42, 3), 10 Stämme (1. Kön. 11, 31), 10 Zufluchtsstätten (Josua 15, 57), 10 Ellen (2. Mose 26, 27; 1. Kön. 6, 7); ferner ist 10 sehr oft „runde Zahl". – Rabbinisch: 10 Schöpferworte [1. Mose 1 zehnmal „Gott sprach"], 10 Geschlechter von Adam bis Noah, von Noah bis Abraham, 10 Versuchungen Abrahams, 10 Wunder an Israel in Ägypten, 10 am Meer, 10 Plagen für die Ägypter in ihrem Lande, 10 am Meer, 10 Versuchungen [4. Mose 14, 22] in der Wüste, 10 ständige Tempelwunder, 10 am Vorabend des Schöpfungssabbats gemachte Dinge (Pirke Aboth V 1ff..). Beim jüdischen Passah mussten mindestens 10 Personen versammelt sein; diese rituelle Anzahl (Minjan) gilt auch für andere religiöse Verrichtungen der Juden; wo 10 Personen in einer

Stadt wohnten, musste ein Gerichtshof errichtet werden (Megillah IV 3) usw. – Vgl. ferner den „Zehnten" (decima), die römischen Dezemvirn, den Denar usw.; der 10. Tag von der Geburt an war bei den Griechen der Tag der Namensgebung usw. – Vor allem sei noch hingewiesen auf die *zehn* aristotelischen *Kategorien* (Grundbegriffe allen Denkens), nämlich: Wesen (Substanz); Größe (Quantität), Beschaffenheit (Qualität), Verhältnis (Relation); Ort, Zeit, Lage; Haben (Zustand), Tun (Aktivität), Leiden (Passivität). – Man erkennt sofort, dass die Kategorie „Wesen" nicht auf derselben Stufe mit den 9 anderen (in 3 Gruppen zu je 3 geordneten) Kategorien steht, sondern der sie *alle umfassende Oberbegriff* ist, der zu den drei (in ihrer Dreiteilung und der Art ihrer Begriffe gleichartigen) Gruppen anscheinend nur hinzugefügt ist, um die Systemzahl 10, die Zahl der „Vollendung", herauszubekommen. Auffallenderweise findet sich ganz Ähnliches bei den kabbalistischen Sephiroth. Vgl. vorn die erste Abhandlung der Ersten Abteilung.

36 (I 2.) *Sephiroth*. Über die Bedeutungsgeschichte dieses für die Kabbalah so wichtigen Wortes ließe sich wohl ein nicht minder interessantes Buch schreiben, als es das von Diels über das Wort „Element" ist. Ohne den Anspruch zu machen, eine historische Entwicklung zu bieten, gebe ich hier nur einzelne Bedeutungsgruppen des Wortes „Sephiroth" (Mehrzahl) oder „Sephirah" (Einzahl). – 1. *Ableitung vom Wortstamm* „s-ph-r" (saphar), als dessen Grundbedeutung man annimmt: „durch Einritzen oder Einschneiden markieren". Hieraus ergibt sich: a. die Bedeutung „*schreiben*" (Sepher, Siphra = Schrift, Geschriebenes, Buch; Sopher = Schreiber); b. die Bedeutung „*zählen*" (Schnitte ins Kerbholz machen), davon biblisch „S'phar" = Zählung, „Mispar" = Zahl, später „*Sephirah*" = Zählung, Zahl, wie im Buch Jezirah; c. die Bedeutung „erzählen", „künden", wovon „Sephirah" die Nebenbedeutung „Bezeichnung", „*Kategorie*" erhält, die im Buch Jezirah ebenfalls mitklingt. – 2. *Ableitung vom griechischen „Sphaira"* (Kugel, Wölbung, Kreis, Sphäre), das vielleicht seinerseits ein semitisches Lehnwort und verwandt mit dem hebräischen „sch-ph-r" in der Bedeutung „(den Himmel, die Zeltkuppel) *wölben*" ist (vgl. „Schaphrir", Zeltkuppel). Die neben der Baum- und Menschenfigur (vgl. die Abbildung vorn vor der Ersten Abteilung) sehr beliebte Darstellung der Sephiroth als konzentrischer Kreise (vgl. Ezechiel 1, 16!) erinnert an diese Ableitung und zugleich an die 10 *Himmelssphären* des pythagoreischen Weltsystems (s. Anm. 35); vielleicht stehen die Sephiroth ursprünglich auch mit den 7 Planetensphären in Zusammenhang (s. u. Anm. 80). Jedenfalls passt das oftmalige Sohar-Gleichnis (vgl. vorn „Sohar-Auszüge" III 5, XIII 3 b), dass die Sephiroth umeinanderliegende „Schalen" seien, welche „der Gottheit lebendiges Kleid" (vgl. „Sohar-Auszüge" I 1) bilden, vortrefflich zu dieser „Sphären"- Bedeutung, und der Lehnwörter aus dem Griechischen hat ja das Neuhebräische eine Unzahl! – 3. Nur mitklingend kommt wohl die *Ableitung von „Sappir"* (Saphir) in Betracht. Dieser glänzende Stein spielt allerdings schon in dem theosophischen 1. Kapitel des Ezechiel eine bedeutsame Rolle. Sein Name bedeutet (wie „Sohar") „Glanz" (vom hebräischen „sch-ph-r" = glänzen) und passt zu den „Sephiroth" als Abglanz des göttlichen Lichtes und als Lichtsphären. – – Die mannigfache Funktion der Sephiroth sucht der portugiesische Spätkabbalist Rabbi Abraham Kohen *Irira* (starb 1631 in Holland) in seinem Buch „Himmelspforte" (Scha'ar ha-schamajim) durch folgende 32 (vgl. Anm. 32) Beinamen wiederzugeben: (Jedesmal 10) Spiegel der Wahrheit des göttlichen Wesens, Ideen seiner Weisheit, Darstellungen seines Willens, Behältnisse seiner Macht, Instrumente seiner Tätigkeit, Schatzkammern seiner Seligkeit, Verteilerinnen seiner Güte, Richter seines Reiches, Attribute seiner Majestät, unzerstörbare Namen, Finger seiner Hände, Ausstrahlungen, Gewänder, Gesichter, Formtypen, herrliche Heiligtümer, prophetische Offenbarungsstufen, Lehrstühle, Throne, Paradiesabteilungen, Stufen zu ihm hinauf, Stufen von ihm herab, fruchtbare Felder, Grenzen, Lichter, Feuer (alles Böse verzehrend), Arten beseligender Herrlichkeit, geistige Erscheinungsformen, Maße (Worte und Gewichte), Probiersteine, Kategorien. – Eines der vollständigsten Sephiroth-Schemata, in welchem den einzelnen Sephiroth bestimmte Gottesnamen, Engelordnungen, (pythagoreische) Himmelssphären, menschliche Körperteile und Dekalogabschnitte zugeordnet werden, ist das folgende spätkabbalistische.

1. Sephirah „Kether"

Gottesname: Ehejeh („Ich werde sein": 2. Mose 3, 14).
Engelordnung: Chajjoth („Tiere", Ezech. 1, 5 ff.).
Himmelssphäre: Feuerhimmel.
Menschlicher Leib: Gehirn.
Gebote: Ich bin der Herr, dein Gott.

2. Sephirah „Chochmah"

Gottesname: Jah (Jesaia 26, 4).
Engelordnung: Ophanim („Räder": Ezech. 1, 16).
Himmelssphäre: „Erste Bewegung".
Menschlicher Leib: Lunge.
Gebote: Du sollst nicht andere Götter haben usw.

3. Sephirah „Binah"

Gottesname: Jhwh.
Engelordnung: Erellim („Starke": Jes. 33, 7).
Himmelssphäre: Firmament (Rakia: Tierkreis).
Menschlicher Leib: Herz.
Gebote: Du sollst den Namen ... nicht missbrauchen.

4. Sephirah „Chesed"

Gottesname: El.
Engelordnung: Chaschmalim („Glanzwesen").
Himmelssphäre: Planet Saturn.
Menschlicher Leib: Magen.
Gebote: Gedenke des Sabbattages.

5. Sephirah „Geburah"

Gottesname: Eloah.
Engelordnung: Seraphim.
Himmelssphäre: Jupiter.
Menschlicher Leib: Leber.
Gebote: Ehre Vater und Mutter.

6. Sephirah „Tiphereth"

Gottesname: Elohim.
Engelordnung: Schin'annim („Viele").
Himmelssphäre: Mars (oder Sonne).
Menschlicher Leib: Galle.
Gebote: Du sollst nicht töten.

7. Sephirah „Nezach"

Gottesname: Jhwh Zebaoth.
Engelordnung: Tarschischim („Strenge", „Harte").
Himmelssphäre: Sonne (oder Mars).
Menschlicher Leib: Milz.
Gebote: Du sollst nicht ehebrechen.

8. Sephirah „Hod"

Gottesname: Elohe Zebaoth.
Engelordnung: B'ne Elohim („Gottessöhne": Hiob 1, 6).
Himmelssphäre: Venus.
Menschlicher Leib: Nieren.
Gebote: Du sollst nicht stehlen.

9. Sephirah „Jesod"

Gottesname: El chaj („lebendiger Gott").
Engelordnung: Ischschim („Feuerflammen", vgl. Ps. 104, 4).
Himmelssphäre: Merkur.
Menschlicher Leib: Männliches Glied.
Gebote: Du sollst nicht falsch Zeugnis reden.

10. Sephirah „Malkuth"

Gottesname: Adonaj („Herr").
Engelordnung: Cherubim.
Himmelssphäre: Mond.
Menschlicher Leib: Weibliche Scham.
Gebote: Du sollst nicht begehren usw.

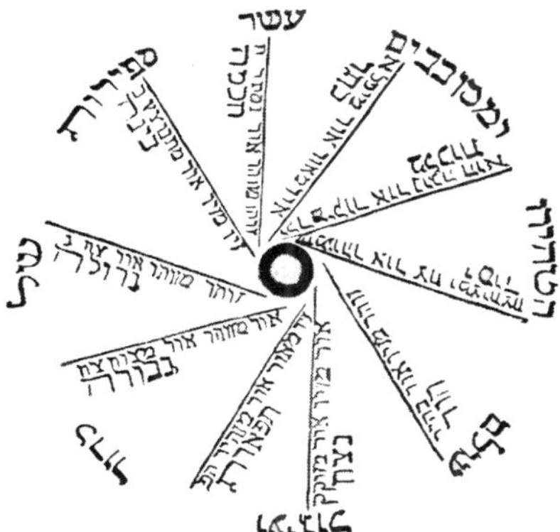

Sternförmige Anordnung der Sephiroth (aus Kabbalah denudata.)

37 (I 2.) *Grundbuchstaben.* Gemeint sind die 22 Buchstaben des hebräischen (und altkanaanitischen) Alphabets. Sie stellen im Gedankengang des Buches Jezirah nicht nur die Elemente der Sprache, sondern zugleich die formativen *Elemente* des Alls, der physischen und geistigen Dinge dar; ihre Verbindungen entsprechen den Komplexen der Dinge, und die Buchstaben z. B. des heiligen Gottesnamens „Jhwh" haben zugleich an seinem (eben durch den Namen dargestellten) Wesen teil und dienen daher (vgl. Buch Jezirah I 13) als weltformative Momente. Wer die verschiedenen Gottesnamen, ihre Buchstabenverbindungen usw. kennt, also ein „Ba'al Schem" ist (vgl. m. „Kabbalah" § 169 ff.), der kann nach kabbalistischer Anschauung, wie ich im II. Band dieses Werkes (Praktische Kabbalah) dartun werde, allerhand „Wunder" verrichten. – die sich hier zeigende außerordentlich hohe Idee von Wesen, Wert und Wirkung der Schriftbuchstaben kann ich gar nicht besser verständlich machen, als indem ich *Eduard Stuckens* Worte aus der „Einführung" zu seinem bewundernswerten Werke über den „Ursprung des Alphabets" (Leipzig, Hinrichs, 1913) anführe: „Durch jede Art Schrift wird Geistiges gebannt. *Es ist das Wunder der Wunder, dass Geist sich einfangen und aufbewahren lässt! ... Diese Kunst, das Ungreifliche, Unbegreifliche zu greifen*, besaß die Menschheit in ihren Uranfängen nicht. Mühselig, stufenweise musste diese Kunst erworben werden. Die Etappen sind Kerbholz und Knoten, Rebusschrift und *Bilderschrift* ... Doch führten alle diese (Bilder-) Schriftarten *nie ein selbständiges Leben*, losgelöst von den Bildern, von denen sie stammten. Auf dem Weg zur Lautschrift kam man nicht über die Silbenschrift hinaus. ... Erst um die Wende des 1. Jahrtausends v. Chr. war es einem *kanaanitischen Volk* vorbehalten, *den geniehaften Gedanken zu fassen* (der uns doch einfach wie das Ei des Kolumbus erscheint), nämlich *mit Buchstaben zu schreiben.* Man kann sagen: *mit der Erfindung des Alphabets begann die moderne Kultur*, die von Hellas und Judäa herkommt. ... Alle europäischen Schriftarten sind vom altkanaanitischen Alphabet hergeleitet; bis nach Indien und Ägypten

I 3.

Zehn in sich geschlossene Zahlen – wie die Anzahl der zehn Finger, und ihr Zusammenschluss zur Einheit sich vermittelnd durch die Lautformung (mittels) der Zunge.[38]

I 4.

Zehn in sich geschlossene Zahlen – zehn und nicht neun, zehn und nicht elf![39] Verstehe mit Weisheit, und sei weise mit Verstand,[40] prüfe mit ihnen und ergründe aus ihnen, stelle die Sache in ihre Klarheit und setze den Bildner an seinen Platz![41]

---

reichte die Ausstrahlung." – Sodann wirft Stucken die wichtigen Fragen auf: „*Warum hat das älteste Alphabet zweiundzwanzig Buchstaben*? Und warum haben die Buchstaben die uns geläufige *Anordnung*? Ist diese willkürlich, oder liegt ihr ein verborgener Sinn zugrunde? *Von wo ist das Alphabet hergenommen*?" Auf diese Fragen gibt sein tiefgründiges Buch bündige Antwort: *Das Alphabet hat astralen Ursprung! Die Anzahl (22), die Reihenfolge und die Benennung der Buchstaben ist hergeleitet von den 22 altorientalischen „Mondstationen"!* – Dass die Buchstabenschrift himmlischen Ursprungs sei, war auch dem vorkabbalistischen Judentum eine geläufige Vorstellung. Die Buchstaben der sinaitischen Gesetzestafeln waren „geschrieben mit dem Finger Gottes" (2. Mose 31, 18; 32, 16; 5. Mose 10, 4), und als Mose die ersten Tafeln im Zorn über den Tanz ums goldene Kalb zerbrach, flogen nach der Meinung der Rabbinen die Buchstaben der göttlichen Schrift wieder gen Himmel zu Gott, wo sie schon (vor ihrer Anbringung auf den Tafeln) gewesen waren. Denn „als Mose in die Höhe gekommen war (um die Gesetzgebung zu empfangen), fand er Gott, wie er Krönlein an die Buchstaben band" (Schabbath 89 a). Über die kabbalistische Vorstellung einer der irdischen entsprechenden *himmlischen Buchstabenschrift* vgl. auch vom „Sohar-Auszüge" XIII a, 1. – Da die vom Finger Gottes geschriebenen Buchstaben der zehn Gebote den Inbegriff der göttlichen „Thorah" bilden, die zugleich ein Abbild des göttlichen Weltplanes ist, so ergibt sich unschwer die Vorstellung, dass die Buchstaben des Alphabets den Elementen des Alls entsprechen. – Bezeichnen wir übrigens nicht auch die chemischen *Elemente* mit den *Buchstaben* des (lateinischen) Alphabets und ihre einzelnen *Kategorien* durch *Zahlen*?

[38] (I 3.) „*Ihr Zusammenschluss* vermittelt sich durch die Lautformung (Millah) der Zunge", d. h. die zehn Einzelzahlen werden ein „geschlossenes Ganzes (eine Dekade), indem die Zunge sie in dem Wort „zehn" zusammenfasst. – Im Text steht dann noch (ähnlich wie Kap. VI Ende): „und durch die Beschneidung (Milah) des Penis", was ich als sinnstörend fortgelassen habe. Der Zusatz ist ganz augenscheinlich nur eine Spielerei mit den Worten „Millah" und „Milah", die im unvokalisierten rabbinischen Text gleich aussehen. – Unter den künstlichen Deutungen dieses Zusatzes ist noch die einfachste die: Wie die Zunge (das Organ der Rede, des Gebets usw.) die Mitte zwischen den ausgestreckten Händen, so bildet der Penis (der Träger des Bundeszeichens der Beschneidung) die Mitte zwischen den ausgestreckten Füßen. – Man sieht ohne weiteres, dass der Zusatzschreiber den Gedanken unseres Paragraphen (dass die Zunge zwischen den Fingern der rechten und linken Hand insofern vermittele, als sie alle sprachlich zur „Zehn" zusammenfasse) gründlich missverstanden und bloß eine örtliche Mittelstellung gedacht hat. – Wie hier von den Sephiroth als Zahlen der Dekade, so wird ja auch von den kabbalistischen Sephiroth immer wieder gesagt, dass sie bei aller Unterscheidung doch stets als eine Einheit aufzufassen seien (vgl. „Sohar-Auszüge" I 1 und 2 u. ö.).

[39] (I 4.) „*Zehn und nicht neun*" usw. diese Hervorhebung, dass es weder mehr noch weniger Zahlen seien, soll auf die Zehn als wichtige *Systemzahl* aufmerksam machen; vgl. IV 5 und V 2!

[40] (I 4.) „*Verstehe mit Weisheit* (Chochmah) und sei weise mit Verstand (Binah)." Das Wortspiel beweist mindestens, dass der Verfasser des Buches Jezirah die Begriffe „Chochmah" und „Binah" (die späteren beiden ersten Sephiroth nach „Kether") schon als wichtige Prinzipien kannte. In Kapitel IV 8 (vgl. IV 1) kommt „Chochmah" mit dem Buchstaben „B" (Anfangsbuchstabe von „Bi-

I 5.

Zehn in sich geschlossene Zahlen – ihr Maß ist zehn, obwohl sie (an sich) unbegrenzt sind[42]: 1. Eine (zeitliche) Abmessung[43] des Vorher, 2. Eine solche des Nachher, 3. Eine (moralische) Abmessung des Guten, 4. Eine solche des Bösen, 5. Eine (vertikale) Abmessung des Hohen, 6. Eine solche des Tiefen, 7. Eine (horizontale) Abmessung des Ostens, 8. Eine des Westens, 9. Eine des Nordens, 10. Eine des Südens. Als einziger Herr aber waltet über ihnen allen Gott, ein wahrhaftiger König, von seiner heiligen Stätte aus in alle Ewigkeit.[44]

I 6.

Zehn in sich geschlossene Zahlen – ihre Ausbreitung ist wie die Sichtbarkeit des Blitzes,[45] ihre Funktion hat kein Ende; aber *sein* Wort ist in ihnen allen bei ihrer Hin- und Herbewegung, und auf *sein* Gebot eilen sie wie Sturmwind, und vor *seinem* Throne liegen sie da.[46]

---

nah“) als weltformende Potenz vor, was wenigstens auf den späteren kabbalistischen Sephiroth-Charakter vorbereitend hindeutet.

41 (I 4.) *„Setze den Bildner an seinen Platz.“* (Vgl. IV 5, VI 8.) Ein energischer Hinweis darauf, dass es nicht blinde Notwendigkeit oder Zufall sei, deren Walten hier geschildert werden solle, sondern zielbewusste weltbildende (formende) Tätigkeit des allmächtigen und allweisen Gottes.

42 (I 5.) *„An sich unbegrenzt.“* An und für sich gibt es unendlich viele Zahlen, in denen die einzelnen Zahlen von 1–10 unendlich oft wiederkehren. Ihre Verwendung also ist unbegrenzt. Aber es sind doch immer wieder dieselben Zahlen von 1–10, und jedes Zählen geschieht immer wieder mittels der ersten Dekade als Zählungsmaß, so dass deren Zahlen allenthalben als geschlossene Einheit wirken.

43 (I 5.) *„Abmessungen.“* Der Begriff der Dimension („Omek“) ist hier in weiterem (als dem uns geläufigen Sinne) gefasst, eben als „Abmessung“. Dass auch auf die Begriffe des *Guten und Bösen* die Form der „Abmessung“ anwendbar ist, ergibt sich schon daraus, dass beide ein *„Übermaß“* haben können, also messbar sind, und dass sie *„Richtungen“ des moralischen Seins* sind wie die anderen Dimensionen sich als solche des zeitlichen und räumlichen Seins erweisen.

44 (I 5.) *„Gott aber ... über sie alle.“* Wiederum (wie I 4, s. o. Anm. 41) energische Betonung des in der Welt selbsttätigen Gottes. Er ist der „Maßgebende“ welcher der Welt, die er geschaffen hat, ständig Maß, Richtung und Ziel gibt. Die Zahlen, Abmessungen usw. walten nicht als blinde Naturnormen oder Naturgesetze, sondern sind *seine Werkzeuge*.

45 (I 6.) *„Ihre Ausbreitung“* – wörtlich „ihr Gesehenwerden“, d. h. der Bereich, in dem sie sich uns zeigen – „ist wie die Sichtbarkeit des Blitzes“, d. h. „wie der Blitz ausgehet vom Aufgang bis zum Niedergang“ (Matth. 24, 27), „auf die Enden der Erde scheinet“ (Hiob 37, 3) und „über den Erdboden hinleuchtet“ (Ps. 77, 19; 97, 4) und wie die „Chajjoth“ (Tiere) der Theophanie Ezechiels (Ez. 1, 15) „hin und her laufen wie der Blitz“, so beherrscht das in der Dekade gegebene Zahlenmaß das ganze All. Aber die Dekade tut dies nicht aus eigener Kraft, sondern durch die Kraft und den Willen *Gottes*! Er, der absolut Endlose, beherrscht ihre unendlich vielen Funktionen.

46 (I 6.) Die Sephiroth (als Zahlen, wie hier, und als dynamische Weltpotenzen überhaupt, wie später) sind eben nur *Werkzeuge, Diener Gottes*, die auf sein Geheiß handeln.

I 7.

Zehn in sich geschlossene Zahlen – ihr Ende ist mit ihrem Anfang zusammengeheftet und ihr Anfang mit ihrem Ende, gleichwie die Flamme mit der Kohle verbunden ist;[47] denn der Herr ist einer, und neben ihm ist nichts Zweites – vor Eins aber was zählst du?[48]

I 8.

Zehn in sich geschlossene Zahlen – schließe deinen Mund, dass er nicht spreche, und dein Herz, dass es nicht grüble;[49] wenn aber dein Herz (dir) davonläuft, so bringe es wieder zur Stelle zurück; denn deswegen heißt es (Hesekiel[=Ezechiel] I 15): „Laufend und zurückkehrend“ – und darum ist das Bündnis geschlossen.[50]

I 9.

Zehn in sich geschlossene Zahlen: *Eins*, der Geist des lebendigen Gottes, gebenedeit und hochgelobt sei sein Name; dies ist der heilige Geist.[51]

I 10.

Zwei: Geist aus Geist;[52] er grub und meißelte darein[53] zweiundzwanzig Grundbuchstaben: drei Mütter, sieben doppelte und zwölf einfache (s. u. II).

---

47 (I 7.) „*Ihr Ende*“ usw. Rein zahlenmäßig betrachtet: Von der Zehn ab geht die Zählung wieder mit eins an. Doch der Vergleich mit der Flamme und der Kohle besagt des Weiteren, dass ihre Einheit zwar ihre Einzelheiten erkennen lässt, aber doch untrennbar ist. Mit demselben Bild veranschaulicht Sohar I 51 a (vgl. vorn „Sohar-Auszüge“ IV 6) „die heilige Einheit“ vom Materiellen bis zum Absoluten.

48 (I 7.) „*Vor eins was zählst du?*“ Die Eins ist die Voraussetzung und der Grund aller anderen Zahlen, ebenso Gott der Urgrund von allem; wie ferner jede andere Zahl noch eine vor sich hat, von der sie sozusagen abhängt, die Eins (echad) aber nicht, so hat auch Gott, der Einzige (echad), nichts, wovon er abhängt oder was ihm gleichstünde; er ist einzig und Ursache seiner selbst! Das hebräische Wort „echad“ bedeutet Eins, Einziger und Einheit zugleich. – Die Kabbalisten fassen den Sinn so: Vor der Eins komme das Nichts („En“); dies bedeute, dass vor der ersten Sephirah (Kether) das „En soph“, die unendliche, absolute Gottheit komme.

49 (I 8.) „*Schließe ... dein Herz*“ vor irreführenden Grübeleien, sondern halte daran fest, dass Gott der in allem diesem Waltende ist. Auch die Spekulation darf nicht uferlos werden. Es ist dies ein schönes Beispiel für den religiös-ethischen Zug, der auch in dem kühnsten Gedankenflug des rabbinischen Denkens wirksam bleibt, während unsere „voraussetzungslose“ Theologie sich dieser Rücksicht zuallererst und grundsätzlich entschlägt.

50 (I 8.) „*Darum ist das Bündnis geschlossen*“, damit wir am Gottesgedanken immer einen „Ort“ haben, wo wir fußen können, um uns nicht in unnütze und schädliche Grübeleien zu verirren.

51 (I 9.) „*Der heilige Geist*“ (Ruach ha-kodesch), die göttliche Lebensmacht, die in der Welt ausgeht und, weil sie Gottes Geist ist, auch göttliche Eigenschaften hat (Ps. 139, 7; Jes. 40, 13; 63, 10; Micha 2, 7), aber hier ebenso wenig wie im Alten Testament persönlich gedacht ist, vielmehr nur als Prinzip. – „*Eins*“: d. h. „die Eins bedeutet“ usw.

52 (I 10.) „*Geist aus Geist.*“ Das hebräische Wort „Ruach“ (weiblich) bedeutet „Geist“, „Luft“ und „Hauch“. Gemeint ist hier die *Stimme*, in welcher die Buchstaben (als Laute) ihren Ursprung haben. Von den späteren Kabbalisten wird diese Stimme als „Logos“ gedeutet und der weltschöpferischen Sephirah „Chochmah“ gleichgesetzt.

53 (I 10.) „*Grub und meißelte.*“ Da es sich in unserem Buch, wie oben (Anm. 31) bemerkt, nicht um die Schöpfung, sondern um die „Formung“ handelt, sind die Ausdrücke für diese passend aus der

I 11.

Drei: Wasser aus Geist;[54] er grub und meißelte darein Wüste und Leere, Schlamm und Lehm.[55] Er grub sie wie eine Art Beet, er meißelte sie wie eine Art Mauer und deckte sie zu wie eine Art Fußboden.[56]

I 12.

Vier: Feuer aus Wasser;[57] er grub und meißelte darein den Thron der Herrlichkeit: die Seraphim, Ophanim, heiligen Tiere und Dienstengel.[58]

I 13.

Fünf: Er versiegelte[59] die Höhe, indem er sich nach oben wandte und sie mit „Jhw"[60] versiegelte. *Sechs*: Er versiegelte die Tiefe, indem er sich nach unten wandte und sie

---

Bildhauerarbeit (Plastik) entnommen. Es werden also eigentlich die Formen oder Typen für die einzelnen, dem Wortlaut nach „*ein*gegrabenen, *ein*gemeißelten" usw. Dinge hergestellt; doch könnte man auch an das Bild des reliefartigen *Heraus*meißelns oder völligen plastischen „*Aushauens*" denken. (Für des Hebräischen Kundige bemerke ich, dass folgende technische Bezeichnungen hierfür sich finden: „rascham" = skizzieren, die Umrisse aufzeichnen; „chakak" = deren Einschneiden oder Eingraben; „chazab" = das tiefe Einhauen, Einmeißeln; „asah" = das Ausarbeiten, Abrunden, Fertigstellen; vgl. Joel S. 206f. – Goldschmidt übersetzt stets unklar). Später wird „Meißeln" überhaupt für „Formen" angewandt, z. B. wenn es im Sohar (III 348 b) heißt: „Es gibt drei Häupter, eines ins andere gemeißelt und eines über dem anderen", was wörtlich genommen überhaupt nicht anschaulich vorstellbar wäre.

54 (I 11.) „*Wasser aus Geist.*" Hier ist „Geist" in der Bedeutung „Luft" gefasst. Aus der Urluft entwickelt sich durch Gottes Wirken das Urwasser, zunächst noch in chaotischem Gemenge, aus dem sich dann Wasser und Erde scheiden (das physikalische Urbild ist der Niederschlag von Wasser aus der Luft).

55 (I 11.) „*Wüste und Leere* (Tohu wa-Bohu), Schlamm (Morast) und Lehm." Unsere übliche Übersetzung „wüst und leer" trifft bekanntlich den Sinn des hebräischen Tohuwabohu nicht ganz; eher schon unser mit diesem Wort verbundener Vulgärbegriff eines Durcheinander, eines Chaos. Die alexandrinische griechische Übersetzung des Alten Testaments (Septuaginta) bietet (1. Mose 1, 2): „Die Erde aber war noch unsichtbar und ungeformt." Im Talmud heißt es (Chagigah 12 a): „Tohu ist ein *grüner Kreis*, der die ganze Welt umringt, von dem die Finsternis herkommt, Bohu sind die *schlammigen Steine*, die in der Tiefe (T'hom) versenkt sind, von denen das Wasser herkommt." – Wegen dieser Wasser (= Geistesklarheit, Verstand) spendenden Eigenart wird „Bohu" von den Kabbalisten ebenso wie „Tohu" auf die Sephirah „Binah" bezogen.

56 (I 11.) „*Wie eine Art Fußboden.*" Es scheinen drei sich steigernde Arten der Festigkeit des aus dem Urwasser abgeschiedenen Erdreiches bezeichnet werden zu sollen: beetartige Aufschüttung, wallartiger Damm, festes Podium.

57 (I 12.) „*Feuer aus Wasser.*" Der physikalische Typus ist die Fähigkeit des Wassers, sich zu erhitzen und als Dunst nach oben zu steigen. Nach Chagigah 12 a besteht der Himmel (Schamajim) aus Feuer und Wasser (Esch u-majim), nach Buch Jezirah III 4 nur aus Feuer.

58 (I 12.) Über diese Gebilde des mystischen Himmels (nach Ezechiel, Kap. 1) vgl. die ausführlichen Erörterungen in meinem „Babylonisch-Astralen". – Die Kabbalisten deuten dieses „Feuer aus Wasser" auf ihre Sephirah „Chesed" (Gedullah).

59 (I 13.) Zu den vier ersten Elementarzahlen, die zugleich vier elementare Urdinge darstellen, treten nun die sechs (bereits I 5 als letzte) erwähnten elementaren örtlichen Dimensionen (2 vertikale und 4 horizontale), die von den Kabbalisten auf die sechs „unteren Sephiroth" bezogen werden. – „*Versiegeln*" ist auch eine Art des Formens, nämlich das Hervorbringen von Gestaltungen mittels

mit „Jwh“ versiegelte. *Sieben*: Er versiegelte den Osten, indem er sich nach vorn wandte und ihn mit „Hjw“ versiegelte. *Acht*: Er versiegelte den Westen, indem er sich nach hinten wandte und ihn mit „Hwj“ versiegelte. *Neun*: Er versiegelte den Süden, indem er sich nach rechts wandte und ihn mit „Wjh“ versiegelte. *Zehn*: Er versiegelte den Norden, indem er sich nach links wandte und ihn mit „Whj“ versiegelte.

I 14.

Dies (also sind die Bedeutungen der) zehn in sich geschlossene(n) Zahlen: (1) der Geist des lebendigen Gottes; (2) Geist aus Geist; (3) Wasser aus Geist; (4) Feuer aus Wasser; (5–10) Höhe, Tiefe, Osten, Westen, Süden, Norden.

Zweites Kapitel

II 1.

Zweiundzwanzig Grundbuchstaben (s. o. I 2): drei Mütter (III 1ff.), sieben doppelte (IV 1ff.) und zwölf einfache (V 1ff.).

II 2.

Zweiundzwanzig Grundbuchstaben – er grub sie ein, meißelte sie ein, er vertauschte (setzte in Beziehung), wog und versetzte sie.[61] Er formte (bildete) durch sie das Wesen alles Geformten und zu Formenden.[62]

II 3.

Zweiundzwanzig Grundbuchstaben – eingegraben in die Stimme, eingemeißelt in die Geistseele[63] [geheftet im Munde an fünf Stellen: ʹA, H, Ch, ʹA an der Kehle; G, J, K, Q

---

eines rollenden Siegelzylinders (wie im Orient) oder eines Siegelsteines (Petschafts). Das Bild ist völlig unzutreffend: die mehr typischen Formen der sechs Dimensionen werden als Siegeltypen, als eine Art Klischees hergestellt, dagegen die individuelleren Formelemente der Luft, des Wassers und des Feuers „ausgraviert und ausgemeißelt“ (I 10–12).

60 (I 13.) „*Jhw*“ usw. Das sind die sechs möglichen Kombinationen oder Umstellungen (vgl. IV 15) der drei ersten Buchstaben des in der Welt wirkenden Gottesnamens „Jhwh“ (unter Weglassung des zweiten „h“).

61 (II 2.) „*Vertauschte, wog, versetzte*.“ Andeutung der Buchstabenoperationen „Zeruph“, „Gematria“ und „Temurah“, worüber ausführlich in meiner „Kabbalah“ § 35–43. Das „Wägen“ bezieht sich auf die Methode „Gematria“, weil bei dieser der *Zahlwert* der einzelnen Buchstaben berechnet und dann dieses Wort durch ein anderes ersetzt wird, dessen Buchstaben zusammen denselben Zahlenwert haben, weil also beide Worte gegeneinander *abgewogen* werden.

62 (II 2.) Diese Worte bestätigen meine Feststellung (Anm. 31 und 53), dass im Buch Jezirah vom „*Bilden*“ und „*Formen*“, aber *nicht* vom „Schaffen“ der Welt die Rede ist. Vgl. auch Anm. 37, wo die 22 Buchstaben bereits als formative Elemente bezeichnet wurden.

63 (II 3.) Über die „Ruach“ als „Geist-Seele“ vgl. schon oben Anm. 28 und vorn Text dazu. Sie ist der Sitz des Wollens und der moralischen Eigenschaften, außerdem aber auch des diskursiven Denkens. – Der Paragraph besagt, dass die *Form* und Bedeutung der Buchstaben der Geistseele (Ruach) eingeprägt sei, ebenso wie ihr *Laut* durch die Stimme reguliert werde und ihre Aussprache durch verschiedene Stellung des Mundes und seiner Organe erfolge.

(hartes K) am Gaumen; D, T, L, N, Th an der Zunge; S, Sz, Z, R, Sch an den Zähnen; B, W, M, P an den Lippen].[64]

II 4.

Zweiundzwanzig Grundbuchstaben – sie sind im Kreis an zweihunderteinunddreißig Pforten geheftet, indem sich der Kreis vorwärts oder rückwärts dreht.[65]

II 5.

Wie [setzte er sie in Beziehung, wog und versetzte er sie]? (Er verband bei der Kreisdrehung, II 4) ʹA mit allen (anderen Buchstaben) und alle mit ʹA; B mit allen und alle mit B; G mit allen und alle mit G (und so weiter), indem sie im Kreise wieder (an die alte Stelle) zurückkehrten.[66] Es findet sich (hierbei), dass die ganze Formung (Weltbildung) und die ganze Sprache (Wortbildung) durch *einen* Namen (nach derselben Methode) erfolgt.[67]

II 6.

Er bildete aus Unform Form und gestaltete Nichtsein zum Sein und meißelte große Stammformen aus flüchtigem Lufthauch.[68]

---

64 (II 3.) Die ganze grammatikalische Belehrung über die Gutturalen (Rachenlaute), Palatalen (Gaumenlaute), Glossalen (Zungenlaute), Dentalen (Zahnlaute) und Labialen (Lippenlaute) gehört nicht notwendig hierher und macht den Eindruck eines sprachgelehrten Zusatzes.

65 (II 4.) „*231 Pforten.*" Die Vorstellung ist die, dass die Peripherie (Umfangslinie) zweier konzentrischer (um denselben Mittelpunkt beweglicher) Kreise jedesmal in 22 gleiche Teile geteilt ist, und dass zu jedem Teilpunkt der Reihe nach ein Buchstabe des Alphabetes gesetzt ist. Im Ruhezustand steht dann das A des größeren Randes neben dem A des kleineren, ebenso B neben B usw. Dreht man nun den einen Kreis vorwärts, oder den anderen rückwärts, so kommt A auf dem einen neben B auf dem anderen, B neben C, C neben D zu stehen, und es ergeben dann, wenn man zwischen AB und BA keinen Unterschied macht, im ganzen 231 verschiedene Kombinationen, die der Verfasser des Buches als zweisilbige hebräische Urwurzeln zu betrachten scheint, gleich den älteren hebräischen Grammatikern, welche für ihre Sprache als das Ursprüngliche zweibuchstabige Wurzeln annahmen (nicht dreibuchstabige, wie die späteren) und mit dieser Annahme ursprünglicher „Biliteralität" wohl auch ganz recht hatten.

66 (II 5.) „*An die alte Stelle*", nämlich in den (in voriger Anmerkung erwähnten) „Ruhezustand" AA, BB usw. Ich leite das hier angewandte hebräische Wort „chalilah" vom Stamm „ch-l-l" ab, der (in der Hiphilform) „anfangen" bedeutet, so dass sich das Wort zu dem gleichbedeutenden „Techillah" verhält wie „senuth" zu „tasnuth" oder „bunah" zu „tebunah".

67 (II 5.) „Durch *einen* Namen." Das bedeutet hier wohl lediglich: „nach derselben Methode", wie sie Anm. 65 beschrieben ist. Die Formen der Dinge wie die Sprachwurzeln entstehen ganz entsprechend.

68 (II 6.) „*Unform*" (Tohu): s. o. Anm. 55; „Form" (Mammasch), eigentlich „Greifbares", Konkretes. – „Nichtsein" d. h. noch nicht Seiendes; denn es handelt sich ja hier nicht um die Schöpfung aus dem Nichts, sondern um die *Formung* von ideell (geistig) schon Geschaffenem. – „Stammformen" (Ammudim) = Haupttypen, da der Verbalstamm „amad" die Bedeutung des Feststehens, Bestandhabens hat. Eigentlich: „Säulen". Dasselbe Bild Sprüche Salomons 9, 1.

Drittes Kapitel

III 1.

Drei Mütter (s. o. II 1): ‘A (א), M (מ), Sch (ש).[69] [b] – Ihr Prinzip ist es (analog folgender Dreiheit): Waagschale des Verdienstes, Waagschale der Schuld und die Zunge als vermittelnde Norm zwischen beiden.[70]

III 2.

Drei Mütter, `A (א), M (מ), Sch (ש)! Ein großes, verborgenes, verhülltes und mit sechs Siegeln verschlossenes Geheimnis![71] Aus jenen (dreien) nun gingen hervor *Luft* (‘Awwir), *Wasser* (Majim) und *Feuer* (`Esch) [sich teilend als männlich und weiblich].[72]

III 3.

Drei Mütter, `A (א), M (מ), Sch (ש) – er grub und meißelte sie ein, er verband sie und formte durch sie drei Mütter in der Welt, drei Mütter im Jahr und drei Mütter im Körper [männlich und weiblich].

---

69 (III 1.) „*Drei*“: vgl. A. Jeremias (Das Alte Testament im alten Orient, 2. Aufl., S. 57f.): „Dreiteilung des Weltalls“ (vgl. m. „Babylonisch-Astrales“ S. 103 f., „Im Reich der Gnosis“ S. 55f.), „entsprechend Dreiteilung des Tierkreises, Dreiteilung des Jahres. Drei große Gestirne (Sonne, Mond, Venus) als Beherrscher des Tierkreises. Daher die beiden (babylonischen) Göttertriaden: Anu, Bel, Ea; Sin, Schamasch, Ischtar. (Vgl. die Triaden der ägyptischen Religion: Kab, Nut, Schu; Hathor mit Sonne und Mond. Altiranisch: Mond, Sonne, Sirius.) Dazu tritt die Trias der göttlichen Emanationen: Apsu, Tiamat, Mummu; Ea, Damkina, Marduk; andererseits: Ea Vater, Marduk Sohn, Nabu Willensverkünden. In der Zeitmessung würden ihr drei Jahreszeiten entsprechen: Frühling, Sommer, Winter (wie bei Homer), ferner die Teilung der Monate in 3 x 9 bzw. 3 x 10 Tage und der Nacht in drei Nachtwachen.“ – Über die Wichtigkeit der hier erstmalig erwähnten „*Waage*“ (Thesis, Antithesis, Synthesis) s. nächste Anm.

b *Hebräische Einsetzungen als Ergänzung vom Verlag. Auch fortfolgend bei den weiteren Buchstaben (D.V.)*

70 (III 1.) „*Waagschale des Verdienstes*“ usw. Das Prinzip des dialektischen Ausgleichs wird an dem geläufigen Bild der Waage klargemacht, mittels welcher Verdienst und Schuld der Menschen abgewogen wird (vgl. Pirke Aboth I 6). Beides sind Gegensätze. Die gerechte Abwägung beider und damit die Vermittlung ihres Widerstreites geschieht durch die Norm der Waagezunge. Ebenso vermittelt die Synthesis zwischen Thesis und Antithesis, die ausgleichende Mittelidee zwischen Satz und Gegensatz.

71 (III 2.) „*Sechs Siegel*“; vgl. Offenb. 5, 1: „Versiegelt mit sieben Siegeln“. – Sechs Siegel sind allerdings schon I 13 erwähnt; ob aber hier die dortigen 6 Kombinationen von „Jhwh“ gemeint sind, welche auch in den 6 Ecken des bekannten kabbalistischen sechseckigen Sternes (sog. „Davidsschildes“) zu stehen pflegen, wage ich nicht zu entscheiden.

72 (III 3.) „*Luft, Wasser, Feuer*“; diese sind I 10 – 12 schon als Kategorien der Elemente erwähnt, hier sind sie die Elementarformationen, aus denen dann (vgl. III 6 ff..) die materiellen Formen hervorgehen. – „Männlich und weiblich“ – ist im Buch Jezirah wohl erst (wie Goldschmidt richtig meint) späterer Zusatz mit Rücksicht auf die große Rolle, die dieser Gegensatz schon im Sohar spielt (vgl. „Sohar-Auszüge“ VI.).

III 4.

Drei Mütter auf der *Welt*: Himmel, Erde, Wind. Der Himmel wurde im Anbeginn aus dem Feuer[73] geformt, die Erde aus dem Wasser, der Wind aus der Luft, die zwischen dem Feuer und dem Wasser vermittelt.

III 5.

Drei Mütter im *Jahr*: Kälte, Wärme, Laues.[74] Die Wärme wurde aus dem Feuer geformt, die Kälte aus dem Wasser, das Laue aus der Luft, die zwischen ihnen (dem Feuer und dem Wasser) vermittelt.

III 6.

Drei Mütter im *Körper*: Kopf, Bauch, Oberleib. Der Kopf wurde aus dem Feuer geformt, der Bauch aus dem Wasser, der Oberleib aus der Luft, die zwischen ihnen (dem Feuer und dem Wasser) vermittelt.

III 7.

Den Buchstaben *'A* machte er (Gott) zum König[75] über die Luft ('Awwir); er setzte ihm eine Krone[76] auf und verband (so) beide miteinander (den Buchstaben und die Luft), und er formte (nun) durch sie den Wind in der Welt, das Laue im Jahr und den Oberleib im Körper [männlich durch 'A, Sch, M; weiblich durch 'A, M, Sch].

III 8.

Den Buchstaben *M* machte er zum König[77] über das Wasser (Majim); er setzte ihm eine Krone auf und verband (so) beide miteinander (M und Wasser), und er formte (nun) durch sie die Erde in der Welt, die Kälte im Jahr und den Bauch im Körper [männlich durch M, 'A, Sch; weiblich durch M, Sch, 'A].

III. 9.

Den Buchstaben *Sch* machte er zum König[78] über das Feuer ('Esch); er setzte ihm eine Krone auf und verband (so) beide miteinander (Sch und Feuer); und er formte (nun) durch sie den Himmel in der Welt, die Wärme im Jahr und den Kopf im Körper [männlich durch Sch, 'A, M; weiblich durch Sch, M, 'A].

---

73 (III 4.) „*Aus dem Feuer*": vgl. Anm. 57!

74 (III 5.) „*Laues.*" Gemeint ist die gemäßigte Jahreszeit, der Frühling, der zwischen Winterkälte und Sommerhitze das Mittelglied bildet. Die Bibel und auch der Talmud (Baba mezia VIII 6) kennen allerdings nur Sommer und Winter, mit Ostern und Laubhüttenfest als Grenzen; für Frühling und Herbst hat die hebräische Sprache überhaupt keine Ausdrücke. Es scheint dies dafür zu sprechen, dass der Verfasser des Buches Jezirah nicht in Palästina oder Babylonien lebte.

75 (III 7.) Der Buchstabe „A" wird als formatives Element in Verbindung mit der Elementarformation „*Awwir*" (Luft, s. o. Anm. 72) gebracht. „*Awwir*" beginnt mit A!

76 (III 7.) Die „*Kronen*" der Buchstaben sind aufrecht stehende Strichelchen (nach Art der „Bismarckhaare") an den Ober-Enden hebräischer Buchstaben. Vgl. oben Anm. 37 gegen Schluss, sowie im Talmud: Menachoth 29 b.

77 (III 8.) „*Majim*" (Wasser) mit „M" beginnend!

78 (III 9.) „*Esch*" (Feuer) mit „Sch" endend!

Viertes Kapitel

IV 1.

Sieben doppelte (Buchstaben, vgl. II 1): B (ב), G (ג), D (ד), K (כ), P (פ), R (ר), Th (ת).[79] Ihr Prinzip ist (analog folgender Siebenzahl, vgl. III 1): Leben, Friede, Weisheit, Reichtum, Anmut, Fruchtbarkeit und Herrschaft.[80]

IV 2.

Sieben doppelte: B (ב), G (ג), D (ד), K (כ), P (פ), R (ר), Th (ת). Sie kommen in zweierlei Aussprache vor: B, Bh, G, Gh; D, Dh; K, Kh; P, Ph; R, Rh; T, Th; in harter und weicher, starker und schwacher Form.[81]

---

79 (IV 1.) Das „R" hat eine harte Aussprache hinten am Rachen (Rachen-R) und eine weichere, mit schnellender Zunge (Zungen-R). – Kabbalistische Erklärer bemerken zu der ganzen Buchstabenzusammenstellung dieser sieben „Doppelten" (in unseren Grammatiken zusammengefasst in das Merkwort BeGaDKePhaTh"), mit „R" könne man aus ihnen herauslesen: „Beged Kap(p)oreth" = „Decke des Gnadenstuhls" (Bundesladendeckels). Die harte und weiche Natur dieser sieben Buchstaben wird ihnen zum Sinnbild der Erweichung der „Strenge" (Geburah) durch die „Gnade" (Chesed) usw.

80 (IV 1.) Die Reihenfolge der sieben Begriffe (hebräisch: Chajjim, Schalom, Chochmah, Oscher, Chen, Sera, Memschalah) ist hier eine andere als bei der Einzelbehandlung IV 8 ff.. Dieselbe Verschiedenheit ist zwischen V 1 und V 7 ff.. zu bemerken, während die III 2 gegebene Anordnung in III 7 ff.. festgehalten wird. – Was die *Namen* der sieben Begriffe anbetrifft, so sind sie dem 3. Kap. der Sprüche Salomons entnommen: „*Leben*" V. 18; „*Friede*" V. 2, 17, 18; „*Weisheit*" (als Weltbildnerin, daher IV 8 vorangestellt) V. 19; „*Reichtum*" V. 16; „*Anmut*" V. 22 (das hebr. „Chen" kommt in der Bedeutung „Wohlgefallen, Gunst" auch noch V. 4 vor); die „*Fruchtbarkeit*" wird V. 8–10 nur geschildert, ebenso V. 11 f. Gottes „*Herrschaft*" über den Menschen. – Sollte der Verfasser in diesen sieben, den Sprüchen entnommenen Begriffen etwa die „*sieben Säulen der Weisheit*" sehen (Spr. 9, 1)? Dann könnte man in diesen sieben Begriffen wohl eine Vorstufe zu den kabbalistischen *zehn Sephiroth* (vgl. Anm. 36) sehen, deren Namen z. T. demselben 3. (und 4.) Kapitel der Sprüche (z. T. dem Psalm 145) entnommen sind; Kap. 3: Chochmah und Binah oder Thebunah V. 13 u. 19; Binah V. 5; Da'ath V. 20; jasad' V. 19; Kap. 4: Chochmah und Binah V. 5 u. 6; Athereth (Krone = Kether) V. 9; Tiphereth V. 9. – Psalm 145: Gedullah V. 3; Geburah V. 4 u. 11; Chesed V. 8; Rachamim V. 9; Hod V. 5; Malkuth V. 11 (Nezach V. 13 dem Sinn nach). – Schon der Sohar deutet unsere sieben Begriffe als Umschreibungen oder Nebenbenennungen einzelner Sephiroth und setzt: Chajjim = Binah; Schalom = Kether; Chochmah = Chochmah; Oscher = Tiphereth; Chen = Chesed (vgl. Sprüche 3, 4); Sera = Jesod; Memschalah = Malkuth. – Man kann sich schwer des Gedankens erwehren, dass tatsächlich *die Anzahl der Sephiroth anfangs nur 7 gewesen* und erst später zu 10 erweitert worden sei, ähnlich wie die I 13 geschilderten sechs Dimensionen der Alten (drei Doppeldimensionen des Raumes) der Systematik zuliebe IV 4 zu sieben und I 5 zu zehn erweitert werden. Es macht auf jeden Fall den Eindruck des Ursprünglicheren, wenn den sieben Schöpfungstagen sieben Erscheinungsformen der weltschöpferischen und welterhaltenden Weisheit (Sprüche 3, 19, s. oben) entsprechen, als wenn die weltbeherrschenden Sephiroth der Zehnzahl der Sphären usw. entnommen oder angeähnlicht werden.

81 (IV 2.) *Starke Form* (mit so genanntem „Dagesch forte", dem Verdoppelungszeichen); also. Bb, gg, dd usw. *Schwache Form*: mit dem so genannten „Dagesch lene", dem Zeichen der mittleren oder „*harten*" Aussprache b, g, d usw. „*Weiche*" Aussprache: bh, gh, dh, kh (ch), ph usw. – Jener gelehrte grammatische Zusatz „stark und schwach" stammt wohl aus späterer Zeit und passt nicht

IV 3.

Sieben doppelte, welche Gegenstücke[82] darstellen. (So ist auch) das Gegenstück des Lebens der Tod, das Gegenstück des Friedens das Böse, das Gegenstück der Weisheit die Torheit, das Gegenstück des Reichtums die Armut, das Gegenstück der Anmut die Hässlichkeit, das Gegenstück der Unfruchtbarkeit die Fruchtbarkeit, das Gegenstück der Herrschaft die Knechtschaft.

IV 4.

Sieben doppelte, entsprechend den sieben Endpunkten der (bekannten) sechs Dimensionen:[83] Oben, Unten, Osten, Westen, Norden, Süden – und der heilige Palast in der Mitte, der alles trägt.[84]

IV 5.

Sieben doppelte, B (ב), G (ג), D (ד), K (כ), P (פ), R (ר), Th (ת) – sieben und nicht sechs, sieben und nicht acht! Prüfe mit ihnen und ergründe aus ihnen, stelle die Sache in ihre Klarheit und setze den Bildner an seinen Platz![85]

---

recht hierher, da er zu dem „Doppelten“ der Aussprache (hart und weich) noch ein *zweites* „Doppeltes“ zufügt und damit den Vergleich IV 3 über den Haufen wirft.

82 (IV 3.) *Gegenstücke*. Sinn: Wie zu „b“ das Gegenstück „bh“ ist usw., so ist zum „Leben“ das Gegenstück der „Tod“ usw. – Im folgenden wird auf diese „Gegenstück“-Natur nicht mehr Rücksicht genommen, sondern nur noch auf die Siebenzahl.

83 (IV 4.) *Die bekannten sechs Dimensionen*. Vgl. I 13 und dazu oben Anm. 60!

84 (IV 4.) *Der heilige Palast*. Der Mittelpunkt, in dem die Linien der (zu einem Stern vereinigten) Dimensionen sich schneiden, von dem alle ausgehen, ohne dass er selbst eine einzelne, bestimmte Dimension ist; gleichwie die Sephirah Kether, der „Urpunkt“, zwar auch zu den Sephiroth zu rechnen ist, aber eigentlich den Inbegriff aller darstellt. – An das Bewusstsein, den „Mittelpunkt der Welt“ (Rückert, Weisheit des Brahmanen XI 17), zu denken, wäre wohl zu moderne Auffassung.

85 (IV 5.) *Sieben und nicht sechs*. Vgl. I 4 und V 2. (Hinweisung darauf, dass es sich um eine „Systemzahl“ handelt.) Außer den hier (IV 6) genannten „Siebendingen“ nennen einige Fassungen noch: Sieben Welten, sieben Meere, sieben Flüsse, sieben Wüsten, sieben Jahre, sieben Erlassjahre, sieben Jobeljahre. – Die Erläuterung aller dieser Vorstellungen würde zu weit führen. Nur in Bezug auf die „sieben Meere“ sei erwähnt, dass diese wohl, dem „dreistöckigen Weltbild entsprechend (vgl. mein „Babyl.-Astrales“, S. 103 f.), ursprünglich als unter den „sieben Erden“ (Anm. 88) befindlich gedacht waren, dann aber wohl (ähnlich wie die „sieben Erdenländer“) auf irdische Meere und Seen (das Wort „jam“ bedeutet beides) bezogen wurden. Schon die Bibel kennt sieben „Meere“: 1. Meer von Kinnereth (See Genezareth), 2. Salzmeer, Steppenmeer, östliches Meer (= Totes Meer), 3. Schilfmeer, 4. Meer der Philister, großes Meer, hinteres Meer (= Mittelmeer), 5. Meer von Ägypten (Rotes Meer?), außerdem werden 6. Euphrat und 7. Nil (vielleicht in Bezug auf ihre Deltas) „Meer“ genannt. – Zur Bedeutung der *Siebenzahl* vgl. noch A. Jeremias (Das Alte Testament im alten Orient, 2. Aufl., S. 59f.): „Die Sieben ist die Zahl des Opferns (3. Mose 4, 6), der Sühne (2. Mose 29, 37), der Rache (1. Mose 4, 15), des Gebets (Psalm 119, 164). Bileam opfert sieben Farren und sieben Widder auf sieben Altären (4. Mose 23, 29). Am siebenten Tag wird Jericho erobert, nachdem sieben Priester sieben Tage lang (am siebenten siebenmal) geblasen haben (Josua 6). Den sieben Wochentagen entsprechen … die Jahrwochen zu 7 bzw. 70 Jahren; daher ihre Bedeutung in der Apokalyptik. Die ‚böse Sieben‘ hängt mit dem 7. Planeten zusammen (Nergal [Saturn], Unterwelt).“ [Ferner: W. H. Roscher, „Die Sieben- und Neunzahl im Kultus und Mythos der Griechen“. Kgl. Sächs. Gesellsch. d. Wissensch., Phil.-histor. Klasse, Bd. 24, 1.] –

IV 6.

Sieben doppelte – er grub und meißelte sie ein, er verband sie und bildete durch sie (sieben) Planeten[86] in der Welt, (sieben) Tage im Jahr und (sieben) Pforten im Körper [und von ihnen aus entwarf er sieben Himmel,[87] sieben Erden[88] und sieben Wochen;[89] deshalb liebte er das Siebente (die Siebenzahl) unter dem ganzen Himmel].[90]

Erinnert sei noch an folgendes: Sieben Farben des Regenbogens, sieben Bitten des Vaterunsers, sieben Worte Jesu am Kreuz, sieben Bußpsalmen, sieben Sakramente der katholischen Kirche, dgl. sieben Todsünden; die Siebenschläfer der Legende; sieben Weise Griechenlands, sieben Weltwunder des Altertums, sieben angebliche Geburtsstädte Homers, sieben Köpfe der lernäischen Schlange; Rom ist auf sieben Hügeln gebaut, Theben hatte sieben Tore, Sieben stritten wider Theben; der siebenjährige und der siebentägige Krieg; siebenhäutig war der Stierschild des Ajax, sieben Arme hatte der Leuchter im jüdischen Tempel (die „Menorah"); sieben Sterne hat der „große Bär", ebenso das Sternbild der Plejaden, sieben ganze Töne weist die Oktaventonleiter auf, sieben Häute die Zwiebel; „Siebenmänner" waren die Führer römischer Auswandererkolonien, „Siebenpriester" hatten die Götterschmäuse herzurichten; sieben Tage dauert der altrömische Leichendienst und die jüdische tiefste Witwentrauer; „siebenen" bedeutet im Hebräischen „schwören"; Jakob dient um seine Frauen je sieben Jahre, neigt sich vor Esau siebenmal; Pharao sah sieben fette und sieben magere Kühe und ebensoviel starke und dünne Ähren; sieben Tage dauerte das Essen des ungesäuerten Brotes sowie das Laubhüttenfest usw. usw. Im Märchen begegnen wir den sieben Schwaben und den Siebenmeilenstiefeln; des Däumlings Eltern haben sieben Kinder, „Sieben kommen durch die ganze Welt", die sieben Raben werden erlöst von der treuen Schwester, und Schneewittchen weilt bei den sieben Zwergen. Der Präsident der Republik hat sieben Amtsjahre, unser militärisches „Septennat" ist allbekannt, sieben Kurfürsten zählte das alte römische Reich deutscher Nation, sieben freie Künste das mittelalterliche Studium, und wer ein „Siebengescheiter" ist, findet wohl noch doppelt so viel „Siebensachen"! – *Setze den Bildner an seinen Platz.*" Vgl. I 4!

86 (IV 6.) *Die sieben Planeten* des ptolemäischen (vor-kopernikanischen) Systems sind der alten Reihe nach: Sonne, Venus, Merkur, Mond, Saturn, Jupiter, Mars (die Erde ist der Mittelpunkt, um den sie sich drehen). Vgl. mein „Babylonisch-Astrales", S. 116ff. und die übrigen dort im Register vermerkten Stellen.

87 (IV 6.) *Sieben Himmel.* Die sieben Planetensphären; vgl. m. „Babyl.-Astrales", S. 24f., 28f., 85, 104, 141, 156.

88 (IV 6.) Da alles Irdische dem Himmlischen genau entspricht, ist hier die Erde, den sieben sich stufenförmig übereinander wölbenden Himmeln entsprechend aus siebenfach untereinanderliegenden Schichten gebildet zu denken. Vgl. Sohar III 9 b f. („Sohar-Auszüge" X b): „Als Gott die Welt schuf, spannte er über ihr sieben Himmel aus und formte *unter unseren Füßen* dieselbe Zahl von *Erden.* Wie jeder von den sieben Himmeln seine besonderen Gestirne und Engelklassen hat, so ist es auch mit den Erden unten."

89 (IV 6.) Sicher darf man die hier genannten „sieben Wochen" nicht für die zwischen Ostern und Pfingsten gelegenen ansehen (wie Goldschmidt, S. 89). Entsprechend den vorher erwähnten „sieben Tagen im Jahr", d. h. den durch das ganze Jahr laufenden sieben Wochentagen, ist hier an kontinuierliche (nicht lediglich einen kurzen Abschnitt im Jahr bildende) Perioden zu denken. Es sind offenbar die sieben „Jahrwochen" (Jahrsiebente, „Sabbatjahre") von einem Jobeljahr zum anderen (3. Mose 25) gemeint. Wir setzen diesen Jobelzeitraum auf 50 Jahre an, die Rabbiner dagegen (vgl. Maimonides, Hilchoth schemittah, Kap. 10) und auch christliche Theologen bis zu Rosenmüller u. a. rechneten 7 x 7 Jahrzehnte = 49 Jahre, wie unser Autor.

90 (IV 6.) „*Liebte er ... Himmel.*" Wie Gott die heilige Siebenzahl bei diesen so bedeutsamen Urgebilden als Norm angewendet hatte, so bevorzugte er sie auch bei der Gestaltung der Erdendinge („unter dem Himmel") und bei seinen Vorschriften über das irdische Tun (vgl. Beispiele in Anm. 85).

IV 7.

Dies sind die sieben Planeten in der Welt: Saturn, Jupiter, Mars, Sonne, Venus, Merkur, Mond;[91] und dies sind die sieben Tage im Jahr: die sieben Tage der Schöpfungswoche; die sieben Pforten im Körper sind: zwei Augen, zwei Ohren, zwei Nasenlöcher und der Mund.[92]

IV 8.

Den Buchstaben *B* machte er (Gott) zum König[93] über die Weisheit; er setzte ihm eine Krone auf und verband beide (B und Weisheit) miteinander, und er formte (nun) durch sie den Saturn in der Welt, den Sonntag im Jahr und das rechte Auge im Körper.

---

91 (IV 7.) Die Reihenfolge der Planeten, nach welcher der Verfasser hier (IV 7ff.) geht, ist an sich ganz die alt-astronomische, oben Anm. 86 wiedergegebene, nur dass hier mit Saturn, statt mit der Sonne begonnen wird. Das Verbindungsschema ist (IV 8 ff..) folgendes:

B	Weisheit	Saturn	Sonntag	Rechtes Auge
G	Reichtum	Jupiter	Montag	Linkes Auge
D	Fruchtbarkeit	Mars	Dienstag	Rechtes Ohr
K	Leben	Sonne	Mittwoch	Linkes Ohr
P	Herrschaft	Venus	Donnerstag	Rechtes Nasenloch
R	Friede	Merkur	Freitag	Linkes Nasenloch
T(h)	Anmut	Mond	Sonnabend	Mund

Abgesehen davon, dass die Buchstaben des Alphabets astrale Beziehungen nicht zu den Planeten, sondern vielmehr nur zu den Tierkreissternbildern bzw. Mondstationen im Tierkreis haben (vgl. Stucken, Der Ursprung des Alphabets, s. o. Anm. 37), so ist hier auch die Zuordnung der Wochentage zu den einzelnen Planeten von dem seit Jahrtausenden üblichen Brauch abweichend. Nach diesem gehört zum:

Sonntag	Sonne
Montag	Mond
Dienstag	Mars
Mittwoch	Merkur
Donnerstag	Jupiter
Freitag	Venus
Sonnabend	Saturn

(Vgl. hierüber ausführlich mein „Babylonisch-Astrales" S. 117). Es macht hier (wie auch anderwärts) den Eindruck, als hätte ein in astronomisch-astrologischer Lehre unerfahrener späterer Bearbeiter, der sich unter dem Einfluss der (gerade im 9. Jahrhundert nach Christus bei den jüdischen Gelehrten neu in Aufnahme gekommenen) jüdischen Sprachwissenschaft mehr für Herstellung grammatischer Allegorien interessierte, *ursprüngliches astrales Material missverstanden und hier unpassend hineinverarbeitet*. In den Bemerkungen zum V. Kapitel (Anm. 111 ff.) wird sich dies z. T. ebenfalls zeigen. – Wieweit sich unser Autor (oder Bearbeiter) bei seinen Kombinationen etwas gedacht haben könnte, suche ich im Folgenden aufzufinden.

92 *(Diese Fußnote fehlt im Original. (D.V.))*

93 (IV 8.) Nach den allgemeinen Erörterungen des Kapitelanfangs beginnen jetzt (wie III 6ff., V. 8ff.) die Einzelkombinationen. – Wie kommt der Buchstabe B zur „Weisheit", zum Sonntag usw.? Mit B fängt der Schöpfungsbericht der Bibel an. Be-reschith (Im Anfang) usw.; B ist also *Schöpfungsbuchstabe*! Die „Weisheit" (chochmah) sahen wir schon früher als *Schöpfungspotenz*; heißt es doch zu Beginn der aramäischen Bibel geradezu (statt Be-reschith): „Be-chuchma" („Mit *Weis-*

IV 9.

Den Buchstaben *G* machte er zum König[94] über den Reichtum; er setzte ihm eine Krone auf und verband (so) beide (G und Reichtum) miteinander, und er formte (nun) durch sie den Jupiter in der Welt, den Montag im Jahr und das linke Auge im Körper.

IV 10.

Den Buchstaben *D* machte er zum König[95] über die Fruchtbarkeit; er setzte ihm eine Krone auf und verband (so) beide (D und Fruchtbarkeit) miteinander, und er formte (nun) durch sie den Mars in der Welt, den Dienstag im Jahr und das rechte Ohr am Körper.

---

heit" schuf Gott usw.)! – Der *Sonntag* ist der *erste Schöpfungstag*, der Tag der Schöpfung des *Lichtes* und seiner Trennung von der Finsternis. – Das *Auge erleuchtet* das Innere des weisen Menschen (Prediger Sal. 2, 14; vgl. Matth. 6, 22); das *rechte Auge* ist das edelste Sinnesorgan (Sacharja 11, 7; vgl. Matth. 5, 29). – Der *Saturn* ist das Gestirn des babylonischen Nergal, das mit der winterlichen *Sonne* (Schamasch) gleichgesetzt wird („Schamasch ist Nergal", Jeremias, A. T. im alten Orient, S. 127).

94 (IV 9.) Wie kommt G zum „Reichtum", Montag usw.? Der hebräische Name des Buchstabens (Gimel) kommt vom Stamm „g-m-l" = zutragen, hinzufügen, kumulieren, vermehren, auch reifen: alles zum Begriff der Fülle, des *Reichtums* passend! – Der hebräische Name des Planeten Jupiter ist „Zedek"; das hebräische „zedakah" aber bedeutet „*Wohltätigkeit*". Es wäre sehr leicht möglich, dass über die als gutes Werk, als „Stütze der Welt" (Aboth I 2) so oft gepriesene, „gemiluth chasadim" (Überhäufung mit Wohltaten) und die fast synonyme (wenigstens sehr verwandte) „zedakah" sich die Ideenverbindung zwischen G und dem Jupiter vollzogen haben könnte; der Orientale ist ja gerade in solchen Ideenverbindungen von einer verblüffenden Gelenkigkeit, wie jeder Kenner der rabbinischen Schrifterklärung in Talmud und Midrasch weiß. Vgl. auch „Sohar-Auszüge" XIV 3! – Der *zweite Schöpfungstag* (Schöpfungsmontag) bringt die Erschaffung des Himmels mit seinen *Wasserschätzen* (Gewässer über der Feste 1. Mose 1, 7) und dem überreichen sonstigen Inhalt der den Rabinnern ja so wohlbekannten „sieben Himmel" (vgl. mein „Babylonisch-Astrales", S. 28f., 34, 85, 104).

95 (IV 10.) Wie kommt D zur „Fruchtbarkeit" (Sera) usw.? D heißt hebräisch „*Daleth*" = Tür; diese ist wie Stucken (Der Ursprung des Alphabets, S. 27) ausführt, das Sinnbild der weiblichen Scham und *Fruchtbarkeit*. D ist der 4. Buchstabe im Alphabet, Daleth die 4. Althebräische Mondstation, der als 4. Ägyptische Station „der Wegöffner" entspricht. Man könnte hier an Ninib (babylonisch = Mars) denken, der am Durchgang des Nibiru haust (A. Jeremias, A. T. im alten Orient, S. 127f). Doch hat der Jezirah-Autor sich den Zusammenhang wohl einfacher gedacht: D = Daleth = Tür = Scheide, Uterus = Fruchtbarkeit. – Der dritte *Schöpfungstag* bringt nicht nur die Scheidung zwischen Feuchtem und Trockenem (wie auch die Tür eine Scheidewand bildet), sondern auch die Schöpfung von „Gras und Kraut, das seinen *Samen* (Sera) aussät, und *fruchtbare* Bäume, die ihre *Frucht* bringen nach ihrer Art und ihren *Samen* (Sera) in sich tragen". Die fruchtbare Erde heißt „adamah" (eigentlich „Rotes, rote, fruchtbare Erde") von „adam" = rötlich sein, daher auch „adam" = Mensch = „Rötlicher" oder „Erdmann". Vom selben Stamm gebildet ist der hebräische Name des Planeten *Mars*: „Ma'adim", der Rötliche! – Ob die Erwähnung des „*rechten Ohres*" in diesem Zusammenhang durch eine Erinnerung an 3. Mose (8, 23ff.) 14, 14ff. veranlasst ist, wo beim (Füllopfer und beim) Aussatzreinigungsopfer dem zu Reinigenden das *rote Blut* (hebr. „dam", mit „adam" verwandt?) ans rechte Ohr usw. gestrichen wird, sei dahingestellt.

IV 11.

Den Buchstaben *K* machte er zum König[96] über das Leben, er setzte ihm eine Krone auf und verband (so) beide (K und Leben) miteinander, und er formte (nun) durch sie die Sonne in der Welt, den Mittwoch im Jahr und das linke Ohr am Körper.

IV 12.

Den Buchstaben *P* machte er zum König[97] über die Herrschaft; er setzte ihm eine Krone auf und verband (so) beide (P und Herrschaft) miteinander, und er formte (nun) durch sie die Venus in der Welt, den Donnerstag im Jahr und das rechte Nasenloch im Körper.

IV 13.

Den Buchstaben *R* machte er zum König[98] über den Frieden; er setzte ihm eine Krone auf und verband (so) beide (R und Frieden) miteinander, und er formte (nun) durch sie den Merkur in der Welt, den Freitag im Jahr und das linke Nasenloch im Körper.

---

96 (IV 11.) Was hat K mit „Leben", Sonne, Mittwoch usw. zu tun? Der hebräische Name des Buchstabens ist „Kaph" = Krümmung, Höhlung, *Wölbung*. – Am *Schöpfungsmittwoch* (vierten Tag) wurden an der Wölbung des Himmels die „Lichter" geschaffen, deren größtes die *Sonne* ist, der Urquell alles irdischen *Lebens*. – Das „linke Ohr" (Goldschmidt träumt: „linkes Nasenloch") ist hier natürlich nur Gegenstück zum rechten Ohr des vorherigen Paragraphen.

97 (IV 12.) Was hat P mit „Herrschaft", Venus, Donnerstag usw. zu tun? Der hebräische Name des Buchstabens ist „Peh" = Mund. Dieser ist das Organ des *Befehlens*, des Herrscherwillens (vgl. Jesaia 52, 15: „dass auch Könige werden ihren Mund gegen ihn zuhalten"). Der Planet *Venus* (Nogah) ist die schon den Juden des Alten Testaments durch „Esther" und „Astarte" (Astaroth) bekannte babylonische Ischtar, die „Himmelskönigin" und „Königin der Sterne". – Das am *Schöpfungsdonnerstag* (fünften Tag) geschaffene „Gewimmel" der Wasser- und Luftwesen wird 1. Mose 1, 28 zuerst als Gegenstand der *Herrschaft* des Menschen genannt. – Der Begriff *atmender* Geschöpfe könnte in Ideenverbindung mit der Erwähnung des (rechten und im nächsten Paragraph des linken) *Nasenlochs* stehen.

98 (IV 13.) Was hat R mit „Frieden", Merkur, Freitag usw. zu tun? Der hebräische Name des Buchstabens ist „*Resch*" = Haupt, Höchstes, Vollendung. – Der am *Schöpfungsfreitag* (sechsten Tag) geschaffene Mensch ist das Haupt, die Krone, die Vollendung des Schöpfungswerkes. Ihm blies Gott den lebendigen Odem in die *Nase*. – „Schalom" (*Frieden*) heißt im Hebräischen zugleich „Vollendung" (Stamm: „sch-l-m" = vollenden): „Siehe da, es war sehr gut" (1. Mose 1, 31). – Durch die Schöpfung des Menschen machte Gott „*Frieden* zwischen den Oberen und Unteren"; denn, so heißt es (Genesis rabba, K. 12): „Gott sprach: Erschaffe ich den Menschen (lediglich) von den oberen (himmlischen) Wesen, so sind diese um ein Geschöpf zahlreicher als die unteren; erschaffe ich ihn von den unteren Wesen, so sind diese um ein Geschöpf zahlreicher als die oberen, und dann entsteht Zwiespalt zwischen den oberen und den unteren Wesen. So will ich ihn denn von den oberen und unteren Wesen zugleich schaffen." (Vgl. weiter darüber mein „Babylonisch-Astrales" S. 46 und Anm. 3 daselbst.) – Für einen rabbinisch Geschulten lag hier auch die Beziehung zum Planeten *Merkur* nicht fern. Merkur ist der babylonische Nebo, der „Schreiber der Geschicke" (a. Jeremias a. a. O., S. 125 f.), der auch bei Ezechiel 9, 2 (a. a. O., S. 126) als „Schreiber Gottes" auftritt. Im Talmud heißt (Schabbath 156 a) der Planet Merkur „Schreiber der Sonne", im Midrasch ist der Engel „*Metatron*" der Sekretarius Gottes (vgl. m. „Babylonisch-Astrales" S. 59, 118 usw.) Er ist als „Metatron über den Wassern" (daselbst S. 153) bei der Weltschöpfung zugegen und tätig und preist (falls er mit dem „Fürsten der Welt" gleichgesetzt werden darf, vgl. a. a.

IV 14.

Den Buchstaben *Th* machte er zum König[99] über die Anmut; er setzte ihm eine Krone auf und verband (so) beide (Th und Anmut) miteinander, und er formte (nun) durch sie den Mond in der Welt, den Sonnabend (Sabbath) im Jahr und den Mund im Körper.

IV 15.

Sieben doppelte – wie verband er sie miteinander? 2 Steine bauen 2 Häuser, 3 Steine bauen 6 Häuser, 4 Steine bauen 24 Häuser, 5 Steine bauen 120 Häuser, 6 Steine bauen 720 Häuser, 7 Steine bauen 5.040 Häuser. [Wenn du dann so immer weiter rechnest, kommst du zu Zahlen, die der Mund nicht mehr auszusprechen und das Ohr nicht mehr aufzufassen vermag.][100]

O., S. 112f.) ähnlich wie die „Morgensterne" (Hiob 38, 7) Gottes *vollendete*, erhabene Schöpfermacht.

99 (IV 14.) Was hat Th (T) mit „Anmut", Mond, Sonnabend und Mund zu tun? Anscheinend sehr disparate Begriffe, und doch im Sinne des Jezirah-Autors sich wohl zusammenfügend! Der hebräische Name des Buchstabens ist „*Taw*" und bedeutet „Zeichen, Handzeichen, *Unterschrift*". Ihm entspricht der *Schöpfungssabbat* (siebenter Tag), wo Gott unter die gesamte Schöpfung gewissermaßen die Unterschrift setzt, indem er den siebenten Tag *segnet* und heiligt. Ebenso wie das gesamte Schöpfungswerk geschieht dieser segnende Abschluss „durch das Wort des Herrn und durch den Hauch seines *Mundes*" (Psalm 33, 6). – Die Bildersprache des *ahronidischen Segens* ist dem Zauber einer klaren *Mondnacht* entnommen (vgl. m. „Babylonisch-Astrales", S. 159), und der Schlussvers dieses Segens (4. Mose 6, 26) schließt im Midrasch den ebenso schönen wie kühnen indirekten Vergleich zwischen Gottes weltbeherrschender Majestät und den *Mondphasen* (a. a. O., S. 161f.). Wird doch (Psalm 89, 38) dem Mond ewige Dauer zugesprochen! Die *Anmut* des Mondes aber drückt der Vergleich aus (Hoheslied 6, 9): „Schön wie der Mond". – Zwischen *Sabbat* und *Mond* besteht auch noch die Gedankenverbindung, dass das „Mondvolk" Israel (a. a. O., S. 159f; vgl. „Sohar-Auszüge" XIII a, 1) zugleich das „Sabbatvolk" ist – ein Gedanke, der selbst den Nichtjuden schon früh so geläufig war, dass der römische Dichter Martial das Wort „Sabbatarier" geradezu als Bezeichnung für „Juden" gebraucht! Und nach Hugo Winckler und Alfred Jeremias ist der Sabbat ursprünglich der *Vollmondstag* gewesen (A. Jeremias, A. T. im alten Orient, S. 187).

100 (IV 15.) Diese arithmetische Bemerkung gehört in gewissem Sinn zu II 4. Dort sind lediglich die Kombinationsmöglichkeiten von zwei unverändert in derselben Reihenfolge bleibenden Buchstabenreihen von 22 Alphabetbuchstaben genannt, wobei AB und BA usw. als dieselbe Kombination gelten. Hier werden – ohne inneren Zusammenhang mit dem zuletzt Vorangehenden, vielmehr zurückgreifend auf einen späteren Zusatz zu IV 6, wo noch steht: „er vertauschte sie" – die Permutationsmöglichkeiten zwischen 1 – 7 Buchstaben erörtert. „Steine" bedeuten hier „Buchstaben", unter „Häusern" sind „Wörter" als Kombination dieser Buchstaben zu verstehen. Gemeint ist die arithmetische Regel, dass 2 Buchstaben zwei Permutationen oder Kombinationen gestatten (A und B = AB und BA), drei Buchstaben 6 Kombinationen ermöglichen wie I 13 mit J, H und W praktisch gezeigt ist. Die (nicht ausgesprochene) Regel ist, dass man die Anzahl der möglichen Kombinationen erhält, wenn man das Produkt der vorangehenden Zahl mit der Zahl der neu zu permutierenden Buchstaben multipliziert. Also 2 Buchstaben = 2 Kombinationen, 3 Buchstaben = 3 x 2 = 6 Kombinationen, 4 Buchstaben = 4 x 6 = 24 Kombinationen, 5 Buchstaben = 5 x 24 = 120 Kombinationen, 6 = 6 x 120 = 720, 7 = 7 x 720 = 5.040 Kombinationen. Bis zu 4 Buchstaben = 24 Kombinationen kommen tatsächlich noch 24 wirkliche hebräische Wortformen heraus. Der Zusatz „Wenn du dann so immer weiter rechnest" ist überflüssig und wohl noch später, da in diesem Abschnitt, der von 7 Buchstaben handelt, die Permutationen über 7 hinaus kein Interesse bieten.

Fünftes Kapitel

V 1.

Zwölf einfache (Buchstaben, vgl. II 1): H (ה), W (ו), S (ז), Ch (ח), T (ט), J (י), L (ל), N (נ), Sz (ס), 'A (ע), Z (צ), Q (ק). Ihr Prinzip ist (analog folgender Zwölfzahl): Sehkraft, Gehör, Geruch, Sprache, Geschmack, Beischlaf, Werktätigkeit, Gehen, Zorn, Lachen, Denken, Schlafen.[101]

V 2.

Zwölf einfache (– zwölf und nicht elf, zwölf und nicht dreizehn)![102] Ihre Art ist die von (folgenden) zwölf Kreissektoren:[103] nordöstlicher, südöstlicher, ostnordöstlicher, ostsüdöstlicher, nordnordöstlicher, nordnordwestlicher, nordwestlicher, südwestlicher, westnordwestlicher, westsüdwestlicher, südsüdwestlicher, und südsüdöstlicher Sektor. [Und sie erweitern sich und verlaufen ins Unendliche, und sie sind die Arme der Welt.][104]

V 3.

Zwölf einfache – er grub und meißelte sie ein, wog, verband und vertauschte sie, und er bildete durch sie zwölf Sternbilder[105] in der Welt, zwölf Monate im Jahr und zwölf Leiter (leitende Organe) im Körper.

V 4.

Zwölf Sternbilder in der Welt: Widder, Stier, Zwilling, Krebs, Löwe, Jungfrau, Waage, Skorpion, Schütze, Steinbock, Wassermann, Fische.[106]

V 5.

Zwölf Monate im Jahr: Nisan, Ijjar, Siwan, Tammus, Ab, Elul, Tischri, Marcheschwan, Kislew, Tebeth, Schebat, Adar.[107]

---

[101] (V 1.) Während die im vorigen Abschnitt behandelten 7 Dinge (IV 1 ff..) *abstrakte* Begriffe waren (Leben, Reichtum usw.), welche gewissermaßen Eigenschaften darstellen, sind die hier angeführten 12 Dinge wesentlich *konkreter* und stellen mehr Handlungen oder das Vermögen zu solchen dar; sie sind sämtlich dem *körperlichen* Bereich entnommen. Über ihre Verbindungen mit den zwölf „einfachen", vom 22buchstabigen Alphabet (nach Behandlung der 3 des dritten und der 7 des vierten Kapitels) noch übrigen Buchstaben vgl. Anm. 111 ff.

[102] (V 2.) Hinweis auf die Eigenart der 12 als bedeutungsvoller Systemzahl. Vgl. o. I 4, IV 5.

[103] (V 2.) Man hat sich einen in 12 gleiche Sektoren geteilten Kreis vorzustellen, die gleichzeitig am Himmel zwölf Teile des Tierkreises abgrenzen, die 12 Sternbilder oder vielmehr deren ungefähre Bezirke.

[104] (V 2.) „*Ins Unendliche ... Arme der Welt.*" Dieser Zusatz bezieht sich mehr auf die Radien als auf die Sektoren!

[105] (V 3.) Die *Zwölf* als Systemzahl hat immer Bezug auf die Sternbilder!

[106] (V 4.) Die in der Übersetzung gebrauchten Namen sind unsere heute üblichen. Die *hebräischen* heißen, wörtlich übersetzt: *Lamm*, Stier, Zwilling, Krebs, Löwe, Jungfrau, Waage, Skorpion, *Bogen, Böcklein, Krug* (Eimer), Fische.

[107] (V 5.) Die *Monatsnamen* stammen aus Babylonien, von wo sie gleich den Engelsnamen aus dem Exil nach Palästina gebracht wurden (vgl. mein „Babylonisch-Astrales", S. 134, 135 Anm. 1 und

V 6.

Zwölf Leiter[108] im Körper: Zwei Hände, zwei Füße, zwei Nieren, Milz, Leber, Galle, Speiseröhre, Magen und Darm.[109] [Zwei grollen (Leber und Galle), zwei sind fröhlich (Magen, Milz), zwei geben Rat (Nieren), zwei werden beraten (Speiseröhre, Darm), zwei rauben (Hände) und zwei jagen (Füße). – Er machte sie nach Art eines Widerstreits (s. u. VI 7f.), er ordnete sie nach Art eines Krieges (desgl.), auch das eine gegen das andere (VI 5) machte Gott.][110]

V 7.

Den Buchstaben *H* machte er zum König[111] über die Sprache; er setzte ihm eine Krone auf und verband (so) beide (H und Sprache) miteinander, und er formte (nun) durch sie den „Widder" in der Welt, den Nisan im Jahr und die rechte Hand am Körper.

V 8.

Den Buchstaben *W* machte er zum König[112] über das Denken; er setzte ihm eine Krone auf und verband (so) beide (W und Denken) miteinander, und er formte (nun) durch sie den „Stier" in der Welt, den Ijjar im Jahr und die linke Hand am Körper.

---

135 f.). Unserer Jahreseinteilung entsprechen sie annähernd folgendermaßen: Nisan (März-April), Ijjar (April-Mai), Siwan (Mai-Juni), Tammus (Juni-Juli), Ab (Juli-August), Elul (August-September), Tischri (September-Oktober, Beginn des jüdischen religiösen Jahres), Marcheschwan (Oktober-November), Kislew (November-Dezember), Tebeth (Dezember-Januar), Schebat (Januar-Februar), Adar (Februar-März).

108 (V 6.) „*Leiter, leitende Organe.*" Im Gegensatz zu den 7 „Körperpforten" (IV 7: Augen, Ohren, Nase, Mund), welche mit geistigen Funktionen in Verbindung stehen, erfüllen diese 12 Organe im wesentlich eine weit niedrigere, körperliche, animalisch-vegetative Funktion: ein ähnlicher Unterschied wie der Anm. 101 bemerkte. – Eigentlich gehörte als Blutfortleiter (Blut-Saug- und Druckpumpe) auch das *Herz* hierher; aber erstens kannte augenscheinlich der Verfasser des Buches Jezirah die erst später entdeckte Theorie des Blutkreislaufes noch nicht, und zweitens berücksichtigt er gerade beim Herzen (VI 1, VI 6) nur kurz dessen ethische Tätigkeit.

109 (V 6.) Die hebräischen Ausdrücke für Darm und Speiseröhre sind von zweifelhafter Bedeutung. Goldschmidt hilft sich mit: Darm, Magen, Mastdarm.

110 (V 6.) [„Zwei grollen" usw.] Wohl späterer Zusatz. Jedenfalls passt der letzte Satz („Er machte sie" usw.) nicht zu dem VI 7 f. Dargelegten.

111 (V 7.) Wieder wie oben im vorigen Abschnitt (vgl. Anm. 80) ist bei der Einzelausführung die Anordnung der behandelten einzelnen Funktionen eine andere als die des Anfangsparagraphen (V 1). – Was hat H mit „Sprache", Widder, Nisan und rechter Hand zu tun? *Widder* und *Nisan* gehören insofern zusammen, als die Sonne im jüdisch-babylonischen Lenzmonat Nisan in das Tierkreiszeichen des Widders tritt. Wenn man sich den Tierkreis auf der Himmelskarte besieht, so liegt der Frühlingspunkt (Widder) im Osten, der Herbstpunkt (Waage) im Westen, der Widder (♈) also *rechter Hand.* – Das H, der *Hauch*, ist der „Geist aus Geist", die *Stimme, Sprache* (s. o. Anm. 52)! Über den *redenden Widder* vgl. A. Jeremias, Das A. T. im alten Orient, S. 69 u. 398!

112 (V 8.) Was hat W mit „Denken", Stier, Ijjar und linker Hand zu tun? Im Ijjar tritt die Sonne in das Zeichen des *Stieres.* Ijjar und *Denken* hinwiederum hängen insofern zusammen, als das Verb „ijjer" die Bedeutung „klarmachen, lehren, zu erkennen, zu denken geben" besitzt; während die Wurzel „schur", von welcher das Wort „schor" (Stier) kommt, u. a. auch „genau hinsehen, erkennen" bedeutet. – Die Verbindung mag gezwungen erscheinen; indessen kommen solche gewaltsame Erklärungen, Gedankenverbindungen und Etymologien in der rabbinischen Exegese so oft

V 9.

Den Buchstaben *S* machte er zum König[113] über das Gehen; er setzte ihm eine Krone auf und verband (so) beide (S und Gehen) miteinander, und er formte (nun) durch sie die „Zwillinge“ in der Welt, den Siwan im Jahr und den rechten Fuß am Körper.

V 10.

Den Buchstaben *Ch* machte er zum König[114] über die Sehkraft; er setzte ihm eine Krone auf und verband (so) beide (Ch und Sehkraft) miteinander, und er formte (nun) durch sie den „Krebs“ in der Welt, den Tammus im Jahr und den linken Fuß am Körper.

V 11.

Den Buchstaben *T* machte er zum König[115] über das Gehör; er setzte ihm eine Krone auf und verband (so) beide (T und Gehör) miteinander, und er formte (nun) durch sie den „Löwen“ in der Welt, den Ab im Jahr und die rechte Niere im Körper.

V 12.

Den Buchstaben ***J*** machte er zum König[116] über die Werktätigkeit; er setzte ihm eine Krone auf und verband (so) beide (J und Werktätigkeit) miteinander, und er formte (nun) durch sie die „Jungfrau“ in der Welt, den Elul im Jahr und die linke Niere im Körper.

---

vor, dass man dem Jezirah-Autor etwas Ähnliches schon zutrauen darf – falls man nicht annehmen will, er habe sich bei dieser Zusammenstellung gar nichts gedacht, was umso wahrscheinlicher ist, als gerade solche Vereinigungen entlegener Begriffe ein Steckenpferd der Rabbiner sind. Vgl. z. B. „Sohar-Auszüge“ XIV 3! – Die *linke Hand* ist nur Pendant zur rechten des vorigen Paragraphen.

113 (V 9.) Was hat S. mit „Gehen“, den Zwillingen, dem Siwan und dem rechten Fuß zu tun? *Zwillinge* und *Siwan* gehören wieder zusammen, weil die Sonne im Siwan in jenes Tierkreiszeichen tritt. Der Name des hebräischen Buchstabens S (Sajin) bedeutet *Waffe*, und dass dieser Begriff mit dem der kämpfenden und rettenden *Zwillinge*, die zur Hilfe *herbeieilen* und *„Erdumwandler*“ heißen, zusammenhängt, das hat Ed. Stucken (Ursprung des Alphabets, S. 24f.) gezeigt. Der Zusammenhang mit dem (antretenden) *rechten Fuß* – man trat im Altertum allenthalben rechts an – ergibt sich von selbst.

114 (V 10.) Was hat Ch mit „Sehkraft“, dem Krebs, dem Tammus und dem linken Fuß zu tun? *Krebs* und *Tammus* gehören zusammen, weil die Sonne im Tammus in das Zeichen des Krebses tritt. Statt des Krebses (Ssartan) finden wir bei astralen Beziehungen fast ständig die im Sternbild des Krebses befindlichen „Esel“ oder die „Krippe“ erwähnt (Stucken a. a. O., S. 25; Jeremias a. a. O., S. 398). Der hebräische Name des Buchstabens („Cheth“) bedeutet: „Pferch, Stall“. – „Esel“ (Chamor) und „Cheth“: Alliteration! – „Esel“ und „Sehen“: Sacharja 9, 9: *„Siehe* … auf einem *Esel.*“ – „Linker Fuß“: Pendant zum rechten des vorigen Paragraphen.

115 (V 11.) Im Monat Ab tritt die Sonne ins Sternbild des *Löwen*. Das Gebrüll des Löwen wird weit *gehört*. Nach Sprüche Salomons 23, 16 kommt den *Nieren* ein *Hören* zu. *„Tuchah*“ (hebräisch = Niere) fängt mit T an.

116 (V 12.) „Ma'aseh“ (hebräisch) = *Tätigkeit, Werk*. „Werk (Ma'aseh) der *Hände*“ (Hiob 1, 10 und öfters) bei der Ernte im *Elul*, wo die Sonne ins Sternbild der *Jungfrau* tritt. – „Linke Niere“ Pendant zur rechten in V 11.

V 13.

Den Buchstaben *L* machte er zum König[117] über den Beischlaf; er setzte ihm eine Krone auf und verband (so) beide (L und Beischlaf) miteinander, und er formte (nun) durch sie die „Waage“ in der Welt, den Tischri im Jahr und die Leber im Körper.

V 14.

Den Buchstaben *N* machte er zum König[118] über den Geruch; er setzte ihm eine Krone auf und verband (so) beide (N und Geruch) miteinander, und er formte (nun) durch sie den „Skorpion“ in der Welt, den Marcheschwan im Jahr und die Milz im Körper.

V 15.

Den Buchstaben *Sz* (S) machte er zum König[119] über den Schlaf; er setzte ihm eine Krone auf und verband (so) beide (Sz und Schlaf) miteinander, und er formte (nun) durch sie den „Schützen“ in der Welt, den Kislew im Jahr und die Galle im Körper.

V 16.

Den Buchstaben *‘A* machte er zum König[120] über den Zorn; er setzte ihm eine Krone auf und verband (so) beide (‘A und Zorn) miteinander, und er formte (nun) durch sie den „Steinbock“ in der Welt, den Tebeth im Jahr und die Speiseröhre im Körper.

V 17.

Den Buchstaben *Z* machte er zum König[121] über den Geschmack; er setzte ihm eine Krone auf und verband (so) beide (Z und Geschmack) miteinander, und er formte (nun) durch sie den „Wassermann“ in der Welt, den Schebat im Jahr und den Magen im Körper.

---

117 (V 13.) Nach einer bekannten Midrasch-Auffassung *lernte* (lamad‘, der Buchstabe L heißt hebräisch „*Lamed*“) Adam laut Hiob 12, 7 von den Tieren den *Beischlaf*. Mann und Frau, die diesen ausüben, bilden (s. vorn: „Sohar-Auszüge“ VI) die „*Waage*“. Ins Sternbild der Waage tritt die Sonne im Monat *Tischri*. Die Beischläferin spaltet ihrem Liebhaber laut Sprüche Salomons 7, 23 die *Leber*, die bei den Alten allgemein als Sitz des Liebestriebes galt, wie bei uns das Herz.

118 (V 14.) Einen Zusammenhang zwischen N („Nun“ = Fisch), Geruch, Skorpion, Monat (Mar-) Cheschwan und Milz („Tachul“) vermag ich nicht zu finden.

119 (V 15.) Die *Galle* heißt „Marah“, was auch „rebellisch, widersetzlich“ bedeutet. Dasselbe bedeutet Nimrod, der „gewaltige Jäger vor dem Herrn“ (1. Mose 10, 9), der stets mit *Orion* gleichgesetzt wird. Das Sternbild Orion heißt hebräisch „K’sil“, was mit dem Monatsnamen *Kislew* zusammenhängt. Im Kislew tritt die Sonne in das Zeichen des „Schützen“ (hebräisch „Kescheth“ = *Bogen*). Gekrümmt wie ein Bogen liegt der Mensch im *Schlaf*, aufgestützt (s-m-ch = S!) auf eine Körperseite.

120 (V 16.) Der Zusammenhang zwischen ‘A („Ajin“ = Auge), Steinbock (G’di), Monat Tebeth (vgl. „Tabja“ = Gemse, Gazelle) und Speiseröhre ist mir nicht erfindlich.

121 (V 17.) Z („*Zadeh*“ = Angelhaken) ist an der Angelrute (Schebet) befestigt. „Schebet“ ist gleichen Stammes mit „Schebat“. Im Monat *Schebat* tritt die Sonne ins Zeichen des *Wassermanns* (hebräisch: „D’li“ = Eimer). Der Eimer ist ein Hohlraum. „Hohlraum“ ist auch die Grundbedeutung von „Kebah“ (*Magen*; Stamm „kub“). Der Magen wird mit Speise *vollgestopft*. (Grundbedeutung von „le’itha“ = *Geschmack* ist: „Sichvollstopfen“.)

V 18.

Den Buchstaben *Q* (K) machte er zum König[122] über das Lachen; er setzte ihm eine Krone auf und verband (so) beide (Q und Lachen) miteinander, und er formte (nun) durch sie die „Fische" in der Welt, den Adar im Jahr und den Darm im Körper.

V 19.

Drei Mütter, welche drei Väter sind,[123] da von ihnen ausgeht Feuer und Luft und Wasser. Drei Mütter, sieben doppelte und zwölf einfache (Buchstaben).

V 20.

[Dies sind die zweiundzwanzig Buchstaben, mit denen der Heilige, Gebenedeite, Jah, Jhwh, der Heerscharen, der lebendige Gott, der Gott Israels, der Hohe und Erhabene, ewig (in der Höhe) Wohnende den Grund legte; hoch und heilig ist sein Name, hoch und heilig ist Er!][124]

Sechstes Kapitel

VI 1.

Drei Väter und ihre Abkömmlinge,[125] sieben Planeten und ihre Heerscharen, zwölf Kreissektoren (s. o. V 2). Einen Beweis für die Sache[126] bilden die (oben behandelten) treuen Zeugen in der Welt, im Jahr und im Körper (III 3 ff., IV 6 ff., V 3 ff.).

VI 2.

Eine Norm[127] ist die Zwölfzahl, die Siebenzahl und die Dreizahl. Ihre Funktionäre[128] sind: (die zwölf Sternbilder) im Tierkreis,[129] der Drache[130] und das Herz.[131]

---

122 (V 17.) „Sch'chok" = *Lachen* heißt eigentlich: Breitziehen des Mundes. Ein solches breitgezogenes Maul haben die *Fische*. Ins Sternbild der Fische tritt die Sonne im Monat *Adar*. Q (K) = hebräisch „*Koph*". Der Stamm „kuph" bedeutet im Hebräischen „beweglich sein, sich kreisförmig umherbewegen" wie die *Fische*. *Koph* ist der Anfangsbuchstabe von „Korkeban" = *Mastdarm*. – Wem diese Versuche einer Gedankenverbindung vernünftig erscheinen, den bitte ich „orientalisch umdenken zu wollen" und die mindestens ebenso gewagten Gedankenverbindungen z. B. in Nr. XIV 2 und 3 der „Sohar-Auszüge" nachzulesen!

123 (V 19.) Die *Mütter* sind „'A, M, Sch", die *Väter* die aus diesen Urformen gebildeten Elemente Luft (Awwir), Wasser (Majim) und Feuer (Esch), vgl. Buch Jezirah III 2.

124 (V 20.) Dieser Segensspruch, der hier so unvermittelt auftritt und den Zusammenhang mit dem folgenden unterbricht, war vielleicht einmal der Schluss des hier aufhörenden Buches Jezirah. Das folgende Kapitel VI macht in der Tat den Eindruck eines späteren Anhanges.

125 (VI 1.) „*Abkömmlinge*": die III 7 ff.. aufgezählten Formationen (Verbindungen) und deren Ergebnisse.

126 (VI 1.) „*Für die Sache*", d. h. wie diese „Nachkommenschaft" zustande kam.

127 (VI 2.) „*Norm*": eine weltformende Systemzahl.

128 (VI 2.) „*Funktionäre*": diejenigen Gestaltungen, durch welche jene Systemzahlen sich wirksam erweisen.

129 (VI 2.) Hier tritt zum ersten Mal der astronomische Name „Galgalah" (auch: „Gilgul") = Tierkreis, Zodiakus auf – eine spätere Bezeichnung, während es V 4 noch einfacher heißt: „Zwölf Sternbilder in der Welt".

VI 3.

[Drei (Mütter: ‘A, M, Sch): Luft, Wasser, Feuer; Feuer oben, Wasser unten und die Luft als vermittelnde Norm zwischen beiden. Und das Zeichen ist: Feuer trägt Wasser. M schweigt, Sch zischt, und ‘A ist eine vermittelnde Norm zwischen beiden.][132]

VI 4.

Der „Drache“ in der Welt ist wie ein König auf seinem Thron; der Tierkreis im Jahr ist wie ein König im Land (umherreisend); das Herz im Körper ist wie ein König im Krieg.[133]

VI 5.

Auch machte Gott das eine gegen das andere: das Gute gegen das Böse und das Böse gegen das Gute.[134] Gutes (kommt) aus Gutem und Böses aus Bösem. Das Gute ermöglicht (durch diese festbestimmte Gegensätzlichkeit) die Ermittlung des Bösen, das Böse die des Guten. Gutes wird aufbewahrt für die Guten und Böses für die Bösen.

---

130 (VI 2.) „*Der Drache*.“ Da die Zwölf sich auf den Tierkreis bezieht, die Drei (nach VI 4f.) auf das Herz, so müsste der „Drache“ etwas mit der Siebenzahl zu tun haben, und zwar, da laut VI 4 „der Drache in der Welt“ (im Weltraum, am Himmel) gemeint ist, nach IV 7 ganz offenbar mit den sieben Planeten! Dass *statt* dieser (die mit dem hoch am Nordpol stehenden Sternbild des Drachens gar nichts zu tun haben, die aber in der ganzen Astralik unlösbar mit der Siebenzahl verbunden sind) hier auf einmal das Sternbild des „Drachens“ auftaucht, scheint auch ein Beweis dafür, dass ein Späterer, astrologisch Unbewanderter diesen Paragraphen geschrieben hat. Ihm ergab sich wohl eine Verbindung zwischen „Drache“ und „Siebenzahl“ aus der Siebenzahl der Sterne im „Großen Bären, der am Himmel nahe beim „Drachen“ steht.

131 (VI 2.) „*Herz*“ und Dreizahl. Im Herzen herrscht: 1. Der gute Trieb, 2. Der böse Trieb, 3. Der Ausgleich zwischen beiden, wie VI 5 geschildert ist.

132 (VI 3.) Der den Zusammenhang zwischen VI 2 und 4 unterbrechende Paragraph ist wohl ganz später Zusatz. – „Feuer trägt Wasser“; ein Paradoxon, dessen Sinn wohl sein soll: Das „Wasser“ ist durch Vermittlung der „Luft“ an das oben befindliche Feuer gewissermaßen angehängt, d. h. mit ihm verbunden. Vgl. Rückert, Weisheit des Brahmanen VIII 23: „Das Wasser strebt hinab, das Feuer strebt hinauf, und zwischen beiden hat die Luft den steten Lauf.“ – Die grammatische Gelehrsamkeit des Schlusssatzes, dass M ein Stummlaut (Muta), Sch ein scharfer Zischlaut (Sibilans) ist und ‘A als Halbvokal zwischen beiden (vermittelnd) steht, ist hier ganz unangebracht.

133 (VI 4.) „*Auf seinem Throne*“; weil das Gestirn „Drache“ am Nordpol thront. – „*Im Lande*“: auch der Tierkreis wandert ja unter und über den Horizont. – „Im Kriege“: vgl. VI 5! – Die kabbalistischen Erklärer deuten folgenden Sinn in den Paragraphen: Gottes Leitung des Weltalls im Allgemeinen gleicht einem König auf seinem Thron, den seine Hofleute, seines Winks gewärtig, umgeben. Gottes Leitung der Sphärenwelt gleicht einem König, der seine Staaten bereist und sich überall seinen Untertanen zeigt, die vom Anblick seiner Majestät zur Bewunderung hingerissen werden. Gottes Leitung der Menschenwelt endlich gleicht einem König im Krieg; denn die göttliche Vorsehung leitet nicht nur die Gegensätze im menschlichen Leibes-Organismus, sondern auch die moralischen Gegensätze im Menschenleben überhaupt, um sie schließlich zur harmonischen Einheit zu führen.

134 (VI 5.) Das Böse ist ja nur etwas Negatives und zur sittlichen Prüfung der Menschen da (vgl. vorn „Sohar-Auszüge“ XIII 2).

VI 6.

[(Bei) drei steht jeder allein für sich.][135]

VI 7.

Sieben sind (folgendermaßen) geteilt: drei gegenüber drei und einer vermittelnd zwischen beiden Parteien.[136] Zwölf stehen im Krieg[137] (und zwar in folgender Gruppierung): drei Freunde, drei Feinde, drei Belebende und drei Tötende.

VI 8.

Drei Freunde: das Herz und die beiden Ohren. Drei Feinde: die Galle, die Leber und die Zunge. Drei Belebende: die beiden Nasenlöcher und die Milz. Drei Tötende: die beiden (unteren) Leibesöffnungen und der Mund.[138] Gott aber, ein wahrhaftiger König, waltet über ihnen allen.[139]

---

135 (VI 6.) Gemeint ist: Wenn drei Kämpfer wie die Winkel eines gleichseitigen Dreiecks dastehen, so hat keiner einen helfenden Nebenmann an der Seite (wie wenn, im Fall von VI 7 Anfang, drei und drei einander in zwei Reihen gegenüberstehen), sondern jeder kämpft auf seine Faust bald gegen den einen, bald gegen den zweiten Gegenüberstehenden. Das ganze Bild ist schief und passt nicht zu der Darstellung von VI 5, wo Gutes und Böses miteinander streiten und Gott eine Vermittlung bewirkt, was übrigens auch schon nicht ganz klar gedacht und ausgeführt ist. – Unter völliger Verkennung des Umstandes, dass hier von einem *Streit* die Rede ist, und unter Vergewaltigung der Grammatik hat man christlicherseits (vgl. dazu Mayer, Anm. 3) in die konfusen Worte den Sinn hineindeuten wollen: Die göttliche Trinität bildet zwar eine Einheit, besteht aber aus drei Personen!

136 (VI 7.) Der einfache Sinn ist der: Wenn drei gegen drei kämpfen, so ist das ein bloßer Streit, bei dem noch ein dazwischentretender Siebenter vermitteln kann. Wenn dagegen zwölf kämpfen, so ist das schon ein Kampf, ein kleiner Krieg, da muss (VI 8 Ende) Gott den Zwist schlichten. Bei „Zwölf" sucht der Verfasser wenigstens zu sagen, was für Kämpfende er meint, obgleich er hier ganz *andere* Körperteile anführt als die V 6 genannten „Zwölf"; bei „Sieben" vergisst er überhaupt, was für Streitende er sich etwa denkt.

137 (VI 7.) Der „Krieg" ist hier so gedacht, dass die Kämpfenden ein Quadrat bilden, auf dessen Seiten je drei Kämpfer stehen. Wie diese miteinander kämpfen, wird nicht klar, am wenigsten durch den Zusatz: „drei Freunde, drei Feinde, drei Belebende, drei Tötende".

138 (VI 8.) Das „Herz" passt gar nicht hierher, da es VI 5 ganz anders (selbst als Kampfplatz) gedeutet ist. Die „*Ohren*" sind friedlich; denn sie hören nur, handeln aber nicht, am wenigsten gar feindlich. Aber das Herz kann doch nicht nur böse Gedanken hegen (VI 5), sondern auch hassen und zu feindlicher Tat reizen! Die „Galle" ist bitter, also feindlich, ebenso die „Leber" als Sitz des Zornes oder Ärgers, und die Zunge vermag böse Worte zu formen. Die „Nasenlöcher" sind als Eingangspforten des Lebensatems „belebend", wieso aber die Milz? Die beiden „Leibesöffnungen" (Genitalöffnung und After) sind schwer als „tötend" vorzustellen; die Genitalöffnung gilt sonst vielmehr als Lebensquelle (vgl. vorn „Sohar-Auszüge" XIV 2 gegen Ende). Der „Mund" kann durch böse Reden „töten"; aber das gilt doch ebenso von der kurz zuvor erwähnten Zunge! – Das Ganze erscheint sehr konfus und als ein Zusatz eines nicht recht „im Bilde" befindlichen Späteren.

139 (VI 8.) Hier sehr unklare Nachahmung von I 5!

VI 9.

Eins über drei, drei über sieben, sieben über zwölf! Aber alle hängen (trotz der Gegensätze doch wiederum) eng zusammen.[140]

VI 10.

Und alldieweil Abraham,[141] unser Vater – Friede über ihm! – mit Seheraugen[142] schaute und betrachtete, grübelte und einsah, meißelte und eingrub (d. h. seine Kenntnisse immer mehr vertiefte), verband und formte und (alles dies) ihm gelungen war, da offenbarte sich ihm der Heilige, Gebenedeite (Gott), setzte ihn auf seinen Schoß, küsste ihn auf sein Haupt, nannte ihn (Abraham) seinen Freund und schloss ein Bündnis mit ihm und seinem Samen [wie geschrieben steht: „Und Abraham glaubte an Gott, und dies wurde ihm zur Gerechtigkeit gerechnet“],[143] und er schloss mit ihm ein Bündnis (durch ein Zeichen, das da steht) zwischen den zehn Fingern seiner Hände – dies ist die Zunge – und zwischen den zehn Zehen seiner Füße – das ist die Beschneidung[144] – und er band ihm (die) zweiundzwanzig Buchstaben an seine Zunge[145] und offenbarte ihm ihren Grund (ihr Geheimnis).[146] Er zog sie hinein ins Wasser, glühte sie im Feuer, ließ sie rauschen in der Luft (im Wind), ließ sie strahlen in den sieben (Planeten) und führte sie einher in den zwölf Tierkreisbildern.[147]

(Schluss des Buches Jezirah.)

---

[140] (VI 9.) In dem Zusammenhang, wie er hier steht, ist der Paragraph sehr unklar. Man hat ihn (im späteren kabbalistischen Sinne) u. a. so gedeutet: Die Einheit des göttlich Absoluten (En soph) steht über der Dreiheit der höchsten Sephiroth (Kether, Chochmah, Binah), diese wiederum über der Siebenzahl der unteren Sephiroth (Chesed bis Malkuth) und diese, als immer noch rein geistige Potenzen, stehen wiederum über den durch die Zwölfzahl des Tierkreises beherrschten, nicht mehr rein geistigen unteren Bezirken bis zum Materiellsten hinab. – Im Sinne des Buches Jezirah aber kann der Paragraph wohl nur bedeuten: 1 = die über jede Zahl erhabene göttliche Einheit, die auch (I 5) über den zehn Sephiroth waltet, welche als Kategorien nur göttliche Wirkungsformen darstellen, aber in ihrer „Geschlossenheit“ ebenfalls eine Einheit bilden. Diese Einheit herrscht über die durch die 22 Buchstaben dargestellten Elemente der Dinge, und zwar zunächst über deren höchste Gruppe, die 3 „Mütter“ (III 1 ff..), sodann über die nächstuntere Stufe, die 7 „Doppelten“ (IV 1ff) und ebenso über die letzte Stufe, die 12 „Einfachen“ (V 1ff).

[141] (VI 10.) „*Abraham*“ galt als Verfasser des Buches Jezirah oder wenigstens als Vermittler der in dieser Schrift niedergelegten Überlieferungen. Vgl. Anm. 6 Ende!

[142] (VI 10.) Ich übersetze frei nach der Lesart: „We-kiun sche-zaphah“. Schon 1. Mose 20, 7 wird Abraham „Seher“ (Prophet) genannt.

[143] (VI 10.) 1. Mose 15, 10; vgl. im N. T.: Römer 4, 3. Das Zitat passt nur nicht in den Zusammenhang.

[144] (VI 10.) Vgl. I 3 und Anmerkung 38!

[145] (VI 10.) Es sind hier natürlich nicht bloß die Zungenlaute (II 3 und Anm. 64) gemeint, sondern dass Gott den Abraham die 22 Buchstaben aussprechen lehrte. Der Verfasser rechnet also von Abraham an das Bestehen der hebräischen Buchstabenschrift.

[146] (VI 10.) Vielleicht ist statt „Grund“ (Grundlage, Beschaffenheit usw.: Jesod) besser zu lesen „Sod“ = Geheimnis, nämlich ihre im Buch Jezirah beschriebene mystische Bedeutung, Verbindung usw.

[147] (VI 10.) Schwungvolle summarische Inhaltsangabe von III 1 ff., IV 1 ff., V 1 ff..

Kreisförmige Anordnung der Sephiroth.
(Aus dem ersten Druck des Buches Jezirah, Mantua 1562.)

B. Auszüge aus dem Sohar

(Systematisch geordnet.)[148]

I. Zwei Kernstücke

1. Das Gebet des Propheten Eliah.*

Herr der Welten, einzig bist du, erhaben über Zahl und Maß, aller Hohen Höchster, aller Verborgenen Verborgenster, in keinen Begriff zu fassen! Zehn Formen – Sephiroth[36] nennen wir sie – brachtest du hervor,[7] mit ihnen zu regieren die verborgenen und unsichtbaren wie die sichtbaren Welten.[148] In diese Formen hüllst du dich,[149] und weil du in ihnen bist, bilden sie eine vollendete Einheit, und jeder, der sie getrennt vorstellt, gilt, als stellte er sich in dir selbst eine Vielheit und Verschiedenheit[150] vor. Sie unterliegen dialektischer Entwicklung: erscheint die eine lang (wie die Langmut), eine andere kurz (wie die Strenge),[151] so ist eine dritte mittel (wie die versöhnende Vermittlung zwischen jenen). Du aber bist es, der sie regiert; du selbst jedoch wirst von nichts regiert und von keiner Seite beeinflusst. – Diesen *Sephiroth* hast du (die unteren Welten als) Hüllen bereitet, die den Seelen als Durchgangsstationen (nach oben) dienen. Du hast sie auch (wie) mit Körperlichkeit umschlossen: Ihre Gesamtheit ist den Teilen des Menschenleibes vergleichbar. Dann gleicht die „*Krone*“ (Sephirah Kether) dem Scheitel, die „*Weisheit*“ (Chochmah) dem Gehirn, der „*Verstand*“ (Binah) dem Herzen, die „*Gnade*“ (Chesed) dem rechten, die „*Strenge*“ (Geburah) dem linken Arm, die „*Schönheit*“ (Tiphereth) dem Rumpf, der „*Sieg*“ (Nezach) der rechten, der „*Ruhm*“ (Hod) der

---

148 „*Verborgene und sichtbare Welten.*“ Die „verborgenen“ (unsichtbaren, idealen) sind „Aziluth“, „Beriah“ und „Jezirah“ (vgl. vorn Erste Abteilung, erste Abhandlung, II 2); die sichtbaren sind unsere materielle Welt „Asijjah“ sowie die früher geschaffenen Welten (vgl. „Sohar-Auszüge“ VII).

* Sowohl die mit römischen, wie die mit deutschen Ziffern bezeichneten *Überschriften* dieser ausgewählten Stücke stammen nicht aus dem Sohar, sondern sind von mir hinzugefügt.

36 Wiedergabe wie im Original – s.o. Anmerkung 36 (D. V.)

7 Wiedergabe wie im Original – s.o. Anmerkung 7 (D. V.)

148 Wiedergabe wie im Original – s.o. Anmerkung 148 (D. V.)

149 „*Hüllst Du Dich.*“ Vgl. „Sohar-Auszüge“ III 5, XIII 3 b. Die Sephiroth sind hier als „Schalen“ oder „Hüllen“ gedacht, welche das „En soph“ (das göttliche Absolute) konzentrisch umgeben.

150 Hiermit wird gegen die Anschauungen von der selbständigen, substantiellen Natur der Sephiroth und gegen die Folgerungen aus diesen Anschauungen (z. B. kabbalistische Gebete zu einzelnen Sephiroth usw.) Front gemacht. Vgl. über die bei aller Entwicklung sich doch ewig gleich bleibende Einheit Gottes als des Urgrundes noch „Sohar-Auszüge“ III, 2 und 3, sowie Rückert, Weisheit des Brahmanen IX 107: „Des Ganzen Teile sind als Teile nicht vorhanden, deswegen weil sie ja zum Ganzen sich verbanden; Grenzpfähle steckest du, um ein Gebiet zu messen, doch dass nur du sie steckst, das sollst du nicht vergessen.“

151 Nicht Anspielung auf den „Langgesichtigen“ (oder „Langmütigen“) und den „Kurzgesichtigen“ (oder „Kurzmütigen“) in den Idras (vgl. vorn „Sohar-Auszüge“ XVI 1 gegen Schluss), sondern, da ausdrücklich drei einzelne Sephiroth als Beispiel genommen werden, vielmehr Hinweis auf „*Chesed*“ (Gnade, Langmut), „*Geburah*“ (kurzangebundene Strenge) und die vermittelnde Sephirah „*Tiphereth*“; vgl. Erste Abteilung, erste Abhandlung, über diese drei Sephiroth besonders Seite 29 (Ihre Gruppierung als „kabbalistischer Baum“) und Seite 30ff., ferner Kapitel VII. Frühere Welten (VIIb).

linken Lende, der „*Grund*“ (Jesod) dem rechten, das „*Reich*“ (Malkuth) dem linken Fuß.[152] – Die erhabene „Krone“ ist die königliche (göttliche) Krone, (alles Werden schon in sich enthaltend,) von der es heißt (Jesaia 46, 10): „Von Anbeginn das Spätere kündend“.[153] Sie enthält das Geheimnis der Gebetsriemen (den göttlichen Weltplan), dessen Inbegriff der Name „Jhwh“ ist, der den Gang der Entwicklung[154] bezeichnet. Sie (die „Krone“) ist die Quelle, die den Baum (der Sephiroth) tränkt und die Säfte durch seine Äste und Zweige treibt. Denn du, Herr der Welten, Urgrund aller Gründe, Ursache aller Ursachen, speisest den Baum aus jener Quelle, die ihn belebt wie die Seele den Körper; mit dir selbst aber ist nichts vergleichbar in der geistigen oder körperlichen Welt! Du hast Himmel und Erde geschaffen, Oberes und Unteres, die himmlischen und irdischen Heerscharen – alles dies schufst du, damit die Welten dich ahnen – wahrhaft begreifen aber kann niemand dich! Wir wissen nur, dass du die einzig wahre (absolute) Einheit, dass du der Herr über alles bist – sonst aber wissen wir nichts von deiner Wesenheit! Jede Sephirah hat ihren einzelnen Namen, nach denen sich auch die einzelnen Engelklassen[155] nennen; du aber hast nicht (bloß) einen einzelnen Namen, denn du füllst alle Namen aus und gibst ihnen ihren Wesensinhalt. Zögest du dich (von ihnen) zurück, so wären sie alle nur noch wie Körper ohne Seele. Du bist „weise“, doch von unbegrenzter Weisheit – „verständig“, doch von unbegrenztem Verstand, auch hast du keinen begrenzten Ort, sondern (dies alles wird von dir nur gesagt), um den Menschen deine Allweisheit und Allmacht, deine Weltregierung voll Strenge und Milde zu veranschaulichen. Wenn daher (wie oben bei den Sephiroth) von rechts, links, Mitte usw. die Rede ist, so soll dies nur deine Weltenregierung im Vergleich mit menschlichem Handeln veranschaulichen, nicht aber besagen, dass das dir beigelegte Attribut „Gnade“ oder „Recht“ (Strenge) dein wahres Wesen bestimme. – Auf denn, Rabbi Simeon (ben Jochai)![156] So mögen denn diese Lehren durch dich enthüllt werden; denn dir und keinem anderen ist die Erlaubnis erteilt, diese Geheimnisse zu offenbaren!

(Tikkune Sohar, Vorrede)

2. „Wem wollt ihr mich vergleichen?“

„Wem wollt ihr mich vergleichen, dass ich ihm gleich sei?“ (Jes. 40, 25) spricht der Heilige, Gebenedeite (Gott, und er meint damit): Unter allen Geschöpfen – auch den in

---

152 Anders in der Abbildung des „Sephiroth-Menschen“ (siehe Kapitel 4. Der „himmlische Mensch“), ferner in den „Sohar-Auszügen“ XIV 2; diese Symbolisierung der Körperteile ist die übliche. Noch etwas anders in dem oben Anm. 36 wiedergegebenen großen Sephiroth-Schema, wo der Sephirothmensch (Adam kadmon) doppelgeschlechtlich erscheint, wie das ja im Talmud von dem ersten Erdenmenschen (Adam ha-rischon) auch behauptet wird (vgl. Anm. 173).

153 Dieser Vers wird dahin gedeutet, dass die ersterschaffene Sephirah „Kether“, aus der die anderen sich entwickelten, von vornherein diese weitere Entwicklung gewissermaßen als Nachkommenschaft in sich trug.

154 Vgl. „Sohar-Auszüge“ III 2 a (über „Ehejeh“ usw.).

155 Mit ihren richtigen (nicht: Sephiroth-) Namen sind die zehn Engelklassen im Großen Sephiroth-Schema (Anm. 36 Ende) angeführt.

156 Rabbi Simeon ben Jochai gilt ja den Kabbalisten als der Verfasser oder wenigstens als der Überlieferer der im Sohar enthaltenen Lehren. Vgl. Anm. 6 Mitte!

meinem Ebenbild geschaffenen (1. Mose 1, 27) – gibt es keines, das mir gleich wäre. Denn ich (allein) vermag meine Gestalt, in der ich mich der Welt offenbare, zunichte zu machen und immer wieder herzustellen. Über mir aber steht kein anderer Gott, der meine Gestalt zu zerstören vermöchte. Darum steht geschrieben (5. Mose 32, 31): „Denn nicht wie unser Fels (Gott) ist ihr Fels; des seien unsere Feinde selbst Richter!" – Falls aber jemand fragt: Es heißt doch (5. Mose 4, 15): „Ihr habt *nicht* irgendwelche Gestalt gesehen (da der Herr redete mit euch aus dem Feuer auf dem Berg Sinai)", so mag ihm zur Antwort dienen: Wir sahen Gott (allerdings nicht unter irgendwelcher, jedoch) unter jener einen Gestalt, von welcher es heißt (4. Mose 12, 8): „Er sieht den Herrn in seiner Gestalt" – aber in keiner anderen! – Dennoch sagt der Prophet mit Recht (Jes. 40, 25): „Wem wollt ihr mich vergleichen?" (und ebenso: Jes. 40, 18:) „Mit wem wollt ihr Gott vergleichen, und in welcher Gestalt wollt ihr ihn darstellen?" Denn jene (4. Mose 12, 8 erwähnte) „Gestalt" eignet ihm nicht wesenhaft, sondern indem Gott sich herablässt, die Welt zu regieren und seine Herrlichkeit über die Schöpfung (Geschöpfe) auszubreiten, erscheint er dem einen so, dem anderen so, je nach dem Auffassungs-, Anschauungs- und Vorstellungsvermögen eines jeden. Das ist mit dem Vers (Hosea 12, 11) gemeint: „Durch die Hand (Vermittlung) der Propheten werde ich dargestellt". Gott spricht also (gemäß richtiger Erklärung von Jes. 40, 25 folgendes): Obwohl ich mich euch in eurer eigenen Gestalt darstelle, könnt ihr mich doch (in Wirklichkeit) mit niemandem vergleichen. Bevor Gott nämlich irgendeine Gestalt geschaffen, irgendein Bild hervorgebracht hatte, war er allein da, ohne Bild und ohne Ähnlichkeit mit etwas anderem. Wie könnten wir ihn da begreifen, wie er vor der Schöpfung war? [Aus diesem Grund ist es auch verboten, ihn unter irgendeinem Bild, unter irgendeiner Gestalt, ja sogar (verboten), ihn durch seinen heiligen Namen (Jhwh)[157] oder auch nur durch einen Buchstaben oder einen Punkt darzustellen.[158] Darauf beziehen sich die Worte (5. Mose 4, 15): „Ihr habt *keine* Gestalt gesehen, da der Herr mit euch redete", welche besagen wollen: Ihr habt nichts gesehen, was ihr unter irgendeiner Gestalt oder irgendeinem Bild darstellen dürftet.] – Nachdem er aber die Gestalt des „himmlischen Menschen"[159] geschaffen hatte, bediente er sich ihrer wie eines Thronwagens,[160] um herabzusteigen. Er wollte nach *dieser* Gestalt genannt werden, die durch den heiligen Namen „Jhwh" bezeichnet wird, (oder, was dasselbe ist, er wollte,) dass man ihn nach seinen Attributen (erkennbaren wesentlichen Eigenschaften) nennen solle, und ließ sich daher „gnädiger Gott", „gerechter Gott", „Allmächtiger", „Herr Zebaoth" und „Seiender" (Ewiger) nennen. Er wollte, dass man durch diese Erkenntnis seiner Eigenschaften inne werde, wie seine Gnade und Barmherzigkeit sich auf die Welt der Dinge wie auf die der Handlungen erstrecke. (Hierzu musste er sich uns insoweit

---

[157] Diesen mit seinen richtigen Vokabeln auszusprechen, war seit der Tempelzerstörung verboten, vgl. oben Anm. 26!

[158] „Darzustellen" heißt „auszusprechen", wie z. B. in den „Sohar-Auszügen" III 2 b. Man darf also weder sagen: „Jahweh", noch „Jod" (J, im Hebräischen punktförmig), noch „Heh" (H), während als schriftliche Abkürzung das „H" oder das (doppelte) „J" erlaubt ist.

[159] Vgl. vorn Erste Abteilung, Abhandlung A, 4.

[160] Der „Thronwagen" (Merkabah) ist der Träger der göttlichen Offenbarung in der Welt (Ezechiel 1). Vgl. hierüber ausführlich mein „Babylonisch-Astrales", S. 149ff.

offenbaren.) Denn hätte er nicht sein Licht über alle seine Geschöpfe ausgebreitet, wie könnten wir ihn erkennen?[161] So aber heißt es mit vollem Recht (Jes. 6, 3): „Die ganze Erde ist erfüllt von seiner Herrlichkeit". – Wehe aber dem, der ihn selbst (sein Wesen) mit einem seiner Attribute vergleicht oder gar mit einem Menschen, der (doch) von der Erde genommen ist und wieder zu Erde wird![162] – Also: Das Bild, das wir uns von ihm entwerfen, bezeichnet jedes Mal nur seine Herrschaft über ein bestimmtes Attribut oder aber über die Schöpfung (Geschöpfe) überhaupt. Mehr als die einzelnen Attribute ausdrücken, können wir von ihm nicht begreifen. Denkt man sich alles dies weg, so hat er weder ein Attribut, noch eine Ähnlichkeit oder Gestalt (Form). – Das Bild aber, durch das man sich ihn (in seinem Wesen und Wirken) gewöhnlich zu verdeutlichen sucht, ist das einer *einzigen*, sich weithin ausbreitenden Wassermasse. Diese Gesamtquelle der Gewässer und der Wasserstrahl, der aus ihr hervorquillt, um sich weiter zu verbreiten, sind *zwei* (Prinzipien). Alsdann bildet sich ein Wasserbehälter, wie wenn man (vor einem Quellsprudel) eine große Vertiefung anlegt; dieser Wasserbehälter wird See genannt und ist das *dritte*. Diese unerschöpfliche Tiefe teilt sich in sieben Bäche (Abflüsse), die sieben langen Kanalröhren gleichen. Quelle, Wasserstrahl, See und die sieben Bäche sind zusammen zehn. Wenn aber der Meister diese Röhren (und Behälter), die er gemacht[16] hat, zerbricht, so kehren die Wasser alle zu ihrer Quelle zurück, und es bleiben nur noch die Trümmer dieser Röhren übrig, ausgetrocknet und wasserlos. – Auf diese Weise hat die Ursache der Ursachen (Gott als „En soph") die *zehn Sephiroth* geschaffen. Die „*Krone*" (Sephirah Kether) ist die Quelle, aus der ein unendliches Licht hervorströmt; unter diesem Gesichtspunkt nannte die Ursache der Ursachen sich selbst „unendlich" („En soph"!); denn hier (auf dieser Offenbarungsstufe) hat sie noch keine Form oder Gestaltung, hier gibt es noch keine Möglichkeit, sie begriffsmäßig zu erkennen; darum heißt es (Sirach 3, 2): „Denke nicht nach über das was über dir (was dir verborgen) ist." – Dann machte Gott ein Gefäß, klein wie der Buchstabe J (= Punkt), das sein Wasser aus jener Quelle erhielt; das ist der Born der Weisheit, die „*Weisheit*" selber (Sephirah Chochmah), nach der sich die Ursache der Ursachen „weiser Gott" nennen ließ. – Danach machte er ein großes Behältnis, gleich dem (obigen) See, das „*Verstand*" (Sephirah Binah) heißt; hiernach ließ sich die Ursache der Ursachen „verständiger Gott" nennen. [Aber „Weisheit" und „Verstand" sind nicht, wie Gott, durch

---

[161] Vgl. Goethes bekannten Spruch: „Wär' nicht das Auge sonnenhaft, die Sonne könnt' es nie erblicken; wär' in uns nicht des Gottes eig'ne Kraft, wie könnt' uns Göttliches entzücken?" – Zu dem Vergleich mit dem Quell und Meere (im folgenden) und mit einem Baum („Sohar-Auszüge" I 1, Gebet des Elias) vgl. auch Rückert, Weisheit des Brahmanen, XI 74:

Aus einer Wurzel sprießt, aus einer Quelle fließt,
Was weit ins Leben sich erschließt und sich ergießt.
Die Zweige wissen nicht, was unten sie verflicht,
Sie schwanken wohlgemut und tauchen auf ins Licht.
Die Wellen merken kaum, was still sie hält im Zaum,
Sie schwanken auf und ab und krönen sich mit Schaum.
Am Zaume hält sie doch und unterm goldnen Joch
Die Liebe, der nichts ist zu nieder und zu hoch.

[162] 1. Mose 3, 19

[16] *Wiedergabe wie im Original – s.o. Anmerkung 16 (D. V.)*

sich selbst etwas, sondern nur durch ihn, den Weisen und Verständigen, der sie aus jener „Quelle“ (Kether) füllte. Wenn Gott das Wasser zurückzöge, so müssten sie verlechzen. Daher heißt es (Hiob 12, 15): „Wenn er das Wasser verschließt, wird alles trocken und dürr“.] – Zuletzt teilt sich der See in sieben Bäche, d. h. es gehen aus ihm die sieben köstlichen Kanäle hervor, welche „*Gnade*“ (Sephirah Chesed) oder „Größe“ (Gedullah), „*Recht*“ (Sephirah Din) oder „Stärke“ (Geburah), „*Schönheit*“ (Sephirah Tiphereth), „*Triumph*“ (Sieg; Sephirah Nezach), „*Ruhm*“ (Sephirah Hod), „*Grund*“ (Sephirah Jesod) und „*Reich*“ (Herrschaft; Sephirah Malkuth) heißen. Darum wird er (diesen Sephiroth entsprechend) der „Große“ oder „Gnädige“, der „Starke“, der „Herrliche“, der „Gott der Siege“, der „Ruhmvolle“, der „Grund“ aller Dinge und der „König der Welt“ genannt. Alles ist in seiner Macht; er kann das Maß der „Kanäle“ vermindern, das hervorströmende Licht vermehren oder umgekehrt, je nachdem es ihm gefällt. – Jenen Kanälen untergeordnet und gleichsam als ihre Bedienung machte er den „*Thron*“ (die Welt Beriah), der vier Füße und sechs Stufen hat, also zusammen (auch) *zehn*! – Dem „Thron“ untergeordnet und zu seiner Bedienung schuf Gott zehn Engelscharen.[36] Endlich schuf Gott den Sammael[163] und alle seine Scharen, welche den Engeln gleichsam als Wolken dienen, auf denen sie zur Erde niederschweben, oder als Rosse, auf denen sie reiten.[164]

(Sohar II 42 f.)

II. Der mystische Sinn der Heiligen Schrift

1. Wehe dem, der da glaubt, die Thorah (Heilige Schrift, Heilige Lehre) enthielte gewöhnliche Worte (Sprüche) und profane Erzählungen! Träfe dies zu, dann bliebe es uns ja auch noch heute unbenommen, eine weit mehr Bewunderung erregende Thorah herzustellen. Wir brauchten dazu nur aus den verschiedenen Büchern weltlicher Gesetzgeber und Moralschriftsteller die glänzendsten und erhabensten Stücke zu nehmen und aus ihnen eine neue Thorah zusammenzustellen![165] In Wahrheit aber liegt in jedem

---

36 *Wiedergabe wie im Original – s.o. Anmerkung 36 (D. V.)*

163 Der „Sammael“ („Linke“) ist in der jüdischen Literatur ein Mittelstück zwischen Todesengel und Satan. (Vgl. mein „Babylonisch-Astrales“, S. 33, 46, 60 – 62, 136 f., 142, 148.) Er ist ein Geschöpf Gottes, nicht wie im Parsismus usw. ein selbständiges, der Gottheit Schach bietendes böses Urprinzip, sondern geschaffen als Versucher (personifizierter „böser Trieb“) und damit als Erprober der sittlichen Stärke des Menschen; vgl. in diesem Sinne auch „Sohar-Auszüge“ XIII 2 a.

164 Die Dämonen („Scharen des Sammael“) wohnen in dem Zwischenraum zwischen Himmels- und Erdenwelt (Intermundien). Zum Verständnis des kühnen Bildes unseres Textes vgl. die Ausführungen über die astrale Natur der Dämonen in meinem „Babylonisch-Astralen“, S. 139–148.

165 Vgl. Origenes (7. Homilie zum 3. Buch Mose): „Wollte man am Buchstaben kleben und die Worte der Heiligen Schrift, wie manche jüdischen oder die meisten anderen Ausleger, wörtlich auffassen, so sähe man sich genötigt, mit Scham zu sagen und zu bekennen, dass Gott solche Gesetze gegeben habe, denen gegenüber diejenigen heidnischer Völker, z. B. der Römer, Athener oder Spartaner, einen viel großzügigeren und vernunftgemäßeren Eindruck machten.“ – Ferner (Prinzipien 7, 2): „Welchem vernünftigen Menschen wird es einleuchtend erscheinen, dass es bereits vor Erschaffung der Sonne, des Mondes und der Sterne (die doch nach 1. Mose 1, 14 erst vom 4. Schöpfungstage ab „Tag und Nacht scheiden“) schon einen „Morgen“ und „Abend“ beim ersten, zweiten und dritten Schöpfungstage gegeben habe, ja einen „ersten Tag“ schon, bevor auch nur das Him-

Wort der Thorah ein tiefes Geheimnis verborgen, aber (in menschliche Rede eingekleidet; denn) alles, was von oben kommt, muss, um *uns* fasslich zu sein, erst eine irdische Hülle erhalten. Gleichwie die Engel Gottes, wenn sie auf die Erde gesandt wurden, sich zuvor in menschliche Hülle kleiden mussten, so konnte die heilige Thorah, die ja zu *unserem* Gebrauch bestimmt ist, um *uns* fasslich zu werden, eines (irdischen) Kleides nicht entbehren. So bekam sie denn ein solches! Die Erzählungen, die sich in ihr finden, sind eine Einkleidung der (höheren, verborgenen) Lehre! – Es gibt ja nun törichte Menschen, die, wenn sie einen schön gekleideten Mann sehen, schon (mit diesem Anblick) zufrieden sind und über dem Kleid den Körper vergessen. Von solchen ist nun gar eine Würdigung der Seele nicht zu erwarten, obwohl doch der Wert des Körpers erst wieder in seiner Seele besteht! Ebenso verhält es sich mit der Thorah: die *Erzählungen* sind ihr Kleid; die aus ihnen hervorgehende *Moral* ist ihr Körper, der verborgene *geheimnisvolle* (mystische) *Sinn* endlich ist die Seele der Thorah! Die Toren aber halten die Erzählungen selbst schon für den Körper der Thorah und dringen überhaupt nicht tiefer hinein; die Verständigen sehen auch noch auf das, was dieses Kleid umschließt (auf die in den Erzählungen enthaltene Morallehre), die wirklich Weisen aber richten ihr Augenmerk ganz allein auf die Seele der Thorah (deren verborgene, übersinnliche Lehre). Sie allein sind (infolgedessen) dazu bestimmt, in der zukünftigen Welt die Seele dieser Seele (die Gottheit), welche in der Thorah atmet, anzuschauen.

(Sohar III 152 a.)

2. Wenn die Thorah nur gewöhnliche Worte und Erzählungen enthielte, z. B. die Worte Esaus, Labans, Hagars, der Eselin Bileams oder Bileams selber (ohne dass den Worten dieser außerhalb des heilsgeschichtlichen Kreises stehenden Individuen ein verborgener tieferer Sinn innewohnte), wie würde sie dann die „Lehre der Wahrheit", die „vollkommene Lehre", das „treue Zeugnis Gottes" heißen dürfen? Warum würde man sie dann höher als Gold und Perlen achten? In Wahrheit aber birgt jedes ihrer Worte einen höheren Sinn! Jede Erzählung enthält weit mehr als die Begebenheit, die sie lediglich zu berichten scheint. Und dieses Mehr ist eben die höhere und heiligere Lehre, die wahre (aber verborgene) Thorah.

(Sohar III 149 b.)

---

melsgewölbe geschaffen war! Wer aber ist so blöde zu glauben (was er bei wörtlicher Schriftauslegung doch müsste), dass Gott wie ein menschlicher Gärtner Bäume in Eden (1. Mose 2, 8 f.) wirklich gepflanzt habe?" – Endlich (5. Homilie zum 3. Buch Mose): „Analog dem Körper, der Seele und dem Geist gibt es einen dreifachen Schriftsinn: den historischen (wörtlichen), den moralischen und den mystischen." – Die Kabbalisten kennen außer dem in II 1 erwähnten dreifachen sogar einen vierfachen Schriftsinn (und daher auch eine vierfache Schriftauslegung), nach den Anfangsbuchstaben der hebräischen Bezeichnungen dafür auch „Prds" (Pardes = Paradies) genannt: wörtlich, allegorisch, moralisch und mystisch. (Vgl. den Auszug aus Lurja, Teil IV, Kapitel II, § 6.)

III. Die Gottheit

I. Gott ist Geist

Komm und siehe! Der *Gedanke* ist der Urgrund von allem, was da ist. Aber er ist anfangs unerkennbar und in sich verschlossen. Wenn er sich zu entwickeln beginnt, kommt er zu einem Punkt, wo er *Geist* wird. Er heißt dann *Verstand* und ist nicht mehr in sich verschlossen. Der Geist wiederum entwickelt sich im Schoß der Geheimnisse, die ihn noch umgeben, und es entspringt die *Stimme*, welche der Inbegriff aller himmlischen Chöre ist. Sie gestaltet sich kraft ihres geistigen Ursprungs zu artikulierten Lauten und bestimmten Worten. Indessen bei genauer Betrachtung dieser Entwicklungsstufen bemerkt man, dass Gedanke, Geist, Verstand, Stimme und Wort *ein* (und dasselbe) Ding sind, dass der Gedanke der Urgrund von allem, was da ist, und dass in ihm keine Unterbrechung (seines einheitlichen Wirkens) vorhanden ist. Daher heißt es: Jhwh ist einig, und sein Name ist einig.

(I 246 b.)

2. Die Einheit in der Dreiheit

a) Der Name „*Ehejeh*" („ich werde sein", 2. Mose 3, 14) bezeichnet die (unterschiedslose) Einheit alles Seienden, den Zustand, in dem alle „Pfade der Weisheit" (Buch Jezirah I 1) noch verborgen und miteinander vereint sind, ohne sich zu unterscheiden. Aber wenn sich eine Bestimmungslinie entwickelt, wenn die „Mutter" bezeichnet werden soll, die in ihrem Schoß alle Dinge trägt, und wenn es dann Zeit ist, diese Dinge zu entwickeln und den erhabenen Namen zu offenbaren, dann sagt Gott von sich: „*der* ich sein werde" (2. Mose 3, 14: „ascher ehejeh"). Wenn endlich alles gebildet und aus jenem Schoß hervorgegangen ist, wenn jedes Ding seinen Platz erhalten hat und (nun) das Einzelne (Sonderdasein und Gottes Herrschaft darüber) zu bezeichnen ist, dann nennt sich Gott „Jhwh" („Er wird [immerdar] sein") oder „Ich bin, der ich sein werde". Das ist das Geheimnis des dem Mose geoffenbarten Namens, den vor Mose niemand kannte.[166]

---

[166] „*Ehejeh*" allein = „En soph"; „*ascher ehejeh*" = Sephirah „Kether" als „Mutter" aller anderen Sephiroth und alles aus diesen sich Entwickelnden; „*Jhwh*" = die Herrschaft Gottes über die gesamte Weltenwicklung in ihrer Vollendung (vgl. noch Anm. 153!) – Die folgenden Abschnitte sind teils durch die in (Klammern) gegebenen erläuternden Zusätze, teils durch die ausführlichen Erörterungen in den „Abhandlungen" der Ersten Abteilung genügend erklärt. Doch kann ich es mir nicht versagen, aus *Rückerts* „Weisheit des Brahmanen" einige lehrreiche Parallelen anzuführen: 1.) Zu III 1: „Nicht ist das Sein zuerst und wird nachher gedacht, vielmehr vom Denken erst wird Sein hervorgebracht. Des Denkens Vorrang vor dem Sein ist darin kund: Des Schöpfers Denken ist der Schöpfung innerer Grund. Gott denkt sich selbst und ist; er denkt, so ist die Welt, und sein Gedank' ist das, was sie im Sein erhält." (W. d. B. XI 37.) – Zu III 3 a: „Ich finde dich, wo ich, o Höchster, hin mich wende; am Anfang find' ich dich und finde dich am Ende. Dem Anfang geh' ich nach, in dir gebiert er sich; dem Abschluss späh' ich nach, in dir verliert er sich. Du bist der Anfang, der sich aus sich selbst vollendet, das Ende, das zurück sich in den Anfang wendet. Und in der Mitte bist du selber das, was ist, und ich bin ich, weil du in mir die Mitte bist." (W. d. B. XI 20.) – Zu III 3 b: „Wie Blüten aus dem Baum, wie Strahlen aus der Sonne, so tritt aus Gott hervor der Welten lichte Wonne. Die Blüten fallen ab, die Strahlen sind verglommen, und keiner weiß, wie sie zurück zur

(III 65 a.)

b) Die Art, wie wir die göttliche Einheit täglich darstellen (in der religiösen Formel „Sch'ma" = „Höre, Israel" usw.), ist die in dem Schriftvers (5. Mose 6, 4) angedeutete: „Höre, Israel, der Herr (Jhwh), unser Gott (Elohenu), ist ein einiger Herr" (Jhwh echad). Zuerst heißt es „Jhwh", dann „Elohenu", zuletzt (wieder) „Jhwh", die allesamt *eins* sind und deshalb dort auch „echad" (einig) genannt werden. Aber es sind doch *drei* Namen; wie können sie da *eins* sein? Wir lesen zwar „echad"; aber sind sie wirklich eins? Jawohl! Denn was dem Prophetentum (von Mose an) durch den göttlichen (heiligen) Geist geoffenbart worden ist, das veranschaulichen diese *drei* aufeinanderfolgenden göttlichen Namen, indem sie anzeigen, dass sie *eins* sind. Begreiflich wird dies durch das Geheimnis der *Stimme*. Die Stimme ist für den, der sie vernimmt, *eins* (etwas Einfaches und Einheitliches), und doch sind in ihr *drei* Elemente: Feuer (Wärme des Atems), Luft (Hauch des Atems) und Wasser (Feuchtigkeit des Atems). Trotzdem aber sind diese *drei* Elemente in dem Geheimnis der Stimme *eins* und können auch nur als Einheit aufgefasst (wahrgenommen) werden. So sind auch die Namen „Jhwh", „Elohenu" und „Jhwh" eins, *drei* Formen, die eine *Einheit* ausmachen! Die Stimme, die der Mensch hervorbringt, kann also mit der Einheit des Absoluten verglichen werden; denn das Ganze dieser Stimme besteht in jenen drei Elementen, welche eine Einheit bilden. Dies nun ist die Art und Weise, wie wir die göttliche Gestalt täglich (im „Schma") darstellen, und wie ihr Geheimnis durch den heiligen Geist geoffenbart worden ist. Es sind uns aber auch noch andere Darstellungsarten überliefert worden, welche alle ebenso richtig sind. Wer sich an die eine hält: wohl! Wer sich an die andere hält: ebenfalls!

(II 43 b.)

c) Es sind *zwei*, und (noch) *eins* vereinigt sich mit ihnen. Alsdann sind es *drei*. Indem es aber *drei* sind, sind sie (doch) *eins*. Jene zwei sind die zwei Namen „Jhwh", „Jhwh" (5. Mose 6, 4); „Elohenu" aber ist der dritte, der sich mit ihnen vereinigt. Und das ist das Siegel der Wahrheit: Alle drei Namen bilden eine absolute Einheit.

(III 162.)

3. Die Einheit alles Seins in der Gottheit

a) Er ist der Anfang und das Ende aller Entwicklungsstufen der Schöpfung. Sie alle sind mit seinem Siegel geprägt, und man kann ihn nicht anders als die Einheit nennen. Er ist das einzige (wahre) Sein trotz der unzähligen Formen, in denen er gestaltend wirkt.

(I 21 a.)

Wurzel kommen. Sie kommen ungesehn zur Wurzel doch zurück und treten neu hervor, ein ew'ges Frühlingsglück." (W. d. B. XI 57.) – Zu IV 1: „Du (Gott) bist und bist auch nicht. Du bist, weil durch dich ist, was ist; und bist nicht, weil du das, was nicht ist, bist. Du bist das Seiende und das Nichtseiende, Seingebende und von dem Sein Befreiende … Das Rätsel staun' ich an und will es lösen nicht, weil sich die Lösung in mein eignes Sein verflicht." (W. d. B. XI 7.)

b) Alle Dinge, aus denen die Welt besteht, seien sie nun geistiger oder körperlicher Art, kehren in den Urgrund und die Wurzel zurück, woher sie gekommen sind.

(II 218 a.)

IV. Die Gottheit als das Absolute

(Das „En soph" als unerkennbarer Urgrund und als erkennbarer Urwille. – Vgl. die erste Abhandlung der Ersten Abteilung.)

1. Der Alte der Alten, der Verborgene der Verborgenen, hat eine Gestalt und hat auch keine. Er hat eine Gestalt, durch welche das Weltall (als seine Offenbarung) besteht; er hat aber auch keine Gestalt, da er (im Denken auf zureichende Weise) nicht erfasst werden kann.

(III 288 a, Idra suta.)

2. Bevor der Alte der Alten, der Verborgene der Verborgenen (sich offenbarte), gab es weder Anfang noch Ende … Im Buch des Geheimnisses ist überliefert: Der Alte der Alten, der Verborgene der Verborgenen, hat eine gewisse Gestalt und Form und lässt sich insofern (bis zu einem gewissen Grad) erkennen. Er ist aber auch wiederum unerkennbar, weil er (durch unser Denken) nicht zureichend erfasst werden kann. Er hat also eine gewisse Gestalt und Form, lässt sich aber (in seinem ureigensten Wesen) nicht erkennen, weil er der Alte der Alten (eben der absolute Urgrund) ist. Doch lässt jene Form immerhin so viel erkennen, *dass* er so etwas wie ein Greis der Greise, Alter der Alten, Verborgener der Verborgenen ist. An diesen Merkmalen (seiner Selbstoffenbarung) ist er erkennbar, und doch ist er (wiederum seinem wahren Wesen nach) unerkennbar.

(III 288 a, Idra rabba.)

(Vgl. unten Abschnitt XIV.)

3. (Vor seiner Offenbarung in der höchsten Sephirah Kether) war der Unendliche (En soph) ganz verborgen und verbreitete kein Licht.

(I 2 a.)

V. En soph und Sephiroth*

(Die schöpferische Selbstoffenbarung des Absoluten)

1. Allgemeines

a) (Anschluss an IV 1:) Als er seine Gestalt zuerst annahm, ließ er aus ihr neun glänzende Lichter hervorgehen, welche, leuchtend durch ihn, nach allen Seiten helles Licht verbreiteten. Betrachten wir (im Geist) diese (erhabene) Leuchte, treten wir heran, um diese Strahlen zu erfassen, so begreifen wir weiter nichts, als dass sie alle jener Leuchte entströmen. Ebenso ist der heilige Alte eine erhabene Leuchte, aber an sich durchaus

* Einzahl: Sephirah – Vgl. vorn I a und 2.

verborgen und unfasslich. Wir begreifen ihn nur durch jene sich verbreitenden Lichter (die Sephiroth). Diese, die (auch ihrerseits nur) zum Teil sichtbar, zum Teil aber verborgen sind, machen den „heiligen Namen Gottes“ aus.

(III 288 a.)

b) Jede Sephirah enthält zugleich die Prinzipien (Elemente) aller anderen, nur dass in jeder einzelnen ein gewisses, ihr eigentümliches Prinzip (Element) als überwiegend erscheint.

(Tikkune Sohar 47.)

2. En soph und (erste Sephirah) Kether

(Eng miteinander verbunden. – Vgl. Abhandlung A der Ersten Abteilung.)

a) „Gehet hinaus und schauet ihn an, ihr Töchter Zions, den König des Friedens“ (Hoheslied 3, 11). Wer kann den König des Friedens (= En soph) schauen, der doch unerkennbar ist selbst für die himmlischen Heerscharen? Allein wer die Krone (Kether = Krone und = schalom, Friede) schaut, der schaut auch zugleich die Herrlichkeit des Königs des Friedens.

(II 100 b.)

b) Dies ist der Anfang aller Anfänge (der schöpferischen Offenbarung), die tief verborgene Weisheit, die *Krone* alles Erhabenen (der übersinnlichen, der Sephiroth-Welt), das Diadem der Diademe. Man nennt sie „En“ („es ist nicht“), weil wir nicht wissen und niemand zu wissen vermag, was in diesem Anfang war, da dies weder durch Weisheit (Chochmah, 2. Sephirah), noch durch Verstand (Binah, 3. Sephirah) erreicht werden kann.

(III 288 b.)

c) Bevor der Alte der Alten ... (vgl. oben IV 2) die königliche Form, die *Krone* der Kronen bereitet hatte, gab es weder Anfang noch Ende.

(III 128 a.)

d) Als der Verborgene der Verborgenen sich offenbaren wollte, begann er (zunächst) einen leuchtenden Punkt hervorzubringen. Bevor dieser leuchtende Punkt nicht zum Durchbruch und zum Vorschein gekommen war, war der Unendliche (En soph) ganz verborgen und verbreitete kein Licht. [Vgl. oben IV 3.]

(I 2 a.)

e) Die Form des Alten, dessen Name geheiligt sei (d. i. der „Krone“, Kether) ist eine einige Form, die alle anderen Formen (d. i. Sephiroth) umfasst. Sie ist die höchste und geheimnisvolle Weisheit, die alles andere in sich schließt.

(III 288 b.)

3. En soph, Kether, Chochmah

Es gibt drei Häupter, eines im anderen gemeißelt und eines über dem anderen stehend. Es sind (von unten ab): die geheimnisvolle Weisheit (= Chochmah), die tief verborgene Weisheit (= Kether) und die nie enthüllte Weisheit (= En soph). Jene geheimnisvolle Weisheit ist das Prinzip jeder anderen (tieferstehenden, z. B. der irdischen) Weisheit. Über dieser steht der Alte, dessen Name geheiligt sei (= Kether), der Grund der Geheimnisse. Drittens das Haupt, das über allen anderen steht (und sie beherrscht): ein Haupt, das (seiner Gehaltlosigkeit wegen, als „En soph“, eigentlich) gar keines ist. Was es umschließt, wissen wir nicht [s.o. 2 b].

(III 288 b.)

4. Die Dreiheit Kether, Chochmah, Binah

Der Alte, dessen Name geheiligt sei (= Sephirah „Kether“) besteht in drei Häuptern, die (eigentlich) ein Haupt bilden, welches das Erhabenste von allen erhabenen Dingen ist. Und weil es durch die Zahl 3 bezeichnet ist, sind auch alle die anderen Lichter, die uns mit ihren Strahlen erleuchten (die sechs unteren Sephiroth), ebenso zu dreien gruppiert.

(III 288 b.)

[Der spätere Kabbalist Mose Kordovero (vgl. m. „Kabbalah“ § 60) bemerkt hierzu in seinem Werk „Pardes rimmonim“ 55 a: Die drei ersten Sephiroth können als Einheit betrachtet werden. Die erste stellt gewissermaßen das Erkennen an sich, die zweite den Erkennenden, die dritte das Erkannte dar. Um sich diese Einheit zu erklären, muss man sich vergegenwärtigen, dass das Erkennen des Schöpfers (Gottes) nicht wie das der Geschöpfe ist. Denn bei diesen ist das Erkennen unterschieden von dem Erkennenden und von dem Erkannten, das Erkennende ebenso wiederum noch von dem Erkannten; daher unterscheiden wir: das Denken, den Denkenden und das Gedachte. Der Schöpfer hingegen ist zugleich Erkennen, Erkennender und Erkanntes. Seine Art des Erkennens besteht nicht (wie beim Menschen) darin, in Dinge außerhalb seiner (seines Seins) sich zu versenken, sondern indem er sich erkennt (und weiß), erkennt er alles, was ist. Gibt es doch nichts, das nicht mit ihm vereint wäre, und was er nicht in seinem eigenen Wesen fände. Er ist der Typus alles Seins, und alle Dinge existieren in ihm als der reinsten und vollendetsten Form. Daher sind die Geschöpfe in dem Maße vollendet, in dem sie mit (ihm,) der Quelle ihres Seins vereint sind, und je weiter sie sich von dieser Quelle entfernen, desto mehr ermangeln sie dieses vollkommenen und erhabenen Zustandes. So haben die Dinge dieser Welt ihre Form in den Sephiroth, und die Sephiroth (haben ihre Form) in ihrem (göttlichen) Urquell.]

5. Vom „En soph“ bis zu den letzten „Schalen“*

Was bedeutet das Schriftwort (Hoheslied 6, 11): „In den Nussgarten bin ich hinabgegangen“? Der Nusskern, welcher von mannigfachen Schalen (der grünen, harten und häutchenartigen Schale) umgeben ist, bietet ein Bild des ganzen Schöpfungsbaues. Von dem Urpunkt („Kether“ in Verbindung mit dem „En soph“) bis zur letzten aller Stufen

---

* Vgl. bei Aristoteles den Stufengang von der reinen Form bis zur bloßen Materie!

bildet immer eines die Schale (Hülle) des anderen. Der Urpunkt nämlich, der wegen seines maßlosen Lichtes nicht begriffen werden konnte, dehnte sich aus und bildete ein Licht, das ihm zur Hülle diente. Dieses Licht, welches zwar nicht so hell wie der Urpunkt ist, aber dennoch wegen seiner großen Helligkeit (auch) nicht angeschaut werden kann, verbreitete sich seinerseits nach außen, und diese Ausdehnung wurde sein Kleid. So entstand alles durch eine Art stufenförmiger Veräußerlichung, und was sich aus Höherem (und mehr Innerlichem) entwickelt, wird zugleich dessen Hülle (Kleid, Schale) genannt. Der Niedere (Äußere) ist jeweilig die Schale des Nächsthöheren (und Nächstinneren). Zugleich bildet es aber in Bezug auf die nach ihm selbst folgenden Stufen wiederum deren Kern! So ist es auch beim Menschen (der ja ein Mikrokosmos, ein Abbild der großen Welt ist): Der Leib ist die Hülle (Schale) der Geistseele (Ruach, des Lebensgeistes), die ihrerseits die Hülle des (höheren) Geistes (Neschamah) ist. Alles dies bildet die Anordnung der Welt.

(I 20 a.)

6. Von der Materie bis zum „En soph“

a) Wenn man eine Vorstellung von der *heiligen Einheit* (alles Seins von der Materie an aufwärts) gewinnen will, so muss man die Flamme eines Kohlenbeckens oder einer angezündeten Lampe betrachten. Man sieht da zunächst zwei Lichtarten (in der Flamme): eine hell leuchtende und eine dunkelblaue. Das helle Licht ist oben und erhebt sich gradlinig aufwärts, das dunklere ist unten und gewissermaßen der Sitz (Sessel) des oberen. Trotzdem sind beide so eng miteinander vereint, dass sie nur eine einzige Flamme bilden. Der „Sitz“ hinwiederum, das blaue Licht, schließt sich an den entzündeten Stoff an, der sich unter ihm befindet. Das helle Licht behält stets seine einheitliche Farbe; in dem dunkleren dagegen kann man verschiedene Färbungen (rötlich, rotblau, dunkelblau usw.) unterscheiden. Auch hat es (nicht nur, wie das weiße Licht, die Richtung nach oben, sondern) zwei verschiedene Richtungen: nach oben schließt es sich an das helle (weiße) Licht an, nach unten an den entzündeten Stoff. Dieser aber wird unablässig aufgezehrt und steigt (im Verbrennen) ständig (nach oben) zu dem höheren Licht empor. So schließt sich alles zur vollen Einheit zusammen.

(I 51 a.)

b) „Seine Werke sind aufeinander gestützt in Ewigkeit, gegründet auf Wahrheit und Recht“ (Psalm 111, 8). Damit sind die oberen und unteren Welten gemeint, welche gegenseitig aufeinander beruhen.

(I 35 a.)

c) *Die ganze untere Welt ist nach dem Vorbild der oberen Welt gemacht* (angelegt). Alles, was in der oberen Welt existiert, erscheint uns hier unten wie in einem Abbild, und doch ist beides dasselbe.

(II 20 a.)

d) Nichts geht in der Welt verloren, nicht einmal der Hauch, der aus unserem Mund kommt. Wie alles andere, so hat auch er seinen Platz und seine Bestimmung (im Weltganzen), und der Heilige, Gebenedeite (Gott) lässt ihn an seinen Werken mitwirken. Nichts fällt ins Leere, auch nicht die Laute und Worte des Menschen, sondern alles hat seinen Platz und seine Bestimmung.

(II 100 b.)

VI. „Die Waage"

a) Als der Alte, dessen Name geheiligt sei (= Sephirah Kether), eine Gestalt annahm, bildete er alles in Form eines *Männlichen und Weiblichen.* Unter einer anderen Form (als dieser doppelten) können die Dinge nicht bestehen. Darum war auch der erste Anfang der Entwicklung, welche mit der „Weisheit" begann, sogleich männlich und weiblich, nämlich (die Sephirah) „Chochmah" als Vater und (die Sephirah) „Binah" als Mutter, aus deren Vereinigung alles Übrige entstand. *Das ist die Waage*, durch welche (auf welcher) alles gewogen wird. Denn wie im Anfang, so beruht auch noch alles auf diesem Prinzip.

(III 290 a.)

b) Jede Gestalt, in der man nicht das männliche *und* weibliche Prinzip findet, ist nicht vollkommen. Der Heilige, Gebenedeite (Gott) schlägt seine Wohnung nur da auf, wo beide Prinzipien vollkommen vereinigt sind. Die Segnungen kommen nur da herab, wo diese Vereinigung besteht, wie geschrieben ist (1. Mose 5, 2): „Und er segnete *sie* (beide) und nannte *ihren* Namen *Mensch*" (nicht: Menschen). Das lehrt, dass der Name „Mensch" nur beiden zusammen, Mann und Weib in ihrer Vereinigung, zukommt.

(I 55 b.)

c) Als die „Waage" noch nicht vorhanden war, sahen sie („König" und „Königin" d. h. Sephirah „Tiphereth" und Sephirah „Malkuth", die Erzeuger der unteren Welten) sich noch nicht von Angesicht zu Angesicht, und die Urkönige (s. u. VII b) starben aus Mangel an Nahrung. Diese Waage hängt an einem Ort, der „nicht ist" („En" = „Kether", s. o. V 2 b). Sie hat keine andere Stütze als sich selbst (da es sich um ein Urprinzip handelt). Was nicht ist (Reingeistiges), was (in der Welt) ist und was sein wird, alles trägt und wird diese Waage tragen (wägen).

(II 176 b.)

VII. Frühere Welten[167]

a) Es gab (vor der unseren) bereits Welten, aber in ihnen herrschte das weibliche Prinzip (das Prinzip der noch nicht durch die Gnade gemilderten *strengen* Starrheit), und so konnten sie nicht bestehen, bis die himmlische Güte herabstieg und die Strenge milderte, wodurch etwas Fortbestehendes ermöglicht wurde. Dies ist mit dem Schriftwort gemeint (1. Mose 36, 31): „Und dies sind die Könige, welche in Edom regierten", d. h. im Lande der ungemilderten Strenge.

(III 142 a.)

---

[167] Vgl. hierüber ausführlich mein „Babylonisch-Astrales", S. 82–87.

b) Es hat alte Welten gegeben, die gleich nach ihrem Entstehen wieder zerstört worden sind, Welten ohne Gestalt, die man Funken nennt, gleichwie die Funken, die der Schmied beim Schmieden des Eisens nach allen Seiten sprühen lässt, und die sofort vergehen. Diese Funken sind die Urkönige oder alten Welten. Sie wurden zerstört und konnten nicht bestehen, weil der Alte, dessen Name geheiligt sei (= Kether), noch nicht seine Gestalt angenommen hatte, eine Gestalt, die sich im Männlichen und Weiblichen darstellt, weil (ferner infolgedessen) die beiden sich in Gnade (Chesed) und Recht (Din) offenbarenden Lichtgesichter (männlicher und weiblicher Art) sich noch nicht von Angesicht zu Angesicht schauten und der Werkmeister noch nicht bei seinem Werk war.

(III 292 a b.)

c) Warum wurden die alten Welten zerstört? Weil *der Mensch* noch nicht geformt war! Denn die Form (Gestalt) des Menschen schließt alle Dinge in sich, und alles, was besteht, hat nur durch sie Bestand. Da diese Form (Gestalt) noch nicht vorhanden war, konnten die früheren Welten keinen Bestand haben, sondern sie fielen zusammen, bis die Gestalt des Menschen gebildet war. Alsdann entstanden sie alle mit ihr von neuem, aber unter anderen Namen.

(III 135 a b.)

VIII. Der himmlische Mensch

a) Die Gestalt des Menschen schließt alles in sich, was im Himmel und auf Erden ist, die oberen und die unteren Wesen. Daher hat der Alte der Alten sie zu der seinen gemacht.

(III 144 b.)

b) Keine Form (Gestalt), keine Welt hatte Bestand, bevor die Form des Menschen vorhanden war. Denn sie schließt alle Dinge in sich, und alles, was besteht, hat nur durch sie Bestand. Doch ist zu unterscheiden zwischen dem „*oberen* (himmlischen) *Menschen*“ und dem *unteren*. Dieser könnte ohne jenen nicht bestehen. Auf der Gestalt des Menschen beruht die ganze Formung des Alls. Von jener Form (oder Gestalt) ist die Rede, wenn es (Ezechiel 1, 26) heißt, dass man über dem (göttlichen) Throngefährt „die Gestalt eines Menschen“ sah; ebenso wenn es bei Daniel (7, 13) heißt: „Es kam einer in des Himmels Wolken wie eines Menschen Sohn bis zu dem Alten der Tage und ward vor ihn gebracht.“

(III 144 a.)

IX. Der Erdenmensch als Abbild

a) Der Mensch ist der Inbegriff und der höchste Endpunkt (die Krone) der Schöpfung. Daher wurde er erst am sechsten Tag geschaffen. Sobald der Mensch in die Erscheinung trat, war alles vollendet, die obere und die untere Welt; denn alles ist im Menschen zusammenbegriffen. Er vereint alle Formen.

(III 48 a.)

b) Was den Menschen wirklich ausmacht, ist seine Seele; Haut, Fleisch, Knochen, Adern sind für uns nur ein Kleid, eine Hülle (Schale), aber nicht der Mensch selbst. Wenn der Mensch verscheidet, streift er alle Hüllen ab, die ihn bedeckten. Die verschiedenen Teile unseres Körpers entsprechen indessen den Geheimnissen der höchsten Weisheit. Die Haut entspricht dem Firmament, das sich allenthalben ausdehnt und alles überdeckt wie ein Gewand. Das Fleisch entspricht der Materie (stofflichen Seite) der Welt. Die Knochen und Adern entsprechen dem göttlichen Thronwagen (Ezechiel 1), den (in der Welt wirkenden) Kräften, den Dienern Gottes. Alles dies ist nur wie ein Kleid. Denn inwendig ist das Geheimnis des „himmlischen Menschen". Wie der (wahre) irdische Mensch (die Seele) innerlich ist, so ist auch der himmlische Mensch innerlich, und alles ist hienieden so wie droben. In diesem Sinne heißt es (1. Mose 1, 27), dass Gott den Menschen nach seinem Bild geschaffen habe. Und ebenso, wie wir am Firmament, welches die gesamte Welt umgibt, gewisse Formen (Figuren) durch die Sterne und Sternbilder gebildet sehen, um uns verborgene Dinge und tiefe Geheimnisse zu künden, ebenso gibt es auf der Haut, die unseren Körper umgibt, gewisse Formen (Figuren) und Züge (Zeichen), die gleichsam die Sterne und Sternbilder unseres Körpers sind. Alle diese Formen haben einen verborgenen Sinn und sind Gegenstand der Aufmerksamkeit für die Weisen, die in dem Antlitz (Aussehen) des Menschen zu lesen wissen.

(I 191 a.)

c) Der Gesichtsausdruck besteht nach den Lehrern der inneren Wissenschaft nicht in bloß äußerlichen Zügen, sondern er ist ein geheimnisvolles Abbild unseres Innersten. Die Züge unseres Gesichts wechseln gemäß der dem inneren Antlitz des Geistes eingeprägten Form. Der Geist allein bringt die Gesichtsausdrucksformen hervor, welche von den Wissenden (in ihrer Bedeutung) erkannt werden; denn durch den Geist erhalten sie einen (bestimmten) Sinn. Wenn die Geister und Geist-Seelen aus Eden hervorgehen, haben sie (schon) alle eine bestimmte Form, die sich später im Antlitz (und dessen Ausdruck) widerspiegelt.

(II 75 b.)

d) Das innere Antlitz empfängt sein Licht von der höchsten Leuchte, die ewig leuchtet, und deren Geheimnis niemals enthüllt werden kann (d. h. von Kether in Verbindung mit En soph). Es ist innerlich, weil es aus einer verborgenen Quelle kommt, und es ist von übersinnlicher Art, weil es direkt von oben kommt. Das äußere Antlitz ist nur ein Reflex dieses oberen Lichtes.

(II 208 b.)

X. Die Irdische Schöpfung

a) Der Heilige, Gebenedeite (Gott) hatte schon mehrere Welten geschaffen und wieder zerstört (vgl. VII), bis er in seinen Gedanken die Schöpfung dieser (unserer) Welt beschloss. Und als dieses sein letztes Werk vollendet werden sollte, standen bereits alle Dinge dieser Welt, alle Geschöpfe des Alls, bevor sie diesem angehörten und zeitliche

Existenz erhielten, vor ihm in ihren wahren (eigentümlichen) Gestalten. Darauf bezieht sich das Schriftwort (Pred. Sal. 1, 9 f.): „Was ist das, was war? Was sein wird! … Gibt es ein Ding, von dem man sagen kann: ‚Siehe, es ist neu'? Es ist schon zuvor gemacht worden in den Zeiten (Olamin: auch = Welten), die vor uns gewesen sind."

(III 61 b.)

b) Als der Heilige, Gebenedeite (Gott) die Welt schuf, spannte er über ihr sieben Himmel aus und formte unter unseren Füßen sieben Erden,[168] auch machte er sieben Flüsse (Hauptströme) und sieben Wochentage. Wie jeder von den sieben Himmeln seine besonderen Gestirne und Engelklassen hat, so ist es auch mit den Erden unten. Untereinander angebracht, sind sie alle bewohnt, aber von Wesen verschiedener Natur, so wie es im Himmel ist. Unter den himmlischen Wesen haben manche zwei Gesichter, manche vier,[169] manche eins. So sind auch die Erdenmenschen von verschiedenem Aussehen; es gibt unter ihnen rote, schwarze und weiße, und die einen tragen Kleidung, die anderen sind nackt wie die Würmer. Wenn man sagt, sie stammten alle von (dem irdischen) Adam ab, so erhebt sich die Frage, ob es möglich sei, dass sich Adam in alle Länder begeben habe, um diese zu bevölkern; ferner, wie viel Weiber er dann gehabt haben müsste! Nein, Adam hat nur in dem Teil der Erde gelebt, welcher der höchste war und an den Himmel droben grenzte (also im Paradies).

(III 9 b, 10 a.)

[Bewiesen soll hiermit werden, dass die zahllosen Erdenmenschen aller Zonen nicht von Adam stammen können, sondern dass ihre Seelen wie die seinige von Gott gleich anfangs geschaffen wurden; vgl. unten XII.]

c) In dem Buch Rab Hamnuna[170] des Alten wird uns weitläufig auseinandergesetzt, dass die Erde sich um sich selbst dreht, dass die einen oben, die anderen unten sind, dass alle Erdbewohner je nach ihrem Wohnort ein anderes Himmelsbild haben, (das sich auch für sie ändert,) ohne dass sie ihren Ort wechseln, dass ein Teil der Erde erleuchtet, der andere im Schatten ist, so dass die einen Tag, die anderen Erdbewohner Nacht haben, und dass es ein Land gibt, wo es ununterbrochen Tag ist oder (wenigstens) die Nacht nur ganz kurze Zeit dauert.

(III 10 a.)

---

[168] Vgl. Buch Jezirah IV 6 und Anm. 88! Hier ist die dort erwähnte Grundanschauung etwas verändert, indem die „sieben Erden" auf die sieben Zonen der mittelalterlichen Erdbeschreibung bezogen werden (2 Polar-, 2 kalte, 2 gemäßigte Zonen und 1 heiße).

[169] Nach Ezechiel 1, 6ff.

[170] Der gegen Ende des 3. Jahrhunderts in Babylonien lehrende *Rab* (in Babylonien = Rabbi) *Hamnuna* (vgl. W. Bacher, Agada der babylonischen Amoräer, S. 73 f.) wird im Sohar zum Zeitgenossen des (angeblichen Sohar-Verfassers) Rabbi Simeon ben Jochai in Palästina (um 150 n. Chr.), ja zu seinem Studiengenossen gemacht. Das ihm hier zugeschriebene „Buch" ist natürlich ein mittelalterliches Werk. Interessant ist, dass hier die Kugelgestalt und Achsendrehung der Erde, die (etwas unklare) Lehre von den Antipoden und die Länge des Polartages erwähnt wird.

XI. Der irdische Adam

a) Als Adam, unser Urvater, den Garten Eden bewohnte, war er (gleich den Himmelsbewohnern) bekleidet mit einem Gewand von oberem (überirdischem) Licht. Als er aber (infolge des Sündenfalls) aus dem Garten Eden vertrieben war und sich den Anforderungen des Lebens zu unterwerfen genötigt war, was geschah da? Gott machte, wie es in der Schrift heißt, für Adam und Eva Kleider aus Fellen, mit denen er sie bekleidete. Denn vorher hatten sie Gewänder von jenem oberen Licht, dessen man sich in Eden bedient.

(II 229 b.)

b) Bevor Adam gesündigt hatte, hörte er nur die Weisheit, deren Licht von oben kommt. Als er aber dem Verlangen nachgab, die unteren (irdischen) Dinge kennen zu lernen, da wurde er verführt, erkannte das Böse und vergaß das Gute. Er trennte sich vom Baum des Lebens. Bevor sie[171] (Adam und Eva) dies getan hatten, hörten sie die Stimme von oben, besaßen sie höhere (überirdische) Weisheit und bewahrten ihre lichthafte und höhere Natur. Nach dem Sündenfall aber vernahmen sie nicht einmal mehr die Stimme von unten (die Stimme Gottes in der Natur).

(I 52 a b.)

XII. Die Seele

1. Präexistenz der Seele

a) Als der Heilige, Gebenedeite (Gott) die Welt schaffen wollte, stand sie schon fertig vor seinen Gedanken. Er bildete da auch alle Seelen, welche später in menschliche Körper kommen sollten. Sie standen alle vor ihm in derselben Form, die sie später im menschlichen Körper (als dessen Formelement, vgl. IX c) haben sollten. Der Ewige betrachtete sie eine nach der anderen und bemerkte darunter eine Anzahl von solchen, die ihren Weg (Wandel) verderben würden. (Vgl. b.) – Wenn nun ihre Zeit gekommen ist, so ruft er jede einzelne Seele vor sich und spricht zu ihr: „Gehe an den und den Ort auf der Erde, um den und den Körper zu beseelen!“ (Vgl. Seite 108 f.) Da antwortet ihm die Seele: „O Herr der Welt, ich bin glücklich in der (oberen) Welt, wo ich jetzt bin, und trage kein Verlangen, sie zu verlassen, um in jene andere Welt zu gehen, wo ich eine Magd und allem Unflat ausgesetzt sein werde!“ Da antwortet ihr der Heilige, Gebenedeite (Gott): „Von dem Tag ab, da du geschaffen wardst, hast du keine andere Bestimmung gehabt, als die, in jene Welt (da unten) zu gehen, wohin ich dich jetzt schicken will.“ Da sieht die Seele, dass sie gehorchen muss, und betritt traurig den Weg nach dieser (unserer) Welt und steigt zu uns hernieder.

(II 96 b.)

---

[171] Zu dem hier auf einmal statt „er“ stehenden Plural („sie“) vgl. 1. Mose 1, 27f.: „Und Gott schuf *den* Menschen … zum Bilde Gottes schuf er *ihn*; und er schuf *sie* … und Gott segnete *sie* usw.

b) Alle Seelen, die (später auf Erden) übel tun, haben bereits droben begonnen, sich von dem Heiligen, Gebenedeiten (Gott) zu entfernen. Sie drängten nach der Pforte des Abstieges (zur Erde) hin und konnten die Zeit ihres Abstieges zur Erde gar nicht erwarten.

(III 61 b.)

c) Schon vor der (irdischen) Schöpfung standen alle Dinge der Welt fertig vor Gottes Gedanken in ihrer eigentümlichen (individuellen) Form da; so standen auch alle (menschlichen) Seelen, bevor sie in diese Welt herniederstiegen, droben vor Gott in der Form, die sie hienieden haben sollten. Und alles, was sie auf Erden lernen, wussten sie schon, bevor sie in diese (unsere) Welt eintraten.[172]

(III 61 b.)

d) Alle Geister und Geistseelen (vgl. unten 3) bestehen, bevor sie in diese (unsere) Welt kommen, aus einem männlichen und einem weiblichen Teil, die (droben) zu einem Wesen vereinigt sind. Beim Abstieg auf die Erde scheiden sich die beiden Hälften voneinander und beseelen dann zwei verschiedene (auch geschlechtlich getrennte) Leiber. Wenn aber die Zeit der Heirat herankommt, vereinigt der Heilige, Gebenedeite (Gott), der ja alle Geister und Geistseelen kennt, sie (durch die Ehe) miteinander, wie sie früher waren, und sie bilden dann einen Leib und eine Seele.[173] – Aber diese Vereinigung (der richtigen Seelen) richtet sich nach dem Verhalten des Menschen. Nur wenn der Mensch rein ist und sein Tun Gott wohlgefällt, wird ihm die Verbindung zuteil, die er vor seiner Geburt genoss. (Anderenfalls bekommt er eine ihm nicht oder nicht ganz entsprechende Gattin-Seele.)

(I 91 b.)

---

172 Vgl. die bekannte platonische Lehre, dass alles Wissen auf Erden nur Wiedererinnerung an vorgeburtliches himmlisches Wissen sei. Eine ähnliche Ansicht findet sich auch im Talmud und Midrasch, wie ich in meinem künftigen Buch über Präexistenz und Seelenwanderung genau dartun werde.

173 Auch dies ist platonisch-rabbinischen Anschauungen ähnlich, nur dass diese sogar den ersten Erdenmenschen aus einem mannweiblichen (mit den Rücken zusammengewachsenen und von Gott dann getrennten) Doppelwesen bestehen lassen, mit der etwas allgemeineren Folgerung, dass deshalb sich der Mann nach Vereinigung mit dem Weib sehne. – Über die Zusammenführung der Eheleute durch göttlichen Ratschluss und durch eigenes sittliches Verhalten vgl. meinen „Talmudkatechismus“ (Leipzig, Fernau, 1904), S. 32ff. und mein „Babylonisch-Astrales“, S. 61 Anm. 2. – Zu der Lehre vom „*Seelenleibe*“ (XII 2) vergleiche Rückert, Weisheit des Brahmanen XII 62: „Was ist des Geistes Leib? Der Körper ist es nicht, der, aufgebaut aus Staub, in Staub zusammenbricht. Das ist des Geistes Leib: die Form, die er sich baut, in der mit Geistesblick ein Geist den anderen schaut. Das ist der Leib, der (jetzt die grobe Körperhülle durchschimmernd), wenn sie fällt, vortritt in klarer Fülle.“ – Zur „*Heimkehr des Gotteskindes Seele*“ (XII 4) vgl. Rückert, a. a. O. 61: „Du, meine Mutter nicht, doch, Erde, meine Amme … in deinem Bande lernt‘ ich gehn und stehn … und nun lernt’ ich, dir zu entfliegen. Leb‘ wohl! Vom Segen sei des Himmels übertaut, der zur Erziehung mich so lang‘ dir anvertraut. Dort nach dem weiten Haus des Vaters geht mein Lauf, die Mutter such‘ ich dort, die unbekannte, auf, die hohe, die sich mir im Traum nicht hat verhehlt, und Ammenmärchen hast du mir von ihr erzählt.“

2. Der Seelenleib des Menschen[173]

In dem Augenblick, wo die irdische (Geschlechts-)Vereinigung (Zeugung) geschieht, schickt der Heilige, Gebenedeite (Gott) eine Form in der Ähnlichkeit eines Menschen hernieder, welche die Prägung seines Siegels trägt. Diese Form ist beim Zeugungsakt gegenwärtig, und wenn das Auge sehen könnte, was da vorgeht, würde es zu Häuptern (der Gatten) ein Bild erblicken, das einer menschlichen Gestalt ähnlich ist. Dieses Bild ist das Vorbild (Modell), nach dem wir (leiblich) gezeugt werden. Solange es nicht, vom Herrn gesandt, herniedergestiegen ist und zu Häupten weilt, findet keine Zeugung statt. Hiervon steht geschrieben (1. Mose 1, 27): „Und Gott schuf den Menschen nach seinem Bilde." – Es empfängt uns bei unserer Ankunft auf der Welt, es entwickelt sich, wenn wir wachsen, es ist mit uns, wenn wir die Erde verlassen. Dieses Bild kommt vom Himmel. In dem Augenblick, wo die Seelen sich anschicken, aus ihrem himmlischen Aufenthalt herniederzusteigen, erscheint jede Seele vor dem höchsten König, bekleidet mit einer überirdischen Form, in welcher die Züge eingezeichnet sind, mit denen sie sich hienieden zeigen soll (vgl. IX b, c. XII 1 a, c). Jenes Bild gehört zu dieser überirdischen Form. Es kommt (zusammen mit Geist und Geistseele) herab, ist vor der leiblichen Empfängnis da und wartet bei dieser auf den geeigneten Zeitpunkt (des Eintretens in die Leiblichkeit). Es ist stets bei einer geschlechtlichen Zeugung gegenwärtig.

(III 107 a b.)

3. Die sogenannten Seelenteile

In den drei Dingen: Geist (Neschamah), Geist-Seele (Ruach) und Sinnenleben (vegetative Seele: Nephesch) finden wir ein getreues Abbild der oberen Einheit (vgl. V 6 a). Denn sie bilden alle drei nur ein einziges Sein, in dem alles einheitlich verbunden ist. Die Sinnenseele besitzt an sich gar kein Licht; sie ist eng mit dem Körper verbunden, über dessen Ernährung und Funktionen sie waltet, wie es (Sprüche Sal. 31, 15) heißt: „Sie verteilt die Nahrung für ihr Haus und das Tagewerk für ihre Dienerinnen". Das Haus – das ist (hier) der Körper, der ernährt wird; die Dienerinnen, das sind die Körpergliedmaßen, die ihr (der Sinnenseele) gehorchen. – Über der Sinnenseele (Nephesch) erhebt sich die Geistseele (Ruach), die jene beherrscht, ihr Gesetze gibt und sie erleuchtet, soweit dies erforderlich ist. – Über der Geistseele erhebt sich der Geist (Neschamah), welcher jene beherrscht und über sie das Licht des Lebens ausbreitet. Die Geistseele wird durch dieses Licht erleuchtet und hängt (dadurch) ganz von dem Geist ab. Nach dem Tod findet sie (die Geistseele zunächst noch) keine Ruhe (vgl. unten zu XII 10). Die Pforten Edens tun sich ihr erst auf, wenn der Geist zu seinem Urquell, dem Alten der Alten (En soph), zurückgekehrt ist, um sich von ihm in Ewigkeit zu erfüllen; denn immer kehrt der Geist zu seinem Urquell zurück.

(II 142 a.)

---

[173] *Wiedergabe wie im Original – s.o. Anmerkung 173 (D. V.)*

4. Die Heimkehr des Gotteskindes Seele[173]

Die Seelen (Neschamoth) der Gerechten stehen über den (himmlischen) Gewalten [höheren Geistern] und Dienstengeln. Wenn du fragst, warum sie von einem so erhabenen Platz in diese Welt hinabsteigen und sich (dadurch) von (Gott,) ihrem Urquell entfernen, so antworte ich: Es ist wie bei einem (irdischen) König, dem ein Sohn geboren ist. Den schickt er aufs Land, damit er dort aufgezogen werde, bis er erwachsen genug ist, um für das Leben im Palast seines Vaters geschickt zu sein. Wenn nun dem König angesagt wird, dass die Erziehung seines Sohnes vollendet sei, was tut er da in seiner Liebe zu ihm? Er lässt, um seine Rückkehr zu feiern, die Königin, seine (des Sohnes) Mutter, holen, führt sie in seinen Palast [oder: diese führt ihn (den Sohn) in den Palast des Königs], und sie ergötzen sich den ganzen Tag zusammen. Der Heilige, Gebenedeite (Gott) hat auch einen Sohn von der Königin (d. h. von „Malkuth" oder „Schechinah", vgl. Erste Abteilung, erste Abhandlung, über die Sephiroth Tiphereth und M.). Dieser Sohn ist der Geist (Neschamah) oder die heilige Seele. Er schickt ihn (die heilige Seele) aufs Land, d. h. in diese (Erden-) Welt, damit er dort vorbereitet werde für das Leben im Palast des Königs (das künftige Leben). Wenn es nun vor den König (Gott) kommt, dass sein Sohn (der Geist, die heilige Seele) groß geworden und die Zeit gekommen sei, ihn heimkommen zu lassen, was tut er da in seiner Liebe zu ihm? Er lässt die Königin (Schechinah) holen und den Sohn in seinen Palast eintreten [oder: einführen]. Der Geist (die höhere Seele) verlässt die Erde nicht, bevor sich nicht die Königin mit ihm verbunden hat, um ihn in den Palast des Königs einzuführen, wo er ewiglich wohnen soll (vgl. XII 3 Schluss). Und trotzdem pflegen die Landbewohner zu weinen, wenn der Sohn des Königs von ihnen scheidet. Wenn aber unter ihnen ein verständiger Mann ist, so spricht er zu ihnen: „Warum weint ihr? Ist es nicht der Sohn des Königs? Ist es nicht recht, dass er euch verlassen hat, um im Palast seines Vaters zu wohnen?" Ebenso sprach Mose, der die Wahrheit kannte, als er die Landbewohner (Menschen) wehklagen sah, zu ihnen die Worte: „Ihr seid Söhne Jhwh, eurem Gott, ihr sollt euch keine Schnittwunden machen noch zwischen euren Augen kahl scheren wegen eines Toten." – Wenn es allen Gerechten gegeben wäre, diese Dinge zu wissen, würden sie mit Freuden den Tag begrüßen, wo sie diese Welt verlassen dürfen. Und ist es nicht die höchste Ehrung, dass die Königin (Schechinah = Gottesgegenwart) selbst zu ihnen hinabsteigt, damit sie in den Palast des Königs (Gottes) eingelassen werden und dort das künftige Leben genießen?

(I 245 b.)

5. Der Seele Lichtgewand

a) Die guten Werke, die der Mensch hienieden vollbringt, lassen auf ihn einen Teil (Abglanz) des erhabenen Lichtes herabsteigen, das droben (im Himmel) strahlt. Dieser (Abglanz) dient dem Menschen als Gewand, wenn er in die kommende Welt eingehen und vor dem Heiligen, Gebenedeiten (Gott) erscheinen soll. Vermöge dieses Gewandes vermag er dann an der Seligkeit der Auserwählten teilzunehmen und in den Lichtspie-

[173] *Wiedergabe wie im Original – s.o. Anmerkung 173 (D. V.)*

gel zu blicken. So hat die Seele (der Geist), damit sie allenthalben vollkommen sei, ein verschiedenes Gewand für diese und für jene Welt [wie Adam, vgl. XI a].

(II 229 b.)

b) Komm' und siehe! Wenn die Seelen an den Ort (des Himmels) gelangt sind, der das „Schatzhaus des Lebens" heißt, so erfreuen sie sich (am Licht) eines glanzvoll leuchtenden Spiegels, der sein Licht vom höchsten Ort her erhält. Dieser Lichtglanz ist so stark, dass ihn die Seele nicht zu ertragen vermöchte, wenn sie da nicht selbst ein eigenes Lichtgewand anhätte. Denn ebenso wie die Seele (Neschamah), wenn sie zur Erde gesandt wird, eine irdische Hülle (den Leib) erhält, um sich hienieden aufhalten zu können, so empfängt sie auch dort (droben) eine überirdische Hülle, um ohne Schaden in jenen Spiegel schauen zu können, dessen Licht aus dem Land des Lebens kommt. Auch Mose musste, um sich dieser überirdischen Anschauung zu nahen, erst eine überirdische Hülle anlegen, wie es heißt (2. Mose 24, 18): „Und Mose ging hinein in die Mitte (b'thoch) der Wolke", wobei man (b'thoch) auch übersetzen kann: „mittels der Wolke", indem sie ihm gleichsam als Hülle diente. Während jener Zeit hatte Mose seine irdische Natur völlig abgestreift, wie es heißt (a. a. O.): „Und Mose war auf dem Berg (ohne Nahrung) vierzig Tage und vierzig Nächte."

(I 65 b, 66 a.)

c) In einer der geheimnisvollsten und höchsten Abteilungen des Himmels befindet sich ein Palast, welcher der „Palast der (göttlichen) Liebe" heißt. Dort gehen tiefe Geheimnisse vor sich. Dort sind alle dem himmlischen König wohlgefälligen Seelen versammelt. Dort wohnt der himmlische König, der Heilige, Gebenedeite (Gott), mit diesen heiligen Seelen und vereinigt sich mit ihnen durch Küsse der Liebe. (II 97 a.) – „Kuss der Liebe" heißt die Vereinigung der Seele mit ihrem Urquell.

(I 168 a.)

6. Seelenwanderung

Alle Seelen sind den Prüfungen der Seelenwanderung (Gilgula) unterworfen, und die Menschen wissen nicht, was die Wege des Allerhöchsten sind. Sie wissen nicht, wie sie jederzeit gerichtet werden, bevor sie in diese Welt kommen, und wenn sie aus dieser Welt gehen. Sie wissen nicht, wie viele Seelenwanderungen und geheimnisvolle Prüfungen sie durchzumachen genötigt sein werden, ferner wie viel Geister und Seelen in diese Welt kommen, die nicht in den Palast des himmlischen Königs zurückkehren werden, noch wie (z. B.) manche von ihnen Qualen zu erleiden haben, ähnlich wie ein von der Schleuder gewirbelter Stein.*

(II 99 b, 100 a.)

---

* Über die Seelenwanderung siehe unten den Auszug aus Lurja. –
Im Sohar überwiegt hinsichtlich des Zustandes der Seele nach dem Tod die Ansicht, dass der Geist (der höchste Seelenteil, Neschamah) eines Gerechten zu seinem göttlichen Urquell (En soph) zurückkehre, die Geistseele (Ruach) nach Eden (Tiphereth), die Sinnenseele (Nephesch) auf Erden zurückbleibe. Bei nicht ganz Vollkommenen findet Seelenwanderung statt, an der gegebenenfalls auch die Neschamah teilzunehmen hat. Die Gesamtseele von ganz Gottlosen kann völliger Vernichtung anheimfallen (vgl. Sohar II 141 b, 142 a.).

XIII. Ethisches

1. Willensfreiheit[174]

Wenn der Heilige, Gebenedeite (Gott) in uns nicht den guten *und* den bösen Trieb gelegt hätte, welche die Heilige Schrift unter dem Bild des Lichtes und der Finsternis darstellt, so würde es für den Menschen als Geschöpf weder Verdienst noch Schuld geben. Aber wäre es nicht besser, wenn es für ihn weder Belohnung noch Strafe zu geben brauchte, wenn nämlich der Mensch vielmehr überhaupt nicht zu sündigen vermöchte? Nein, es ist recht, dass er so geschaffen wurde, wie er ist. Alles, was der Heilige, Gebenedeite (Gott) gemacht hat, war notwendig. So hat er wegen des Menschen das Gesetz (Thorah) der Schöpfung gemacht (damit er es aus freier Wahl ausübe). Nun ist aber die Thorah das Kleid der Gottheit. Ohne den Menschen und die Thorah wäre die Gottheit wie ein Armer, der nichts hat, um sich zu bekleiden!

(I 23 a b.)

2. Das Böse als sittlicher Prüfstein

a) Es steht geschrieben: „Du sollst Jhwh, deinen Gott, lieben von *ganzem* Herzen" – das heißt, mit beiden Trieben deines Herzens, mit dem guten und mit dem bösen Trieb.[175] Wie soll man aber Gott mit dem bösen Trieb dienen? Dieser ist doch der Verführer, der uns dem Dienst Gottes abwendig zu machen sucht! Allein es ist zu bedenken, dass es keinen größeren Gottesdienst geben kann, als diesen bösen Trieb zu bändigen und ihn dem Rechttun dienstbar zu machen. In diesem geheimen Sinn wird die Sache von den Sittenlehrern angeführt, da es sonst unbegreiflich wäre, wie der böse Knecht (der böse Trieb) es wagen dürfte, Gott in seinem eigenen Reich Hohn zu bieten und seinem nur das Gute (Beste) der Welt bezweckenden Willen entgegenzuwirken, wenn nicht eben *das Böse selbst ebenfalls auf Gottes Ratschluss beruhte.*[176] Es ist dies, wie bei einem König, der die Sittlichkeit seines Sohnes durch die Buhlkünste einer Dirne auf die Probe stellen lässt. Ebenso hat Gott den Verführer zugelassen, damit sich die sittliche Kraft der Frommen bewähre! Denn der Verführer hat von seiner Tätigkeit gar keinen eigenen Vorteil; er erfüllt nur den Auftrag seines Herrn.

(II 163 a.)

---

174 *Willensfreiheit.* Vgl. Rückert, Weisheit des Brahmanen XI 121: „Dem Menschenwitz war's von je die schwerste Plage, wie seine Freiheit sich mit Gottes Rat vertrage. Die zwei vertragen sich durch *eine* Auskunft bloß: Dein Spielraum, Mensch, ist klein, der Gottes ist gar groß. Du magst in deinem Raum mit Freiheit dich gebärden, durch dich unselig auch, durch dich auch selig werden. Er aber hat es *vorgesehn und vorbedacht*, dass all dein Wille nur den seinen wirklich macht." (Die letzten neun Worte enthalten eine abweichende Anschauung; die Kabbalisten unterscheiden zwischen dem Vorhersehen Gottes und seinem Willen, der dem menschlichen freie Bahn lasse.)

175 Diese Deutung schon im Talmud (Berachoth 54 a).

176 *Das Böse in Gottes Ratschluss.* Ähnlich Rückert a. a. O. (XI 117): „Warum die Allmacht nicht ohn' Übel schuf die Welt? Weil ein vollkommnes Bild nicht lauter Licht enthält. Der beste Maler kann nicht ohne Schatten malen, die stets notwendig sind, damit die Lichter strahlen."

b) Die böse Magd (das Sinnliche, Materielle) ist eine Züchtigung der Welt und eine Geißel in der Hand des Heiligen, Gebenedeiten (Gottes), um die Sünder zu strafen.

(Tikkune Sohar 8.)

3. Das Böse nur „Schale", unvollkommen, relativ

a) Oben am Baum des Lebens (im En soph) gibt es keine „Schalen" („Kelippoth", s. o. IV 5) – wie es heißt (Psalm 5, 5): „Bei dir wohnt nicht das Böse" – wohl aber gibt es „Schalen" unten am Baum (bei den unteren Welten usw.).

(I 27 a.)

b) Wie es ein Reich der Heiligkeit gibt, so gibt es auch ein Reich des Unvollkommenen. Die unteren Sephiroth (die S. der unteren Welten) sind in Bezug auf die oberen gewissermaßen Schalen, deren Kern die zehn oberen Sephiroth bilden. Aber auch jene Schalen gehören mit zum Kleid der Gottheit und ihrer Offenbarung (Schechinah), um zu erfüllen, was geschrieben steht (Psalm 103, 19): „Sein Reich beherrscht *alles*", und (Psalm 47, 8): „Gott ist König der *ganzen* Erde". – Aber an einer anderen Stelle (Psalm 5, 5) steht doch: „Bei dir wohnt nicht das Böse"? In Bezug auf den innersten Kern (das tiefste Wesen der Gottheit) sind selbst die oberen Sephiroth nur (nicht zugehörige, unvollkommene, wegdenkbare Dinge) „Schalen", aber sie sind (im Gegensatz zu der Welt des Materiellen, Sinnlichen auch wieder) schöne, in den verschiedensten Lichtfarben strahlende Gewänder (der Gottheit). Einst aber wird der Heilige, Gebenedeite (Gott), diese Schalen ablegen und sich seinen Jüngern nach seinem innersten Kern zeigen, wie geschrieben steht (Jesaja 30, 20): „Und dein Lehrer wird sich nicht mehr verbergen".

(Tikkune Sohar 18.)

c) Erst zur Zeit der Auferstehung wird die Schale endgültig zerbrechen und der strahlende Kern unverhüllt in die Welt leuchten.

(II 69 b.)

4. Das Verdienst der Frommen

a) Von den Werken der Frommen hienieden geht *ein Impuls* (eine Anregung) aus, *welcher die Tätigkeit der höheren Welten anregt*. Eine Andeutung darüber geben die Schriftworte (1. Mose 2, 5): „Gott der Herr hatte noch nicht regnen lassen"; d. h. es fehlte noch der (göttliche Kraft-) Zufluss von oben. „Weil kein Mensch da war, die Erde zu bebauen"; d. h. weil noch keine (guten) Werke unten auf Erden geschahen. Dann aber (V. 6) „stieg ein Nebel auf von der Erde"; d. h. es erfolgte ein Impuls von unten. „Und er (hier auf Gott bezogen) ließ trinken (bewässerte) das ganze Antlitz der Erde"; d. h. es ergossen sich die Wolken von oben. Immer also geht der Impuls von unten aus; denn die Welten (untere und obere) sind aufeinander gestützt (und miteinander verbunden), gegründet auf Wahrheit und Recht (vgl. oben III 6 b).

(I 35 a.)

b) Der reine (fromme) Mensch ist (schon) an sich ein wahres Opfer, welches zur Versöhnung dienen kann; daher sind *die Frommen das Opfer und die Versöhnung für die Welt*.

(I 68 a.)

5. Die Liebe ist das Größte

Durch die Furcht (Gottes) wird man zur Liebe geführt. Allerdings ist der Mensch, welcher Gott aus Liebe gehorcht, zu der höchsten Stufe gelangt und gehört bereits dem künftigen Leben an. Aber man darf deshalb nicht glauben, dass, Gott aus Furcht dienen, ihm nicht dienen heiße. Vielmehr hat auch der Dienst Gottes aus Furcht seinen Wert, obwohl er zwischen Gott und der Seele eine minder erhabene Vereinigung bewirkt. Es gibt nur eine höhere Stufe als (den Dienst Gottes aus) Furcht, nämlich (den aus) Liebe. In der Liebe ist das Geheimnis der Einheit! Sie ist es, welche die oberen und unteren Stufen miteinander vereint und alles, was da ist, zu der höchsten Stufe emporhebt, wo überhaupt nur vollkommene Einheit denkbar ist. Das ist der (tiefste) Sinn der Worte (5. Mose 6, 4 f.): „Höre, Israel, der Herr, unser Gott, ist ein *einiger* Herr; und du sollst den Herrn, deinen Gott, *lieben von ganzem* Herzen"!

(II 216 a.)

XIII. a (Astraler Anhang)

1. Im weiten Himmelsraum, dessen Wölbung unsere Welt umgibt, finden sich Figuren und Zeichen, mittels deren wir die tiefsten Geheimnisse entdecken können. Sie sind geformt durch die Sternbilder und Sterne, die für den Wissenden ein Gegenstand der Betrachtung und eine Quelle geheimnisvollen Genusses sind ... Wer frühmorgens eine Reise anzutreten hat, der braucht sich nur beim Morgengrauen zu erheben und aufmerksam den östlichen Himmel zu betrachten; da wird er gleichsam *Buchstaben* in den Himmel eingezeichnet und die einen über (? neben ?) die anderen gestellt finden. Diese glänzenden Formen sind die *der Buchstaben, mit denen Gott Himmel und Erde geschaffen hat*. Sie bilden seinen *geheimnisvollen* heiligen Namen.

(II 130 b.)

2. Der Mond ist sowohl ein gutes wie ein böses Vorzeichen, und zwar ist der Vollmond ein gutes, der Schwarzmond (Neumond) ein böses... Eine Mondfinsternis ist ein böses Zeichen für die Israeliten, eine Sonnenfinsternis ist ein böses Zeichen für die Nichtisraeliten.

(III 10 a.)

XIV. Größere Soharstücke

1. Ein wichtiges Soharblatt (Aus dem Beginn von „Idra rabba", III 128 a.)

Rabbi Simeon (ben Jochai, der angebliche Urheber des Sohar) sprach (zu seinen Genossen): „Ich werde weder zu den Himmeln sagen, dass sie aufmerken, noch zu der Erde, dass sie höre (5. Mose 32, 1); denn wir sind selber die Säulen der Welt."

Es ist überliefert worden ein Geheimnis der Geheimnisse. Als Rabbi Simeon seinen Mund auftat, da erbebte der Ort (wo er sich befand), und seine Genossen fühlten die Erschütterung. Er offenbarte das Geheimnis und begann:

Es steht geschrieben (1. Mose 36, 29): „Und dies sind die Könige, die im Lande Edom herrschten, bevor ein König herrschte über die Kinder Israel."

Wertgeschätzt seid ihr, ihr Gerechten (hier), dass euch geoffenbart wird das geheimste Geheimnis der Heiligen Schrift, das nicht (einmal) den Heiligen droben offenbart ward! Wer wird dies erfassen und dessen würdig erachtet werden? Denn es ist das Zeugnis der Wahrheit aller Wahrheiten! Unser aller andächtige Gebete mögen dahin gehen, dass es mir nicht als Schuld angerechnet werde, dass ich dieses offenbare! –

Es meinen hier wohl meine Genossen, dass sich gegen jene Schriftworte (1. Mose 36, 29 Schluss) der Einwand erheben lasse, sie brauchten eigentlich gar nicht dazustehen, da es ja klar sei, dass es schon vor dem Auftreten der Kinder Israel und vor dem Vorhandensein von israelitischen Königen (anderwärts) sehr viele Könige gegeben habe. Wie verhält sich das hier? Die Frage der Genossen könnte berechtigt erscheinen.

Aber es liegt hier ein Geheimnis der Geheimnisse vor, das die (gewöhnlichen) Menschen weder zu wissen, noch zu verstehen, noch ihre Kenntnis davon weiterzuflüstern vermögen!

Es ist überliefert worden: Bevor der Alte der Alten, der Verborgene der Verborgenen die königliche Form, die Krone der Kronen bereitet hatte, gab es weder Anfang noch Ende. Er meißelte (zeichnete) und entwarf nun in sich selbst (gewisse Grundformen), dann spannte er einen Vorhang[177] vor sich aus und zeichnete und entwarf nun auf ihm die (Ur-) *Könige*.[178] Aber sie hatten keinen Bestand. Das ist gemeint mit dem Schriftwort (1. Mose 36, 29): „dies sind die Könige, die im Lande Edom herrschten, bevor ein König herrschte über die Kinder Israel" – nämlich der übersinnliche König (Gott) über das übersinnliche Israel. Alle die so geformten (Ur-) Könige hatten (zwar) ihre Namen (bereits individuelle Formation), konnten aber nicht bestehen, so dass sich schließlich (der Alte der Alten) von ihnen zurückzog und sie für später verhüllte. Er richtete nun sein Augenmerk auf den Vorhang, und dieser erhielt nun eine gewisse Form und Gestalt.

Da beschloss er (Gott) das *Gesetz* (die *Thorah* als Weltplan) zu schaffen. Er verbarg sie (aber noch) zweitausend Jahre; dann zog er sie hervor. Sogleich aber sprach sie zu ihm: Wer formen und gestalten will, möge sich erst selbst eine Form und Gestalt geben!

Im Buch des Geheimnisses ist überliefert: Der Alte der Alten, der Verborgene der Verborgenen, hat eine gewisse Gestalt und Form und lässt sich insofern (bis zu einem gewissen Grad) erkennen. Er ist aber auch wiederum unerkennbar, weil er (durch unser Denken) nicht zureichend erfasst werden kann. Er hat also eine gewisse Gestalt und Form, lässt sich aber (in seinem ureigensten Wesen) nicht erkennen, weil er der Alte der Alten (also der absolute Urgrund) ist. Doch lässt jene Form immerhin so viel erkennen, dass er so etwas wie ein Greis der Greise, Alter der Alten, Verborgener der Verborgenen ist. An diesen Merkmalen (seiner Selbstoffenbarung) ist er erkennbar, und doch ist er (wiederum seinem wahren Wesen nach) unerkennbar.

---

[177] Gemeint ist die Sephirah „Kether".

[178] Die früheren Welten, s. o. VII und Anm. 167!

Sein Aussehen[179] ist (wie) ein weißes Gewand (oder: weißes Haupt) und sein Anblick wie (der) eines verschleierten Gesichtes.
Er sitzt auf einem Thron von Funken, um über sie zu herrschen.
In vierzigtausend Welten dehnt sich das Weiße der Hirnschale seines Hauptes, und von dem Glanz dieses Weißen empfangen die Gerechten vierhundert Welten für die (= in der) kommende(n) Welt. Darauf bezieht sich das Schriftwort (1. Mose 23, 16): „Vierhundert Sekel Silber zum Händler gehend".
In der Hirnschale befinden sich allezeit einhundertdreißig Millionen Welten, welche von ihr Schenkel erhalten und sich auf sie stützen.
Aus dieser Hirnschale träufelt Tau auf den, der außerhalb ihrer ist (den „Se'ir anpin"), und badet sein Haupt täglich.
Von diesem Tau, den der, welcher draußen ist, von seinem Haupt schüttelt, werden die Toten zu (dem Leben in) der künftigen Welt auferweckt werden, wie geschrieben steht (Hiob 5, 2): „Mein Haupt wird mit Tau erfüllt werden". Es steht nicht da: „Ist voll von Tau", sondern: „*Wird* erfüllt werden" (der Vers bezieht sich also auf Zukünftiges).
Ferner steht geschrieben (Jesaja 26, 19): „Tau der Lichter ist dein Tau". – „Der Lichter" bedeutet das Licht von dem Weißen (der Weißfarbe) des Alten.
Und von diesem Tau werden die Heiligen droben erhalten, und er ist das Manna, das für die Gerechten für die (= in der) zukünftige(n) Welt gemahlen wird.
Und jener Tau träufelt auf ein Feld (voll) heiliger Früchte. Darauf bezieht sich das Schriftwort (2. Mose 16, 14): „Und als der Tau weg war, siehe, da lag es auf dem Antlitz der Wüste rund und klein".
Und die Farbe des Taus ist weiß wie die Farbe des Kristalls, der (ja trotz seiner durchsichtigen, weißen Farbe) alle Farben in sich birgt. Darauf bezieht sich das Schriftwort (4. Mose 11, 7): „Und sein Aussehen war wie Kristall".
Und das weiße Licht dieser Hirnschale strahlt nach dreizehn[180] gemeißelten (fest bestimmten) Seiten. (Diese sind:) vier auf der einen, vier auf der anderen Seite, vier vorn

---

179 Von hier ab beginnt die Beschreibung des „Arich anpin" (Langgesichtigen, Langmütigen) d. h. der Offenbarung des Absoluten (Alten der Alten) in der Sephirah „Kether", während der alsbald erwähnte „Außenstehende" oder „Se'ir anpin" (Kurzgesichtige, Kurzmütige) die anderen Sephiroth darstellt, vornehmlich die sechs [sieben] unteren (Chesed, Geburah, [Da'ath], Tiphereth, Nezach, Hod, Jesod, ohne Malkuth, vgl. XIV 2), als deren Inbegriff die Sephirah „Tiphereth" in ähnlicher Weise gilt, wie „Kether" als Inbegriff der drei oberen oder aller Sephiroth.

180 Hier, wo gemäß der „Waage" (s. o. „Sohar-Auszüge" VI) dem „Se'ir anpin" eine männliche und eine weibliche Erscheinungsform zugeschrieben wird, ist die männliche durch „Tiphereth" (als den Inbegriff der Anm. 179 genannten) Sephiroth dargestellt gedacht, die weibliche dann durch „Malkuth", und es wird nun die mystische Begattung beider in einer für abendländische Auffassung (zumal bei „letzten Worten") recht eigentümlichen Art geschildert, wobei „Tiphereth" als König, „Malkuth" als „Matrone" (im mystischen Sinn) auftritt. Besonders anstößig erscheint dieses Bild dadurch, dass auf Gott bezügliche biblische Wendungen (vom Eingehen in Jerusalem, Zion usw.) auf diesen mystischen Geschlechtsakt von „Tiphereth" bezogen werden, da „Tiphereth" auf jeden Fall als eine Erscheinungsform oder eine Offenbarungspotenz Gottes gedacht ist. – Jedenfalls berühren uns die Berichte von den letzten Reden und Augenblicken eines Sokrates oder eines Buddha menschlich sympathischer, obschon nicht zu leugnen ist, dass sie den Eindruck einer gewissen künstlichen dramatischen „Aufmachung" erwecken. In unserer Stelle sind zwar die nächsten Ereignisse nach dem Tod de Rabbi Simeon legendarisch ausgeschmückt, seine Worte

und eine über der Hirnschale, sozusagen die höchste Seite. Von da erstreckt sich die Länge seines Gesichts auf 3 700 000 Welten; und dies wird: „Erech appa'jim" (Länge des Gesichts) genannt. Der Alte der Alten selber heißt sodann „Arich anpin" (Langgesichtiger), jener „Äußere" aber wird „Se'ir anpin" (Kurzgesichtiger) genannt im Gegensatz zu dem greisen Alten, dem Allerheiligsten.

2. Die letzten Worte Rabbi Simeons (Schluss von „Idra suta", III 296 a.)

„Der Mann (die männliche Seite des „Se'ir anpin") dehnt sich zur Rechten und zur Linken, indem er sein Erbe in Besitz nimmt. Aber wenn die Farben sich mischen, dann heißt er ‚Herrlichkeit' (Tiphereth),[180] und sein gesamter Körper dehnt sich aus zu ‚einem großen, starken Baum', einem ‚schönen und fruchtbaren', unter dem ‚alle Tiere des Feldes Schatten suchen' und ‚in dessen Zweigen die Vögel des Himmels wohnen' und ‚Nahrung finden' (Daniel 4, 8 f.). Seine Arme befinden sich rechts und links. Im rechten ist Leben und Gnade (Chesed), im linken Tod und Starrheit (Geburah). Seine Eingeweide werden gebildet durch die Erkenntnis (Da'ath) und füllen alle Höhlungen aus, wie geschrieben steht (Sprüche 24, 4): ‚Und durch Erkenntnis werden alle Gemächer voll'. Weiter dehnt sich sein Körper in zwei Schenkel aus, und zwischen diesen befinden sich zwei Nieren und zwei Hoden. Denn aller Saft, alle Kraft und Stärke aus dem ganzen Körper des Mannes sammeln sich dort, und alle Heerscharen, welche ihnen entstammen, gehen aus von der Öffnung des (männlichen) Geschlechtsteiles; daher heißen sie Heerscharen. Es sind ‚Sieg' (Nezach) und ‚Ruhm' (Hod). Die ‚Herrlichkeit' (Tiphereth) aber ist (gleich dem Gottesnamen) Jhwh (Herr); daher kommt der Name ‚Jhwh (Herr) der Heerscharen'. Das männliche Glied selbst ist das äußerste des ganzen Körpers und heißt ‚Grund' (Jesod). Es ist das Element, durch welche das Weib besänftigt wird; denn das ganze Verlangen des Mannes ist nach dem Weib.

Mittels dieses ‚Grund'-Elementes dringt er (Tiphereth) in das Weib ein, in den Ort, der ‚Zion' oder ‚Jerusalem' heißt; denn dies ist der Ort, den die Frau zu bedecken hat, und der beim weiblichen Geschlecht ‚Unterleib' (Scham) genannt wird. Daher wird ‚Jesod' auch ‚Jhwh Zebaoth' (Herr der Heerscharen) genannt, wie es heißt (Psalm 132, 13): ‚Denn der Herr hat Zion auserwählt, er wünscht daselbst zu sitzen'. Wenn sich die ‚Matrone' (Malkuth) mit dem ‚König' (Tiphereth) auf der Höhe des Sabbats paart, so wird alles ein Leib. Denn dann ‚sitzt' der Heilige, Gebenedeite auf seinem Thron, und alles (zusammen) heißt ‚der vollständige Name', ‚der heilige Name'. Gepriesen sei sein Name in Ewigkeit und von Ewigkeit zu Ewigkeit! –

Alle diese Worte habe ich bis auf den heutigen Tag verschoben, der durch sie für die künftige Welt gekrönt wird. Nun ist dies offenbart! Glückselig mein Teil!

Wenn die ‚Matrone' sich mit dem ‚König' paart, empfangen alle Welten Segen, und alles schwelgt in Freude. Wie der Mensch aus einer Dreiheit besteht, und der ‚Anfang'

---

aber beschäftigen sich rein sachlich mit der mystischen Offenbarung, wie das göttliche Absolute in Form der Mittelsephirah „Tiphereth" wirksam die Übergangs-Sephirah „Malkuth" derart beeinflusst, dass aus ihr die Elemente (Welten) hervorgehen, aus denen sich auf weiteren Stufen das Materielle entwickelt.

180 *Wiedergabe wie im Original – s.o. Anmerkung 180 (D. V.)*

(„Kether“ mit „Chochmah“ und „Binah“) aus einer Dreiheit, so ist es allenthalben. Und dies ist der Inbegriff der ganzen Leiblichkeit.

Und die ‚Matrone‘ empfängt die Segnungen nur durch die Gesamtheit der Trias ‚Nezach, Hod, Jesod‘. Und sie wird besänftigt und empfängt die Segnungen in dem Ort, der das Allerheiligste heißt, wie geschrieben steht (Psalm 133, 3): „Denn dort hat der Herr (Jhwh) Segen befohlen“. Denn es gibt zwei Stufen (sich entsprechende Welten), unten und oben. Wie daher nur der Hohepriester (ins Allerheiligste des Tempels) eingehen darf, und zwar nur von der Seite der Gnade (Chesed) aus, so darf in jenen oberen Ort (in das Allerheiligste der ‚Matrone‘) nur jener kommen, der ‚Gnade‘ (Chesed) heißt (d. i. ‚Tiphereth‘ als Vermittlung zwischen Chesed und Geburah). Und er geht hinein in das Allerheiligste der ‚Matrone‘ und besänftigt sie, und sie empfängt den Segen dieses Allerheiligsten an dem Ort, welcher ‚Zion‘ heißt. ‚Zion‘ aber und ‚Jerusalem‘ sind zwei verschiedene Stufen, von denen die eine die Barmherzigkeit (Gnade), die andere das (strenge) Recht bezeichnet.

Alles Verlangen des Mannes strebt nach dem Weib. Dieses aber wird ‚weiblich‘ (Nukbah) genannt, weil von ihr der Segen für alle Welten ausgeht (Naphkah) und alles davon Segen empfängt. Jener Ort heißt das Allerheiligste, und alle männlichen Heiligkeiten treten dort, wie gesagt, (durch ‚Jesod‘) hinein. Sie alle aber kommen von dem oberen Haupt, der männlichen Hirnschale, von der Seite des oberen Gehirns, wo sie ihren Sitz haben. Und dieser Segen strömt durch alle Glieder des Körpers (des Se’ir anpin), bis zu jenen, welche ‚Heerscharen‘ (Zebaoth) heißen. Und der ganze Strom, der den ganzen Körper durchflossen hat, sammelt sich dort, und deshalb heißt es ‚Heerscharen‘ (Zebaoth), weil ihre Scharen von oben und unten dort hinausfließen. Und der Ausfluss, der sich dort sammelt und durch das heilige ‚Jesod‘ hinausfließt, ist ganz weiß und heißt deshalb ‚Chesed‘ (Gnade). Von dort gelangt diese ‚Gnade‘ in das Allerheiligste, wie geschrieben steht (Psalm 133, 3): ‚Denn dort hat der Herr (Jhwh) Segen befohlen und Leben in Ewigkeit!“ –

Rabbi Abba sagt: Kaum hatte die heilige Leuchte (Rabbi Simeon ben Jochai) das Wort „Leben“ ausgesprochen, da hörten ihre Worte auf. Ich aber hatte bisher nachgeschrieben und erwartete weiteres, vernahm aber nichts mehr. Doch erhob ich mein Haupt nicht, weil zu viel Licht erglänzte, in das ich nicht hineinzuschauen vermochte. Ich erzitterte und hörte eine Stimme sagen (Sprüche 3, 2): „Länge der Tage und Jahre des Lebens!“ Dann hörte ich eine andere Stimme, die sprach (Psalm 22, 5): „Er erbat Leben von dir!“ Jenen ganzen Tag wich das feurige Licht nicht aus dem Haus, und niemand konnte sich ihm (dem toten Simeon) nahen; denn Licht und Feuer waren um ihn den ganzen Tag über.

Ich fiel zur Erde und stöhnte. Als dann (endlich) das Feuer sich entfernte, sah ich die heilige Leuchte des Allerheiligsten (Gottes, und bemerkte), dass er (R. Simeon) aus der Welt gegangen war. Er lag eingehüllt auf seiner rechten Seite, und auf seinem Antlitz schwebte ein Lächeln.

Da erhob sich Rabbi Eleasar, sein Sohn, ergriff seine Hände und küsste sie. Ich aber drückte meinen Mund in den Staub, der zu seinen (des Toten) Füßen war. Die Genossen wollten die Totenklage anstimmen, vermochten aber (anfangs) kein Wort hervorzubringen. Als sie dann die Totenklage begannen, warf sich Rabbi Eleasar, sein Sohn,

dreimal zur Erde, konnte aber seinen Mund nicht öffnen. Endlich hob er an: „O Vater, Vater! Drei waren es; sie sind zu einem vereint! Jetzt werden sich die Tiere (Daniel 4, 9) zerstreuen, die Vögel davonfliegen und sich in den Löchern am großen Meer verbergen, und alle Genossen werden Blut trinken!“
Da erhob sich Rabbi Chijjah auf seine Füße und sprach: „Bisher hat sich die heilige Leuchte um uns bemüht. Jetzt müssen wir uns um seine (letzte) Ehre bemühen!“
Da standen Rabbi Eleasar und Rabbi Abba auf und legten ihm das Totengewand an.
Wer sah jemals ein solches Herbeieilen und dichtes Herzuströmen der Gelehrten! Durch das ganze Haus verbreiteten sich Wohlgerüche.
Man hob ihn auf die Bahre. Rabbi Eleasar und Rabbi Abba erwiesen ihm auch diesen letzten Dienst.
Da kamen die Beamten und Soldaten des Ortes und wollten sie zurückdrängen. Aber die Einwohner von Marunja (Maron) widerstrebten ihnen mit Tumult, weil sie glaubten, man wollte ihn (die Leiche) nicht begraben lassen. Als nun die Bahre wieder aufgehoben worden war, da wurde er (der Leichnam) in die Luft erhoben, und Feuer flammte vor ihm her. Auch hörte man eine Stimme, die sprach: Tretet herbei, kommt und versammelt euch zur Hochzeitsfeier des Rabbi Simeon! „Es kommt Friede, und sie werden ruhen auf ihren Lagern“ (Jesaja 57, 2).
Als er in die Grabhöhle getragen wurde, hörte man drinnen eine Stimme, die sprach: „Das ist der Mann, der die Erde erbeben und die Königreiche erzittern ließ! Wie viele Freisprechungen im Himmel gibt es heute deinetwegen! Das ist Rabbi Simeon ben Jochai, dessen sich der Heilige, Gebenedeite (Gott) alle Tage rühmt! Selig sein Anteil droben und hienieden! Wie viele Schätze droben sind ihm aufbewahrt! Von ihm steht geschrieben (Daniel 12, 13): „Und du schreite zum Ende und ruhe und stehe in deinem Los am Ende der Tage!“ –
Bis hierher die heilige „kleine Versammlung“ (Idra suta).

3. Der Anfang des „eigentlichen“ Sohar (Sohar I 2 a.)

Rabbi Chiskijjah begann: Es steht geschrieben (Hoheslied 2, 2): „Wie die Rose unter den Dornen.“ Was (ist) „Rose“? Die Gemeinde Israel, da sie eine doppelte (in doppelter Bedeutung eine) Rose ist. – Was (ist) „Rose unter den Dornen“? In ihr (der Rose) befindet sich Rotes und Weißes. So ist auch bei der Gemeinde Israel starres Recht (Din) und Barmherzigkeit (Rachamim) vorhanden. – Was (ist’s mit der) Rose? Sie hat dreizehn (Blüten-) Blätter.[181] So hat auch die Gemeinde Israel dreizehn Maße von

[181] „*Dreizehn*“. Die 13 als Symbolzahl ist ziemlich selten. Oben (XIV 1 gegen Ende) fanden wir sie bei den Strahlenrichtungen aus der Hirnschale des „Langgesichtigen“. Sie tritt stets in der Form von 12 + 1 (Zwölf und etwas Überschüssiges) auf. So beim „Langgesichtigen“ 3 x 4 Seiten + 1 Seite; ebenso ist hier zu der typischen 12 der Stämme Israels noch eine 1 hinzugerechnet (der Vergleich mit den 13 Kelchblättern der Rose ist erst zu der bereits als Systemzahl schon vorhandenen 13 hinzukonstruiert). Tatsächlich waren es ja auch *dreizehn* Stämme (Ruben, Simeon, Levi, Juda, Dan, Naphthali, Gad, Asser, Isaschar, Sebulon, Ephraim, Manasse, Benjamin). – Ebenso sind mir zwei bildliche Darstellungen des heiligen Abendmahls bekannt, welche *dreizehn Apostel* ausweisen, nämlich erstens das Abendmahl (1510) in Albrecht Dürers Holzschnittfolge der so genannten „Großen Passion“ und zweitens die ursprüngliche Gestalt des Abendmahls-Reliefbildes im Giebelfelde des Südportals am *Kölner Dom*. Links (vom Beschauer aus) bei der Figur Christi bemerkt

Barmherzigkeit, die sie von allen Seiten umgeben. Hierher gehört der Name „Elohim" (Gott). Denn nachdem er (1. Mose 1, 1) erstmalig erwähnt ist, folgen auf ihn bis zu seiner zweiten Erwähnung (1. Mose 1, 2 – im hebräischen Text) dreizehn (hebräische) Worte; diese umgeben die Gemeinde Israel und bewachen sie. – Warum wird die Rose (Hoheslied 2, 1 und 2) zweimal erwähnt? Weil sie (außer den dreizehn Blütenblättern noch) fünf (Kelch-) Blätter hervorbringt, welche die Rose umgeben. Diese bedeuten die fünf „Hilfen", welche auch fünf „Pforten" genannt werden. Über dieses Geheimnis steht geschrieben (Psalm 116, 13): „Ich will den Kelch der ‚Hilfen' nehmen." Dies ist der Kelch des Segens, der nur mit den fünf Fingern der rechten Hand ergriffen werden darf. Diesen (fünf Fingern des ‚Hilfen'-Kelches) entsprechen die fünf (Kelch-) Blätter der Rose. Diese Rose (Hoheslied 2, 1) ist der Kelch des Segens; denn von dem zweiten „Elohim" (1. Mose 1, 2 im hebräischen Text) bis zum dritten (1. Mose 1, 3) sind es fünf hebräische Worte! – Von da ab (Hoheslied 2, 2 ff..) ist das Licht angedeutet, welches geschaffen und verborgen und in dem Bundeszeichen (dem männlichen Glied, vgl. XIV 2 aus „Idra suta") eingekörpert worden ist, und das in die „Rose" eindringt und sie besamt. Das ist der „Fruchtbaum, der Frucht macht, dessen Samen in ihm ist" (1. Mose 1, 11). Dieser (mystische) Same bleibt (im Gegensatz zum irdischen) wirklich in dem (mystischen) Bundeszeichen (Jesod) erhalten. Und wie das Abbild des Bundes (das hebräische Alphabet) in zweiundzwanzig (verbindungsfähigen) Zeichen „seinen Samen sät", so streut auch der eingegrabene zweiundvierzigbuchstabige (Gottes-) Name seinen Samen im Schöpfungswerk aus.

„Be-reschith" (Im Anfang; 1. Mose 1, 1). Rabbi Simeon (ben Jochai) begann: „Blumen werden gesehen auf der Erde" (Hoheslied 2, 12). „Blumen" – das ist das Schöpfungswerk. „Werden gesehen auf der Erde" – wann? Am dritten (Schöpfungs-) Tag, wie geschrieben steht (1. Mose 1, 11): „Die Erde bringe hervor" – dann also wurden sie auf der Erde gesehen.

„Die Zeit des Winzerjubels ist herbeigekommen" (Hoheslied 2, 12) – das geht auf den vierten (Schöpfungs-) Tag, da an diesem „der Jubel der Gewaltigen gedämpft wird" (Jesaja 13, 11). „Meoroth" („Lichter", 1. Mose 1, 14 beim vierten Schöpfungstag) ist

---

man, wie ich mich im Dezember 1912 selbst überzeugte, deutlich eine symmetriestörende Lücke, augenscheinlich entstanden durch Herausmeißeln eines Apostelkopfes, nämlich des – *dreizehnten*! Tatsächlich hat nämlich Schwanthaler-München auf der (im Domarchiv befindlichen) Vorlagezeichnung für das Relief dreizehn Apostelköpfe angebracht, und der Dombildhauer Mohr brachte diese dann genau so auf dem 1864 in das Portal eingefügten Relief auch an. Erst danach wurde das vermeintliche „Versehen" bemerkt und „beseitigt". Mit Unrecht! Keine religiöse Darstellung des Abendmahls will „historisch treu" sein (sonst müsste sie z. B. Jesum und die Jünger nach antiker Sitte zu Tische *liegend* darstellen usw.), jede echtreligiöse ist vielmehr mystisch. Und da gehört *Paulus* mit zu den Abendmahlsjüngern, er, der uns das meiste und Tiefste über jenes letzte irdische Abendmahl Jesu zu sagen weiß! – Die 13 ist die Zahl des (zum Ausgleich der Mondmonate mit dem Sonnenjahr erforderlichen) *Schaltmonats*; ihm entsprechend wurde verschiedentlich als 13. Tierkreiszeichen der auf einer Stange sitzende Rabe eingefügt (vgl. A. Jeremias, Das A. T. im alten Orient, 2. A., Seite 11). – Am Himmel steht das Sternbild des Raben direkt beim *Weinbecher* (vgl. Ed. Stucken, der Ursprung des Alphabets, S. 29 f.)! Vgl. im Text die sich sogleich an die Symbolik der 13 anschließende Erwähnung des *Kelches* (Bechers)!

(nämlich im hebräischen Text) defektiv (ohne das übliche lange „o“ in der letzten Silbe geschrieben)!
„Die Stimme der Turteltaube“ (Hoheslied 2, 12) – das geht auf den fünften (Schöpfungs-) Tag; denn (bei diesem) steht geschrieben: „Es wimmle das Wasser … und allerlei Vögel“ usw. (1. Mose 1, 20; dieser Vers bezieht sich ebenso wie das Gurren der Turteltaube, Hoheslied 2, 12) auf die Erzeugung von Nachkommenschaft.
„Lässt sich hören“ (Hoheslied 2, 12) – das geht auf den sechsten (Schöpfungs-) Tag; denn (bei diesem) steht geschrieben: „Lasset uns einen Menschen machen“ (1. Mose 1, 26 – was einen oder mehrere Angeredete, also *Hörende* voraussetzt).
„In unserem Lande“ (Hoheslied 2, 12) – das geht auf den siebenten (Schöpfungs-) Tag (den Sabbat); denn dieser ist das Abbild des „Landes der Lebendigen“, d. h. der künftigen Welt, der Welt der Seelen, der Welt der Tröstungen. –
(Andere Deutung.) „Blumen“ (Hoheslied 2, 12) – das sind die Erzväter, welche bereits vor der Schöpfung in Gottes Gedanken gegenwärtig waren und (nach ihrem Erdenleben) in die künftige Welt gelangten und dort verborgen wurden, dann aber diese (künftige Welt) im Verborgenen wieder verließen und in den wahren Propheten verborgen waren. Joseph (Mose?) ward geboren, und sie wurden in ihm verborgen. Er betrat das heilige Land und brachte sie dorthin. Da wurden sie „auf Erden gesehen“ (Hoheslied a. a. O.) und offenbarten sich. – Und wann werden sie (mit denen Gott seinen Bund schloss, noch heute) offenbar? Wenn sich der Regenbogen (das himmlische Bundeszeichen, 1. Mose 9, 13) erblicken lässt, offenbaren sie sich, und dann ist die Zeit des „Winzerjubels“ (Hoheslied a. a. O.) herbeigekommen, (d. i. die Zeit,) die Sünder aus der Welt auszurotten. – Warum findet aber Rettung statt? Weil „Blumen auf der Erde gesehen werden“. Wenn sie aber nicht gesehen würden, so würde niemand (dem Strafgericht entgehen und) auf der Welt bleiben und die Welt nicht bestehen können. – Und wer erhält die Welt und bewirkt, dass die Erzväter sich offenbaren? Die Stimme der Jünglinge, welche die Heilige Schrift lernen! Um ihretwillen wird die Welt errettet. Es heißt (Hoheslied 1, 11): „Goldene Reihen wollen wir dir machen“ – das sind die Kannben, die Jünglinge der Welt, wie es (schon bei Mose, nämlich 2. Mose 25, 18) heißt: „Und mache zwei goldene Cherubim“ (das wird gedeutet als „Jünglinge“, und wie die Cherubim die Bundeslade behüten und bewahren, so bewahren die schriftlernenden Jünglinge die Frömmigkeit und damit die Welt).
Rabbi Eleasar (der Sohn des Rabbi Simeon ben Jochai) begann: (Es heißt Jesaja 40, 26:) „Hebet eure Augen empor und sehet! Wer (Mi) hat dies geschaffen?“ – „Hebet eure Augen empor.“ Wohin? Nach dem Ort, an dem aller Augen haften! Und was ist das für einer? Die „Pforte des Himmels“ (1. Mose 28, 17). Daraus erkennen wir, dass (in obigem Vers) nach dem „verborgenen Alten“ („En soph“ nebst „Kether“) gefragt wird.
„Hat dies geschaffen?“ Wer ist der „Wer“ (Mi)? Der, welcher (5. Mose 4, 32) „Ende des Himmels“ droben (in übersinnlicher Beziehung) heißt, durch dessen Geheiß alles besteht. Auf ihn, der auf verborgenem Pfad ist und sich (als „En soph“) nicht offenbart, bezieht sich die obige Frage. Es heißt deshalb: „Mi“ (Wer?).
Droben freilich ist (das Wort „Mi“) gar keine Frage (Wendung), sondern jenes „Ende der Himmel“ hat den (positiven) Namen „Mi“. Es gibt aber ein anderes unteres „Ende der Himmel“, und das heißt „*Mah*“ (Was?).

Was ist der Unterschied zwischen beiden? Das obere verborgene „Mi" regt zum Fragen an. Wenn nun der Mensch zu fragen beginnt, erhebt er sich zum Aufmerken und zur stufenweise immer höheren Erkenntnis bis zum Ende der (bei „Mah" in die höheren Regionen übergehenden unteren Erkenntnis-) Stufen. Ist er dort angelangt, so heißt es „Mah": Was (Mah) hast du bemerkt? Was (Mah) hast du erforscht? Alles darüber Hinausgehende ist verborgen. Von diesem Geheimnis (des „Mah") heißt es (Klagelieder 2, 13): „Was (Mah) soll ich von dir bezeugen? Und mit was (Mah) soll ich dich vergleichen?" Als das Haus des Heiligtums (der Tempel) zerstört war, ließ sich eine Stimme vernehmen, die sprach (Klagelieder a. a. O.): „Was (Mah) soll ich von dir bezeugen?" Habe ich doch von den Tagen der Vorzeit an täglich über euch Zeugnis ausgerufen, wie geschrieben steht (5. Mose 30, 19): „Heute rufe ich über euch Himmel und Erde zu Zeugen an." – „Und mit was (Mah) soll ich dich vergleichen?" (Klagelieder a. a. O.). Ebenso habe ich dich sichtbarlich mit heiligen Kronen gekrönt und habe dir die Herrschaft über die Welt gegeben, wie geschrieben steht (Klagelieder 2, 15): „Ist das die Stadt, die man die Vollendetste nannte?" Wir nannten dich: „Jerusalem, gebaut wie eine Stadt, in der man sich versammelt" (Psalm 122, 3).
Dem „Mah" (der untersten Sephirah „Malkuth") vergleiche ich dich! Wie du hienieden (einsam sitzest), so ist es sozusagen auch (bei „Malkuth") droben. Wie in dich jetzt kein heiliges Volk in heiligen Ordnungen hineingeht, so sage ich, dass auch ich droben nicht hineingehe, bis in dich (wieder) deine Scharen hineingehen. Und das sei dein Trost, dass jene Stufe (Malkuth) dir völlig entspricht. Wie du jetzt bist, ist „groß wie das Meer dein Schade" (Klagelieder 2, 13). Wenn du aber meinst, dass du keinen Halt und Heil mehr habest, so wird „Mi" („Kether" aus „En soph") dich heilen! Ist doch „Mi" die höchste Religion, in der alles seinen Halt hat. So wird „Mi" dich heilen und aufrichten. (Bis hierher Gottes Rede.) –
„Mi" (= „Kether") ist das äußerste (oberste) Ende des oberen (Sephiroth-) Himmels. (Von da geht es über „Tiphereth" die „mittlere Säule" [vgl. Sephiroth-Schema] abwärts) bis zur äußersten Grenze des unteren Himmels. „Mah" (= Malkuth) ist diese untere äußerste Himmelsgrenze (zwischen den Sephiroth und allem Tieferstehenden). Darüber hinaus gelangte Jakob. Denn er steht (als „Tiphereth" betrachtet) mitten zwischen diesen beiden Grenzen „Mi" (= Kether) und „Mah" (= Malkuth). –
(Soweit sprach Rabbi Eleasar.) Da sagte Rabbi Simeon (ben Jochai, sein Vater, besorgt): Mein Sohn, halte ein mit deiner Rede; denn du offenbarst hier etwas Verborgenes aus dem oberen Geheimnis, was die Kinder der Welt nicht verstehen!
Rabbi Eleasar schwieg. Da weinte Rabbi Simeon und stand eine Stunde lang (in Nachdenken versunken) aufrecht.
Dann sagte Rabbi Simeon: Was bedeutet (in obigem Vers Jesaja 40, 26: „Wer hat dies geschaffen?" das) „*dies*" (hebräisch: Eleh)? (Ich habe mir das lange nicht erklären können. Denn) wenn man meint, (es beziehe sich auf) die Sterne und Sternbilder, (so wäre die Frage überflüssig; denn) sie sind ja deutlich sichtbar und durch „Mah" (Malkuth) geschaffen worden (indem Malkuth die Zusammenfassung aller schöpferischen göttlichen Potenzen ist), wie geschrieben steht (Psalm 33, 6): „Der Himmel ist durch das Wort des Herrn gemacht und alles sein Heer durch den Hauch seines Mundes." Wenn

(man aber meint, das „dies“ beziehe sich auf) verborgene Dinge, dann dürfte nicht „dies“ dastehen, das doch auf etwas Offenbares (Sichtbares) hinzeigt!
Dieses Geheimnis (Problem) wurde mir erst eines Tages offenbart (gelöst), als ich mich am Meeresstrand befand. Da kam (der Prophet) Elias und fragte mich: Rabbi, weißt du, was *„dies* (Eleh) geschaffen“ bedeutet? Ich antwortete: Dort den Himmel und seine Heerscharen, das Werk des Heiligen, Gebenedeiten (Gottes), das man betrachten soll, um ihn zu lobpreisen, wie geschrieben steht (Psalm 8, 4 und 10): „Denn ich sehe den Himmel, deiner Finger Werk“ usw. „Herr, unser Herrscher, wie herrlich ist dein Name auf der ganzen Erde!“
Er (Elias) sprach zu mir: Rabbi, die Sache ist ein Geheimnis! Aber der Heilige, Gebenedeite (Gott) hat es im oberen (himmlischen) Lehrhaus offenbart. Es verhält sich so: (Der Gottesname „El[o]him“ besteht aus „El[e]h“ = „dies“ und „Mi“ = „wer?“ Der Vorgang ist folgender:) Als der Verborgene der Verborgenen sich offenbaren wollte, machte er zuerst einen Punkt (= „i“, im Hebräischen wie ein dicker Punkt aussehend), der zur Idee (Machschabah = „m“) wurde. In dieser formte er alle Formen, meißelte alle Figuren und bildete (dann) in dem verborgenen heiligen Licht das Bild einer verborgenen allerheiligsten Gestalt, den Grundstein (= Kether), der, aus der Idee heraustretend, „Anfang zum (Schöpfungs-) Bau“ genannt wird. – Er (der Verborgene = „En soph“) ist vorhanden und nicht vorhanden, tief und verborgen, und heißt (als Absolutes, Bestimmungsloses) „Mi“ (Wer?). Er begehrte sich zu offenbaren und hieß (dann) nicht (mehr) so. Er kleidete sich in ein herrliches Lichtgewand und schuf „*Eleh*“ („*dies*“). Das „El[e]h“ wurde zum (Eigen-) Namen erhoben, und indem sich seine Buchstaben mit denen des „Mi“ verbanden, wurde daraus „El[o]him“ (= Gott). Erst als „Eleh“ geschaffen war, gab es den Namen „Elohim“. Daher heißt es bei der (Erzählung der) Sünde vom goldenen Kalb (2. Mose 32, 4 ganz richtig): „Dies (Eleh) ist dein Gott (Elohecha)“. Und wie das „Mi“ sich mit „Eleh“ vereinigt, so vereinigt sich immer der (Gottes-) Name mit den (tieferen) Stufen, und auf diesem Geheimnis beruht das Weltall! –
Und Elias entflog, und ich sah ihn nicht mehr. Von ihm nun wissen wir „dies“ (Eleh), was wir als tiefes Geheimnis festhalten wollen. –
(Als Rabbi Simeon diese Worte gesprochen hatte,) da kam Rabbi Eleasar (sein Sohn) samt allen übrigen Genossen, und sie fielen vor ihm nieder und sagten: Wären wir (auch nur deshalb) in die Welt gekommen, um „dies“ zu hören, so wäre das (schon) genug!“

C. Auszug aus Rabbi Isaak Lurjas Buch von der Seelenwanderung

Teil I, Kapitel V.

§ 1. Im Vorstehenden ist gesagt, dass in allen Seelen eine Mischung von Gutem und Bösem vorhanden ist, und dass sie (aus ihrem vorgeburtlichen himmlischen Leben) in diese Welt kommen, um das Gute durch Ausscheidung des Bösen in sich wiederherzustellen; ferner, dass die einen in die Welt kommen durch das Geheimnis der *Seelenwan-*

derung (Gilgul), die anderen durch das Geheimnis der *Seelenschwängerung* (Ibbur). Ich habe jetzt auseinanderzusetzen, was Seelenwanderung und Seelenschwängerung ist.

§ 2. *Seelenwanderung* findet statt, wenn bei der leiblichen Geburt eines Kindes zugleich eine (für dieses bestimmte) Seele mit in die Welt eintritt. Diese muss dann alle Schmerzen und Mühsale empfinden, die über diesen Körper von seiner Geburt an bis zu seinem Tod kommen, und sie vermag ihn nicht eher zu verlassen, als bis er stirbt. – *Seelenschwängerung* aber findet statt, wenn eine Seele in den Körper eines schon (mit einer Seele) geborenen und herangewachsenen Menschen kommt. Wenn in einen solchen Menschen noch eine andere Seele gelangt, ist dieser dann gewissermaßen wie eine Schwangere, die (außer ihrem eigenen Leib noch) einen anderen Leib in sich hat; daher der Ausdruck „Seelenschwängerung". Diese erfolgt, wie gesagt, erst bei einem herangewachsenen Menschen, d. h. bei einem, der mindestens dreizehn Jahre und einen Tag alt ist; denn von da ab ist er (nach jüdischer Lehre) erwachsen und zur Beobachtung der sämtlichen religiösen Gebote verpflichtet. Erst dann also kommt jene andere Seele in ihn, um ihm dabei zu helfen und ihn zu einem Gerechten zu machen, indem sie ihn zur Beschäftigung mit den Geboten und der heiligen Lehre anhält.

§ 3. Diese *Seelenschwängerung* geschieht aus zweierlei Anlass: a) wenn die neu hinzukommende Seele in ihrem früheren Erdenleben ein Gebot nicht hat erfüllen können, das nicht derart war, dass sie (wegen dieser nicht möglich gewesenen Nichterfüllung) genötigt gewesen wäre, eine nochmalige (strafweise verhängte) Seelenwanderung durchzumachen. Sie kommt daher in jenen Menschen nur, um die ihr entgangene Gelegenheit zur Erfüllung jener Pflicht nachzuholen.

§ 4. Oder b) wenn jene Seele zu der schon vorhandenen hinzukommt, weil der Besitzer dieser ersten Seele die andere nötig hat, damit sie ihm helfe, ihn gerecht mache und regiere. Dann ist die hinzukommende Seele eine mängelfreie. In beiden Fällen erfolgt die Seelenschwängerung erst bei einem Alter von dreizehn Jahren und einem Tag.

§ 5. Im Übrigen besteht zwischen beiden Fällen folgender Unterschied: a) Wenn die „schwängernde" Seele zu der ursprünglichen hinzukommt, um einen eigenen Mangel auszugleichen, so verbreitet sie sich gleich der schon vorhandenen durch den ganzen Körper, erduldet gleich dieser alle Schmerzen und Mühsale des Körpers und hat in ihm so lange zu verweilen, bis sie die noch ausstehenden Pflichterfüllung hat leisten können. Dann trennt sie sich wieder von jenem Menschen.

§ 6. Wenn aber b) die „schwängernde" Seele in einen Menschen kommt, weil er ihre Unterstützung nötig hat, so erduldet sie keinerlei Schmerzen und Mühsale dieses Körpers, da sie ja nicht an einem Mangel leidet und nicht um ihrer selbst willen gekommen ist. Daher ist ihr auch keine Zeit vorgeschrieben, vor deren Ablauf sie sich nicht von jenem Leib trennen dürfte; sondern sie bleibt vielmehr in jenem Körper mehr oder minder lange nach eigenem Ermessen. Tut der Mensch gut, so weilt sie bei ihm und vereint sich mit ihm umso inniger, je besser er wird; wenn er dagegen übel tut und schlechter wird, so trennt sie sich aus eigener Macht von ihm. –

§ 12. *Seelenwanderung* erfolgt aus folgenden vier Ursachen:

a) Wenn jemand (durch Übertretung eines göttlichen Verbots) gesündigt hat; dessen Seele muss von neuem das Erdenleben durchmachen, um jene Sünde zu sühnen. Es geschieht aber oft, dass er in dem neuen Erdenleben wieder andere Sünden begeht und dann nach dem Tod wiederum eine Seelenwanderung durchmachen muss.
b) Wenn jemand ein wichtiges religiöses Gebot aus Trägheit nicht erfüllt hat. Ein solcher ist weniger der Gefahr neuen Sündigens ausgesetzt.
c) Wenn jemand von Gott nochmals ins Erdenleben gesandt wird, nicht weil er in diesem wiederholten Dasein eine Schuld abzubüßen hätte, sondern damit er andere durch seine Lehre und seinen Wandel auf den rechten Weg führe. Ein solcher schon gerecht Gewordener ist der Gefahr neuen Sündigens am Wenigsten ausgesetzt.
d) Wenn jemand in seinem früheren Dasein nicht den rechten Ehegatten erhalten hat. Ein solcher kehrt deshalb in ein neues Erdendasein zurück, um ihn nun zu empfangen.[182]

§ 13. Zuweilen kann es geschehen, dass in einem eben geborenen Körper nicht nur eine Seele das Erdendasein von neuem durchmacht, sondern zu gleicher Zeit zwei, drei, ja vier sich mit diesem Körper zu neuer Erdenwanderung verbinden; sie müssen aber gleichartiger Natur sein. Mehr als vier können aber in demselben Körper nicht vereinigt sein. Der Zweck dieser Vereinigung ist ihre gegenseitige Unterstützung in der Sühnung der Schuld, derentwegen sie die neue Wanderung erleiden. Manchmal beherbergt jener Körper nur eine erstmalig wieder wandernde Seele, manchmal eine erstmalig und eine oder auch zwei oder gar drei wiederholt wandernde Seelen. Mehr als eine erstmalig und drei wiederholt wandernde Seelen sind nie in demselben Körper. –

§ 15. Ebenso können sich bei der „Seelenschwängerung" nie mehr als drei andere, „schwängernde" Seelen vereinigen.

§ 16. Indessen (im Gegensatz zu der „Seelenwanderung", wo die verschiedenen Seelen alle zugleich in den neu geborenen Körper kommen) erfolgt bei der „Seelenschwängerung" der Hinzutritt mehrerer Seelen zu der ursprünglichen (nacheinander) in einer bestimmten Reihenfolge; zuerst kommt eine minder hoch stehende Seele hinzu, dann eine schon vollkommenere, dann eine noch vollkommenere und endlich eine alle anderen noch überragende.

§ 18. Eine Seele, die nur deshalb von neuem wandern muss, weil sie ein oder mehrere Gebote unerfüllt gelassen hat (s. o. § 12 b), wandert allein, und zwar so oft in immer neuen Körpern, bis sie alle 613 Gebote erfüllt hat. Bei der (leiblichen) Auferstehung der Toten (am jüngsten Tag) erhalten alle einzelnen Körper, die sie bewohnt hat, einen den Geboten, die die Seele in ihnen erfüllt hat, entsprechenden „Funken" (seelischen Lichtanteil) von ihrem ewigen Wesen.

§ 19. Eine Seele aber, die einer Sündenschuld wegen von neuem wandern muss (s. o. § 12 a), bedarf zu ihrer Unterstützung bei dieser Sühne mindestens noch einer (s. o. § 13) anderen (von Anfang an in demselben neuen Körperdasein mitwandernden) Seele. –

---

[182] (I, 5, § 12 d.) Vgl. Anm. 173.

Teil I, Kapitel VI.

§ 1. Der Mensch muss so lange neue Seelenwanderungen durchmachen, bis alle Teile seiner Seele[28] von allen Mängeln früherer Daseinsperioden vollkommen gereinigt sind.

Teil II (Zusätze)

Zusatz II, § 1. Rab Hamnuna der Alte war eine von den (wiederholten) Einkörperungen unseres Lehrers Mose, über dem der Friede sei. - § 2. Auch Rabbi Simeon ben Jochai war eine solche.

Zusatz III, § 1. Der König Salomo, über dem der Friede sei, war eine von den Wiedereinkörperungen unseres Lehrers Mose, über dem der Friede sei. – § 5. Er war eine Wiedereinkörperung des Nimrod, der den Turm von Babel baute. – § 3. Und weil der König Salomo, über dem der Friede sei, die Tochter des Pharao heiratete und diese ihn in jener (Hochzeits-) Nacht zum Irrtum verführte, so dass er morgens nicht aufstand und die Israeliten (durch seine Abwesenheit) am Morgengottesdienst (und Opfer) im Tempel verhindert waren, wurde er (u. a.) wieder eingekörpert in den Propheten Jeremiah, zu dessen Zeit der Tempel zerstört wurde.

Zusatz IV. Rabbi Elieser ben Asarjah war eine von den Wiedereinkörperungen des Esra.

Zusatz VI. Mordechai (Mardochai) war eine von den Wiedereinkörperungen des Jakob, Haman eine von denen des Esau.

Zusatz VIII. § 1. Es steht geschrieben (Psalm 22, V. 21): „Errette meine Seele vom Schwert und mein Leben aus der Gewalt des Hundes“; (das) ist so zu verstehen: Wenn die Seele aus dieser Welt scheidet und zu ihrem Herrn aufsteigen will, so kommt sie an einen drei Tagereisen großen dunklen und finsteren Ort, den Gott schon durch die ägyptische (dreitägige) Finsternis angedeutet hat. – Dort befinden sich zahlreiche wilde Tiere, welche jenen Weg (zu Gott aufwärts) bewachen, der direkt zu dem oberen Jerusalem führt – das genau dem irdischen Jerusalem (am Himmelszelt) entsprechend liegt – und auf diesem Weg steigen alle reinen Seelen aufwärts. – § 2. Es gibt aber auch einen anderen Weg, der nach der Hölle zu führt, der sich in 360 000 Wege teilt. Wo Himmels- und Höllenweg sich (in dem finsteren Gebiet) trennen, befinden sich allerlei wilde Tiere, wie es deren in dieser Welt gibt, z. B. Löwen, Hunde, Füchse usw., welche diese beiden Wege bewachen und den reinen Seelen den Aufstieg (zu Gott) verwehren wollen, die unreinen dagegen zum Strafgericht in die Hölle hinabzerren. Der Hund ist der berufene Wächter, weil er auch im Schlaf alle Vorübergehenden bemerkt, was kein anderes Tier tut; daher pflegt man den Hund zum Wächter von Häusern und Herden zu machen. Ebenso sind die Wächter droben (an jenem dunklen Ort) Dämonen, welche Hundsgestalt haben (ebenso die anderen scheinbaren Tiere jenes Ortes). – § 5. Und wenn jeweilig in der Nacht ein reiner menschlicher Geist sich (in Andacht, oder um von der himmlischen Gelehrtenversammlung zu lernen) empor erhebt, so verbirgt ihn Gott (vor jenem den Himmelsweg bewachenden Dämonengetier), so dass er hinaufsteigen und je nach seinem Weisheitsgrad himmlische Lehre empfangen kann. – § 6. So er-

[28] *Wiedergabe wie im Original – s.o. Anmerkung 28 (D. V.)*

klärt es sich auch, warum unsere Lehrer gesegneten Andenkens gesagt haben, die erste der drei Nachtwachen beginne, wenn der Esel schreie, die zweite, wenn die Hunde bellen. Denn da steigt eben eine solche Seele (wie eben erwähnt) empor. Auch die Bestimmung, dass man das „Sch'ma" (Höre Israel) rezitieren dürfe bis zum Ende der ersten Nachtwache, entspricht dem; denn da schlafen manche (in der heiligen Lehre studierende) Menschen noch nicht, und (wenn sich dann ihr Geist nach oben aufschwingt,) dann bellen jene Hunde dort die Seele an.

Teil III, Kapitel I.

§ 1. Ahron, der Priester, wurde (u. a.) wieder eingekörpert in Eli, den Priester. Und weil auf Götzendienst (den Ahron bei der Verfertigung des goldenen Kalbes begangen hatte, ohne hierfür in seinem Leben zureichend zu büßen) Hinabstoßen in die Steinigungsgründe steht, brach er (als Eli) den Hals (was jenem Hinabsturz gleichkommt). – § 2. Alsdann aber wurde er eingekörpert in Esra, dem Schriftgelehrten, der auch Priester war, und als dieser machte er (durch Esras verdienstliche Handlungen) sein Verschulden (vollends) wieder gut.

Teil IV, Kapitel I.

§ 19. Wenn ein Mensch sündhaft gestorben ist, muss er die Seelenwanderungsstrafen an mancherlei Stellen aushalten; und nur wenige Menschen sind davor bewahrt, in ein Tier,* ein Mineral oder eine Pflanze verwiesen zu werden.

§ 20. Ein Beamteter, der sich über das Volk erhebt, wandert in den Körper einer Biene. – Ebenso ein übermäßiger Schwätzer.

§ 20. Wer Blut vergossen hat, dessen Seele fährt in Wasser und wird in diesem ruhelos hin- und hergewälzt. Wenn die Menschen diese Pein kennten, würden sie immerdar Tränen vergießen. Am größten ist die Qual in einem Wasserfall.

§ 21. Wer ein Verbrechen begangen hat, das mit Strangulation hätte bestraft werden müssen, wird (in seiner wiederholten Daseinsperiode) ebenfalls ständig im Wasser gleichsam ersäuft. –

§ 23. Ehebrecher und Ehebrecherin werden zusammen in das kreisende Rad einer Wassermühle gebannt,

§ 24. Schmähsüchtige und Verleumder in einen stummen Stein,*

§ 25. Wer einem Israeliten unreine Speisen vorsetzt, wird in ein vom Winde bewegtes Blatt eingekörpert,

§ 26. Wer seine Hände nicht wäscht, in Wasser,

---

* Kap. XXVI, § 6: Zu bemerken ist, dass die meisten Seelenwanderungen mit der Einkörperung in den Leib eines zahmen oder wilden Tieres beginnen.

* Chajjim Vital erzählt (Teil II, Zusatz I, § 2): Zu jener Zeit wurde ein Schmähsüchtiger in einen reißenden Fluss gebannt (eingekörpert), und mein Meister gesegneten Andenkens (Lurja) erkannte, dass er dort eingekörpert sei, und wer es wäre.

§ 27. Ebenso, wer nicht die vorgeschriebenen Danksagungen spricht.

Teil IV, Kapitel II.

§ 5. Wenn ein Mensch nicht ein jegliches Gebot in Tat, Wort und Gedanken erfüllt, so muss er wegen dieses Mangels unbedingt eine Seelenwanderung erleiden.

§ 6. Auch wer nicht bestrebt gewesen ist, das Geheimnis P-R-D-S (Pardes) zu erfüllen – was wörtlich „Paradies" heißt, den Anfangsbuchstaben nach aber bedeutet: P'schat, Remes, D'rasch, Sod (wörtliche, allegorische, moralische und mystische Schriftdeutung) – muss so lange Seelenwanderungen erleiden, bis er das alles erfüllt hat.

Teil IV, Kapitel XXVI.

§ 1. Nicht selten wird die Seele eines Mannes (bei erneuter Seelenwanderung) in den (eben geborenen) Leib einer weiblichen Person eingekörpert. Ein solches Weib, in dem eine männliche Seele sich befindet, muss sehr viel (Frömmigkeits-) Verdienste haben, um (später) ein Kind bekommen zu können. Das ist nämlich nur dadurch möglich, dass zu ihrer Seele eine „schwängernde" weibliche Seele hinzukommt, von der sie die „weiblichen Wasser" erhalten kann, wodurch sie empfängnisfähig wird. Wenn dann jenes Weib gebiert, geht jene hinzugekommene Seele in das Kind über, und es kommt daher ein Mädchen zur Welt.

§ 2. Indessen kann es bisweilen infolge sehr großer (Frömmigkeits-) Verdienste geschehen, dass nicht jene „schwängernde" weibliche Seele in das Kind übergeht, sondern eine andere, männliche Seele.[*] Doch ist das nur bei einem ganz wundergroßen Eifer in guten Werken möglich.

§ 3. Wenn nun ein solches Weib nochmals empfangen will, so ist das nur möglich, wenn jene (vgl. § 1) von ihr fortgegangene „schwängernde" Zusatzseele wieder zu ihr zurückkehrt. Wenn also (wie gewöhnlich, vgl. § 1) das erste Kind ein Mädchen war (in das die Zusatzseele überging), so muss das Kind erst sterben, damit die Zusatzseele wieder freiwerden und zur Mutter zurückkehren kann. War jedoch das erste Kind ein Knabe, so braucht dieser (natürlich) nicht zu sterben (da ja nicht die weibliche Zusatzseele in ihn gekommen ist, sondern eine anderweitige männliche Seele). Jedoch (wenn die Frau nach dem Knaben noch andere Kinder haben will) muss jene Zusatzseele, die (nach erfolgter Geburt) von ihr gewichen war, erst wieder zu ihr zurückkehren. Dies kann höchstens neunmal geschehen. Doch sind dazu außerordentliche (Frömmigkeits-) Verdienste erforderlich.[183]

---

[*] Die weibliche Zusatzseele aber, die ja nur zum Zweck der Empfängnis- und Geburts-Ermöglichung der Frau gewährt war, verlässt sie nunmehr in der Regel; vgl. § 3 Schluss.

[183] Ausführliches über die verschiedenen Seelenwanderungslehren in meinem demnächstigen Buch über Präexistenz und Wanderung der Seele. Vgl. einstweilen meine „*Kabbalah*" § 152 – 166 und betreffs der buddhistischen Lehre meine Übers. von *Olcotts* „Buddhistischem Katechismus", 36. Ausgabe, Leipzig 1906, S. 130 ff..

Teil IV, Kapitel LIII.

(Rabbi Isaak Lurja, der „Adler der Kabbalisten", in der Darstellung seines Hauptschülers Rabbi Chajjim Vital.)[184]

§ 1. Mein Lehrer gesegneten Andenkens hat diese seine Weisheit dadurch erlangt, dass er zunächst mit großem Eifer das Buch Sohar las und auf das Verständnis jeder Abhandlung darin viel Mühe verwandte. Bisweilen widmete er einem einzigen Abschnitt eine volle Woche, um dessen wahren Sinn in Klarheit zu erfassen. Zuweilen sagten ihm Kundige, er treffe den Sinn noch nicht; mit umso größerem Eifer stürzte er sich dann darauf. Ein andermal hieß es: Dies ist wohl der Wortlaut (einer Lehre) des Rabbi Simeon ben Jochai (des Verfassers des Sohar); du musst aber noch tiefer nachdenken über seinen (verborgenen) Sinn.

§ 2. Darauf erschien ihm (endlich der Prophet) Elias gesegneten Andenkens, und da verstand und erfasst er alles, Großes und Kleines, alle Arten der Weisheit und Wissensgebiete, und auch die Traktate des Rabbi Simeon ben Jochai, welche „Idra" heißen. Diese Weisheit (der Sinn jener Schriften) wurde nämlich nur (in den Grundlinien) mündlich überliefert, bis Elias dem einen oder dem anderen von jenen Weisen erschien (und ihm den vollen Sinn eröffnete), wie z. B. dem Rabbi Abraham ben David, R. Mose bar Nachman und endlich unserem Lehrer (Lurja). Niemand aber hat in Wahrheit solche Weisheit erreicht wie er, obwohl viele Bücher darüber geschrieben sind. Daher ermahne ich jeden, jene früheren Bücher nicht zu lesen, da sie nicht die wahre Kabbalah enthalten, mit Ausnahme von solchen Büchern deren Verfassern Elias erschienen ist.

§ 3. Er nun (Lurja) verstand in der Heiligen Schrift, in der Mischnah, dem Talmud, den mystischen Abhandlungen und den Kommentaren alles und konnte den Sinn nach der wahren Kabbalah auf jene vierfache Weise auslegen, die durch „Pardes"[165] bezeichnet wird, wie das seine Erläuterungen hinreichend tun. Ebenso verstand er das Mysterium der Schöpfung und der Theophanie, ebenso die Sprache (mystische Bedeutung) der Vögel, Bäume und Pflanzen, der Mineralien, der Flammen, des Feuers und der Kohlen, ferner die Sprache der Engel und den Gesang der Vögel. Auch wusste er, ob ein guter oder böser Geist jemanden besessen hielt, und er sprach mit diesen und warf (die bösen Geister) heraus. Auch zog er Seelen noch lebender Menschen an sich, sprach mit ihnen nach Belieben

---

[184] Dieser Schlussabschnitt gehört eigentlich (wie auch IX c und d aus den „Sohar-Auszügen") bereits in den Bereich der „praktischen Kabbalah", insofern als die hier erwähnten Dinge erst dort erklärt werden können; es erschien mir aber angemessen, diese kurzen Stücke zur Abrundung der Teile, in denen sie stehen, schon jetzt anzuführen, um im zweiten Band dieses Werkes an sie anknüpfen zu können. Hier möchte ich, noch einmal zurückblickend, an das Lessingwort am Ende der ersten Abhandlung (der Zweiten Abteilung) anknüpfen, und zwar mit folgenden Versen Rückerts (Weisheit des Brahmanen XII 116): „Das Leben ist zu kurz, um alles zu erlernen, was lernenswürdig ist im Nahen und im Fernen. Allein die Ewigkeit ist lang genug dazu; *der* Aussicht freue dich, Geist: ewig lernest du! Und ewig lernest du nicht aus, denn ewig streckt das Ew'ge weiter sich, das Ziel um Ziel dir steckt. Nicht *ein* Ziel, sondern eins ums andre zu gewinnen, beginne mutig nur das endlose Beginnen! Lern' alles, was du magst! Nichts ist ganz unerheblich. Auch das Vergebliche gelernt ist nicht vergeblich. Du lernest wenigstens die große Kunst daran, zu lernen! Alles lernt, wer erst das Lernen kann!"

[165] *Wiedergabe wie im Original – s. o. Anmerkung 165 (D. V.)*

und entließ sie wieder zu ihren Eigentümern. Auch sah er die Seelen, die aus ihren Körper heraus gingen; ebenso, wenn sie sich im Grab befanden, und auch, wenn sie an den Sabbatabenden sich zum Paradies emporschwangen. Er sprach mit den Seelen von Gerechten, die (als Zusatzseelen) sich im Körper eines anderen befanden, und sie offenbarten ihm die Geheimnisse des (himmlischen) Königs. Ferner verstand er sich auf die Deutung des Gesichtsausdrucks (Physiognomik) und der Handlinien (Chiromantie) und legte die Träume nach ihrer wahren Bedeutung aus. Desgleichen erkannte er, ob sich eine Seele auf erstmaliger oder wiederholter Wanderung befinde. Er wusste, was im Himmel und auf Erden beschlossen (bestimmt) sei. Sodann las er auf der Stirn eines Menschen, was dieser denke oder geträumt habe, und welchen Text er gelesen habe, wenn er nächtlicherweile ins Paradies aufgestiegen sei, und er sagte ihm dessen Erläuterung, wie sie ihm nach seiner Eigenart dort gegeben worden sei. Auf der Stirn (eines Menschen) konnte er auch lesen, ob und was jemand Gutes oder Böses getan oder gedacht habe, und er gab jedem seinen Rat, wie er seine Verfehlungen wieder gutmachen könne, ebenso seinen Schülern (Jüngern) unter noch eingehenderer Berücksichtigung ihrer seelischen Eigenart, um sie vor den Irrtümern mancher Bücher zu bewahren. Desgleichen wusste er, was ihnen noch am Studium fehle. Selbst sich unsichtbar zu machen verstand er. Er war voll Heiligkeit, Freundlichkeit und großer Bescheidenheit, aller Tugenden beflissen, voll Sündenscheu und Gottesliebe. Alle oben erwähnten Fähigkeiten vermochte er zu jeder Zeit, in jeder Stunde, jedem Augenblick auszuüben. Alles, was (sonst noch) in seinem Busen verborgen war, das haben meine, aber keines anderen Augen geschaut.

Schlusswort

„Gar viele Wege gehn zu Gott, auch deiner geht
Zu Gott, geh ihn getrost mit Preisen und Gebet.
Und laß dich nicht darin von denen irre machen,
Die andre Wege gehn, und mach nicht irr die Schwachen.
Wer mit auf meinem Weg will gehn, der sei willkommen,
Und geh‘ ich auch allein, doch geh‘ ich unbeklommen.“

Wie alles nur einen Ursprung hat, so hat es im letzten Grund auch nur ein einziges Ziel, und darum lautet auch für die Kabbalah aller Weisheit letzter Schluss:

Von Gott zu Gott!

Kommentar zum zweiten Band

Wie der erste Band uns einführte in die Theoretischen Grundlagen der Jüdischen Basislehre, der Kabbalah, so führt uns dieser Band ein in die *praktische Umsetzung.*
Und wie erstaunt war ich, als ich erkennen musste, dass viele dieser Praktiken noch heute üblich sind. Allein die Astrologie ist aus unserer Lebensweise nicht mehr wegzudenken, genauso wie die Chiromantie, die Handlesekunst, die heute wieder als das entdeckt wird, was sie wirklich ist: eine Wissenschaft.
Faszinierend sind die Geheimnisse, die hinter den magischen Quadraten stecken, deren verblüffende Übereinstimmungen doch zu denken geben sollten.
Die Art der Heilmittel ist besonders denen bekannt, die furchtlos und wissensdurstig sich mit den „anderen" Büchern Mose beschäftigen, dem 6. bis (teilweise) 13., die in letzter Zeit nicht nur hier im Bohmeier-Verlag (6. und 7. Buch Mose, 8. und 9. Buch Mose), sondern auch in ähnlicher Form von anderen Verlagen wieder neu herausgegeben wurden, um den von der Schulmedizin im Stich gelassenen die alten Mittel zu zeigen, die in einigen mir bekannten Fällen zum Erstaunen vieler Ärzte ihre Wirkung nicht verfehlten.
Ganz besonders interessant ist der Hinweis am Ende dieses Bandes auf das angebliche „Blutritual", das in mir einen Gedanken zündete, der mich innerlich aufwühlte:
Diese falsche Auslegung der Kabbalah, das „Blutritual" betreffend, könnte ein Grund gewesen sein für die Hetzkampagnen gegen die Juden in der ersten Hälfte des vergangenen Jahrhunderts.
Missverständnisse, die, vor allem weil sie in ein Denkschema passen, nicht ausgeräumt, sondern mit Wollust noch geschürt werden, als Auslöser für die tragischste Epoche in der Deutschen Geschichte – könnte es einen besseren Grund geben, diesen Wahnsinn zu erklären?
Trotz alledem möchte ich hier in keinster Weise selbst Meinungsbilder sein, da ich – ganz besonders ich – auch durch meine Arbeit für den Bohmeier Verlag – dazu aufrufen will: Aude sapere! – Wage zu denken!
Ganz besonders, wenn der Leser über den Teil des Buches stolpert, in dem er ein Werk von Friedrich Zöllner behandelt (das ebenfalls im Bohmeier Verlag erschienen ist): „Die vierte Dimension und Okkultismus".
In diesem Sinne wünsche ich dem Leser des vorliegenden Buches ein waches Auge, einen offenen Geist und viel Spaß beim praktischen Umsetzen der Anleitungen in diesem zweiten Band über die Kabbalah von Dr. Erich Bischoff.

Elisabeth L. DeCesso,
Deutschland, im Juli 2008

Die Elemente der Kabbalah

Zweiter Teil

Praktische Kabbalah

Magische Wissenschaft
Magische Künste

Erläutert
von

Dr. Erich Bischoff

Nebst einem Schlusswort:

Der „Sohar“ und das „Blutritual“

Vorwort

Aus der Lehrhalle der theoretischen Kabbalah gelangen wir jetzt in den wundersamen Bereich der praktischen Kabbalah, durch deren Gelände dieses Buch der erste ausführlichere „Bädeker“ sein dürfte. Die „Einleitung“ grenzt den zu durchmessenden Raum gegen verwandte Nachbarbezirke ab; die vier Hauptteile suchen das Ganze in größere „Touren“-Komplexe zu zerlegen; ein „Anhang“ bringt die nötigen Ergänzungen und Erläuterungen, deren Einfügung in den Text diesen zu unübersichtlich gemacht hätte.
Ich gedenke durch dieses Buch weder das „Hexen“ zu lehren, noch andererseits in vornehm lächelndem, „religionswissenschaftlich“ tuendem Vulgär-Rationalismus einen „Beitrag zur Geschichte des Aberglaubens“ zu verüben; mein Vorhaben ist vielmehr, zu zeigen, dass (gleich der theoretischen) auch die „praktische Kabbalah“ kein Sammelsurium phantastischen Unsinns ist, sondern dass vielmehr in ihren scheinbar „abstrusen“ Einzelbestandteilen und Eigentümlichkeiten ein vielfach *ungeahnt tiefer Sinn* verborgen liegt.
Um diesen zu erkennen, müssen wir freilich uns bemühen, *„orientalisch umdenken“ zu lernen* (vgl. Teil 1, S. 12f., 167). Viele, zumal Vertreter der „modernen“ Wissenschaft, sehen den Grund hierzu immer noch nicht ein und können sich zu solchem „Umdenken“ nicht entschließen; die meisten unter uns vermögen es auch gar nicht. Ja, selbst bei redlichstem Streben nach einer solchen Anpassung – oder vielleicht besser: „Umsteuerung“ – des Denkens will doch noch manches von den orientalischen Anschauungen, auch von den Gedankengrundlagen der „praktischen Kabbalah“ nicht restlos in unser Verständnis aufgehen. *Das hat seinen tiefen Grund*, der leider nach meinem Dafürhalten *noch niemals voll gewürdigt worden ist*, vielmehr bis heute *so gut wie unbekannt geblieben zu sein scheint*:

Der orientalische Denkmechanismus ist von unserem abendländischen nicht nur dem Grad sondern der ganzen Art nach wesentlich verschieden!

Ich werde den Beweis für diese Tatsache, deren Erkenntnis von erheblicher Tragweite sein dürfte, in einer besonderen Schrift führen. Hier sei ganz kurz nur folgendes bemerkt: Wer diesen tiefgehenden Unterschied ignoriert, infolgedessen Äußerungen eines nicht unter aristotelischer Logikfuchtel stehenden Denkens mit dem Maßstab unserer gewohnten Denknormen misst und dann jenen Tiefsinn nur sinnlos zu finden vermag oder ihn zwecks einigen Verständnisses modern umzufälschen sucht, weil ihm gar nicht der leiseste Gedanke kommt, dass jemals jemand auf andere Art denken konnte als wir – der gleicht einem Musikbanausen, der da wähnt, seit Olims Zeiten habe alle Welt nach unserer „zweiseitigen Tonleiter“ (in Dur und Moll) mit ihrer Tonfolge musiziert, dem es daher die Ohren zerreißen will, wenn er z. B. eine der noch erhaltenen altgriechischen Melodien hört, die auf einer total anderen Harmonik beruhen, und der wie aus den Wolken gefallen ist, wenn er vernimmt, dass der „enharmonischen“ Tonweise der antiken Leier die Saite „g“ überhaupt fehlte, dass in den Musikstücken der Alten die einzelnen Stimmen und Instrumente stets nur eine und dieselbe Melodie gleichzeitig wiedergaben, höchstens im Intervall von Quart oder Quinte, dass die Terz geradezu als Disharmonie empfunden wurde und Fünfachteltakt für etwas sehr Schönes galt. Ein solcher würde die musikalische Norm der alten Griechen, den von ihnen so sehr bewunderten „kitharödischen Nomos“, für ebensolchen Unsinn erklären wie heutige Oberflächendenker die unverstandenen tiefen Ideen der Kabbalah, deren Ausdrucksweise und Weltanschauung. – Das Schlusswort dieses II. Teiles und des ganzen Buches widme ich der (durch den „Ritualmord“-Prozess zu Kiew im Oktober dieses Jahres) wieder einmal „aktuell“ gewordenen Frage, ob der „Sohar“ den „Blutmord“ oder ähnliches lehre. Die Aufklärung dürfte manchem Leser willkommen sein.

Der Verfasser.
Leipzig, Ende Oktober 1913.

Tafel der Sephiroth*
(Zum Verständnis der „Einleitung“)

	Kether	
Binah	(Da’ath)	**Chochmah**
Geburah (oder: Din)	**Tiphereth**	**Gedullah** (oder: Chesed)
Hod	**Jesod**	**Nezach**
	Malkuth	

* Vgl. Abb. S. 6 „Kabbalistischer Baum“ und Kapitel 3 „3. Die zehn „Sephiroth“. (Kether = Krone; Chochmah = Weisheit; Da’ath = Erkenntnis; Binah = Verstand; Gedullah = Größe; Chesed = Gnade; Tiphereth = Herrlichkeit; Geburah = Stärke, Härte; Din = strenges Gericht; Nezach = Sieg, Konsistenz; Jesod = Fundament; Hod = Ruhm, Resistenz; Malkuth = Reich.)

Einleitung

„*Kabbalah*" bedeutet „Überlieferung", Tradition[185]. Diese Überlieferung geht nachweislich[186] zurück auf *uralt-orientalische Gedanken*, die uns zuerst vor vier bis fünf

---

185 *Kabbalah.* Als Ausdruck für die theosophisch-metaphysisch-naturphilosophischen Spekulationen und Lehren mystischer Art kommt nach W. Bacher (Die exegetische Terminologie usw. Bd. I, S. 165f., Leipzig 1899) das Wort „Kabbalah" erst im 13. Jahrhundert n. Chr. vor. Vorher ist es meist die Bezeichnung für die biblischen Bücher des Alten Testamentes außer den 5 Büchern Mose (der „Thorah", Lehre), um jene Schriften als ebenfalls heilige, letzten Endes auch auf Mose zurückgehende „Überlieferung" (oder als ebenfalls vom „Heiligen Geist" inspiriert) hinzustellen. – Das eben angeführte Wort „Thorah" (Lehre) bedeutet im engeren Sinn den Pentateuch (die 5 Bücher Mose), in weiterem Sinn (oft mit dem Zusatz: „schriftliche" Thorah) die ganze „Heilige Schrift" Alten Testaments im Gegensatz zu der „mündlichen Lehre", d. h. zu den von den Schriftgelehrten und den talmudischen Rabbinern durch Schriftdeutung usw. gewonnenen außerbiblischen religionsgesetzlichen Vorschriften, „*Halachah*" (Richtung, Norm) genannt, durch welche sich im talmudischen Schrifttum ständig die unverbindliche „*Haggadah*" (Bericht, Erzählung) mit buntestem Inhalt – anekdotischer, geschichtlicher, moralischer, religionsgeschichtlicher, religionsphilosophischer usw. Natur – in inniger Umrankung schlingt.

186 *Altorientalisches.* Aus den in der „Haggadah" (s. vor. Anm.) der weiten jüdischen Talmud- und Midrasch-Literatur verstreuten religionsphilosophischen und ähnlichen Ideen hat sich einerseits die jüdische Religionsphilosophie (mit ihrem Höhepunkt in dem Aristoteliker Maimonides), andererseits die jüdische Mystik (mit ihrem Höhepunkt in der Kabbalah) entwickelt. Alle Hauptlehren der Kabbalah finden sich schon in den beiden Talmuden (dem palästinischen und dem babylonischen) sowie in den Midraschwerken (homiletischen Schriftkommentaren) vor. In meinem Buch „*Babylonisch-Astrales in Talmud und Midrasch*" (Leipzig, J. C. Hinrichs 1907) habe ich gezeigt, dass *alle diese talmudisch-midraschischen Momente*, zumal die mystischen Geheimlehren von der Schöpfung und der „Merkabah" (der Gotteserscheinung), *jüdisch-monotheistische Bearbeitungen uralt-orientalischer, meist astral eingekleideter Überlieferungen sind.* Wer jenes (von der gesamten Kritik als richtig anerkannte, auch für das Verständnis der gegenwärtigen Schrift notwendige) Tatsachenmaterial kennt, wird zugeben, dass „die Kabbalah" – wenn auch als technische Bezeichnung erst mittelalterlich – doch sehr altes orientalisch-mystisches Gut enthält. Mag wirklich, wie man heute zumeist annimmt, das Buch *Jezirah* von einem unbekannten Verfasser im 9. Jahrhundert n. Chr. niedergeschrieben und umredigiert sein und der Text des Sohar im wesentlichen auf den 1305 gestorbenen Rabbi Mose de Leon zurückgehen, so liegt doch in dem Umstand, dass schon der erste Erklärer des Jezirahbuches, Saadjah (892–942), dieses auf Lehren Abrahams zurückführt, und dass jahrhundertelang von den meisten (auch von Knorr v. Rosenroth – s. o. Anm. 2) der Talmudist Rabbi Simeon ben Jochai (um 150 n. Chr.) für den Verfasser des Sohar gehalten wurde, eine Andeutung, dass man sich bewusst war, hier sehr alte Traditionen vor sich zu haben. Simeon ben Jochai galt schon seinen Zeitgenossen infolge seines enormen und tiefen Wissens (Pesachim 66 a) als Wundermann (vgl. meinen „Talmudkatechismus", Leipzig, Th. Grieben's Verlag 1904, S. 79ff., und bab Talmud Me'ilah 17 a), dem man die kabbalistische Weisheit ebenso zuschrieb, wie man alte rabbinische Religionsvorschriften als „Tradition des Mose von Sinai her" bezeichnete. Und wie die Bezeichnung des „Chaldäers" Abraham als eines ausgezeichneten Astrologen der deutliche Ausdruck für jüdische Übernahme astraler Lehren aus Altbabylonien ist (vgl. mein „Babylonisch-Astrales" S. 124f., 130ff.), so deutet auch die ihm beigelegte Verfasserschaft des Buches Jezirah auf das Bewusstsein hin, dass hier ebenfalls „chaldäische", d. h. altorientalische Traditionen enthalten sind. Sagt doch selbst der ziemlich rationalistische Saadjah, der Sinn der behaupteten Autorschaft Abrahams sei nicht der, dass er das Buch Jezirah geschrieben, sondern dass er dessen Grundlehren gekannt habe (Vgl. noch mein „Babylonisch-Astrales" S. 81f.,

Jahrtausenden „an Wasserflüssen Babylons“ in astraler Einkleidung entgegentreten, in der jüdischen Geisteswerkstatt aber – und das gilt auch von der älteren Kabbalah[187] –

101, 149–155 u. o., sowie mein „Im Reiche der Gnosis“, Leipzig, Th. Grieben's Verlag 1906, S. 1–22, 36f., 126f. usw.). Ja, der Sohar sagt gelegentlich von einer überkommenen Lehre geradezu, sie stamme von den „Kindern des Ostens“, welche „diese Weisheit seit den urältesten Tagen besaßen“ (I 99 b).

187 *Monotheismus der Kabbalah.* Trotz der Verteilung des göttlichen Wirkens auf die Sephiroth (s. u. Anm. 36) usw. und trotz der hieraus entspringenden Vielnamigkeit des göttlichen Waltens, ja auch trotz der Dreifaltigkeitsgedanken (vgl. Erste Abteilung, zweite Abhandlung) ist die ganze Kabbalah doch durchaus monotheistisch gesinnt. Mitunter will es freilich anders scheinen, wenn z. B. in den Idra's der „Langgesichtige“ und sein Weib, der „Kurzgesichtige“ und sein Weib von einer solchen anscheinenden Mythologie umgeben erscheinen, dass man sie kaum noch als zusammenfassende Allegorien göttlicher Wirkungen usw. erkennt (vgl. oben „Sohar-Auszüge“ XIV), oder wenn in naiv-orientalischer Weise die Vereinigung des Göttlichen (als Sephirah „Tiphereth“ oder „König“) mit der (durch Sephirah „Malkuth“ oder „Matrone“, „Königin“ vertretenen) Welt im krassen Bild eines Geschlechtsaktes dargestellt wird, oder wenn später in der Lurjanischen Kabbalah „Vater“ und „Mutter“ männliche und weibliche „Parzuphim“ (Prosopen, Personifikationen des Göttlichen) erzeugen, die fast wie selbständige Urwesen erscheinen, oder wenn endlich bei anderen die Sephiroth in recht bedenklicher Weise zu selbständigen Substanzen werden, so dass sogar Gebete zu ihnen vorkommen. Es sind dies lediglich orientalisch-krasse Gedankeneinkleidungen, hervorgegangen z. T. aus der Gewohnheit derbsinnlich-gegenständlicher Darstellung des zu schwer vorstellbaren Übersinnlichen, z. T. aus dem Bestreben der Verhüllung dieser tiefen Lehren durch Bilderrede (vgl. Anm. 10). Selbst bei einer für abstrakte Darstellung so viel mehr als das Aramäische geeigneten Sprache, wie es die deutsche ist, führt die natürliche Mangelhaftigkeit jedes sprachlichen Ausdrucks angesichts der Aufgabe, übersinnliche Funktionen usw. darzustellen (vgl. Anm. 8), zu missverständlichen Personifikationen und dergleichen, und wenn in etwa achthundert Jahren einmal jemand lesen wird, was z. B. bei E. v. Hartmann das „Unbewusste“ alles tut und leidet, wird ihm dies kaum minder „mythologisch“ vorkommen, als dies uns ergeht, wenn wir die Beschreibungen der Hirnschale, des Bartes usw. des „Langgesichtigen“ in Idra rabba lesen. – Gegenüber diesem scheinbaren Ausgleiten der Darstellung ins Polytheistische finden wir in der Kabbalah (und schon im Sohar) hinwiederum den Monotheismus nahezu zum Monismus gesteigert, z. B. wenn (vgl. „Sohar-Auszüge“ I 1 und 2, III 5, XIII 3 b) die absolute Gottheit als eigentlich allein in Wahrheit existierend betrachtet wird, während alles andere nur ihr lichtes, von ihr für sich selbst geschaffenes und beliebig zerstörbares, dereinst ganz verschwindendes Kleid ist. – Doch ist allenthalben dieser Monismus, der mehr im Ausdruck, als im Gedanken selbst liegt, wieder gemindert durch die im Geist des wohl verstandenen biblischen *Monotheismus* gehaltene, in der *älteren* Kabbalah ständig wiederkehrende Betonung der *schöpferischen spontanen Tätigkeit Gottes*! Immer wieder heißt es z. B. im Buch Jezirah: „Setze den Bildner an seinen (ihm gebührenden) Platz“, oder im Sohar: „Als der Verborgene usw. sich offenbaren *wollte*“. An sich scheint ja kein allzu großer Unterschied obzuwalten zwischen der Anschauung, welche Gott die Welt aus sich heraus geistig *schaffen* und gestalten lässt, und der anderen, welche die Welt aus ihm *emanieren* (herausströmen) lässt. *Theologisch* aber ist die Unterscheidung wesentlich und notwendig. Eine Welt-Schöpfung setzt einen lebendigen, allmächtigen, bewusst wollenden und handelnden Gott voraus, der *Emanations*-Gedanke lässt auch Platz für die materialistische Auffassung, dass alles einem blind-naturgesetzlichen oder zufälligen Geschehen zufolge sich entwickelt habe. – Dies ist ein allgemeiner Unterschied zwischen der älteren und der späteren Kabbalah, und Franck (s. o. Anm. 2) tut, wie Jellinek mit Recht betont, unrecht, wenn er schon manche Soharstellen im Sinne der Emanation deutet. Auf diesem Unterschied scheint mir auch ein Teil der Anfeindungen zu beruhen, die manche als Kabbalisten bekannte Rabbiner von anderen Rabbinern zu erfahren hatten (auch in den Streit wider Eibeschütz spielt dies z. T. mit hinein). Nicht, dass die Gegner je-

durchweg monotheistisch umgestaltet, ausgebaut und auf feste religionsphilosophische Grundlage mit theologischer Beweisstützung gestellt sind.

Weit über die Sternenwelt hinaus, alle Schalen und Hüllen der Materie abstreifend, erhebt sich hier der kühne Schwung des Denkens zu den reinsten Höhen des Urseins, um von hier alles Dasein abzuleiten und auf dieser über Raum, Zeit und Welt erhabenen Ewigkeitszinne alles Sinnens und Seins höchstes und tiefstes Wesen zu erfassen. Zu diesem Aufschwung in die höchsten Regionen des Denkens reicht allerdings der klappernde Mechanismus der Alltagslogik nicht zu. Unser gewöhnliches „diskursives" Denken vermag von jenen höchsten Dingen bestenfalls nur zu sagen, was sie nicht seien, wie dies z. B. auch Kant lehrt, wenn er das Wesen des „Dinges an sich" als über unser Denken hinausliegend bezeichnet, als eine Denknotwendigkeit, die wie zu zeigen sein wird – nicht allein zu einem erheblichen Teil älter als die systematische Kabbalah, sondern ihr gegenüber auch sonst weit selbständiger. Das macht sie zudem für viele leichter verständlich und – interessanter!

Im Gegensatz hierzu würde – selbst wenn der einzuhaltende Umfang dieses Buches dafür ausreichte – eine eingehendere Behandlung der vorgenannten zwei anderen Gebiete auf weite Strecken hin vieles nicht unberührt lassen können, was für die meisten Leser dieses doch populären Buches teils langweilig, teils unverständlich wäre. Dahin würden z. B. die notwendigen zahlreichen Einzelbeweise gehören, dass und welche *Moralgrundsätze* und *sittlichen Lebensäußerungen* von denen und jenen kabbalistischen Gedankengängen beeinflusst seien. Ferner: zu einem auch nur einigermaßen ausreichenden Nachweis kabbalistischer *Beeinflussung der religiösen Forschungspraxis*, insbesondere der rabbinischen Schrifterklärung usw., würde beim Leser ein tüchtiges Maß von Kenntnis und Verständnis der jüdischen Exegese und der rabbinischen Literatursprachen (Neuhebräisch und Aramäisch) vorauszusetzen sein. Um endlich die Darstellung verschiedener kabbalistischer *Einflüsse auf diese und jene Teile des jüdischen Kultus* zu verstehen, müsste der Leser dessen Liturgien und Ritualien sowie deren Geschichte genau kennen, oder ich wäre – zumeist ja für Nichtjuden schreibend – genötigt, in ermüdender Breite alles Erforderliche auseinanderzusetzen und dann noch im einzelnen festzustellen: Dieses Synagogalgebet oder dieser Zusatz zu einem solchen entstammt dem und jenem kabbalistischen Gedankenkreis, ebenso dieser und jener Brauch des öffentlichen oder häuslichen jüdischen Gottesdienstes, diese und jene Ausdeutung (Symbolik) des einen oder anderen Kultusgerätes usw. –

Alles dies würde weit über den Plan und den Rahmen der vorliegenden Schrift hinausführen. Auf *einige nähere Hinweise* aber möchte ich dennoch nicht verzichten, sondern gerade diese „Einleitung" dazu benutzen, weil sich von einem solchen, wenn auch nur

---

ner Männer Kabbalah-Gegner gewesen wären; im Gegenteil, bis ins 18. Jahrhundert hinein war jeder bedeutendere Talmudist auch bis zu einem hohen Grad Kabbalist (vgl. meine „Kabbalah" § 12). Die Widersacherschaft richtete sich vielmehr gegen die mehr oder minder große Hinneigung zu *Emanations*-Theorien, die in ihren Folgerungen leicht zum Widerspruch mit dem jüdischen reinen Monotheismus führen konnten. – Die Mystik denkt über diesen ganzen Streit wie Rückert (Weisheit des Brahmanen XI 75): „Ob Gott verborgen dir erscheint in der Natur, ob außer, über ihr, ist eins im Grunde nur. Ob du Weltschöpfer ihn, ob ihn Weltordnung nennst, in ihm ist ungetrennt, was im Begriff du trennst."

skizzierten Hintergrund umso schärfer die Eigenart der „praktischen Kabbalah" im engeren Sinn (der kabbalistischen Magie) abheben dürfte.

1. Zunächst also ein paar Worte über den *Einfluss der kabbalistischen Gedankengänge auf das moralische Handeln* ihrer Anhänger! Mag man über die kabbalistische Ethik und ihre metaphysische Begründung (s. S. 34f.) denken, wie man will: das muss man rückhaltlos zugeben, dass keine andere einen solchen unablässigen und energischen, begeisternden und überzeugenden, ich möchte fast sagen: grandiosen Antrieb zu praktischer Religiosität und sittlichem Verhalten und Tun enthält wie gerade sie. – Die *schlichte religiöse Ethik* verlangt von dem Gläubigen, dass er ihre Ge- und Verbote erfüllt als Verlautbarungen des göttlichen Willens, ohne über ihr Warum und Wozu wieter nachzugrübeln. „Zerbrich den Kopf dir nicht so sehr, zerbrich den Willen, das ist mehr" – meint und mahnt sie und mehr als Folge denn als Beweggrund führt sie die Belohnungen und Bestrafungen an, die in der Schrift auf das Befolgen oder Übertreten jener Vorschriften gesetzt sind. – Die *rationalisierende theologische Ethik* sucht der Vernunft die Gründe und Zwecke der religiös-sittlichen Pflichtenlehren klarzumachen und zu zeigen, wie der Gehorsam oder Ungehorsam gegen diese ganz von selbst Seligkeit oder Unseligkeit in sich trage und bewirke. – Die *philosophische Ethik* stellt als Ziel des sittlichen Handelns das Ideal persönlicher (und letzten Endes auch allgemeiner) Glückseligkeit oder Vollkommenheit vor Augen und fordert praktisch, die Tugend entweder um dieser höchsten Güter oder um ihrer selbst willen zu üben, oder aber das als Pflicht Erkannte (selbst wider die persönliche Neigung) zu erfüllen zum Besten der menschlichen Gesellschaft, im Interesse höheren Menschentums usw. – Bei Licht besehen sind freilich diese Begriffe für die überwiegende Mehrzahl der Menschen zu hoch und fremd, als dass sie wirklich starke und nachhaltige Antriebe zu ethischem Handeln sein könnten. Dem Durchschnittserdenbürger ist höheres Menschentum usw. völlig Hekuba und die menschliche Gesellschaft nur soweit interessant, als sie ihm geschäftlich oder sonstwie nützt; von Tugend redet er gemeinhin nur in Anführungsstrichen, und unter Glückseligkeit und Vollkommenheit denkt er sich etwa gutes Essen und Trinken, tüchtiges Amüsement und reichlichen Mammon, vielleicht auch noch einen hübschen Titel oder gar ein Knopflochfüllsel. Die Wegweiser seines moralischen Handelns sind in der Regel Polizei und Staatsanwalt, zum Teil auch noch der häusliche Pantoffel. Dass aber selbst eine noch so vollkommene Einsicht in die Lehren und Forderungen der theologischen oder philosophischen Wissenschaft der Ethik keineswegs die Kraft in sich trägt, auch nur allen dieser Dinge Kundigen, geschweige denn der Menschheit im allgemeinen höhere Sittlichkeit zu verleihen, braucht kaum gesagt zu werden. Da schließt wirklich die einfache religiöse Ethik, die auf das Befolgen oder Übertreten der göttlichen Ge- und Verbote Lohn oder Strafe, Himmel oder Hölle folgen lässt, viel stärkere Antriebe zum Rechttun in sich, die umso wertvoller sind, je mehr dabei Gewicht gelegt wird auf die Gesinnung, aus der solches Handeln entspringt, z. B. auf die Liebe zu Gott, zum Nächsten usw. Indessen ganz abgesehen davon, wie wenige ihr Handeln lediglich von diesen hohen Beweggründen der Gottes- und Nächstenliebe leiten lassen, ja, wie vielen Gott und Nächster, Himmel und Hölle bei ihrem Denken und Handeln gar nicht in den Sinn kommen: bei dieser immerhin praktischsten aller

Sittenlehren erscheint doch als Zweck vornehmlich die religiös-sittliche Veredelung des Einzelwesens. Was soll *ich* tun, dass *ich* selig werde? – lautet die Frage, und die Gebote fordern: *Du* sollst nicht usw. Der Gedanke, dass durch eine Vielheit, durch eine Gemeinschaft so Vervollkommneter ein „Reich Gottes" auf Erden entstehe, dessen Glieder der Erlösung und Seligkeit entgegenreiften, steht unleugbar mehr im Hintergrund; dass aber und wieso das Wirken der Auserwählten der ganzen Welt zugutekomme oder zugutekommen müsse, wird dem ungeschulten Verstand kaum jemals klar, vielmehr scheint ihm die alltägliche Erfahrung dieser Ansicht ebenso wenig eine Stütze zu bieten, wie dem auf ihr beruhenden allgemeinen Moralgebote: Werdet besser, so wird es besser werden! Den Frommen und Guten ist es ja im Grunde genommen von je auf der Welt am schlechtesten ergangen, und – um beim Judentum zu bleiben – gerade die edelsten und größten Frommen hatten das größte Martyrium zu erleiden; auch das Volk als Ganzes erfuhr trotz der eifrigsten Gesetzestreue, ja gerade häufig ihretwegen, die härtesten Verfolgungen schier ohne Ende und immer wieder! Der Dulder Hiob bekam wenigstens schon hienieden wieder für seine Plagen Ersatz; so gut wurde es selten einem Frommen, eher den gewandten Weltkindern! Die gläubige Hoffnung musste sich vielmehr eines besseren Jenseits getrösten oder einer immer wieder vergeblich erharrten einstigen irdisch-messianischen Zeit. Den nicht mit solchem Glaubensheroismus Gerüsteten jedoch drohten die endlosen Nöte in Zweifel und Verzweiflung zu versenken, damit aber auch entweder im Glauben oder in moralischer Hinsicht straucheln zu lassen.
Hier setzt die *kabbalistische Lehre* mit einem *ethischen Hochgedanken* ein, der nicht nur einen für ihre Anhänger voll überzeugenden Hoffnungstrost schon für das Diesseits gewährt, sondern vor allem einen *intensiven praktisch-moralischen Antrieb* enthält: *Jeder gute, fromme Gedanke und jedes ebensolche Tun zeugt unverlierbare geistige und reale Energien*, löst Kräfte aus der Höhe aus, die wieder segensreich nach unten wirken im geistigen wie im materiellen Universum, so dass also der gute und fromme Mensch nicht nur sich selbst vervollkommnet, sondern zugleich mit den ebenso Gesinnten und Handelnden an der Verbesserung und Erlösung dieser unteren Welt und an ihrer Veredelung und Emporhebung in die reinen Höhenregionen, an ihrer immer fortschreitenden Vergottung tätig ist (s. S. 18f., S. 32–33, Kap. 4. Das Verdienst der Frommen"). Praktische Frömmigkeit in Gebetsandacht, Reue und Buße, in daraus entspringenden guten Werken und immer vollkommenerer geistiger Gesetzeserfüllung – die auf ihrer höchsten Stufe „aus Liebe" erfolgt (s. Kap. 4) – diese religiös-sittlichen Kräfte vermögen gemäß dem göttlichen Weltplan, je stärker und allgemeiner sie ausgeübt werden, desto sicherer und umfassender die Macht des Bösen zu brechen und damit sozusagen automatisch Heil und Frieden hienieden und droben herbeizuführen. Dass dies auf Erden meist noch sehr unvollkommen geschieht, liegt eben an der unvollkommenen Leistung, durch welche zu wenig an solchen Kräften durch die Kanäle der Sephiroth nach oben dringt und dort intellektuelle, moralische und physische Heilswirkungen auslöst, noch mehr aber ist die Sünde daran schuld, die jene Heilskanäle geradezu verstopft! Würden alle Israeliten, so heißt es in einer kabbalistischen Schrift (Scha'are orah) auch nur den Sabbat richtig begehen, so wäre für sie schon Erlösung möglich. – Man muss zugeben, dass für jeden, der die metaphysischen Grundlagen dieser Anschauung

(s. S. 32ff.) zugibt, diese Beweisführung einleuchtend und von wertvoller und stärkster sittlicher Antriebswirkung ist. – Unterstützend wirkt hierzu noch (sozusagen von der negativen Seite her) die kabbalistische *Seelenwanderungslehre* (s. S. 108ff.). Wenn laut dieser der Mensch, d. h. seine Seele (s. S. 89ff.) so oft wieder eingekörpert wird, bis seine sittlich-religiöse Lebensaufgabe voll erfüllt ist, so liegt hierin ebenfalls ein Ansporn zu möglichster moralischer Vollkommenheit, um möglichst wenig oft das Leid wiederholter Daseinsperioden durchmachen zu müssen. – Ich breche hier ab, glaube aber, mit diesen im Verhältnis zu dem Umfang des Gegenstandes wirklich nur „andeutenden" Ausführungen doch dargetan zu haben, dass die kabbalistische Ethik tatsächlich geeignet war, „eine neue Quelle des Mutes, der Kraft, zu dulden und zu tragen, den Gequälten und Verjagten zu eröffnen … die Gewissen zu schärfen und das Pflichtbewusstsein zu stärken" (S. 17). Zugleich genügt es wohl, kurz zu bemerken, dass diejenigen (zumal späteren) kabbalistischen Lehren und deren Betätigungen, die diesen moralischen Kompass *vermissen* lassen und sich in krause Spekulationen verlieren oder (wie schon der Talmud sagt) „die Krone der Thora missbrauchen" zu Zwecken der Eitelkeit und des Egoismus, erklärlicherweise solche moralischen Verirrungen zeitigten, wie sie z. B. bei Sabbatai Zebi (vgl. m. „Kabbalah" von 1903, § 73) und den Frankisten (daselbst S. 117), bei manchen so genannten „Wunderrabbis" usw. zu verzeichnen sind.

2a. *Den Einfluss der Kabbalah auf die religiöse Forschung* im Judentum kann ich nur ganz kurz streifen, da eingehendere Darlegungen, wie gesagt, genauere Kenntnis der hebräischen, neuhebräischen und aramäischen Sprache nebst Literatur voraussetzen würden. Wir besitzen eine bedeutende Anzahl völlig kabbalistisch gehaltener oder stark kabbalistisch beeinflusster Erklärungsschriften zum Alten Testament, besonders zu den fünf Büchern Mose (Pentateuch), so z. B. von dem als Talmudist, Kabbalist und Arzt berühmten Rabbiner von Gerona, *Mose ben Nachman* (Ramban oder Nachmanides, 1195–1270, auf den übrigens auch das große Sephiroth-Schema in S. 50f. im wesentlichen zurückgeht). In meiner „Kabbalah" von 1903 (S. 110f.) zitierte ich bereits eine Belegstelle für eine der wichtigsten seiner Grundanschauungen, dass sich nämlich der hebräische Urtext des Pentateuchs durch andere Abteilung der Worte in (fast) lauter Gottesnamen (d. h. u. a. auch Sephiroth-Bezeichnungen usw.) zerlegen lasse, und dass dies der verborgene, wahre Sinn des Textes sei (vergl. S. 80f). Aus dem Vers 2. Mose 20, 1: „Und Gott sprach *alle* diese Worte" wird nämlich (da es im Hebräischen eigentlich heißt: „die Gesamtheit dieser Worte") geschlossen, dass Gott dem Mose das ganze Gesetz (= Thora = Pentateuch) in einem Atemzug, ohne Absatz von Worten und Sätzen, gewissermaßen als eine Gesamtheit, als ein einziges Wort vorgesprochen habe. Da aber die Menge dieses göttliche Riesenwort nicht begriffen haben würde, habe Gott dem Moses erlaubt, es für das Volksverständnis (als „exoterische" Lehre) in Worte und Sätze, wie wir sie jetzt lesen, einzuteilen. Der tiefere (esoterische), der Menge verborgene Sinn aber enthülle sich, wenn man die Worte anders abteile, nämlich so, dass in dem Riesengotteswort die einzelnen Gottesnamen usw. zutage treten. Der erste Vers der Bibel z. B. beginnt auf hebräisch mit den Worten: „Bereschith bara Elohim" („Im Anfang schuf Gott"); so die „populäre" Abteilung der Worte, die unabgeteilt sich folgendermaßen darstellen würden:

„B: R: SchJTh B: R: : LOHJM“

(Der Hauchlaut „Aleph“ hier durch „:“ bezeichnet, kann u. a. mit den Vokalen „e“ oder „a“ gelesen werden.)

In der verborgenen (esoterischen) Wortabteilung mit den entsprechenden Vokalen ergibt diese Buchstabenreihe folgenden Satz:

„Bara Schith, bara Elohim“.

Dies bedeutet: „Er schuf (bara) einen Widder (Schith), er schuf (bara) göttliche Gewalten.“ Was heißt das? „Schith“ (oder besser: „Seth“ mit Sin, Jod, Thaw) bedeutet aramäisch (wie das hebräische „Seth“) „Lamm, Widder“; damit ist der „Adam kadmon“ (S. 35ff.) als Inbegriff der „Sephiroth“, sozusagen als „präexistentielles Lamm Gottes“, gemeint. Dieser schuf (oder: Mittels dieses schuf Gott, d. h. das „En soph“, vgl. S. 84ff.) die „Elohim“ (hier pluralisch als „göttliche Gewalten“ gedeutet) d. h. die unteren Sephiroth oder Potenzen der unteren Welten (S. 32f.). – Andere Erklärer kommen auf dieselbe Deutung, indem sie „Schith“ (hebräisch = Hülle, Gewand) auf die Sephiroth als „der Gottheit lebendiges Kleid“ beziehen (vgl. S. 86f.). Andere wieder begnügen sich „Reschith“ (Anfang) auf die Sephirah „Chochmah“ (Weisheit) zu deuten (S. 30) und zu übersetzen: „Mit Weisheit schuf Gott“ usw. Diese Proben mögen hier genügen!

2b. Auch aus dem ungemein umfangreichen und interessanten Kapitel über die *Beziehungen kabbalistischer Ideen auf den jüdischen Kultus und seine Ritualien* kann ich an dieser Stelle nur einiges herausgreifen. Jede Kulthandlung ist symbolisch und erweckt in jedem tiefer Veranlagten von selbst das Verlangen nach einer voll befriedigenden Deutung ihres tiefsten Sinnes. Je inniger der einen frommen Brauch Ausübende sich in dessen esoterische Bedeutung zu versenken vermag, desto andächtiger und fruchtbarer wird sein Gottesdienst. Die Kabbalah nun schenkte ihren Anhängern eine ebenso reiche, erhabene und gedankentiefe, wie für diese Geister sympathische Symbolik aller Einzelheiten des jüdischen Kultwesens und machte dieses damit aus einem bloßen Werkdienst zu einem verständnisinnig geübten Gottesdienst des Geistes und des andächtigen Gemüts. Jeder sich auf diesem Gebiet durchsetzende kabbalistische Einfluss musste umso stärker wirken, weil im gesetzestreuen Judentum sich ein großer Teil der religiösen Handlungen im Kreis des Hauses, der *Familie* vollzog, z. B. am Sabbat, an den beiden „Seder-Abenden“ des Osterfestes, gerade die Hausgemeinschaft aber die treueste Hüterin aller einmal angenommenen Bräuche und Anschauungen ist. Hierzu kam der berechtigte Konservatismus der älteren Synagoge (nicht zu verwechseln mit dem heutigen Reform-„Tempel“), die seit langem eingeführte und der Gemeinde lieb gewordene religiöse Bräuche (Minhagim) und Anschauungen anzutasten stets sehr begründete Bedenken trug. Aus beiden Ursachen ist es z. B. zu erklären, dass *kabbalistische Zusätze zu manchen Gebeten* sich im Ghetto und über diesen hinaus jahrhundertelang erhielten. Auf die Natur der einzelnen Zusätze einzugehen, verbietet mir der Raum und der wohl bei den meisten Lesern vorauszusetzende Mangel näherer Kenntnis der jüdischen Liturgie. Wenden wir uns daher zu einzelnen Bräuchen! –

Das *Gebet* überhaupt, in welchem die menschliche Seele sich mit der hehren Gottheit in Andacht zu vereinigen strebt, deutet nach kabbalistischer Meinung auf die Vereinigung der Sephiroth „Malkuth“ und „Tiphereth“ (der „Matrone“ und des

„Königs", vgl. S. 32, 102f.), und zwar bezieht sich das Abendgebet auf diese Vereinigung, sofern sie im Bereich der Sephirah „Tiphereth" geschieht, das Morgengebet dagegen auf die Vereinigung von „Malkuth" und „Tiphereth" im Bereich der höheren Sephirah „Chesed" („Gedullah"), das Nachmittagsgebet endlich auf ihre Vereinigung in „Geburah" (zur Besänftigung der im Bereich dieser Sephirah waltenden richterlichen Strenge der Gottheit). –

Die *Thephillin* oder „Gebetsriemen" fanden wir schon (S. 77) als Symbol des göttlichen Weltplanes (besser: der göttlichen Weltordnung) erwähnt, der alle Sephiroth umfasst und wirksam belebt. Wie dieser Weltplan durch den Gottesnamen „Jhwh" dargestellt ist, so enthalten ja auch die ledernen, geschlossenen Kästchen der Thephillin auf den in ihnen verborgenen Bibeltexten (5. Mose 11, 13–22; 6, 4–10; 2. Mose 13, 11–17; 1–11) den Gottesnamen Jhwh! Als solche Weltordnungssymbole werden die Thephillin (wie übrigens die meisten Ritualien) auf die Sephirah „Malkuth", die tätigste und an energischem Leben reichste von allen Sephiroth, bezogen, welche deren Kräfte in sich vereinigt und nach den unteren Welten lebenspendend weiterleitet. Die „Thephillin des Hauptes" (die beim Gebet um die Stirn gebunden werden) bezieht u. a. der Sohar auf die Sephirah Tiphereth („Herrlichkeit"), diese Zentralsephirah, die sozusagen der Brennpunkt aller Sephiroth ist (vgl. Abb. S. 6), gleichwie der Geist der Brennpunkt der ganzen Menschen, und die darum auch den alle übrigen Namen und alles Sein in sich schließenden Namen „Jhwh" vornehmlich zu eigen hat (vgl. S. 102). Die um den linken Arm etwa in Höhe des Herzens gebundenen „Thephillin der Hand" werden stets auf „Malkuth" bezogen. Wie diese Sephirah die Pforte von den unteren Welten nach oben bis zur höchsten Höhe hin ist, und wie die Hand eine Tür aufschließt, so erschließen die Thephillin die Gebetspforte und damit das Ohr Gottes. Deshalb sind die Thephillin schon *vor* der morgendlichen Rezitation der Formel „Sch'ma" („Höre, Israel", 5. Mose 6, 4 usw.) anzulegen, auf welche erst die eigentlichen Gebete folgen.

Am Sabbat und anderen Fest- und Feiertagen werden die Thephillin nicht angelegt. Warum? Der Thalmud sagt rationalistisch, weil z. B. der Sabbat selber ein göttliches Gebot ist, welches an die Stelle des werktäglichen Gebotes des Thephillin-Anlegens tritt; die Kabbalisten lehren viel eindringlicher: weil an Sabbat- und anderen Feiertagen als eingesetzten Heilsveranstaltungen die göttliche Gnadenpforte für die Gebete der feiernden Frommen an sich schon offen steht.

Daher gilt es als allgemeiner im Sohar oft wiederholter Grundsatz der kabbalistischen Kult-Erklärung: „Alle Fest- und Feiertage haben Beziehung zu Malkuth" (Reich), der heilsvermittelnden Sephirah. –

Besonders reiche kabbalistische Beziehungen gab man naturgemäß dem *Sabbat*, über dessen gesetzestreue Feier der damit nicht Vertraute die kurze Skizze in meinem „Jüdisch-deutschen Dolmetscher" (Leipzig, Th. Griebens Verlag 1901) S. 85–90 nachlesen mag. War doch die Feier des Wochenruhetages Sabbat eines der hervorstechendsten Merkmale des Judentums schon im Altertum, dessen heidnische Völker einen solchen regelmäßigen Wochenruhetag weder kannten, noch begriffen, weshalb sie der strengen Sabbatfeier wegen die Juden u. a. als Müßiggänger verspotteten. Aber gerade das unentwegte Feiern des Sabbats hat (vgl. m. Buch „Das Rätsel des Judentums") wesentlich mit dazu beigetragen, das Judentum durch all die Schicksale der Jahrtausende hindurch zu erhalten, und mindestens die Ahnung dieser Tatsache ist im gesetzestreuen Judentum allezeit vorhanden gewesen und eigentlich erst (wie so viel anderes Wertvolle) dem jüdischen Modernismus abhanden gekommen. Den Kabbalisten gemahnt der Sabbat mit dem Segen seiner auf Menschenwelt und Menschenherz niedertauenden Ruhe an die mystische Vereinigung des himmlischen „Königs“ mit der „Matrone“, d. h. der Sephirah „Tiphereth“ mit „Malkuth“ durch Vermittlung von „Jesod“ (vgl. S. 102!). Heißt doch schon im Talmud und Midrasch der Sabbat „Braut“ und „Königin“. Und wie sich hier übersinnlich am Sabbat die göttliche „Herrlichkeit“ mit ihrem „Reich“ in fruchtbarem Segenswalten vereinigt, so entspringen einer fruchtbaren menschlichen Vereinigung in der Sabbatnacht (von Freitag zu Sonnabend) Kinder, würdig des Segens der zukünftigen Welt! Wer den Sabbat würdig nach Vorschrift begeht, der stellt gewissermaßen die göttliche Majestät (den „Thronwagen“, „Merkabah“, vgl. Ezechiel 1) ins Erdenleben hinein und bewirkt zugleich mit dem eigenen Seelenfrieden an seinem Teil auch den überirdischen Frieden zwischen „oben und unten“, droben und hienieden, weshalb eine solche gesetzestreue Sabbatfeier die Kanäle des Segens von oben her öffnet (S. 32) und so viel gilt wie die Ausübung des ganzen Gesetzes! Eine sinnigfreundliche Meinung lässt die Wohltat des recht gefeierten Sabbats selbst den armen Seelen im Gehinnom (halb Fegefeuer, halb Hölle) zuteil werden, die an diesem Tag von ihrer Pein ausruhen dürfen.

Den Brauch, die Sabbatfeier am Freitagabend schon *vor* Sonnenuntergang zu beginnen und sie am Sonnabend erst geraume Zeit *nach* dem Verschwinden der Sonne zu beschließen, wird aus dem mitleidigen Bestreben erklärt, jenen Seelen ihre sabbatliche Erholungsfrist nach Möglichkeit etwas zu verlängern. Auch in die am Ausgang des Sabbats (d. h. am Abend des Sonnabends) vom Hausherrn vollzogene Zeremonie der „*Habdalah*“ (d. h. „Scheidung“ des Sabbats vom folgenden Wochentag, vgl. „Jüdischdeutscher Dolmetscher“ S. 89 f.) sind kabbalistische Beziehungen gelegt worden; die Gewürzbüchse z. B. steht (wie die meisten Behältnisse) in Zusammenhang mit „Malkuth“, während die in ihr enthaltenen Gewürze gewöhnlich auf die sieben „unteren“ Sephiroth (Gedullah, Geburah, Tiphereth, Nezach, Hod, Jesod und Malkuth) gedeutet werden. – Fast noch reicher als der Sabbat ist die Feier des *Passah* (Pesach) von kabbalistischen Gedanken umrankt. Beim Passah, diesem Gedächtnisfest der gnadenreichen Befreiung aus Ägypten, das in aller späteren Zeit dem bedrückten und verfolgten Volk Trost und Hoffnung in die Seele goss, sah der Kabbalist zu der Vereinigung von „Malkuth“ und „Tiphereth“ sich noch die Gnaden-Sephirah „Chesed“ (Gedullah) gesellen.

Die drei ungesäuerten Brote (*Mazzoth*) beim Passahmahl, welche die Namen „Kohen, Levi, Israel“ tragen, bedeuten: „Kohen“ = Sephirah, „Chesed“ (Gnade), „Levi“ = Sephirah, „Geburah“ (Strenge, Gottes Strafgerechtigkeit, z. B. wider die Ägypter), „Israel“ = Sephirah „Tiphereth“ (Herrlichkeit; oder „Keneseth Israel“ = Gemeinde Israel = „Malkuth“).

Der *Wein* erinnert, wenn es weißer ist, an „Chesed“, als roter an „Geburah“ (wie oben); die Vierzahl der getrunkenen Becher geht (wie jede Vierzahl) kabbalistisch auf das Tetragrammaton, den vierbuchstabigen Gottesnamen „Jhwh“, den Inbegriff der göttlichen Herrlichkeit und Allmacht, während der Name „*Kus*“ = Becher an den

Gottesnamen „Elohim“ gemahnt, da der Buchstabenwert dieser beiden Worte derselbe, nämlich = 86 ist (vgl. Anhang S. 229 „Gematria“). Dass der Becher mit den fünf Fingern der Hand ergriffen wird, ist dem Kabbalisten ein Hinweis auf die fünf Mittel-Sephiroth „Chesed, Geburah, Tiphereth, Nezach und Hod“ (vgl. S. 105); dass dies mit der rechten Hand geschieht, betrifft die rechts gelagerte Sephirah „Chesed“ (Gnade, S. 29 und 31).

Als Behälter, in den etwas von oben hineinfließt, ist der Becher schließlich auch wieder ein Sinnbild von „Malkuth“ unter dem Einfluss des aus „Chesed“ mittels „Tiphereth“ (und „Jesod“) niederströmenden Segens.

Das Ei auf dem Passahtisch gleicht in seiner geschlossenen Rundung der Geschlossenheit des gesamten Sephirothkomplexes; der Fleischknochen („Seroa“) erinnert mit seiner weißlichen Farbe an „Chesed“ (Gnade), mit seiner Härte an „Geburah“ (Stärke, Strenge, wie oben bei „Levi“), mit seinem Glanz an „Tiphereth“, mit dem an ihm befindlichen Fleisch an „Malkuth“. Die Kräuter usw. finden verschiedene Deutung. Der Tisch selbst gemahnt durch seinen festen Bau an „Geburah“ (vgl. oben bei „Levi“, sowie Psalm 23, 5: „Du bereitest vor mir einen Tisch wider meine Feinde“). –

Von der kabbalistischen Deutung des *Versöhnungstages* („Jom kippur, Jom ha-kippurim) und seiner Ritualien sei nur in aller Kürze erwähnt, dass in ihm ein Einfluss der „oberen Mutter“ (Sephirah „Binah“) auf die „untere Mutter“ (Sephirah „Malkuth“) symbolisiert gefunden wird. „Binah“ ist ja die „weibliche“ der oberen drei Sephiroth „Kether – Chochmah – Binah“ (vgl. S. 30) und hat als solche in dieser höchsten Region eine ganz ähnliche Funktion, wie in der unteren Region „Malkuth“, das zusammenfassende Behältnis der unteren Sephiroth sie ausübt. Wie „Malkuth“ die Wirkungen von diesen (und allen) Sephiroth nach den niederen Welten leitet, so gehen die Einflüsse der obersten Region vornehmlich unter Vermittlung von „Binah“ abwärts, hier z. B. über „Tiphereth“ nach „Malkuth“ (vgl. Abb. S. 6).

Als Zusammenfassung jener obersten Region alles entfalteten Seins ist „Binah“ zugleich ein Symbol des ewigen, künftigen Lebens. Und hieraus erklären die Kabbalisten, warum am Versöhnungstag gefastet wird. Weil dieser nämlich unter dem Einfluss von „Binah“ steht, die das künftige Leben symbolisiert, im künftigen, übersinnlichen Leben aber weder Essen noch Trinken stattfindet! –

Dass das *Laubhüttenfest* („Sukkoth“ oder „Sukkah“) ähnlich wie der Sabbat (s. o.) auf eine Verbindung von „Tiphereth) und „Malkuth“ hindeutet, ergibt sich für diejenigen Kabbalisten, die (wie oben bei den „Thephillin des Hauptes“ und im Sohar, vgl. Bd. 1, S. 123) die Sephirah „Tiphereth“ dem Gottesnamen „Jhwh“ zuordnen, schon aus dem Umstand, dass nach der „Gematria“ (s. Anhang) der Zahlenwert des Wortes „Sukkah“ (91) gleich dem von „Jhwh“ (26) und „Adonaj“ (65) zusammen ist; „Adonaj“ (Herr) aber gehört zur Sephirah „Malkuth“ (s. S. 51). –

Das *Neujahrsfest* (Rosch ha-schanah, am 1. Tischri) ist kabbalistisch das Symbol einer Vereinigung der allgemeinen Fest-Sephirah „Malkuth“ mit „Geburah“ (Strenge = „Din“ Gericht; S. 29); denn am Neujahrstag wird die Welt alljährlich von Gott gerichtet (vgl. mein „Babylonisch-Astrales“, S. 63ff.)! –

Dass die *Beschneidung* („Milah“) im Zeichen von „Jesod“ (der Genital-Sephirah) steht, ergibt sich schon aus den in S. 103 u. 105 angeführten Sohar-Stellen; überall, wo Blut fließt, kommt Einfluss der Sephirah „Geburah“ (Strenge) in Frage. Wird doch auch 2. Mose 4, 24ff. die Beschneidung als eine Sühne göttlichen Zorns dargestellt! Wie ferner die Beschneidung die unreine Vorhaut beseitigt, so entfernt „Geburah“ die unreinen Elemente, die „Schalen“ („Kelippoth“: S. 98f.), das Böse. Und die buchstäbelnde Kabbalistik fügt hinzu: Die Beschneidung heißt „Milah“ (MIL:H). Versetzt man diese Buchstaben (vgl. im Anhang unter „Themurah“) und stellt davor den Buchstaben „Aleph“ (‘), welcher eine der sechs oberen Sephiroth bezeichnen kann, so erhält man den Gottesnamen „Elohim“ (‘L:HIM), der von vielen Kabbalisten im Gegensatz zu „Jhwh“ als der Name der göttlichen Strenge aufgefasst und daher mit „Geburah“ zusammengeordnet wird. –

Die *Synagoge* („Beth ha-keneseth“) entspricht als gottesdienstlicher Versammlungsort der Sephirah „Malkuth“, welche „alle oberen Kräfte und Segnungen sammelt“ (vereinigt), wie es in den „Tikkune Sohar“ heißt. Zugleich ist hier „Malkuth“ (ähnlich wie oben beim Versöhnungstag) unter Einfluss der hohen Sephirah „Binah“ zu denken, da in der Synagoge als dem Lehrhaus („Beth ha-midrasch“) die höchsten religiösen Fragen erörtert werden. –

Die *Thorah* als Buch (5 Bücher Mose) oder als synagogale Thora-Rolle steht ebenfalls (weil sie eine „Sammlung“ der göttlichen Offenbarungen ist) in Beziehung zu der Sammel-Sephirah „Malkuth“, dann aber auch (als Offenbarerin von Gottes Herrlichkeit und tiefstem Wesen) in Beziehung zur Sephirah „Tiphereth“ (Herrlichkeit), die dem hochheiligen Gottesnamen „Jhwh“ zugeordnet ist und (vgl. Abbildung S. 6) die Einwirkungen der drei höchsten Sephiroth oder metaphysischen Gottheitsoffenbarungen in sich konzentriert. Mose empfing diese höchste Gottesoffenbarung in „Tiphereth“; denn erst ihm und ihm allein wurde der Name „Jhwh“ offenbart (s. S. 83), während die Propheten ihre Offenbarungen nur durch die etwas niedrigeren Sephiroth „Nezach“ und „Hod“ empfingen. Diese nämlich heißen zusammen „Zebaoth“ (s. S. 31) – ein Gottesname, der erst bei den Propheten vorkommt, niemals aber in den Büchern Mose. –

Beim *ahronidischen Segen* (4. Mose 6, 24 ff.) ruht auf den eigenartig gespreizten Fingern des segnenden (jüdischen) Geistlichen die „Schechinah“ (göttliche Niederlassung, Gottesgegenwart = Malkuth; S. 31); hierauf wird der mystisch gedeutete Vers (Hoheslied 2, 9) bezogen: „Er steht hinter der Wand (den vom Segnenden vor sein Gesicht gestreckten Flächen der Hände), sieht durch das Fenster und guckt durch das Gitter“ (der Finger). Ein kabbalistisch Unterrichteter wird es daher vermeiden, den Segnenden oder seine Hände anzuschauen. –

Die „*Menorah*“ (der siebenarmige Leuchter) symbolisiert schon durch ihre Eigenschaft als Behälter (für das Öl) die Sephirah „Malkuth“; auf diese, als die Zusammenfassung aller sieben unteren Sephiroth, deuten auch die sieben Leuchterarme hin. Das Öl im Besonderen wird gewöhnlich auf „Jesod“, die Einfluss-Sephirah, bezogen (die nach einigen den Einfluss von der Sephirah „Chochmah“ her erhält), „Tiphereth“ ist Symbol der leuchtenden Flamme. Auf die Verbindung von „Menorah“ und Psalm 67 komme ich im Hauptteil bei den Amuletten zu sprechen. –

Die „*Mesusah*" (Pfostenröllchen), welche am Türpfosten jedes gesetzestreuen jüdischen Hauses hängt, beim Ein- und Ausgehen ehrfurchtsvoll angesehen und berührt wird und in sich ein Zettelchen (mit den Versen 5. Mose 6, 4–9 und 11, 13–21) derart zusammengerollt trägt, dass der auf die Außenseite des Zettels geschriebene Gottesname „Schaddaj" (der Allmächtige) durch eine mäßige Öffnung in der Seite des kleinen Zylinders herausschaut – die „Mesusa" also hat ebenfalls kabbalistische Beziehungen. Als Behälter ist sie, wie alle Behältnisse, Symbol für „Malkuth" unter dem Einfluss der Sephirah „Tiphereth", mit welcher auch der Gottesname „Schaddaj" in Verbindung steht. Ihre Buchstaben (MSVSH) haben denselben Zahlenwert (vgl. im Anhang unter „Gematria") wie das Wort „Hekhal" (Heiligtum, HJKL) oder der Gottesname „Adonaj" (D:NJ), nämlich 65; „Adonaj" aber gehört ebenso zu „Malkuth", wie dies auch bei „Hekhal" der Fall ist, da das Heiligtum die Wohnstätte der sich offenbarenden Gottheit (entsprechend der Sephirah „Tiphereth") ist und die Sephirah „Malkuth" das Gefäß der Sephirah „Tiphereth" darstellt (vgl. die Soharstelle S. 102ff.). Auf die „Mesusah", die „Menorah" und die „Thephillin" werde ich im Hauptteil noch bei den Amuletten zu sprechen kommen. Hier muss ich auf die Anführung von weiteren Beispielen für die kabbalistische Deutung jüdischer Kultformen und Ritualien verzichten, um diese „Einleitung" nicht endlos zu machen. –

Ich glaube, es wird klar geworden sein, worauf es mir ankam: nämlich, dass die Kabbalisten es verstanden haben, alle genannten Kultgebräuche und –gegenstände, die ja lange vor ihren Systemen schon vorhanden waren, mit diesen in so engen Zusammenhang zu bringen, dass ohne Einblick in den wahren Sachverhalt man alle jene Dinge für die praktischen Gestaltungen ihrer Theoreme halten könnte. Durch den (gleichviel wie gearteten, für ihre Anhänger sicherlich überzeuenden) Nachweis des mystischen Sinnes aller erwähnten gottesdienstlichen Bräuche und Gegenstände setzten sie an die Stelle verständnisarmen bloßen Mitmachens oder seicht-rationalistischer Umdeutung dieser Zeremonien eine von tiefinnerlicher Auffassung, leuchtenden Höhengedanken und dem hinreißenden Schwung religiöser Begeisterung *fruchtbar belebte Ausübung und geistige Durchdringung des altväterlichen Kults mit seinen Einzelheiten*! –

Es ist zwar heute beinahe Durchschnittserscheinung, indessen eine religiös schwerlich sehr wertvolle, dass jemand bei seiner gelegentlichen Anwesenheit in „Tempel" oder „Predigtkirche" die daselbst eingeführten Formen lediglich in der Weise betrachtet, wie man sich etwa bei anderen Transaktionen nach dem Handelsgesetzbuch oder bei sonstigen „Anstandsbesuchen" nach der ortsüblichen Etikette richtet: „Es ist mal so Usus!" –

Doch auch wer sich mit der rationalistischen Deutung abfertigen lässt, z. B. „Mesusah" und „Thephillin" sollten einfach „an die Pflicht der Gesetzeserfüllung erinnern", der dürfte selbst manchem Nichtkabbalisten religiös nicht minder bescheiden vorkommen als etwa sein christlicher Vetter, der sich von Kant das Heilige Abendmahl als „ein gutes Mittel zur Belebung der darunter vorgestellten (?) sittlichen Gesinnung der brüderlichen Liebe" zerklären lässt. –

Wie ganz anders, wenn der Kabbalist *alle jene gottesdienstlichen Dinge und Handlungen in die großen Zusammenhänge seines religiösen Universums einordnet*, in ihnen irdische Symbole oder Entsprechungen übersinnlicher Wirklichkeiten, hochheiliger Vorgänge und Verhältnisse erblickt! Nicht die sterile Superklugheit des Stubengelehrten, sondern die schöpferische Phantasie echter Religiosität erzeugt Gesinnungen und Taten von praktischer, religiös-sittlicher Fruchtbarkeit. Hier kommt es nicht auf das (vermeintlich) theoretisch Richtige, sondern auf das für *mein* Gemüt und *mein* Wollen *Wichtige* an, und da gilt immer wieder Vater Wielands Sprüchlein:

… … … … … … Ein Wahn, der mich beglückt,
Ist eine Wahrheit wert, die mich zu Boden drückt –

wobei am Rande zu bemerken ist, dass die Wissenschaft (mit Ausnahme etwa des Satzes „A = A" und seiner notwendigen Folgerungen) lediglich Wahrscheinlichkeiten nicht „Wahrheiten" zu bieten vermag, dass vielmehr beinahe jede „unumstößliche Wahrheit" und „wissenschaftliche Tatsache", nachdem sie eine Zeitlang geherrscht hat, zu den Irrtümern von gestern geworfen wird, während vieles noch vor kurzem als „Wahn" und Aberglauben Verschriene und „wissenschaftlich Vernichtete" heute zu allgemein bekannten und anerkannten Tatsachen geworden ist, wie z. B. das schier uferlose Gebiet der Suggestionswirkungen oder die drahtlose Telegraphie oder die selbst von einem Siemens s. Z. „wissenschaftlich als unmöglich erwiesene" Erfindung des lenkbaren Luftschiffs usw.!

Was ich (vgl. „Vorrede") im folgenden für mancherlei Dinge aus der „praktischen Kabbalah im engeren Sinne" (kabbalistischen Magie) nachweisen werde, das gilt auch für die Kabbalistik des jüdischen Kultus und seiner Riten: *Unter absonderlichen Einkleidungsformen verbirgt sich ein Kern sehr interessanter und tiefsinniger Anschauungen und Erkenntnisse*, die mit Worten wie Wahn, Aberglaube oder Unsinn keineswegs abgetan sind. Wenn ein Esel vor der Laokoongruppe nur den Gedanken zu hegen vermag, dass dies unverdauliches Zeug sei, so hindert das nicht im mindesten, dass ein Lessing aus dem alten Marmor die Ideen der neuzeitlichen Ästhetik entwickelte. Beethovens „Neunte" oder Wagners „Ring der Nibelungen" wird den Eingeweihten eine überreiche Welt schönster und tiefster musikalischen und ethischen Hochgedanken erschließen, während an das Ohr des Unkundigen nur ein verworrenes Gemenge ihm unverständlicher Tongeräusche dringt. Und wenn Gevatter Schneider und Handschuhmacher von der Höhe ihrer Stammtischbildung herab eine hieroglyphische Niederschrift, eine mathematische Formel oder eine chiffrierte Mitteilung usw. mit schöner Sicherheit für „tollen Quatsch" erklären, so schließt das mitnichten aus, dass andere diese Gedankensymbole zu lesen wissen und ihren Inhalt verstehen oder wenigstens zu verstehen suchen.

Erste Abteilung: Der Sinn der praktischen Kabbalah

Überblick

Die Praxis geht in den meisten Fällen der Theorie voraus. Wir denken – manchmal sogar richtiger – ehe man uns Logik lehrt; wir leben und arbeiten, sehen und hören, sprechen und singen, bevor (ja, ohne dass) wir einen Schimmer von Anatomie und Biologie, Muskelmechanik, Optik und Akustik, Lautphysiologie und Musiktheorie haben. Selbst die „primitivsten" Völker wenden den Hebel zu allerhand Zwecken an, ohne die Theorie des Hebels und seine Gesetze erklären zu können, und Jahrtausende vor den wechselnden Schulmeinungen der medizinischen Wissenschaft hat es praktische Heilverfahren gegeben, die sich z. T. noch heute als „Hausmittel" bewähren, ohne dass der Hundertste sagen kann, warum. – Ganz ähnlich steht es mit der *„praktischen Kabbalah*" (in dem zu Beginn der Einleitung dieses Teiles festgelegten Sinn). Sie ist keineswegs ein bloßer Ausfluss der theoretischen Kabbalah, sondern vielmehr *wesentlich älter als diese* – und zwar nicht nur älter als die seit dem 13. Jahrhundert n. Chr. als „Kabbalah" bezeichneten Gruppierungsversuche jüdisch-mystischer Gedanken, sondern ihrem letzten Ursprung nach sogar noch älter als die altorientalischen Fassungen jener Theorien (vgl. Fußnote 6, S. 13). Nehmen wir z. B. das immer noch beachtenswerte, 1878 erschienene Buch von Fr. Lenormant, „Die Magie und Wahrsagekunst der Chaldäer"[188] (Berlin, Herm. Barsdorf) zur Hand, so finden wir nicht weniges, was uns später in der „praktischen Kabbalah" entgegentritt, schon vor etwa 5000 Jahren bei den alten Sumerern ausgebildet, den mesopotamischen Vorgängern der antiken Babylonier. Manches hiervon tritt uns im Alten Testament als Volksbrauch oder Volksanschauung entgegen, ungemein vieles aber liegt in Talmud und Midrasch hier und da verstreut. Nicht selten erscheint Praktisch-Kabbalistisches hier sogar in reinerer Form und in reicherem Maße als in den klassischen kabbalistischen Schriften, wie z. B. dem Sohar, teils ist es in diese Schriften aus der Talmud-Midrasch-Tradition einfach herübergenommen, was bei der engen Verwandtschaft des Sohar mit dem Midrasch (vgl. S. 42 und Fußnote 15, S. 19) kein Wunder ist. Dieser Umstand rechtfertigt es ohne Weiteres, dass ich als praktisch-kabbalistische Elemente auch viele Traditionen aus Talmud und Midrasch heranziehe und z. B. ihre Form als die klarere und ursprünglichere bevorzuge. Man muss sich mit aller Schärfe und Nachdrücklichkeit immer gegenwärtig halten, dass die „praktische Kabbalah" viele Jahrhunderte lang lediglich Gegenstand mündlicher Einzel-Traditionen, also *kein rundes System* gewesen ist, und dass wir uns ihre Bestandteile und Methoden aus einer Unzahl von einzelnen Bemerkungen und gelegentlichen Erwähnungen, meist in den theoretischen Schriften, erst zusammensuchen und in Zusammenhang zu bringen versuchen müssen. Es gibt kein umfassendes Lehrbuch der praktischen Kabbalah! Wenn ein paar vor- und nachklassische kabbalistische Schriften in wenigstens einigem Zusammenhang über ein beschränktes Teilgebiet der prakti-

[188] Erschienen im Bohmeier Verlag, Informationen unter: www.magick-pur.de

schen Kabbalah zu berichten trachten, so geschieht das in so unzureichender und (bei den Späteren) so unleidlich konfuser Weise, dass dergleichen als Grundlage für eine Darstellung der praktischen Kabbalah – oder auch nur, wie hier, ihrer Elemente – nicht brauchbar ist. Zudem nehmen die Späteren vielerlei auf, was mir mit den echtjüdischen Grundanschauungen (wie ich sie S. 42ff. auffasse) unvereinbar, z. T. sogar widersinnig scheint. Das Merkmal der wahren Kabbalah aber liegt für mich gerade darin, dass sie auf dem Boden des wirklichen Judentums steht und einen tiefen, wenn auch eigenartigen Sinn aufweist. Dass beides bei der echten theoretischen Kabbalah der Fall ist, habe ich im ersten Teil dieser „Elemente" allenthalben dargetan; für die praktische Kabbalah werde ich es nunmehr nachweisen.

Hierbei wird sich u. a. zweierlei zeigen: *erstens*, dass die praktische Kabbalah, obwohl sie (wie oben bemerkt) kein einfacher Ausfluss der theoretischen ist, dennoch in ihren Grundideen mit dieser übereinstimmt, ja, dass z. T. nicht nur Parallelen, sondern stellenweise nachträgliche Beeinflussungen sichtbar sind, und *zweitens*, dass sich in den Gedankengrundlagen der praktischen Kabbalah (ähnlich wie bei der theoretischen Kabbalah: S. 22f.) Erkenntnisse finden, in deren Besitz erst wieder die Wissenschaft unserer Tage gelangt ist.

Angesichts dieser Beziehungen der die praktische Kabbalah beherrschenden Ideen zu den orientalisch wissenschaftlichen Gedankengängen der theoretischen Kabbalah und zugleich zu Errungenschaften unserer abendländisch-modernen Forschung werden wir jene Ideen und deren Anwendung getrost als Bestandteile der „*magischen Wissenschaften*" bezeichnen können und sodann, wenn wir diese kennen gelernt haben, auch ein zureichendes Verständnis für das finden, was ich unter dem Namen „*magische Künste*" zusammenfassen möchte. Über die Einteilung mag sich streiten lassen, da die Grenzen fließend sind – Practica est multiplex – mir kommt es überhaupt weit mehr darauf an, *von der Sache selbst einen Begriff zu geben.* – Zu diesem Zweck suche ich in dieser „*Ersten Abteilung*" einen Einblick in die Hauptgebiete der praktischen Kabbalah und deren Sinn zu bieten, während die „*Zweite Abteilung*" (schon aus Rücksicht auf den Raum) eine Auswahl der interessantesten und am leichtesten verständlichen Einzelheiten aus diesen Gebieten bringen soll – „*Elemente*" der Kabbalah heißt ja der Titel meines Buches.

A. Magische Wissenschaften

Mit zwei großen Schlagworten möchte ich vorausgreifend den Schlüssel zum Verständnis des Sinnes der ganzen praktischen Kabbalah geben; sie heißen:

Allgemeine Kausalität
und
Individuelle Suggestion

Also eigentlich zwei ganz „moderne" Begriffe, von denen der erste vornehmlich für die „magischen Wissenschaften", der andere für die „magischen Künste" von Bedeutung ist. Selbstverständlich finden sich nicht die Ausdrücke bei den Kabbalisten vor, umso

deutlicher aber diese beiden Begriffe, ohne dass aber der eine etwa lediglich das Gebiet der Wissenschaften, der andere das der Künste beherrscht; vielmehr sehen wir auf dem einen wie dem anderen Gebiet beide Gedanken wirksam, nur dass sich hier mehr der eine, dort mehr der andere bemerkbar macht. Die *orientalische Denkweise* liebt eben nicht unsere Ideen-Herbarien, in denen wir in methodischer Unnatur die einzelnen Gedanken, ihrem organischen Zusammenhang entnommen, sorgsam einzeln präpariert klassifizieren und disponieren, um uns sodann des tadellos konstruierten logischen Schemas zu freuen – nein, dem natürlichen Geschehen im Getriebe des praktischen Denkens entsprechend, bevorzugt sie vielseitigste und innigste Gedankenverkettung und Ideenverästelung und findet sich hier mit Leichtigkeit durch die üppigsten Vorstellungs-Verrankungen, wie der Eingeborene durch seinen Urwald, wo der Okzidentale (zumal der Europäer der Schulbank) mangels einer geographischen Spezialkarte nichts als ein undurchdringliches Gewirr erblickt. Ich werde daher, um dem Leser verständlich zu werden und zu bleiben, im folgenden vielfach genötigt sein, den üppigen Reichtum der orientalisch-kabbalistischen Anschauungen sozusagen in skizzenmäßiger Auswahl auf das Kartennetz modern-abendländischer Denkweise zu übertragen, kurz, jene alte Gedankenwelt in unsere heutige zu übersetzen.
So werden wir alsbald erkennen, dass jene beiden dominierenden Begriffe der *allgemeinen Kausalität* und der *individuellen Suggestion* eng miteinander zusammenhängen. Die erste ist der urewige, in der „ersten Ursache“ gegebene allgemeine Weltplan, das auf metaphysischen Ursachen und Wirkungen beruhende Gefüge alles Seins von und in Ewigkeit (vgl. S. 23 u. Fußnote 20, S. 23), in das aber von Anfang an die Wirkungen des freien menschlichen Willens organisch eingeordnet sind (Fußnote 21, S. 24). Ist doch der Mensch das Urbild (Prototyp) der übersinnlichen und der sinnlichen Welt (s. S. 36). Daher vermag der fromme Mensch, je mehr er sich in das Göttliche vertieft, seinem Ursprung immer wesensähnlicher wird, einerseits *erkennend* in den urewigen Zusammenhang des Seins und Geschehens einzudringen (s. S. 20ff.), andererseits *Wirkungen* sowohl auf das übersinnliche Sein und Geschehen, wie auf seine irdische Umwelt auszuüben (s. S. 32ff.).
Hiermit wird für uns der Ursprung der (um einen geläufigen Ausdruck zu gebrauchen) „*weißen Magie*“ der Kabbalisten, die gemeinsame Wurzel der „*magischen Wissenschaften*“ und der „*Magischen Künste*“ klar (Eine „schwarze“, teuflische Magie kennt die Kabbalah nicht). Gehen die magischen Wissenschaften auf die Seins*deutung*, d. h. auf die Erkenntnis der tiefen Symbolik des Seins und Geschehens, so haben die magischen Künste die Seins*beherrschung* mittels jenes Wissens zum Gegenstand.
Da nun alles Sein nichts anders ist als die entfalteten und sich ewig entfaltenden Wirkungen des göttlichen Wesens, das Symbol dieser Wirkungen aber die *Gottesnamen* sind, so bildet das Kapitel von den Gottesnamen gewissermaßen die *Vorschule* für das magische Wissen wie für dessen Anwendung, die magischen Künste, in denen die erlernte Verwendung der Gottesnamen und ihrer Verbindungen eine ganz besondere Rolle spielt. Hiermit hängt zusammen die Kenntnis der *Engelnamen* als metaphysischer Unterkräfte und der *Dämonennamen*, insofern als die Dämonen sozusagen die Schattenseite der Engel bilden. Sind die Engel die fördernden, so die Dämonen die hemmenden, negativen, verderblichen, übersinnlichen Nebenkräfte. Mit der Kenntnis der

Dämonennamen wiederum berührt sich die Wissenschaft von der größten dämonischen Fähigkeit, die dem Menschen zuteil werden kann, nämlich vom „*bösen Blick*".
Das *erste Kapitel* der „magischen Wissenschaften" wird sich demnach mit den Gottes-, Engel- und Dämonennamen sowie mit dem „bösen Blick" beschäftigen und den Sinn dieser Dinge klarzumachen suchen; das *zweite Kapitel* wird sodann diejenigen magischen Wissenschaften erläutern, die auf verschiedene Weise die Einzeldeutung des Seins und Werdens unternehmen, insonderheit Zukunftskunde treiben.

I. Gottes-, Engel- und Dämonen-Namen. Böser Blick

1. Der Name

Im Altertum, zumal im Orient (und wo wäre im Altertum *nicht* „Orient", d. h. orientalischer Einfluss vorhanden?) hat der Name ein tiefes und reiches Leben, ganz andere Wahrheit und Bedeutsamkeit als bei uns. Wenn wir einem Kind vor dem Standesbeamten seinen Rufnamen geben, denken wir uns in der Regel blutwenig dabei oder begehen aus Modegeckheit und ähnlichen Beweggründen derartige – sagen wir: – Stillosigkeiten, dass späterhin eine umfängliche Waschfrau „Rosalinde" heißt oder ein zweifellos nicht germanischer Börsenbesucher auf den Reckennamen „Siegfried" hört. Ganz anders im Orient! Hier ist der Name als *Ausdruck des ganzen Wesens* eines Menschenkindes gedacht und daher etwas ungemein Bedeutungsvolles.
Die (besonders altjüdische) Sitte, einen Erstgeborenen nach dem Namen eines mütterlichen Verwandten (vgl. Lukas 1, 61), zumal des *Mutterbruders*, zu benennen, geht auf mystische Anschauungen aus der Kulturstufe des Matriarchats (der Beherrschung des Personenstandes durch den Stamm der Mutter) zurück; „die Söhne arten nach dem Mutterbruder (Oheim)", heißt es im Talmud: ein Teil der Gesamtseele des Mutterstammes geht auf den Neugeborenen über!
Dieselbe Anschauung, aber auf den Vaterstamm bezogen (also vom Standpunkt des Patriarchats aus), bewirkt, dass der Neu- (zumal Erst-) Geborene nach dem *Vatersvater* oder dem *Vater* genannt wird; erhält aber der Neugeborene aus irgendwelchem Grund (z. B. als Zweitgeborener) nicht denselben Rufnamen wie Vater oder Großvater, so setzt er wenigstens den Namen eines von beiden zu dem seinen: im Hebräischen mit „ben" oder „bar" (Sohn des ...), z. B. Elieser ben Hyrkanos, oder mit „ben ben" bzw. „bar bar" (Sohn des Sohnes des ... = Enkel des); im Arabischen mit „ibn" (Sohn des ...), z. B. „Abraham (Ibrahim) ibn Esra"; vergleiche bei den Griechen: „Miltiades, Sohn des Kimon" oder bei den germanischen Nordländern: „Björn*son*, Torsten*son*, Hinrich*sen*"; dem nachgemacht bei den deutschen Juden: „Mendelsohn" usw. Bei den in Namens-Personenstandssachen besonders klaren Römern gibt der Geschlechts- (Stammes-) und Familienname (Nomen gentile und Cognomen) allerdeutlichste Auskunft über die Abkunft, und der Vorname (Pränomen) vererbt sich meist vom Vater auf den Erstgeborenen; also z. B. „Publius (Pränomen) Cornelius (Gentile) Scipio" (Cognomen), wozu noch zur Unterscheidung eines besonders bedeutenden Mannes vom ebenso „pränominierten" Vater usw. ein Beiname (Agnomen) kommt, z. B. bei Scipio das Agnomen „Afrikanus". Wie die physische Eigenart des Stammes, der Familie des Vaters, so geht

auch (sozusagen als *metaphysischer Wesensbegriff*) der Name auf den neuen Träger der Generation über!
Wie eng im Orient der Name mit dem *Wesen* eines Menschen zusammenhängt, zeigt besonders deutlich der Umstand, dass, wenn gewisse Ereignisse die *Eigenart* dieses Menschen bedeutsam beeinflussen, oft auch sein *Name* eine Änderung erfährt. Noch heute nimmt der Araber, wenn sein Erstgeborener zur Welt kommt, an Stelle seines bisherigen Namens den des Neugeborenen unter Voransetzung von „abu" oder „abu'l" (Vater des ...) an. So nannte sich Mohammed nach der Geburt und bis zum Tod seines Sohnes Kasim: „Abu'l Kasim" (Vater des Kasim); vgl. Abu'l Walid, Abu Bekr usw. Als Vater und damit als Fortsetzer des Stammes hat eben der Mensch eine ganz neue, wichtige Eigenart und Bedeutung bekommen. – Aus dem Saulus wird durch die wundersame Bekehrung vor Damaskus ein Paulus; der Jünger Simon erhält infolge seiner Berufung zum Felsen der Kirche den neuen Namen Kephas (Petrus = Fels), Jakob nach dem bedeutungsvollen Nachtereignis am Jabok den heilsgeschichtlichen Namen Israel. Könige nahmen (vgl. 2. Kön. 23, 34. 24, 17) und nehmen (vgl. den Talmi-Norweger Hakon) bei dem wichtigen Lebenspunkt ihrer Thronbesteigung, Päpste beim Antritt ihres Pontifikates, Mönche beim Eintritt ins Kloster, Konvertiten bei oder nach ihrer Taufe vielfach einen neuen (Vor-) Namen an usw. Der Mensch wird durch diese wichtigen Ereignisse etwas Neues, also gebührt ihm auch ein neuer Name – das ist die hier zugrunde liegende Anschauung. Auf derselben, nur noch mehr ins Mystische vertieften Gedankengrundlage beruht auch das im Talmud erwähnte, offenbar aber schon uralte *magische Rettungsmittel* für einen Todkranken, ihm einen *neuen Namen* (zumal von heilbringender Bedeutung) zu geben – nicht, wie eine einfältige Erklärung sagt, um den Todesengel dadurch zu täuschen (der z. B. einen Isaak holen will und nunmehr auf dem Krankenlager einen Elieser [= Gotthelf] vorfindet), sondern weil mit dem *neuen Namen* dem Menschen ein *neues Wesen* gegeben ist und damit zugleich neue Lebenskraft.

2. Die Gottesnamen

Diese heilbringende, das ganze Wesen beeinflussende Kraft des Namens bildet auch den Grund für die allenthalben so beliebte Verbindung des Personennamens mit einem *göttlichen* Namen. Ist der Name der Träger des Wesens, so wird der Mensch durch die Beilegung eines Namens, der einen der verschiedenen Gottesnamen enthält, zugleich des *Schutzes* derjenigen göttlichen Wesenseigentümlichkeit teilhaftig, die dieser Name ausdrückt. Auf göttliche Gnade („Chen"; Stamm: „chan") beziehen sich z. B. die Namen „Hannibal" („Channibaal" oder biblisch „Baalchanan", d. h. Baal sei gnädig) = „Johannes" („Jochanan" , d. h. „Jhwh" sei gnädig) = „Elchanan" („El" oder Gott sei gnädig); auf göttliche Hilfe: „Hasdrubal" („Esrubaal", d. h. Baal helfe) = „Asriel", „Elieser" oder „Asarjah" („El" oder „Jhwh" helfe) = Gotthelf usw. usw. Vgl. ferner z. B. Jonathan, Nathanael, Theodotus, Adeodatus oder Deodatus („von Gott gegeben"); Jedidjah, Eldad, Bildad (von Jhwh, El, Baal Geliebter = Gottlieb, vgl. Christlieb) u.a.m. Die *Namen* und *Beinamen der Gottheit*, welche allesamt offenbart sind, sind für die orientalische Auffassung nicht nur der abstrakte Ausdruck, sondern *die dynamischen Träger von ebensoviel Wesenseigentümlichkeiten* („Attributen", sagt der Philosoph) *Gottes*. Nun enthält allerdings das göttliche Wesen, wie schon Spinoza uns lehrt, un-

endlich viele Attribute, welche infolge der Begrenztheit des menschlichen Denkens nicht in ihrer Gesamtheit, sondern nur zu einem Teil von uns erkannt werden können – weshalb auch nur ein Teil von ihnen offenbart worden ist. Je mehr von diesen Namen und Beinamen (also Wesensoffenbarungen) Gottes der Mensch in ihrer Bedeutung erkennen lernt und bei feierlichen Anrufungen Gottes zu nennen vermag, desto mehr *göttliche Kräfte* zieht er auf sich herab, und zwar umso erfolgreicher, je sinn- und sachgemäßer er die gerade für den speziellen Fall besonders wirkungsvollen „*Namen*" anzuwenden weiß. Die Wissenschaft von diesen Gottesnamen (hebr.: Schemoth; im Jargon: „Scheimes") gilt als die wichtigste für die praktischen Kabbalisten, und derjenige, der mit ihrer Hilfe Ungewöhnliches („Wunder") zu bewirken vermag – seien es nun Prophezeiungen oder Taten usw. – heißt „*Ba'al Schem*" (Herr des ‚Namens').
Die Quelle der im Vorstehenden angedeuteten Anschauungen liegt zeitenfern im alten Orient. Vom Volk der Akkader oder Sumerer, die vor den Babyloniern Mesopotamien bewohnten, hat uns schon 1878 F. Lenormant in seinem bereits erwähnten Buch (Magie und Wahrsagekunst der Chaldäer; Berlin, H. Barsdorf) aus mehr als fünftausendjähriger Vorzeit magische Anrufungen von Gottheiten mitgeteilt, deren Beinamenhäufungen keineswegs nur ausschmückender Natur sind, sondern die entsprechenden Wesenheiten der Gottheit für den besonderen Zweck herabzubeschwören streben. So wird (S. 180) der akkadische Gott Mul-ge (Mul-gelal) angerufen: „Wahrer Hüter, erhabener Hüter, Mul-gelal, treuer Hirt; Herr aller Lande, treuer Hirt; Herr aller Erzengel, treuer Hirt; Herr aller [Geister?], treuer Hirt; Herr, der sein Land beschirmt, treuer Hirt; Landesbehüter … Reichtumspender … Besitzbegründer … die Stadt erhöhend … Herr, Gebieter der Erde, König … Herrscher Silik-mulu-khi … Herr, Vater, Mer-mer … Mächtiger Gebieter, Utu … Herrscher von Ura … Erhabener Herr, Dun-kun-uddu …" usw. Ähnliche Beinamenhäufungen bei Anrufung anderer akkadischer Götter z. B. bei Lenormant S. 189, 198f. – Ebenso rufen die Babylonier (vgl. m. Buch „Im Reiche der Gnosis", Leipzig 1906, L. Fernau, S. 18 f.) *Sin*, den ältesten ihrer Obergötter, mit folgenden Beinamen an, hinter denen ich die fortwährende Wiederholung der Anrufe „Vater, Nannar" und „Herrscher unter den Göttern" fortlasse: „Herr, Herrscher unter den Göttern, allein Großer im Himmel und auf Erden, Vater, Nannar; Herr, Gott Anschar, Herrscher unter den Göttern, Vater, Nannar; Herr, großer Gott Anu; Gott Sin; Herr von Ur; Herr von Gisch-schirgal; Herr des Diadems; willkommener König; im Prachtgewand daherschreitend; kräftiger Farre mit starken Hörnern, ebenmäßigen Gliedern, üppigem, vollem, dunklem Bart; sich selbst erzeugende Frucht; herrlich anzuschauen; von nimmer genug zu betrachtender Fülle; alles gebärender Mutterleib; deinen glänzenden Wohnsitz bei den Menschen aufschlagend; barmherziger, gnädiger Vater, in dessen Hand des ganzen Landes Leben liegt" usw. usw. (etwa noch einmal so viel Beinamen folgen).
In der *Bibel* ist bei Anrufungen Gottes eine Häufung zugesetzter Beiwörter selten, wie sie z. B. in Psalm 8, 3 vorkommt: „Herr, mein Fels, meine Burg, mein Erretter, mein Gott, mein Hort, auf den ich traue, mein Schild, Horn meines Heils und mein Schutz"; außerdem will dies keine objektiven Wesenseigentümlichkeiten Gottes aufzählen, sondern drückt nur in poetischer Wortfülle den Gedanken „mein Beschützer" aus, also die persönliche Erfahrung des Anrufenden von Gottes Gnade gegen ihn. Ähnlich geartet

und nur ganz kurz sind auch die *talmudischen* Anreden Gottes: „Herr, unser Gott und Gott unserer Väter“ oder „Herr, unser Gott, König der Welt“ oder „Unser Vater und König“ oder (wie in den Lobpreisungen des „Achtzehnergebets“) „Heiliger Gott“, „König, der da liebt Gerechtigkeit und Recht“ usw. Als aber jemand in Gegenwart des Rabbi Chaninah sein Gebet mit der Anrede beginnt: „Gott, Großer, Mächtiger, Furchtbarer, Herrlicher, Kräftiger, Gefürchteter, Starker und Kühner, Wirklicher und Gerechter“, so verweist ihm das der Rabbi mit dem Hinweis auf die Überflüssigkeit dieser Beinamenhäufung, die sich so ausnähme, als wolle man einen König, der einen reichen Goldschatz besitze, noch besonders darum preisen, weil er auch Silber habe (Thalmud, Berochoth 33 b).
Nicht mit Unrecht witterte der wachsame Monotheismus der Rabbiner in einer solchen starken Häufung göttlicher Beinamen eine gewisse *religiöse Gefahr*, da bei der ungemein gegenständlichen Art des orientalischen Denkens eine unzulässige Verselbständigung dieser bloßen „Attribute“ und damit ein Auftauchen polytheistischer Vorstellungen nicht ausgeschlossen erschien. Deshalb blieb die mystische Lehre von der in den geoffenbarten Namen und Beinamen, sowie in deren Einzelbestandteilen erkennbaren Wesensentfaltung der Gottheit ebenso wie die Mystik der „Merkabah“ (des göttlichen Thronwagens in Ezechiel 1, d. h. der astralen göttlichen Offenbarung) lediglich *Gelehrten* und Gelehrtenschülern von besonderer *Begabung, religiöser Charakterfestigkeit* und *gereifterem Lebensalter* vorbehalten (vgl. mein „Babylonisch-Astrales“, Leipzig, Hinrichs 1907, S. 149ff., auch S. 79ff. und Hieronymus in der Einleitung seines Ezechielkommentars, der angibt, es sei ein Alter über 30 Jahre für erforderlich gehalten worden).

3. Engelnamen

Die Engel sind nach rabbinischer Anschauung göttliche Geschöpfe und Diener zur Vollstreckung seines Willens in der Welt. Darum trägt ein jeder auf seinem Herzen den Namen des heiligen Gottes, und die Namen der meisten sind mit „El“ (Gott) zusammengesetzt: Michael, Gabriel, Raphael usw. (vgl. über dies und das folgende m. „Babylonisch-Astrales“, S. 135–139). Ihrer ursprünglich astralen Natur gemäß (a. a. O.) können wir in ihnen metaphysische Repräsentanten von kosmischen Bezirken und Naturgewalten oder Naturvorgängen erblicken. So treten uns Michael, Raphael, Gabriel und Uriel als Vertreter der vier Himmelsrichtungen entgegen; in anderem Zusammenhang gehören sie zu den sieben Erzengeln: Uriel, Raphael, Raguel, Michael, Suriel, Gabriel und Jerachme'el, die schon Sacharjah 4, 10 und Tobia 12, 14 f. angedeutet sind und in den sieben Planetargottheiten der Babylonier und Perser einen Parallele haben. Als „Fürsten“ von Naturgewalten und Naturvorgängen kennen die älteren Rabbiner u. a.: Michael (Schnee), Gabriel (Feuer), Jorkami (Hagel), Rachab (Meer), Ridjah (Regen), Ben Nez (Wind); die späteren: Galgaliel (Sonnenscheibe), Ophaniel (Mondscheibe), Kochbiel (Fixsterne), Rehatiel (Planeten), Schamschiel (Tageslicht), Lajlahel (Nacht), Baradiel (Hagel), Barakiel (Blitz), Mathariel (Regen), Schalgiel (Schnee), Ruchiel (Wind), Sa'amiel (Sturm), Sikiel (Glutwind), Sawael (Wirbelwind), Sa'aphiel (Orkan), Ra'amiel (Donner), Ra'aschiel (Erdbeben) usw. – Je mehr man sich in den schon recht alten Gedanken einlebte, dass jedes Geschöpf seinen – einem unsprüngli-

chen Daseinsgestirn entsprechenden – Schutzengel habe („Babylonisch-Astrales“, S. 41–48, vgl. Ev. Matthäi, 18, 10), wurde die Zahl der allen möglichen Dingen und Verhältnissen des Daseins zugeordneten Engel (im Thalmud und älteren Midrasch gibt schon solche für Gebet, Träume, Wohltun, Zorn, Grimm, Verderben und Sterben) immer riesiger. In den kabbalistischen Schriften wimmelt es von ihnen (einige werden wir in der „Zweiten Abteilung“ bei den Amuletten aus dem „Buch Rasiel“ kennen lernen), und Mose Schwab hat aus kabbalistischen und anderen Handschriften der Pariser Nationalbibliothek viele hunderte solcher jüdischen Engelnamen ausgehoben.
Repräsentieren und regieren nun die Engel (nach dieser Anschauung) in göttlichem Auftrag die verschiedenen Naturgewalten und Naturerscheinungen aller Art bis in ihre kleinsten Differenzierungen hinein, so ergibt sich folgerichtig, dass alle diese Dinge und Verhältnisse von demjenigen beherrscht oder beeinflusst werden können, der die dafür zuständigen *Engel* zu beherrschen oder zu beeinflussen vermag. Dies ist insofern leichter als das erfolgreiche Herabflehen göttlicher Kräfte, weil nach allgemeiner rabbinischer Anschauung wie auch nach dem Neuen Testament („Babylonisch-Astrales“, S. 138f.) der Rechtschaffene und Fromme *über* den Engeln steht; nur ein solcher Mensch aber ist ja zu derartiger Obergewalt berufen. Können es doch übrigens nach dem Thalmud (Sotah 33 a, u. ö.) die Engel mit den wackeren rabbinischen Gelehrten auch intellektuell nicht aufnehmen, da sie gleich manchen modernen Theologen keine Ahnung von Aramäisch haben!
Die Beherrschung und Beeinflussung der Engel aber und damit der Natur geschieht durch die Kenntnis und Anwendung ihrer *Namen*! Denn der Name ist ja, wie wir bereits oben sahen, der Inbegriff des Wesens, und wenn ich jemand bei seinem Namen nenne, so beweise ich sogar schon im gewöhnlichen Leben, dass ich ihn kenne, und gewinne damit eine gewisse psychische Gewalt über ihn. Diese Beeinflussung ist hinsichtlich der Engel dem Kundigen dadurch erleichtert, dass sie nicht wie der Mensch komplizierte seelisch-leibliche Organismen sind, sondern nur verhältnismäßig einfache metaphysische Potenzen darstellen, deren Name eindeutig ihr Wesen erschöpft. Die Schwierigkeit liegt darin, unter der ungeheuren Menge der kabbalistischen Engel diejenigen herauszufinden, mit Namen zu nennen und in hinreichend vollständiger Anzahl zu kombinieren, die für den gerade vorliegenden Zweck in Betracht kommen. Gerade darin aber besteht die praktisch-magische Wissenschaft der kabblistischen Angelologie!

4. Dämonennamen

Wir kommen zu der „wohlbekannten Schar, die strömend sich im Dunstkreis überbreitet, dem Menschen tausendfältige Gefahr von allen Enden her bereitet.“ – Goethe, der Fausts Famulus Wagner so die *Dämonen* kennzeichnen lässt, besaß infolge seines Frankfurter Studiums mystischer und magischer Werke des Mittelalters eine ziemliche, wenn auch nur indirekte Kenntnis vieler kabbalistischer Anschauungen, die bis in den alten Orient zurückreichen. Um auf jüdischem Boden zu bleiben, erwähne ich hier (Genaueres und Quellen in m. „Babylonisch-Astralen“, S. 139ff.) als Belegstellen nur einige rabbinische Aussprüche: „Hätte das Auge Sehschärfe genug, so würde jedes Geschöpf vor ihrer (der Dämonen) Menge schaudern“ – „Sie umgeben uns rings wie ein Zaun den Garten“ – „Jeder von uns hat tausend von ihnen zu seiner Linken und zehntausend zu seiner Rechten“ (Markus 5, 9 sagt der Dämon: „Legion [Heerschar] heiße ich; denn unser sind viel“). – „Die Dämonen fliegen in der Luft der Welt wie Vögel und schießen pfeilgleich dahin.“ Der Ausdruck „Luft der Welt“ bezeichnet den Raum zwischen dem (angenommenen) Himmelsgewölbe und der Erdoberfläche – die „Intermundien“ oder die „sublunarische“ Welt („hier unter dem wechselnden Mond“). Nach Diogenes Laertius glaubten auch die Babylonier und die parsischen „Magier“, dass die Dämonen in diesen Intermundien hausen; vergl. auch im Neuen Testament: Epheser 6, 10 „die bösen Geister unter dem Himmel“ und 2, 2 den „Fürsten, der in der Luft herrschet“.

Altorientalischen Ursprungs ist die rabbinische Einteilung der Dämonen in „Schedim“ (Dämonen im engeren Sinn), „*Massikim*“ (Schädlinge) und „*Ruchin*“ (Geister, auch „Ruchoth ra'oth“, böse Geister). Die Unterscheidung ist nicht stets so scharf; als Unterschiedsmerkmale dürfen im Allgemeinen folgende gelten:

a) Die „*Schedim*“ sind zum größten Teil gefallene Engel (vgl. 2. Petri 2, 4; Judä 6; Ev. Joh. 8, 44, sowie die alten Deutungen von Jesaja 14, 12 und 24, 21, womit zu vergleichen Offenb. Joh. 12, 9 und 2. Kor 12, 7) und deren Abkömmlinge, aus ihrem Verkehr mit Menschen entsprossen (vgl. m. „Bab.-Astrales“, S. 143 f.); Adam soll mit weiblichen, Eva mit männlichen Dämonen Nachkommen hervorgebracht haben, bevor sie Kain usw. erzeugten, wie schon Thalmud und Midrasch berichten. Hieraus erklärt sich die zwitterhafte Stellung der „Schedim“ zwischen den reingeistigen Einzelwesen und den körperhaften Menschen. In drei Dingen ähneln sie den Engeln: sie sind geflügelt, schweben in der Welt umher und wissen einiges Zukünftige; in drei Dingen ähneln sie den Menschen: sie nähren sich, vermehren sich geschlechtlich und sind vergänglich. Ihr Leib ist aber nur „der Widerschein“ (das Phantom, Surrogat) eines Körpers, weshalb sie auch keinen Schatten werfen (a. a. O., S. 139 u. S. 99 f.)! Sie sind eben – nach rabbinischer Ansicht entweder real oder der Idee nach – zu allerletzt geschaffen worden, als schon der sechste Tag in die Dämmerung des (am Abend beginnenden) Schöpfungssabbats überging. Der große Rabbi Jehudah, auf den die Mischnah (der Grundtext) des Talmuds zurückgeht, sah in diesen Schöpfungsspätlingen aufgrund sinnreicher Schriftdeutung eine Zwischenstufe zwischen Mensch und Tier, wozu auch trefflich die ihnen vielfach zugeschriebene Halbtiergestalt passt, z. B. die an die Faunen, Pane usw. gemahnende Natur der Bocksteufel (Se'irim, schon Jesaja 13, 21 usw.), die Hahnen- oder Entenfüße (vgl. a. a. O., S. 99 und 140, 144) – mag nun diese niedere Natur eine anfängliche gewesen oder erst durch den „Fall“ aus dem früheren Engeldasein verursacht sein. –

Aus dem Vorstehenden erklärt sich einerseits, dass diese „Schedim“ (Dämonen) als unsichtbare, luftdurchwimmelnde Schar dem Menschen gefährlich zu werden vermögen (und, sozusagen als Engelsantipoden, oft sogar danach streben), dass aber andererseits der Mensch auch über sie Gewalt erlangen, sie beherrschen und verscheuchen kann, vornehmlich durch Kenntnis und Anwendung der *Gottesnamen*, sodann auch durch Kenntnis *des* Namens, den der auftretende *Dämon* führt, und durch Schutzformeln und Schutzmittel, die sich hierauf beziehen. Aber selbst wenn sie sich so beherrschen lassen, zeigen sie doch meistens schadenfrohe Tücke: „sie hören gern, zum Schaden froh gewandt, gehorchen gern, weil sie uns gern betrügen.“ – Das musste laut der jüdischen Tradition zu seinem Schaden selbst König Salomo erfahren, der durch seine Weisheit auch über die Dämonen Macht hatte. (Das ihm zugeschriebene Zauberbuch „Der Schlüssel Salomons" gebraucht ja auch Goethes Faust zur Beschwörung des dämonischen Pudels!) Dämonen und Dämoninnen dienten dem Herrscher, der durch seinen Ring und seine Halskette, auf die der große Gottesname (Schem ha-mephorasch, s. u. II. Abteilung) eingegraben war, sich sogar den *Aschmedaj* (Asmodäus, Asmodi) den *König der Dämonen*, untertan gemacht hatte, so dass dieser ihm bei der Fundamentierung des Tempelbaus (vgl. die Teufelsmauern, Teufelsbrücken und verschiedene Dombausagen) helfen musste. In einem unbewachten Augenblick aber stahl der tückische Dämon dem König die geweihten Insignien, vertrieb ihn und nahm von seinem Thron und Harem Besitz, bis der Verjagte mit Hilfe des (übrigens nach dem Thalmud zauberkundigen) Jerusalemer Hohen Rates ihn vertreiben konnte. – Wie der Dämonenkönig Aschmedaj nach dem Apokryphenbuch Tobia (3, 8 und 6, 15) den Bräutigamen so ist die *Dämonenkönigin Lilith* den Wöchnerinnen und ihren Kindern, zumal den noch unbeschnittenen Knaben, gefährlich. Lilith war nach rabbinischer Schriftauslegung „Adams erste Frau" (Faust, Walpurgisnacht), nämlich die 1. Mose 1, 27ff. Erwähnte, während Eva, seine menschliche Frau, nach jener Ansicht erst 1. Mose 2 erwähnt sein soll. Lilith, die nach einem ehelichen Zwist dem Adam entfloh und seitdem Wöchnerinnen und Neugeborene tötete oder schädigte, wurde durch drei ihr von Gott nachgesandte Engel schließlich gezwungen, zu schwören, keine Mutter und Neugeborene zu beschädigen, die mit den Namen jener drei Engel (samt denen Adams und Evas) geschützt seien. Weiteres in der Zweiten Abteilung unter „Amulette". Über Lilith vgl. auch mein „Babylonisch-Astrales" S. 145; daselbst (und 146 ff.) noch weitere Namen und Berichte von männlichen und weiblichen Dämonen. –

Eine zweite Dämonenart sind:

b) Die *Massikim* (Schädlinge). Alle Dämonen *können* natürlich schaden, ebenso – als Vollzieher göttlicher Strafgerichte usw. – gelegentlich auch Engel. Die Massikim aber haben eine *an sich* schädliche Natur. Demgemäß sind sie auch in erster Linie *Krankheitsdämonen* der verschiedensten Arten und Namen. Ob ich solche Krankheitserreger mit einem *medizinischen* Fachausdruck oder aber als den oder jenen *Dämon* bezeichne, ist im Grunde nicht allzu verschieden. Geradezu als Repräsentanten der neuzeitlichen Bazillen usw. könnten uns z. B. die Massikim erscheinen, von denen z. B. der Thalmud aufgrund altorientalischer Tradition berichtet, dass sie auf nachts unbedeckt bleibendem Wasser oder auf nicht aufgelesenen Brotkrumen ruhen (vgl. m. „Bab.-Astrales", S. 146 u. Anm. 2), ebenso der Massik „Schibtha", der Leuten mit ungewaschenen Händen – zumal Kindern – schädlich ist (Joma 77 b, Tha'anith 2 b)! Den Hundstags- (Sonnenstich- und Hitzschlags-) Dämon „Keteb Meriri" erwähnte ich schon in m. „Babyl.-Astralen" S. 147. – Gegen die „Massikim" richtet sich ein sehr großer Teil der (in der II. Abteilung zu behandelnden) magischen Medizin.

c) Die „*Ruchin*" (Geister, Gespenster) – soweit sie sich von den „Schedim" genauer scheiden lassen – halte ich ihrem Ursprung nach für die umherirrenden Seelen verstorbener Menschen. Es ist uralte, in unserer Zeit u. a. von Carl du Prel wieder erneuerte Geheimlehre, dass (mit Kant zu reden) „das Jenseits nur das anders angeschaute Dies-

seits“, Himmel- und Höllenreich also mitten unter uns sei, indem die abgeschiedenen Seelen unsichtbar unter den Lebenden umgehen und beim Erkennen der guten oder bösen Folgen ihrer Lebenstaten, des Segens oder Fluches ihres Erdenwandels, entweder selige Freude oder höllische Pein empfinden. Im Thalmud ist die Möglichkeit solches Umherwandelns Verstorbener auf Erden zuweilen nur für den Zeitraum von zwölf Monaten nach dem Tod angenommen (vgl. m. „Babylonisch-Astrales“ S. 38, wo auch die Rückkehr des verstorbenen Patriarchen Rabbi Jehudah des Heiligen behandelt ist); anderwärts haben abgeschiedene Seelen die Macht, ohne diese Zeitbeschränkung in der Welt umherzuschweifen (Berachoth 18 b); doch schwebt an diesen und ähnlichen Stellen mehr die Vorstellung des zeitweiligen Emportauchens aus dem Totenreich (oder dem Grab) vor. In der *Kabbalah* tritt uns (vgl. S. 95 u. Anm. S. 96) die Anschauung entgegen, dass die „Geistseele“ (Ruach) nach dem Tod des Menschen zunächst noch keine Ruhe finde, sondern (s. S. 110, 112) umherschweife, bis sie in einen neuen Leib eingehe. Da nun die meisten Einkörperungen zeitweise in eine Tiergestalt erfolgen, so erklärt es sich auch, weshalb uns Gespenster nicht selten unter solcher Gestalt begegnen. Wer den auf diese oder sonstige Weise (z. B. in Menschengestalt) sichtbar werdenden oder sich unsichtbar bemerklich machenden „Geist“ erkennt und mit seinem *Namen* anruft, vermag ihn zu bannen. Schrecken werden in der Regel nur die „Geister“ böser Menschen erregen, die daher böse Geister (Ruchoth ra’oth) heißen. –
Die eben berührte, für alle Dämonen geltende Vorstellung, dass Kenntnis und Anwendung ihres *Namens* die Möglichkeit ihrer Beherrschung an die Hand gebe – diese Vorstellung, die sich für den Orientalen schon daraus ergibt (s. o. zu 3), dass der weise und gerechte Mensch sogar über den Engeln steht, lässt sich für unser Denken einigermaßen durch einige Vergleiche aus dem gewöhnlichen Leben verständlich machen: Wenn ein Verbrecher, der sich bei Ausübung seines dunklen Tuns unbeobachtet und unerkannt glaubt, plötzlich von dem ihn entlarvenden Beamten mit seinem wahren Namen angeredet wird, oder aber sich gezwungen sieht, seinen Namen zu nennen, so sieht er seine Sache schon halb verloren, und wenn er nun den Beamten erkennt, ist ihm sofort die hinter diesem stehende Staatsgewalt gegenwärtig, und er setzt der Verhaftungsverkündigung kaum noch ernsthaften Widerstand entgegen. Dem Verbrecher entspricht hier der Dämon, dem Beamten der „Namenskundige“, der Staatsgewalt die göttliche Allmacht, der Verhaftungsankündigung ist das Aussprechen des Gottesnamens gegenüber dem Dämon vergleichbar. Ebenso wird einer, der da weiß, dass ich seinen Namen kenne, und dass ich wachsam bin, sich wohl hüten, etwa in meinen Obstgarten einzusteigen; tut er es aber doch, so gibt mir die Kenntnis seines *Namens* die Möglichkeit, ihn zur Rechenschaft zu ziehen und ihm weitere Feindseligkeiten gründlich zu verleiden. So dient hier einem feindseligen Menschen gegenüber (wie bei den Kabbalisten wider den Dämon) die Kenntnis seines *Namens* mir zu Schutz und Trutz. – Oder ferner: Ein Arzt steht am Krankenbett; er sieht den Patienten leiden, aber noch ist ihm Ursache und Wesen dieses Leidens nicht klar. Auf einmal aber fügen sich ihm die Krankheitszüge (Symptome) zu einem Gesamtbild, der *Name* „Leberentzündung“ blitzt in ihm auf, und nun weiß er, wie dem Übel zu begegnen ist. Sagt doch schon der alte Hippokrates, eine zutreffende Diagnose sei bereits die halbe Heilung. Ganz ähnliche Gedankengänge liegen dem kabbalistischen Bestreben zugrunde, den *Namen* eines *„Massik“*

(Schädlings, Krankheitsdämons) zu ermitteln, um diesen erfolgreich zu vertreiben. Aus dieser Gedankensphäre erklärt es sich auch, dass die magische Heilung (wie wir unten genauer sehen werden) durch *suggestive* Mittel versucht wird. Wie sich bei uns ein Kranker schon sehr beruhigt und hoffnungsfroh fühlt, wenn ihm der Arzt den *Namen* seiner Krankheit gesagt hat (obwohl er dadurch vom Wesen seines Leidens gewöhnlich keinen genaueren Begriff erhält, als wenn ihm der Doktor statt des meist lateinischen Kunstausdruckes einen hebräischen Dämonennamen genannt hätte), so disponiert es den Magiegläubigen schon für das suggestive Heilverfahren, wenn er den *Namen* des auf ihm lastenden Krankheitsdämons ermittelt weiß. – Endlich zum dritten: Die Kinder sitzen in der dämmernden Stube. Eine vermummte Gestalt tritt ein. „Hu, ein Gespenst", flüstern die Erschrockenen und flüchten in eine Ecke. Auf einmal ruft der kleine Fritz: „Das ist ja Onkel Albert", und ein befreiendes Gelächter löst den Bann! Der *Name*, sozusagen die Feststellung der Personalien des Gespenstes, hat diesem hier auf einmal seine schreckhafte Macht benommen! Und das ist nicht nur bei Kindern so. Auch die Erwachsenen und keineswegs Gespenstergläubigen zeigen oft beunruhigenden Erscheinungen gegenüber eine sonderbare *Namensneugier*, die sich letzten Endes aus der beruhigenden Wirkung der Namens- und damit Wesenserkenntnis erklärt. In einem vollgestauten Warenspeicher z. B. hört man nachts verdächtige Geräusche: Aufbrechen von Kisten usw. Der Besitzer oder Wächter eilt mit seinem Schießeisen hin, findet die Tür erbrochen und sieht im Hintergrund dunkle Gestalten hantieren. Es können nur schwere Einbrecher sein, ihm an Zahl offenbar überlegen und sicher zu jedem Äußersten entschlossen. Trotzdem es nun das einzig Richtige wäre, die Bande durch einige Schüsse unschädlich oder durch Verrammeln der Tür usw. dingfest zu machen, wird der gute Mann in neunundneunzig von hundert Fällen unwillkürlich rufen: „*Wer* ist da?" – so sinnlos und direkt lebensgefährlich diese seine Neugier nach dem Personenstand der unerwünschten Besucher ist. Ich glaube, dieses krasse Beispiel zeigt am besten, wie sehr uns das Bestreben in Fleisch und Blut übergegangen ist, von etwas Unbekanntem, Gefahrdrohendem wenigstens zuerst den *Namen* zu erfahren, um danach unser weiteres Verfahren einzurichten, und wir werden es dann eher verstehen, wenn ein Anhänger der praktischen Kabbalah, der sich „*Ruchin*" (Geistern, Gespenstern) gegenüber zu sehen glaubt, sie gerade durch Erkundung von „Nan' und Art" zu bannen sucht.

5. Der „böse Blick"

Über die schon aus ältester akkadisch-sumerischer Vorzeit bekannte, bei allen Völkern der Erde vorhandene und auch heute noch überall verbreitete Vorstellung von der Macht des „bösen Blickes" (oder „bösen Auges"), an die nach allerjüngsten Zeitungsberichten u. a. selbst ein Verdi felsenfest glaubte, unterrichtet in ebenso umfassender wie musterhafter und interessanter Weise das überaus reichhaltige, illustrierte zweibändige Werk des bekannten Hamburger Augenarztes Dr. *S. Seligmann* („Der böse Blick", Berlin, H. Barsdorf), der die ungeheure Literatur über diesen Gegenstand sorgfältig gesammelt und verarbeitet hat. Die jüdischen Anschauungen von Wesen und Wirkung des bösen Blickes (wozu L. *Blau*, Altjüdisches Zauberwesen, S. 152 ff. zu vergleichen ist) decken sich im Allgemeinen mit denen der übrigen Völker, nur dass diese dämonische Gewalt (wie überhaupt alles Dämonische, Schädliche oder Böse) für etwas erklärt wird, das von Gott infolge der Sünde der Menschen lediglich zugelassen sei (vgl. ähnlich S. 97), daher aber auch durch die Macht der Frömmigkeit und Weisheit überwunden werden könne. Wie die Macht der Sünde, so ist freilich auch die Gewalt des „bösen Blickes“ unheimlich groß, so dass der babylonische Thalmudgelehrte Rab (Baba mezia 107 b) seiner Überzeugung dahin Ausdruck verlieh, von hundert Menschen stürben neunundneunzig durch (irgendwelche) Einwirkung des „bösen Blicks“ und nur einer eines natürlichen Todes – eine Anschauung, die aus dem Thalmud auch in die Kabbalah überging, und die noch heute im jüdischen Orient ähnlich vorhanden ist, wie die in der Zeitschrift des Deutschen PalästinaVereins (XII, 212) wiedergegebene Äußerung einer Jerusalemerin beweist: „Ihr Abendländer glaubt es zwar nicht, aber wahr ist es doch: zwei Drittel aller Gräber sind vom bösen Blick, und das dritte Drittel stammt von der Nachlässigkeit im Schutz gegen den bösen Blick.“

Ich möchte hier, als Ergänzung zu Seligmann und Blau, den Begriff des „bösen Blicks“ auf rabbinischem Gebiet genauer zergliedern. Böser Blick, böses Auge (gewöhnlich: Ajin ha-ra, im Jargon „Ain hore“ genannt; besser „Ajin ha-ra‘ = Auge des Bösen) bedeutet ursprünglich „missgünstiges Auge“, d. h. Schelblicken, *Neid*; so im Alten und Neuen Testament, so auch in den „Sprüchen der Väter“ (Pirke Aboth), Kap. 2: „Böses Auge, böser Trieb (Sünde) und Menschenhass richten den (hieran leidenden) Menschen zugrunde.“ Wie aber der „böse Trieb“ schon im Thalmud mehr und mehr zu einem bösen Prinzip, zu einer Art Teufel personifiziert wird, so wird auch das neidische Auge, der schele, böse Blick zu einer immer selbständigeren, metaphysischeren *dämonischen* Macht. Zunächst erscheint sie noch in Verbindung mit dem menschlichen Neid, als eine durch ihn erst geweckte schadenstiftende dämonische Gewalt; in diesem Sinn wird verboten, dass man sich an das Feld des Nachbarn stelle und auf dieses blicke, wenn es in Halmen steht, damit es nicht missgedeiht, ferner, dass man ein fremdes Gewand nicht seinen Gästen zeigen soll, damit das „böse Auge“ es nicht „verbrenne“ (Blau, S. 156). Die gegenseitige Schelsucht (Missgunst) wird als Ursache des Todes einer Anzahl von Jüngern des Rabbi Akiba angegeben (Jebamoth 62 b). Die bewundernden Blicke der Zeitgenossen auf die „drei Männer aus dem feurigen Ofen“ sollen alsbald deren Tod nach ihrer wunderbaren Rettung bewirkt haben (Sanhedrin 93 a); die Bewunderung macht hier also eine Art von unheilvollem dämonischem Neid (etwa dem griechischen „Neid der Götter“ vergleichbar) rege! Ruhm, Ansehen, hervorragende Stellung und sonstige glückliche Umstände, insonderheit auch männliche Schönheit erwecken ebenfalls diesen Dämonenneid des „bösen Blicks“; nur über die Nachkommen Josephs hat das „böse Auge“ keine Gewalt (Blau, S. 154 f.). Noch mehr als *metaphysische Macht* tritt uns der „böse Blick“ im späteren Midrasch entgegen. Neidisch auf die Auserwähltheit Israels, bewirkt der „böse Blick“ im Verein mit dem „bösen Trieb“ den Abfall vom goldenen Kalb wie überhaupt zum Götzendienst und schließlich die babylonische Gefangenschaft des Volkes (Seligmann I, S. 15). – Etwas Ähnliches, aber niemals direkt „böses Auge“ oder „böser Blick“ genannt, ist der stechende Zornesblick, mit dem nach thalmudischen u. a. Berichten eine Anzahl von Rabbinern nicht nur Menschen töten, sondern auch Gegenstände vernichten oder beschädigen (einige Belege bei Seligmann I, S. 108ff.).

Die Kabbalisten kennen den „bösen“ Blick sowohl als eine faszinierende Macht des *Menschen,* wie als eine *objektive* dämonische Gewalt, die sogar Dingen eigen sein kann. In der erstgenannten Beziehung betrachten sie ihn vornehmlich als ein verstärkendes Mittel der reinen Suggestivwirkung durch Gedankenübertragung. Wie ein Kundiger einen Menschen schon durch rein gedankliche Suggestivwirkung in seinem Tun und Lassen beeinflussen, ja ihn wohl gar töten könne, so werde diese Suggestivwirkung noch erheblich verstärkt, wenn der Suggestionsmächtige über den „bösen Blick“ verfüge! – Sodann aber kann auch jemand *ohne* Wissen und Willen mit dem bösen Blick behaftet sein. Schon der Thalmud erwähnt (Berachoth 55 b) den Fall, dass jemand sich selber vor seinem eigenen „bösen Blick“ zu schützen sucht; da sich doch gewiss niemand mit Absicht selber schädigt, ist hier die Wirkung des bösen Blickes offensichtlich als eine von dem Willen seines Inhabers unabhängige gedacht. Ebenso in den kabbalistischen Schriften, wenn Menschen, Tieren und Dingen ein ihnen sozusagen unbewusst anhaftender böser Blick, gewissermaßen eine dämonische Inkubation mit einem solchen, zugeschrieben wird. Dadurch soll z. B. der damit behaftete Mensch durchaus nicht herabgesetzt werden, ebenso wenig wie etwa die modernen Römer den Papst Pius IX. deshalb verachteten oder hassten, weil sie ihn für einen sehr gefährlichen „Jettatore“ (mit dem bösen Blick Behafteten) hielten, seinen Anblick tunlichst mieden und für die unseligen Wirkungen seiner merkwürdigen Eigenschaft Beispiele über Beispiele zu erzählen wussten (Seligmann I, S. 116ff.). – Als *ganz metaphysische Gewalt* (nämlich als eine Art dämonischen Neides über Glück und Glücklichpreisung) tritt uns der „böse Blick“ im Sohar entgegen, wenn z. B. (I, 212 a) gesagt wird, Bileam habe mit seinem bewundernden Ausspruch „Wie schön sind deine Hütten, Jakob, und deine Wohnungen, Israel“ das Volk dem „bösen Blick“ aussetzen (wir würden sagen: „beschreien“) wollen. – Soweit die Grundzüge einer Übersicht über das Wesen des „bösen Blicks“ nach rabbinisch-kabbalistischer Ansicht.

Modern aufgefasst und ausgedrückt, ließen sich die geschilderten verschiedenen Arten des „bösen Blicks“ wohl verständlich machen als Wirkungen teils *fremder*, teils *eigener Suggestion.* Teils vermögen und versuchen wirklich Menschen, die suggestiv begabt und geübt sind, andere seelisch zu beeinflussen, ohne und wider deren Willen, meist auch nicht zum Wohl oder Behagen der Beeinflussten; anderenteils *glauben* wir uns von gewissen Menschen, Tieren, ja Dingen durch ihren „Blick“ oder Anblick entweder allgemein oder unter bestimmten Verhältnissen ungünstig beeinflusst, und diese Vorstellung wirkt dann tatsächlich „autosuggestiv“ derart, als wäre solch ein Einfluss von jener Seite aus bewusst geschehen. Beispiele für beide Arten suggestiver Wirkungen hat wohl jeder schon selbst erfahren. Einem sensiblen Menschen vermag ein neidisch-hämischer Blick die reinste Freude zu vergällen; die missgünstig-spöttische Miene eines unerwünscht anwesenden Rivalen lässt uns fehlschießen, falsch musizieren, im Vortrag stecken bleiben usw. Ein unangenehmes Gegenüber auf der Eisenbahn kann einem die Laune für den ganzen Tag verderben, selbst höchst aufgeklärte Jäger kehren um, wenn ihnen ein altes Weib begegnet oder eine Katze über den Weg läuft. Es gibt Leute, die jedem Unternehmen, in das sie eintreten, Unheil zu bringen scheinen oder bei deren Anwesenheit in einer Gesellschaft oder dgl. stets etwas Unangenehmes passiert, ohne dass sie dazu eine äußere Veranlassung geben; ebenso wird mancher Ge-

schäftsmann bezeugen, dass es Orte gibt, an denen ihm regelmäßig das sicherste Geschäft fehlschlägt, während er anderwärts beste Erfolge erzielt; mancher hat bestimmte Tage in der Woche, im Monat oder im Jahr, wo ihm jedes Mal etwas missglückt, und wer mit vielen Menschen umzugehen hat, wird wohl schon die eigenartige Erfahrung gemacht haben, dass ihm Leute mit gewissen äußeren Eigenheiten, mit einem bestimmten Vor- oder Familiennamen stets Unglück oder Ungelegenheiten gebracht haben. Wir erklären uns dergleichen mit Autosuggestion, die aus Begleitumständen eines früheren unangenehmen Vorfalles, wenn sie ähnlich wiederkehren, untrügliche Anzeichen kommenden neuen Ungemachs herausdeutet, wodurch die Energie usw. unsicher gemacht und tatsächlich eine neue Unannehmlichkeit hervorrufen wird.
Solchen fremden und eigenen Suggestionen lässt sich aber nur mit hinreichend starken Autosuggestionen begegnen, und da ist es denn im höchsten Grad interessant, dass die *praktische Kabbalah ihre Schutzmittel gegen den bösen Blick und auch gegen alle ähnlichen dämonischen Einwirkungen letzten Endes auf Suggestion gründet*, wie wir bei den „magischen Künsten" noch genauer sehen werden.

II. Die magischen Wissenschaften der Seinsdeutung

Das zweite Kapitel der Zweiten Abteilung wird die Einzelheiten dieser Wissenschaften behandeln. *Hier* gilt es nur, deren Sinn an sich und im Zusammenhang des Ganzen zu erläutern. Die theoretische Kabbalah sucht das metaphysische Getriebe des ganzen großen Weltplans zu verdeutlichen; die praktisch-magischen Einzelwissenschaften wollen den sich in sie Vertiefenden befähigen, den Sinn seines Einzeldaseins praktisch zu deuten, d. h. sie wollen ihm auf ihre Art Winke geben über das, was um ihn vorgeht, und was ihm wahrscheinlich bevorsteht, damit er sich auf diese Weise in der Welt einzurichten und mit ihr abzufinden lernt. Daher ist ein großer Teil dieser praktisch-magischen Wissenschaften, wie schon S. 137 bemerkt, *Zukunftskunde*. Gerade darin unterscheidet sich ja der Mensch vom Tier (das im wesentlichen nur in einer jeweiligen Gegenwart lebt und höchstens instinktiv für einige materielle Bedürfnisse einer nahen Zukunft sorgt), dass er denkend eine nicht geringe Strecke der Zukunft im voraus zu durchmessen und nicht allein die wahrscheinlichen Folgen zweckbewusster Handlungen, sondern auch die möglichen Ergebnisse klar erkannter Entwicklungen bis zu einem gewissen Grad vorherzusehen und danach sein Verhalten einzurichten vermag. *Die magischen Wissenschaften der Daseinsdeutung* suchen auf ihre Art diesen Zukunftsblick noch zu erweitern und sicherer zu machen, indem sie mittels gewisser Handgriffe den Schleier von dem ja von Ewigkeit her bestehenden Weltplan (vgl. Fußnote 20, S. 23) noch erheblich mehr fortzunehmen trachten, als dies mittels nur abstrakt-logischer Schlüsse möglich ist.

1. Astrologie

Wie ich in meinem „Babylonisch-Astralen" S. 130ff. nachgewiesen habe, ist es nach rabbinischer Ansicht nicht nur möglich, sondern auch erlaubt, ja (daselbst S. 13f., 133) bis zu einem gewissen Grad für den Kundigen geboten, die Zukunft durch Deutung des Sternenlaufs usw., also durch Astrologie, zu ermitteln. Auch die Kabbalah sagt (vgl. S. 99, 38), dass der göttliche Weltplan in Sternenschrift am Himmel eingezeichnet sei.

Aber die Astrologie gibt nur Aufschluss über das *äußerliche* Zukunftsgeschehen, die allgemeinen Züge des Weltlaufs und die künftigen äußerlichen Verhältnisse des Menschen, wie z. B. über die Länge seines Lebens, über Wohnort, Kinder usw., über Wohlstand, Glück, Ehre, Macht, Kraft, Reichtum und Begabung oder das Gegenteil, *nicht* aber über die heilsgeschichtlichen Ereignisse, welche auf das sittlich-religiöse Wollen und Handeln des Menschen Rücksicht nehmen! „Alles ist vorbestimmt, aber Willensfreiheit ist gegeben“ – der allgemeine Weltplan hebt die Willensfreiheit nicht auf (wie wir dies auch in Fußnote 22, S. 24f. sahen), und Gebet, Wohltätigkeit sowie Reue *„zerreißen* das Geschick“ (vgl. „Bab.-Astrales“, S. 127f., 131, 133)!
Aber auch mit *dieser* Einschränkung musste die Zukunftsforschung durch Astrologie noch wertvoll genug erscheinen, zumal für den kabbalistischen Juden des Mittelalters, dessen Gesamtexistenz ja andauernd die denkbar unsicherste und von allen Seiten bedroht war. Wenn nach des Tages Mühsal und Gefahren sich die Nacht auf die Erde senkte, aber noch kein Schlaf die Seele der Bedrückten und vielleicht vor neuem Unheil Bebenden tröstete – wenn da hinter den schwarzen Giebelzacken und Essen der zusammengepferchten Gassen in hehrer Majestät der stille Chor der himmlischen Lichter blinkend am Firmament erstrahlte, dann blickte wohl das Auge des Verfolgten hoffend hinauf zu der ewigen Pracht: „Sollte der, welcher die funkelnden Gestirne da oben zu ‚Zeichen‘ (Othoth; 1. Mose 1, 14) für uns geschaffen hat, in diesen Buchstaben (Othoth, Othioth) seiner goldenen Himmelsschrift mir nicht noch *mehr* zeigen wollen als die ewigen, ehernen, großen *Gesetze des natürlichen Universums*? Sollte er mich nicht auch einige Gedanken *seines göttlichen Weltplans* lesen lassen, und wäre es nur so viel, als mich und meine Allernächsten und die allernächste Zeit betrifft? Hat er nicht (1. Mose 15, 4) den um die Zukunft bekümmerten Abraham geheißen, gen Himmel zu schauen und in der Sterne zahlloser Schar die glänzende Entwicklung seines Stammes zu erblicken? Hat er uns nicht den *Mond* als vornehmliches Schutzgestirn unseres Volkes gegeben (vgl. m „Babylonisch-Astrales“, S. 159–164), die schöne, stille Leuchte der Nacht, mit der nach unserer Weisen Deutung im Hohenlied (6, 9) die Gemeinde Israel verglichen wird? Hat er unseren Vätern nicht das große Neumondopfer von 2 Stieren, 1 Widder und 7 Lammjährlingen befohlen (4. Mose 28, 11ff.), niemals aber ein ähnliches Sonnenopfer; und begrüßen wir gläubigen Juden (NB.: „moderne“ Juden gab es damals noch nicht) allmonatlich nicht noch immer allzumal den Neumond (d. h. das Wiedersichtbarwerden des Mondes) mit der feierlichen ‚Mondweihe‘ (Kiddusch Lebanah) unter Gottes Himmel als Trostzeichen, dass uns nach finsteren Zeiten auch immer wieder lichte aufgehen sollen? Und endlich: haben nicht durch Gottes Willen unsere Rabbiner in Thalmud und Midrasch uns so viele und wertvolle Grundzüge einer jüdischen Astrologie überliefern dürfen, auf denen wir noch heute fußen, wenn wir zumal aus den Konstellationen der Planeten, insonderheit des unsere Geburtsstunde regierenden, mancherlei vom Wandel des Weltlaufs und einiges Allgemeine für unsere eigene nächste Zukunft zu erkunden suchen, unbeschadet der unser sittlich-religiöses Tun in Rücksicht ziehenden göttlichen Heilsgnade?“ – Mit geschärftem astrologischem Blick durchspäht der Besorgte „des Himmels Häuser“: „Schleicht da nicht der blutige ‚Ma'adim‘ (Mars) der lichten ‚Nogah‘ (Venus), dem Planeten meiner Geburtsstunde, allabendlich näher und näher? Lauern nicht auch in den ‚Ecken‘ des Himmelsplanes

allerhand unheilvolle Konstellationen? Nur wenige Tage noch, und die furchtbare Konjunktion ist da, der verderbenschwangere Aspekt droht vom Firmament! Was tun? Ja, das sagen die in ihre Bahn gebannten glitzernden Verkünder des Weltlaufs nicht, wohl aber unsere gottbegnadeten Meister! Heißt es nicht im 44. Kapitel des Buches ‚Bereschith rabba', dass neben Gebet und Buße auch *Ortsveränderung* das Verhängnis zerreißen könne? Lieber Haus, Hof, Handel und Habe verlassen, als mit meinen Lieben dem sicher drohenden Untergang hier verfallen!" Und er weckt seine Familie und kündet ihr, was er erschaut. In Buße und Gebet demütigen sie sich vor dem, von dem allein Hilfe kommen kann, und schon am nächsten Tag entweichen sie mit allem, was sie davonbringen können, der unheimlich gewordenen Stätte ihres bisherigen Daseins – vielleicht unter dem Spott mancher minder „Abergläubischen" – um näher oder ferner eine schützende Unterkunft zu gewinnen. Wenige Tage später aber überfällt ein fanatisierter Pöbelhaufen oder eine beutelüsterne Soldateska das schlafende Judenviertel, und aus dem Fenster, von dem aus unser Sternenkundiger die warnende Himmelsschrift gelesen, lodert die fressende Flamme, während raubgierige Plünderer alles, was nicht niet- und nagelfest ist, auf die von Mordgeschrei und Brandqualm erfüllte Gasse schleppen …

Ich kann hier nicht alle Beziehungen und Motive erörtern, glaube aber wenigstens von *einer* Seite her den *Sinn* aufgedeckt zu haben, den die astrologische Lehre und Praxis für den kabbalistischen Juden des Mittelalters hatte – und dieses jüdische Mittelalter reichte bekanntlich bis zur Glorie der „Aufklärungs"- und „Emanzipations"-Ära, seit welcher sich der namenlose Segen des „modernen" Judentums ja erst richtig zu entfalten begann! – Über die im astrologischen Unterkapitel der Zweiten Abteilung zu skizzierende, grundlegende thalmudisch-midraschische Astrologie hinaus verbindet die *kabbalistische Astrologie* die *Planeten* und auch die (aus Fixsternen bestehenden) 12 Zeichen des *Tierkreises* noch mannigfaltig.

So werden z. B. die sieben Planeten, außer (wie üblich) mit den 7 Wochentagen, auch noch in Verbindung gebracht mit den 7 unteren Sephiroth: Chesed, Geburah, Tiphereth, Jesod, Nezach, Hod, Malkuth (so in „Tikkune Sohar", sonst in noch anderer Reihenfolge), ebenso – wie schon bei den Alten – mit sieben *Metallen* und zudem mit jenen Sephiroth, ferner mit den 22 Buchstaben des hebräischen Alphabets und sämtlichen zehn Sephiroth usw.

Die zwölf Tierkreisbilder erhalten Verbindung: 1. Zunächst (wie üblich) mit den 12 Monaten, sodann *mit den 12 Stämmen Israels* und zugleich mit 12 Permutationen (Buchstabenumstellungen) des Gottesnamens „Jhwh"; 2. Mit den 7 unteren Sephiroth; auf diese (außer Jesod) werden auch die astralen Haupterscheinungen der „Merkabah" (des göttlichen Thronwagens, Ezechiel 1: Löwe, Stier, Mensch, Adler, Räder) bezogen; gelegentlich finden sich auch Beziehungen der vier *Himmelsgegenden* (oder „Weltecken"?) zu einzelnen Sephiroth.

2. Magische Quadrate

Ich gestehe offen, dass ich bei Abfassung meiner „Kabbalah" von 1903 (Leipzig, L. Fernau, S. 95ff.) über den tieferen Sinn dieser eigenartigen Gebilde und ihrer kabbalistischen Verwendung noch nicht ins Reine zu kommen vermochte und erst durch L. B.

Hellenbachs geistreiche „Magie der Zahlen“ (Leipzig, O. Mutze) zu der richtigen Einsicht gelangt bin, dass es sich bei diesen – heute nur als Rätselaufgaben und „mathematische Zahlenspielerei“ bekannten – Quadraten (in denen die Zahlen von 1 bis 9, 16, 25, 36, 49, 64, 81 usw. so eingeordnet sind, dass die Summen aller waagrechten und senkrechten Reihen untereinander, und wiederum die der beiden Querreihen gleich sind) um die Anschaulichmachung einer gewissen „*Periodizität*“, einer Sonderart von natürlichem *Rhythmus* handelt, die nicht nur in der Welt der Zahlen, sondern auch in verschiedenen, von der Zahl beherrschten Gebieten der Erscheinungswelt von maßgebender Bedeutung ist.
In dem entsprechenden Unterkapitel der Zweiten Abteilung gebe ich die bei den späteren Kabbalisten vorkommenden *sieben Quadrate* der 3, 4, 5, 6, 7, 8, 9 mit ihren Beziehungen auf *Metalle*, Sephiroth usw. sowie mit den nötigen Erläuterungen wieder. Hier muss, unter nachdrücklichem Hinweis auf Hellenbachs interessantes Buch folgendes genügen:
Hellenbach geht nicht so weit wie der österreichische Mathematikprofessor Liharzik in seiner gelehrten Schrift: „Das (magische) Quadrat, die Grundlage *aller* Proportionalität in der Natur, und das Quadrat aus der Zahl Sieben, die Uridee des menschlichen Körperbaus“ – aber er weist in klarer Weise nach, dass sich die Töne nach ihrer Schwingungszahl, die *chemischen Elemente* nach ihren Verbindungsgewichten und ebenso (annähernd) die Lichtschwingungen in eine unter der Herrschaft der Zahl 7 stehende Periodizität und Mannigfaltigkeit derart zerlegen lassen, wie sie das „Siebenerquadrat“ in seinen Hauptdiagonalen wiedergibt! – Zugleich zeigt er an Napoleons I. und seinem eigenen *Lebenslauf* (in diesen Spezialfällen mittels eines Neunerquadrates), wie dadurch, dass die Lebensjahre des Menschen in die rhythmische Übersicht einer dieser Quadrat-Arten (nämlich der seinem Wesen entsprechenden) gebracht werden, die verschiedenen Diagonalreihen mit den aufeinander folgenden (oder um dieselbe Differenz steigenden) Zahlen sehr klar gewisse bedeutsame, mehr oder minder lange *Lebensperioden* erkennen lassen, und dass auf Jahreszahlen, die an bestimmten Stellen stehen, tatsächlich sehr wichtige *Lebensereignisse* und Schicksalswenden fallen.
Die Konstruktion dieser Quadrate ist nicht schwer (Hellenbach gibt eine leichtverständliche Anleitung dazu, Liharzik ausgerechnete Schemata bis zum Quadrat von 26 x 26); es ist daher gar nicht unwahrscheinlich, dass die von den Kabbalisten verwendeten sieben Quadrate der 3–9 (also 9–81 Feldern) ins hohe Altertum zurückgehen. Der merkwürdige Umstand, dass die Kabbalisten diese sieben Quadrat-Arten mit sieben *Metallen* zusammenstellen, macht auf einmal *die kabbalistische Verwendung dieser Quadrate für die Zukunftsdeutung* klar. Jedes der sieben *Metalle* entspricht ja einem der sieben astrologischen *Planeten* (in der astralen Reihenfolge: Gold = Sonne, Kupfer = Venus, Quecksilber = Merkur, Silber = Mond, Blei = Saturn, Zinn = Jupiter, Eisen = Mars), und die Geburtsstunde jedes Menschen wird ja von einem bestimmten Planeten „regiert“ (vgl. das Schema in m. „Babyl.-Astralen“ S. 117 und im Kapitel „Magische Quadrate“ der Zweiten Abteilung hinten; die Stunden beginnen mit 6 Uhr des vorangehenden Tages!). Ist mir der regierende *Planet* der Geburtsstunde bekannt, so kenne ich auch das diesem Planeten entsprechende *Metall* und kann infolgedessen das diesem Metall von den Kabbalisten zugeordnete „magische *Quadrat*“ ermitteln und zur Zu-

kunftsdeutung verwerten. Bin ich z. B. sonntags zwischen 4 und 5 (= in der elften Stunde von Sonnabend 6 Uhr an) geboren, so ist mein Geburtsstundenregent der Mond. Der Mond gehört zum Silber, zu diesem wiederum das Neunerquadrat! Dieses also wird für die Erkenntnis der Periodizität und anderer wichtiger Umstände meines Lebenslaufes maßgebend sein. – Es ist sehr wohl möglich, dass manche laut glaubwürdigen Quellen lange vor dem wirklichen Eintreffen getane Ankündigungen von gewissen Ereignissen auf der Anwendung solcher „magischen Quadrate“ beruht haben; vielleicht bedienten sich auch die Kabbalisten, welche 1812 dem ersten Napoleon und im Frühling 1913 dem Bulgarenkönig, entgegen aller „Wahrscheinlichkeit“, schweres Unheil richtig prophezeit haben sollen, ähnlicher Methoden; ich lasse das völlig dahingestellt. *Mir* genügt es, einigermaßen erklärt zu haben, was für einen Sinn und Zweck die Verwendung der magischen Quadrate bei den Kabbalisten überhaupt gehabt hat.

3. Traumdeutung

Schon Homer unterscheidet zwischen Wahres kündenden Träumen und solchen, die da täuschen (elephairontai), weil sie durch die trügerische Pforte aus Elfenbein (elephas) kommen; er streifte damit schon die Bedeutung, den die Ideenverbindung mittels Wortspiels für Traum und Traumauslegung hat, worüber im entsprechenden Unterkapitel der Zweiten Abteilung noch zu handeln sein wird. Im Thalmud (Berachoth 55 a) wird u. a. gelehrt, dass ein echter, d. h. in Erfüllung gehender Traum von *Gott* durch Vermittlung eines *Engels* komme, ein eitler, nicht in Erfüllung gehender Traum dagegen das Werk eines den Träumenden narrenden *Dämons* sei. – Ein weiterer Unterschied wird (daselbst 55 b) gemacht zwischen Träumen, die nur der Nachklang dessen sind, woran man am Tag intensiv gedacht hat, und solchen, welche *symbolische Vorbedeutung* haben. Die Kunst des Traumdeutens besteht in der richtigen Auslegung dieser Symbolik! Einige Rabbiner bemerken ziemlich rationalistisch, dass man nicht nur manchem an Träume Glaubenden einen Traum vorher suggerieren könne, sondern dass auch manche Traumdeutung selbst suggestive Wirkung haben könne, indem der Deutungsgläubige tatsächlich das tue oder leide, was ihm der Traumdeuter (z. T. willkürlich) prophezeit habe. Im Allgemeinen aber wird eine objektive Traumsymbolik angenommen, d. h. die Möglichkeit angenommen, das im Traum dem Menschen nur sinnbildlich Vorschwebende in eindeutigem Sinn auszulegen. Da die Kabbalisten hier ohne wesentliche Neuerungen auf thalmudischen Anschauungen und Deutungsweisen fußen, gebe ich im entsprechenden Unterkapitel der Zweiten Abteilung das Hauptsächliche aus dem thalmudischen Traumbuch des Traktats Berachoth (55aff.) in deutscher Übersetzung wieder, da dort der bedeutsame Stoff praktisch zusammengefasst erscheint.

Auf zweierlei Motive für die *symbolische Auffassung* von Traumbildern möchte ich hier kurz hinweisen. Das eine besteht in der psychologischen Tatsache, dass wir nicht selten im Traum körperliche Empfindungen zu äußerlichen Ereignissen umsymbolisieren, gewissermaßen aus uns hinaus in die Erscheinungswelt projizieren. Eine Stauung im Blutlauf des Unterleibes oder der Lungen wird dem Träumenden zu dem schreckhaften Erlebnis, dass ein scheußliches Wesen ihm auf Leib oder Brust laste (Alpdrücken). Auch gewisse noch nicht zum Ausbruch gekommene Krankheiten lösen bestimmte Traumvorstellungen aus, die bei den meisten Menschen ähnlich sind. Noch merk-

würdiger, aber sehr bekannt ist es, dass sensible Leute vor oder bei Eintritt von Regen in der Nacht von Verstorbenen träumen, mag nun veränderter Druck oder Feuchtigkeitsgehalt der Luft solche Vorstellungsreihen hervorrufen oder die Sache sonstwie zu erklären sein. In derartigen Fällen liegt eine *Umkehrung von Ursache und Wirkung* sehr nahe: Wenn man von dem oder dem träumt, bekommt man Nervenfieber; wenn man von Verstorbenen träumt, kommt Regen usw. – Ein zweites Motiv dafür, Träume als *Sinnbilder* realer Ereignisse und dergleichen aufzufassen, liegt sicher in der dem Orientalen in Fleisch und Blut übergegangenen Liebhaberei für Bilderrede, zumal zu bildlicher Umschreibung unheiliger oder unsittlicher Dinge; so bedeutet „seine Speise öffentlich verbrennen" Götzendienst, „Pflanzungen abschneiden" ist gleich Ketzerei u. a. M. Geschwister werden mit zwei Augen verglichen, die Mutter mit einem fruchtbaren Ölbaum; infolgedessen wird Inzest mit der Schwester damit umschrieben, dass ein Auge das andere küsst, den Inzest mit der Mutter aber deutet die Redensart an, dass ein solcher Sünder einen Olivenbaum mit Öl begieße, und so erklären sich denn Träume, in denen ein Auge das andere küsst oder jemand einen Ölbaum mit Öl tränkt, als warnende Traummahnungen vor solchen Versuchungen oder als Aufdeckung erfolgter Unzuchtssünden jener Art. – Von diesen Anschauungen ist es nicht weit zur Heranziehung biblischer Vergleichsbilder zur Traumdeutung: Wer von Inzest mit der Schwester träumt, dem wird Weisheit zuteil werden, weil (Sprüche Salomonis 7, 4) die Weisheit mit einer Schwester verglichen wird. Hiermit ist wieder ähnlich die Verwendung von Wort-Analogien, z. B. wer Ismael (Jischmael), Abrahams Sohn, im Traum sieht, dessen Gebet wird erhört werden, weil Ismael bedeutet: „Gott erhört" (Jischma El); noch einen kleinen Schritt weiter, und wir kommen zur Benutzung von Wortspielen für die Traumauslegung. Wer eine Katze (Schinra) im Traum erblickt, dem steht eine schlimme Veränderung (Schinnuj ra) bevor; wenn ein Elefant (Pil oder Pila) im Traum erscheint, der wird Wunderbares (Pele oder Pil'i oder P'liah) erleben – ähnlich als ob wir sagen wollten: Wer vom Weine träumt, dem wird Weinen beschieden sein.
Die so genannten „*Wahrträume*", in welchen zukünftige Ereignisse ohne Symbolik in ihrem natürlichen Hergang träumend vorausgeschaut werden, sind den Kabbalisten natürlich ebenso gut wie ihren rabbinischen Vorgängern bekannt, werden aber von ihnen in der Regel zur Prophetie (Nebuah) gerechnet. – Verwandt damit ist das so genannte „*zweite Gesicht*", d. h. das Erblicken zukünftiger Ereignisse in ihrem später genau so erfolgenden Verlauf, was aber nicht im Schlaf, sondern in einem Dämmerungszustand geschieht. Beide Arten von Blicken in die Zukunft kommen in kabbalistischen Berichten vor. In den Rahmen kabbalistischer Methodologie eingeordnet, sind sie Gewährung kurzer Einblicke in einen kleinen Sonderteil des göttlichen Weltplanes.

4. Physiognomik, Gedankenlesen und Chiromantie

Die *Physiognomik* oder die Kunst der Deutung des Gesichtsausdrucks ist durch die wissenschaftlich-willkürliche, subjektiv-einseitige Art, wie sie von Lavater und seinen Anhängern behandelt worden ist, heute fast ebenso in Verruf geraten wie die Bemühungen Galls, aus den verschiedenen Schädelformungen Schlüsse auf den Charakter zu ziehen, was ja auch der verwandten Lombrosos missglückt ist. Erst der bekannte Forscher Charles Darwin hat in seiner Schrift „Der Ausdruck der Gemütsbewegungen" (übers.

von W. Carus, 4. Aufl., Stuttgart 1884) nachgewiesen, dass gewisse ausdrucksvolle Bewegungen (die unsere Gemütsstimmungen offenbaren) uns als ererbte Anlage von unseren Voreltern überkommen sind, dass sie durch oftmalige Wiederholung und Gewöhnung besonders auf unserem Antlitz fixiert werden und schließlich dem ganzen Gesicht einen typischen Ausdruck geben, je nachdem diese oder jene Geisteszustände und Gemütsbewegungen die Oberhand in unserem Leben gewonnen haben. – Das ist ganz so, wie der Dichter sagt: „In jedes Menschen Gesichte ist seine Geschichte, sein Hassen und Lieben deutlich geschrieben." Der Geist also ist es, der sich das Antlitz baut! Damit stimmt der *Sohar* (II 75 b) vollständig überein: „Der Gesichtsausdruck besteht nach den Lehrern der inneren Wissenschaft (den Psychologen) nicht in bloß äußerlichen Zügen, sondern er ist ein geheimnisvolles Abbild unseres Innersten. Die Züge unseres Gesichtes wechseln *gemäß der dem inneren Antlitz des Geistes eingeprägten Form. Der Geist allein bringt die Gesichtsausdrucksformen hervor*, welche von den Wissenden (in ihrer Bedeutung) erkannt werden." Es wird daselbst nun auch eine Anzahl physiognomischer Typen gedeutet, aber ganz ohne weitere kabbalistische Beziehung, offenbar nach rein empirischen Beobachtungen und, wie es scheint, aufgrund von fremden, nichtjüdischen Literaturquellen. Wenn z. B. eine breite, schön gewölbte Stirn als Merkmal eines lebhaften und tiefen Geistes, einer hervorragenden Intelligenz gelten soll, eine breite, aber platte als Kennzeichen der Dummheit, eine platte und schmale als Gefäß eines beschränkten, aber meist eitlen Geistes angesehen wird, oder wenn in anderen kabbalistischen Schriften ähnliche Schlüsse auf Geist und Charakter aus der Form von Nase oder Lippen schüchtern versucht werden, so ist das nichts Jüdisch- oder Kabbalistisch-Eigenartiges, sondern kommt viel methodischer bei den Aristotelikern usw. vor. – Wenn gelegentlich eine Einteilung physiognomischer Typen nach den vier Gestalten an der „Merkabah" (Ezechiel 1: Mensch, Löwe, Ochs, Engel) gemacht wird, so trägt dies allerdings mystisch-kabbalistischen Anstrich – obwohl hier vielleicht ein Anklang an die nacharistotelische Lehre von den vier Temperamenten vermutet werden könnte – aber mit der Aufstellung dieses Prinzips ist auch schon wieder alles zu Ende; methodologisch fruchtbar wird es nicht gemacht, überhaupt nicht einmal leidlich durchzuführen versucht. Von den Einzelbemerkungen erwähne ich nur die gelegentlich geäußerte und im kabbalistischen Volksglauben viel verbreitete Ansicht, dass, wenn die ziemlich senkrechten Furchen über der Nasenwurzel der Gestalt des hebräischen Buchstaben „Schin" (ursprünglich gleich drei aus einem Wurzelpunkt aufsteigenden Strichen) ähneln, dies ein besonderes Gnadenzeichen des Allmächtigen (Schaddaj, mit „Schin" beginnend) oder ein Merkmal höchster Verstandesgaben sei, da der Buchstabe „Schin" vielfach als Symbol der Sephirah „Binah" (Verstand) gilt. Wer die Kabbalistenportraits meiner „Kabbalah " von 1903 (Leipzig, L. Fernau) betrachtet, wird bei den meisten dieses „Schin" über der Nasenwurzel dargestellt finden!

Mit der Physiognomik ist die Kunst des *Gedankenlesens* verwandt, nur dass es sich bei dieser nicht (wie bei jener) um die dauernden Züge des Antlitzes handelt, sondern um die Veränderungen, welche die mannigfachen und wechselnden Gedanken auf dem Gesicht erscheinen lassen, also (um im Sinne der oben angeführten Soharstelle II 75 b zu reden) um eine vorübergehende Wirkung des Geistes auf den Gesichtsausdruck. Gewisse starke Gemütsbewegungen wie Freude, Trauer, Zorn, Gram, Scham, Schreck

usw. kann wohl der Einfältigste einem anderen „vom Gesicht ablesen"; *wie* aber z. B. ein Meister gleich Lurja dazu gelangt sei, zu erkennen, ob und was jemand Gutes oder Böses getan, oder gar, was er denke oder geträumt habe, welchen Schriftvers er gelesen und durchdacht habe usw. (vgl. S. 114f.), darüber fehlt uns jeder zureichende Bericht.
Von Lurja wird ebenso wie von anderen Kabbalisten auch Kenntnis der *Chiromantie* (Deutung der Handlinien) berichtet. Etwas spezifisch Jüdisch-Kabbalistisches habe ich in den meist erst spätkabbalistischen Behandlungen dieses Zweiges der Daseinsdeutung nicht zu finden vermocht. Außerdem spielt die Chiromantie, soviel ich wenigstens sehen kann, im Betrieb der praktischen Kabbalah nur eine ganz unbedeutende Rolle.
Aus allen den in diesem Unterkapitel angeführten Gründen, besonders wegen des verhältnismäßig dürftigen Materials und des zu wenig ausgeprägten rein kabbalistischen Charakters, werde ich in der Zweiten Abteilung auf Physiognomik, Gedankenlesen und Chiromantie ebenso wenig eingehen, wie auf die im folgenden noch summarisch angedeuteten Gegenstände.

5. Sonstiges

Zur Daseins- und besonders zur Zukunftsdeutung wird auch das Verständnis der *mystischen Sprache* (oder Sprachen) *der Natur* gerechnet, z. B. der Vogelsprache, des Rauschens der Bäume usw. die natürliche Grundlage dieser Vorstellung bildet wohl die Erfahrung, dass ein aufmerksamer Naturbeobachter (und der meist oder doch viel im Freien lebende Orientale ist ein solcher) aus den Lauten – wie übrigens auch aus sonstigen Lebensäußerungen – dieser Naturdinge gewisse Schlüsse ziehen kann, z. B. auf bevorstehenden Witterungswechsel usw. Schon dies könnte die Idee einer allgemeineren prophetischen Natur jener organischen Wesen erwecken. Die Vögel machen sich zudem tatsächlich, wie auch andere Tiere, eine Art von Mitteilungen, die ein sorgfältiger Beobachter bis zu einem gewissen Grad deuten lernt, und da sie höher sitzen und fliegen, dazu auch viel weiter und schneller in der Welt herumkommen als die meisten Menschen, können sie z. B. den ihrer Laute Kundigen durch ihr sich gegenseitig zugerufenes Warnungsgeschrei zuweilen vor einer ihm selbst noch nicht sichtbar gewordenen Gefahr wirklich warnen. Alles dies wird von den mystisch-kaballistischen Lehren noch sublimiert, ins Übernatürliche gesteigert. Schon im Thalmud findet sich die Anschauung, dass „jeden Tag eine Himmelsstimme ausgehe", welche gewisse allgemeine Umrisse der göttlichen Schickung verkünde, besonders solche, die sich auf gewisse äußere Lebensumstände der Menschen beziehen (vgl. die Zitate in m. „Babylonisch-Astralen", S. 60 ff.). Gleichwie nun die Dämonen einige Zukunftskenntnis erlangen, indem sie „hinter dem Vorhang (d. h. dem untersten Himmel namens „Velum" = Vorhang) lauschen", so fliegen ja auch die Vögel „in der Luft der Welt (s. o. Seite 141) umher und tragen aus jener Höhe die Himmelsstimme hernieder, so dass sie den Menschen vernehmbar wird, oder deuten wenigstens durch ihren Flug oder Schrei symbolisch das dem Einzelnen oder einem größeren Kreis Bevorstehende an. Hierbei gelten einzelne Vögel vornehmlich als Vorboten ungünstiger, anderer wieder als Ankündiger freudiger Ereignisse; den Unglücksraben z. B. kennt auch die kabbalistische Mantik, und ebenso ist ihr im Allgemeinen ein rechts entgegen fliegender Vogel von guter, ein von links her kommender dagegen von übler Vorbedeutung – heißt doch den Rabbinern seit alters das böse Prinzip (der Satan) geradezu „der Linke“ (Samma’el; vgl. m. „Babylonisch-Astrales“, S. 136)! – Wie der römische „Ausper“ aus dem *Vogelflug*, der „Augur“ aber aus den *Vogellauten* das Kommende deutete, so steht neben der rabbinisch-kabbalistischen Vogelnatur- und Vogelflugdeutung die Kenntnis der Vogelsprache d. h. der mantischen Bedeutung des Vogelgeschreis oder Vogelgezwitschers, aus dem z. B. schon ein thalmudischer Rabbi namens Ilisch gelegentlich die Warnung heraushörte: „Ilisch, fliehe!“ usw. Im Thalmud (Sukkah 28a) wird dem Rabbi Jochanan ben Sakkai, einem Schüler des berühmten Hillel, u. a. auch Kenntnis der Sprache der Palmen, der Engel und Dämonen zugeschrieben, ebenso sagt Chajjim Vital seinem Meister, dem großen Kabbalisten Issak Lurja, Verständnis der Sprache der Engel und des Gesanges der Vögel nach, (vgl. S. 114) während er mit den anderen (a. a. O.) berichteten „Sprachen“ (z. B. der Mineralien) wohl mehr deren mystische Bedeutung meint. Jedenfalls darf im rabbinisch-kabbalistischen Sinn hier wohl schwerlich an eine auf eingehender Naturbeobachtung beruhende Kenntnis der Bedeutung gedacht werden, welche etwa den Lock- und Warnungsrufen oder sonstigen Mitteilungslauten der Vögel und anderer Tiere tatsächlich innewohnt, noch dürfte mit dem Verständnis der Baumsprache die auf Hörübung gegründete Unterscheidung gemeint sein, ob ein so oder so in den Bäumen rauschender Wind diese oder jene atmosphärische Ereignisse vorverkünde, wie ein Naturbeobachter ja wirklich bevorstehenden Regen, Tauwetter, Schnee oder Kälte an dem verschiedenartigen Rauschen des Windes in den Baumkronen vorauszumerken vermag – nein, im Sinne der Kabbalah ist hier ganz offenbar ein übernatürliches, mystisches Wissen gemeint, das nicht erlernbar, sondern von oben her gespendet ist! Dieses konsequente Beziehen aller seins- und zukunftsdeutenden Momente auf Gottes Willen ist charakteristisch, wie für die magisch-kabbalistischen Wissenschaften überhaupt, so für die kabbalistische Mantik insbesondere. Weder bewirkt dieser oder jener so oder so aussehende, fliegende oder Laut gebende Vogel, diese oder jene Konstellation, dieser oder jener Traum usw. mein Wohl oder Wehe, noch sind alle diese Dinge Werkzeuge und Boten eines blinden Schicksals, sondern von Gott gegebene (und für den mit ihrer Kenntnis Begnadeten richtig deutbare) Anzeichen seines göttlichen Ratschlusses!

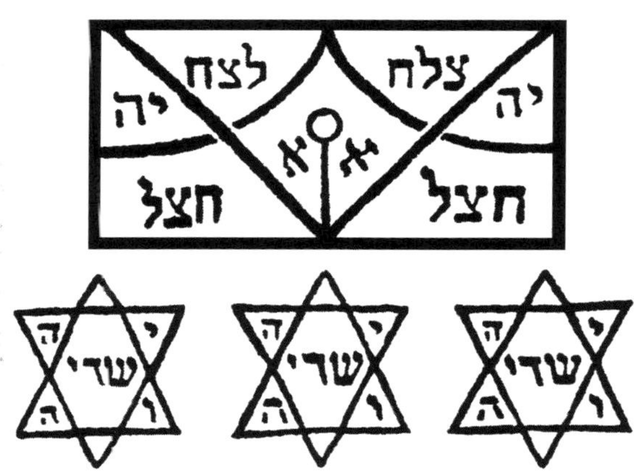

Kabbalistisches Glücksamulett aus dem „Buch Rasiel“.

B. Magische Künste

Wie die „magischen Wissenschaften" nach dem früher Gesagten auf Seinsdeutung, so gehen die „magischen Künste" auf Seinsbeherrschung aus, aber nicht behufs Befriedigung von Eigennutz oder Eitelkeit, sondern zu sittlich erlaubten, ernsten Zwecken, nämlich zu *Schutz und Trutz* vor widrigen Gewalten und zu *Heilzwecken*. Ihr Hauptmittel ist, wie ebenfalls schon erwähnt (S. 135f.) die individuelle *Suggestion*, sei es, dass sich diese auf das eigene oder auf fremde Gemüter bezieht (Autosuggestion oder Fremdsuggestion).

I. Die Einwirkungen der Suggestion

Fähig zu solchen Suggestivwirkungen ist nicht jeder Beliebige, der sich nach Anlernung dieser oder jener Formeln einmal aus Neugier oder Ehrgeiz als „Zauberlehrling" versuchen möchte, sondern lediglich ein sittlich gereifter Mann, der die magischen Wissenschaften gründlich beherrscht, die Methode der kabbalistischen Praxis genau kennt, an die Wirksamkeit seines Tuns fest glaubt und durch seine ganze Persönlichkeit geeignet ist, von vornherein in anderen das Vertrauen zu seinem Wirken zu erwecken, ihnen zu imponieren und sie seelisch in seinen Bannkreis zu ziehen. Zur „Kunst" ist hier wie überall der Kenner und Könner erforderlich und zur Tat der Mann!

So wird die suggestive Tätigkeit möglich, in der ich den Grundzug und das Hauptwirkungsmittel der „magischen Künste" erblicke. Suggestion ist die Beeinflussung des Denkens, Fühlens, Wollens und Handelns einer Person durch absichtliche oder unwillkürliche Erzeugung gewisser starker Vorstellungen in ihrer Seele. Wir wissen alle, wie lähmend es auf unsere Energie einzuwirken vermag, wenn uns jemand (auch unser eigenes Ich) im Brustton innerster, festester Überzeugung versichert: „Das kannst du nicht" oder: „Das ist unmöglich!" – und umgekehrt, wie sehr es unser *Selbstvertrauen* und damit unsere Tatkraft hebt und stärkt, wenn uns (von anderen oder uns selbst) gesagt wird: „Was ist da weiter dabei?" oder: „Versuch's nur, dir muss es ja gelingen!" – Auch das sittliche Bewusstsein, eine gute oder schlechte Sache zu vertreten, stärkt oder lähmt das menschliche Aktionsvermögen, und vollends die religiöse Gewissheit, unter Gottes allmächtigem *Schutz* zu stehen, gibt Mut und Kraft zum *Trotz* gegen alle widrigen Gewalten: „Der Herr ist mein Licht und mein Heil; vor wem sollte ich mich fürchten" (Psalm 27, 1) – und wenn die Welt voll Teufel wär'! Dieses religiöse Selbstvertrauen erfüllt auch den praktischen Kabbalisten, der sich bewusst ist, durch seine Kenntnis der Gottes- und Engelnamen sowie ihrer Verbindungen sich mit Kraft aus der Höhe zu Schutz und Trutz für sich und andere rüsten zu können, wie dies z. B. bei *Beschwörungen* geschieht. Noch sicherer, weil dauernd und sichtbarlich gewappnet weiß er sich und andere durch das Tragen der mit jenen mächtigen heiligen Namen versehenen *Amulette*; das Amulett selbst schützt ja nicht, sondern ist nur das Symbol des durch jene Namen dargestellten himmlischen Schutzes. – Auch die Kenntnis der Dämonennamen suggeriert (wie schon weiter oben angedeutet) ein gewisses Sicherheitsgefühl, weil der Name hier zugleich den Grundzug des Wesens verrät und dadurch die Möglichkeit gegeben wird, die gegen dieses Wesen erfolgreichsten magischen Schutz- und Trutzmaßnahmen zu ergreifen. Mit einem Amulett, auf dem der Name eines Dämons

geschrieben ist, kann schon nach thalmudischer Ansicht dieser Dämon beschworen werden, ebenso durch Aussprechen seines Namens in einer Schutz- und Trutzformel usw. (vgl. Blau, S. 92). – Beruhigung suggerieren will ferner das bekannte kabbalistische Hausmittel, eine als dämonisch verdächtige Erscheinung zu *umkreisen.* Wie der magische Kreis mich schützt, wenn ich ihn um mich ziehe, so macht er umgekehrt den dingfest, um den ich ihn ziehe; dies ist der Fall, sofern es sich um einen wirklichen Dämon handelt, den ich unter bannenden Formeln einkreise. Handelt es sich aber um etwas Undämonisches, „Natürliches", so ist gerade das Umkreisen der zuerst schreckhaften Erscheinung das beste Mittel, mich von ihrer Ungefährlichkeit, überhaupt von ihrer Natur zu überzeugen; was von vorn wie ein drohendes Gespenst aussah, entpuppt sich alsdann, von der Seite oder von hinten geschaut, als ein harmloser Baumstumpf, ein flatterndes Stück Zeug oder dergleichen mehr.
Was im Vorstehenden von den Schutz- und Trutzmitteln im Allgemeinen und ihrer Suggestivwirkung auf das Selbstvertrauen des ihrer Mächtigen, gilt ebenso auch von den *Heilmitteln und Heilmethoden*; sind doch die Krankheiten usw. nach kabbalistischer (wie überhaupt antiker) Ansicht das Werk dämonischer Schädlinge (Massikim, siehe weiter oben)! Da aber diese Krankheitsdämonen den eigentlichen Schedim gegenüber einen tieferen Rang einnehmen, so ist zu ihrer Beschwörung in den meisten Fällen keine Anwendung der hohen Gottes- und Engelsnamen notwendig, sondern es genügen einfache Beschwörungen oder sympathetische Kuren, von denen wir in der zweiten Abteilung eine Anzahl kennen lernen werden. Diese dürfen, wie bereits im Thalmud erlaubt ist (vgl. Blau, S. 23), sogar nichtjüdischen Ursprungs sein, während die Anwendung von Bibelsprüchen zu Heilzwecken, wenigstens nach der strengeren älteren Ansicht, *nicht* als erlaubt gilt, vielmehr nur zu Schutzzwecken zugelassen ist (Schebuoth 15 b). Übrigens arbeiten auch jene hier der Kürze halber „sympathetisch" genannten Heilmethoden mit dem Mittel der suggestiven Einwirkung auf den zu Heilenden oder zu Schützenden.
Zum Erfolg einer solchen Schutz-, Trutz- oder Heilwirkung, wie sie vorstehend angedeutet sind, ist neben dem bisher vornehmlich behandelten Vertrauen des Ausübenden in die magische Kunst vor allem *das Vertrauen zu dieser Kunst und ihrem Meister* seitens derer erforderlich und wichtig, für die er sie anwendet! Ja, das Vertrauen der Schützlinge oder Patienten ist das Wesentlichste, so dass ein von solchem Vertrauen Getragener, trotz vielleicht geringerer magischer Kenntnisse und Fähigkeiten, mehr Wirkung erzielen wird als ein anderer, möglicherweise an jenen Vorzügen Reicherer, aber nicht so viel Vertrauen Genießender. Es ist etwas Ähnliches wie beim geschäftlichen *Kredit*; nicht der genießt ihn, der für wohlhabend, aber nicht als geschäftstüchtig gilt, sondern der andere, der vielleicht weniger Vermögen sein eigen nennt, aber bei allen als tüchtiger Kaufmann angesehen ist. Derjenige Feldherr ferner wird die meisten Siege gewinnen, an dessen Genie und Glück seine Truppen mit Begeisterung glauben; das lehrt die Geschichte allenthalben. Ebenso ist es eine all- und altbekannte Tatsache, dass auf gesundheitlichem Gebiet der Arzt, der das feste Vertrauen der Patienten genießt, mehr Heilerfolge erzielt, als sein gelehrterer, aber dem Kranken minder Vertrauen erweckender Kollege, ja, dass nicht selten die sonderbare Kur eines gläubig konsultierten „Wunderdoktors" oder alten Schäfers anschlägt, wo die Kunst des approbierten

Medizinmannes nichts ausrichtete. Auf Suggestion beruht es, wenn ein Kranker, dem der Arzt statt des bisherigen Schlafmittels ein ebenso schmeckendes Zuckerpulver eingibt, daraufhin ebenfalls und ebenso guten Schlaf findet – mit Suggestion des gläubigen Vertrauens erkläre ich es mir, wenn die Mixturen des bekannten „Zucker-Bauer" bei Dresden die tückische Zuckerkrankheit tatsächlich in Fällen zum Stillstand oder gar zum Rückgang gebracht haben sollen, die zuvor ärztlicher Bemühung spotteten – auf Suggestivwirkungen beruhen sicherlich auch die „sympathetischen" Mittel und Kuren wider die Rose, die Warzenbildung usw. Von diesem Gesichtspunkt aus dürfte es wohl ganz glaublich sein, dass die oft geradezu schnurrig anmutenden rabbinisch-kabbalistischen Heilmittel und Heilmethoden (wie ich sie im entsprechenden Unterkapitel der zweiten Abteilung erwähne) den auf sie Vertrauenden wirklich geholfen haben. –

Indessen selbst, wo ein solches Vertrauen fehlt, kann die Macht der *überragenden Persönlichkeit* suggestive Wirkungen intensiver Art ausüben, ja erzwingen. Solche Wirkungen hat wohl schon jeder zuweilen wider Willen erfahren, und ich brauche daher aus der Geschichte der praktischen Kabbalah keine Beispiele zu häufen. Sie erklären sich ganz „natürlich" aus dem starken psychischen Einfluss, den eine in sich geschlossene, kraftvolle Individualität selbst auf eine widerstrebende Umgebung ausübt. Eine *Verfluchung* z. B., das heißt: eine in heiligem Zorn erfolgende Ankündigung göttlichen Strafgerichts von solcher Seite vermag meines Erachtens sehr wohl denjenigen, gegen den sie gerichtet ist (sofern er sie angehört hat – das ist wesentlich), in seinem Tun und Lassen seelisch dermaßen lähmen und bedrücken, dass ihm alles missrät, ja Krankheit, sogar Tod droht oder zuteil wird. Was Wunder, wenn berichtet wird, wie die suggestive Macht einer solchen Persönlichkeit grimmige Verfolger entwaffnet, abtrünnige Frevler wieder auf den rechten Weg führt usw.? – Unterstützt wird diese Gabe und Gewalt vielfach durch einen hoheitsvollen faszinierenden *Blick*, und in dieser Hinsicht ist (wie hier kurz erwähnt sein möge) die Wirkung des so genannten „*Zentralblickes*", der sich durchbohrend (nicht in die Augen des Gegenübers, sondern) auf die Gegend der Nasenwurzel richtet, auch den praktischen Kabbalisten nicht unbekannt. – – –

Was noch *andere* „magische Künste" praktischer Kabbalisten betrifft, auf die ich, da ich in diesem Buch nur „Elemente" bieten will, in der zweiten Abteilung *nicht* zurückzukommen gedenke, so möge hier folgendes genügen:

1. Was an den mehrfach berichteten *Totenbeschwörungen* mehr ist als fromme oder profane Sage, schreibe ich einer Art von Auto- und anderen vermittelter Suggestion zu; denn die Darstellung der *Art und Weise* des Zitierens und Erscheinens dieser Abgeschiedenen ist zu robust und mit mittelalterlich-jüdischen Zeitvorstellungen verbrämt, als dass eine andere Auffassung annehmbar wäre. Was den zugrunde liegenden *Gedanken* anlangt, so dürfte er einem heutigen Spiritualisten wohl in der Fassung am sympathischsten sein, die ihm der berühmte Leipziger Professor Gustav Theodor *Fechner*, der Begründer der heutigen Psychophysik, gegeben hat („Das Büchlein vom Leben nach dem Tod", 4. Auflage, Hamburg, 1900, S. 33): „Denkt eines Verstorbenen nur recht, und nicht bloß der Gedanke an den Verstorbenen, *der Verstorbene selbst ist im Moment da. Ihr könnt ihn innerlich beschwören, er muss kommen* – ihn festhalten, er muss bleiben; haltet nur Sinn und Gedanken auf ihm fest. Denkt seiner mit Liebe oder Hass, er wird es spüren; - mit stärkerer Liebe, stärkerem Hass, er wird es stärker spüren. Sonst hattet ihr wohl Erinnerung an die Toten; nun wisst ihr sie zu brauchen; könnt einen Verstorbenen mit eurem Andenken beglücken oder plagen; auch mit ihm versöhnen oder unversöhnlich bleiben; nicht euch bloß wissentlich – auch ihm! … (S. 35:) *Was immer das Andenken an die Toten weckt, ist ein Mittel, sie herbeirufen.* An jedem Fest, das wir den Toten geben, steigen sie herauf; um jede Statue schweben sie, die wir ihnen setzen; bei jedem Lied, das ihre Taten singt, hören sie zu… Die Spötter spotten, und die Kirchen streiten. Es gilt ein Geheimnis, widervernünftig für die einen, übervernünftig für die anderen; beides, weil den einen wie den anderen ein größeres Geheimnis ganz verborgen blieb… (S. 37 f.:) Denn schon jetzt sind ja die Toten mit den Lebenden, wie die Lebenden untereinander, durch unzählige gemeinschaftliche Elemente verwachsen; aber erst wenn der Tod den Knoten löst, den der Körper um die Seele jedes Lebenden zieht, wird zur Verknüpfung des Bewusstseins auch das Bewusstsein der Verknüpfung treten.“ – Das ist nun zwar keine „monistische Sonntagspredigt“, aus der ein „moderner“ Materialist seinen Geistesbedarf deckt; aber das Zitat zeigt, wie in einer uralten, unserem rationalistischen inneren Adam zunächst stark wider den Strich gehenden Anschauung doch ein *recht tiefer Sinn* gefunden werden kann! – Ein äußeres *Sichtbarwerden* der „innerlich beschworenen“ Abgeschiedenen deutet Fechner nicht an. Im Rahmen seiner Anschauungen könnte man ein solches nicht als objektiven Vorgang, sondern etwa als eine durch das eigene oder fremde Ich *suggerierte Vision oder Illusion* ansehen, hervorgerufen entweder durch eigenes allerintensivstes Denken an den Verstorbenen (wodurch unsere starken inneren Vorstellungen gewissermaßen nach außen projiziert werden) oder durch den Willen eines anderen, der durch Gedankenübertragung und psychischen Suggestivbefehl uns das (von ihm sich intensiv vorgestellte) Bild des Verstorbenen so lebhaft vor das innere Auge führt, dass wir es mit dem leiblichen Sehorgan zu schauen vermeinen.

2. So rein spiritualistisch fassen, wie schon bemerkt, die Kabbalisten die Vorgänge bei der Nekromantie oder Totenbeschwörung nur selten auf. Doch kennen sie anderweit die *Visions- und Illusions-Suggestion* und ihre Anwendung sehr wohl, desgleichen *suggestive Fernwirkungen* und *andere Gedanken- und Willensübertragungen.* Hierzu noch kurz die nötigsten Erläuterungen. *Autosuggestion* kommt vornehmlich zur Erzielung von Visionen usw. in Betracht. Nach dem kabbalistischen Werk „Hechaloth rabbathi“ (d. h. dem großen Traktat über die mystischen Himmelshallen) hat zu diesem Behuf der Mystiker nach vorangegangenem Fasten den Kopf zwischen die Knie zu legen und nach der Erde zu eine Anzahl bestimmter Hymnen und Formeln zu rezitieren, bis er in eine Art von hypnotischem oder ekstatischem (Verzückungs-) Zustand gerät, in dem ihm jene Visionen und „unaussprechliche“ Gehöreindrücke zuteil werden; die „Entzückung in den dritten Himmel“ und „in das Paradies“, von der Paulus (2. Korinther 12, 2 – 4) spricht, scheint auf etwas Ähnliches hinzudeuten. Als körperliche Autosuggestions-Hilfsmittel werden zuweilen auch noch erwähnt das Schielen mit beiden Augen auf die eigene Nasenspitze oder auf ein nahe gehaltenes Amulett, Einschränkung des Atmens usw. Die erwähnten körperlichen Vorbereitungen sind äußere, die Rezitationen der Hymnen usw. aber geistige Hilfsmittel zur Erzielung intensivster Ideenkonzentration auf den gewünschten Zweck übersinnlichen Schauens und Hörens, das dann in jenem Zustand größter Weltentrücktheit und Selbstvertiefung erfolgt. – Auch wenn es sich um suggestive *Fernwirkungen* handelt, d. h. um Beeinflussungen des Empfindens, Denkens und Tuns einer abwesenden Person, können solche Hilfsmittel dazu dienen, den Fernwirkenden vorzubereiten für die notwendige allerintensivste Konzentrierung seines Denkens und Willens auf den zu erreichenden Zweck. Das Wesen einer derartigen Fernwirkung hat man in modernem Sinn durch die Annahme zu verdeutlichen gesucht, dass ein solches intensiv gespanntes und arbeitendes Gehirn Ätherschwingungen ähnlich wie der Sendeapparat bei der drahtlosen Telegraphie verursacht; wie aber diese nur dann vollkommen funktionieren, wenn der Empfangsapparat tunlichst genau auf dieselbe „Wellenlänge" eingestellt ist, so habe auch die seelisch-suggestive *Fernwirkung* nur dann vollen Erfolg, wenn die seelische Disposition des zu Beeinflussenden derjenigen des Suggerierenden tunlichst ähnlich abgestimmt sei, wie das z. B. bei Verwandten, Freunden, Liebenden, ferner auch bei Bildungs-, Orts- und Stammesgenossen vornehmlich der Fall sein werde oder könne. Ich lasse dies dahingestellt. – Jedenfalls könnte bei suggestiver *Nahwirkung* gleiche seelische „Stimmung" (sozusagen die gleiche psychische „Wellenlänge") sicherer zu erzielen sein, und auf diesen Erfolg scheinen mir auch die kabbalistisch-magischen Hilfsmittel hinzuarbeiten. Sie suchen die Seele des zu Beeinflussenden erst in die richtige Disposition zu bringen, in welcher sie empfänglich für die Gedanken- und Willensübertragung wird, die ihr die beabsichtigten Vorstellungsbilder, Ideen, Willensakte, Worte und Taten suggeriert, gewissermaßen seelisch aufdrängt und anbefiehlt. Vorbereitungsmittel dieser Art zur Einleitung der eigentlichen Suggestivwirkung sind z. B.: der faszinierende Blick (zumal der weiter oben genannte „Zentralblick"), ferner einschläfernde Geräusche, z. B. von rinnendem oder tröpfelndem Wasser (oder, wie in Chamissos Gedicht „Vetter Anselmo", von Wein, der in dünnem Strahl aus einer gewissen Höhe langsam und klingend in ein Metallgefäß fließt), eintöniges leises Summen oder der Singsang gewisser Hymnen und Formeln, wie sie schon oben bei der Autosuggestion erwähnt und in „Hechaloth rabbathi" zahlreich vorhanden sind. Ein Beispiel habe ich in meiner „Kabbalah" von 1903 Seite 102, zitiert. Charakteristisch und interessant ist bei diesen Hymnen und Formeln, dass ihr Inhalt – oder wenigstens ihre *Einleitung* – zumeist aus einem *erzählenden* Bestandteil besteht, an den sich dann ein Weihespruch, eine tröstliche Versicherung, ein religiöser (Gebets-) Wunsch, eine Beschwörung, ein suggestiver Befehl oder dergleichen anschließt. So klingen die hochpoetischen Natur- und Himmelsbilder des soeben erwähnten kabbalistischen Hymnus aus „Hechaloth rabbathi" in das Dreimalheilig (Jesaja 6, 3) aus; so geht bei den uralt-orientalischen akkadisch-sumerischen Götteranrufungen zu Schutz und Trutz, die Lenormant (Die Magie und Wahrsagekunst der Chaldäer,[189] Berlin, H. Barsdorf) S. 185–200 bietet, dem beschwörenden Gebetswunsch ständig eine berichtende Aufzählung der Eigenschaften und des mächtigen Wirkens der angerufenen Gottheit voraus. Ebenso ist es (um etwas uns noch näher Liegendes zu streifen) bei den „Merseburger Zaubersprüchen", wohl unserem ältesten altdeutschen Literaturdenkmal: Der erste, der einem Kriegsgefangenen Zuversicht beim heimlichen Entweichen geben soll, schildert zuerst rein episch das Walten der die Fesseln bindenden und lösenden Göttinnen, um dann plötzlich in den Suggestivbefehl auszuklingen: „Insprinc hapt-

---

[189] Erschienen im Bohmeier Verlag, Informationen unter: www.magick-pur.de

bandun invar vigandun!“ (Entspringe den Haftbanden, entfahre den Feinden!) – und der zweite beginnt mit der breiten Erzählung, wie Wodan und Baldur in den Wald ritten („vorun zi holza“) und Baldurs Ross sich dort den Fuß verrenkt („sin vuoz birenkit“), worauf Sinthgunt, Freia und Wodan den Schaden „besprechen“ („biguolen“): „sose benrenki, sose bluotrenki, sose lidirenki“ (Knochen-, Blut- und Muskelschaden), worauf für den vorliegenden Schadenfall die beschwörende „Besprechung“ folgt: „Ben zi bena, bluot zi bluoda, lid zi geliden, sose gelimida sin“ (d. h. der Knochen füge sich wieder zum Knochen, das Blut zum Blut, der Muskel zu den Muskeln, als ob sie geleimt wären). Einen fernen Nachklang derselben Art haben wir noch in unseren Kinderliedchen, z. B. „Schlaf', Kindchen, schlaf'!“ oder „Heile, heile Kätzchen“ (dieses ist die der eben erwähnten heilenden Freia heilige Katze): Zuerst das Thema als Überschrift, dann die Erzählung vom Schaf, Bäumchen und Träumchen bzw. vom Kätzchen, seinen vier Tätzchen und dem langen Schwanz, endlich abschließend der Suggestivbefehl: „Schlaf', Kindchen, schlaf'!“ bzw. die suggestive Versicherung: „Nun ist alles wieder ganz!“ oder „'s ist schon wieder heilichen“ (heil). –
So viel vom Sinn der „magischen Künste“ der praktischen Kabbalah. Ich schmeichle mir weder, das Gebiet erschöpft zu haben – es handelt sich hier ja auch nur um die „Elemente“ – noch wähne ich, dass mir eine „restlose“ Erklärung gelungen ist. Das Wesen der Suggestion z. B., mit welcher ich das meiste uns Modernen besser zu verdeutlichen suche, ist an sich nicht minder rätselhaft, als wenn wir die alten Bezeichnungen „Kabbalah“, „Magie“, „Zauber“ oder dergleichen beibehalten; mit der Bezeichnung „Suggestion“ ist lediglich ein besser zusammenfassender, leidlich orientierender Begriff gewonnen – mehr schwerlich! Das Wort eines großen Naturforschers, dass die Erscheinungen immer rätselhafter werden, je tiefer und vielseitiger wir in sie eindringen, gilt auch von der kabbalistischen Magie. Ich aber habe ja nicht ein Rätsel-, sondern nur ein Elementarbuch zu schreiben.

II. Magie und Gebet

Manchem Leser der vorstehenden Erörterungen wird es aufgefallen sein, bei den magischen Heilungen nichts über „Gesundbeten“ gehört und auch von anderen magischen Gebetswirkungen überhaupt nichts erwähnt gefunden zu haben. Dies mag zunächst umso sonderbarer erscheinen, als doch nach kabbalistischer Ansicht (vgl. S. 32ff.) das Gebet, zumal das liturgisch korrekt formulierte, in die erhaltenen Regionen der Sephiroth hinaufdringt und dort segensreiche Kräfte auslöst. Dennoch habe ich (übrigens im Einklang mit der Mehrzahl der Kabbalisten) das Gebet bewusst von den „magischen Künsten“ völlig getrennt und *unterscheide genau* zwischen *Gebet, Segensspruch* und *magischen Mitteln*, seien es Formeln, Handlungen oder Gegenstände. Der Unterschied ist wesentlich und wichtig, wenn auch bisher meines Wissens noch nicht genauer erkannt und erörtert; daher rechtfertigt sich eine Auseinandersetzung hierüber, die wenigstens die Hauptsachen bietet.
1. Das Gebet ist eine *religiöse* Handlung, ein *unmittelbares Bitt-Gespräch der Seele mit der Gottheit.* „Rufe mich an in deiner Not, so will ich dich erretten, so sollst du mich preisen“, heißt es in Psalm 50, 15 und ähnlich an vielen anderen Stellen. Verstärkt wird der eigene Gebetswunsch durch die gleichzeitige *Fürbitte* anderer, die auch (und be-

sonders) da ihren Platz hat, wo der andere zu eigenem, erfolgreichem Beten aus irgendeinem Grund unvermögend oder nicht genügend befähigt ist. Aus diesem Grund findet die Fürbitte besonders für *Kranke* statt, weil (wie es bei einer solchen Gelegenheit im Thalmud [Berachoth 5 b] heißt) „der Gefesselte sich nicht selbst befreien kann". So schreit z. B. (4. Mose 12, 13) Mose für die mit Aussatz gestrafte Mirjam zum Herrn: „Ach Gott, heile sie", ebenso ruft (1. Könige 17, 21) der Prophet Elisa den Herrn um Wiederbelebung des Sohnes der Witwe von Sarepta an; Petrus kniet (Apostelgeschichte 9, 40) vor dem Leichnam der Tabea nieder, betet und spricht dann zu ihr: „Stehe auf"; ebenso hat Jesus (nach Johannes 11, 41) vorher um die Wiedererweckung des Lazarus zu seinem himmlischen Vater gebetet, und von der Vertreibung der Krankheits- (Besessenheits-) Dämonen sagt er ausdrücklich (Matthäus 17, 21; Markus 9, 29): *„Diese Art fährt nur aus durch Fasten und Beten"* (des Exorzisten). Im Thalmud wird (Baba bathra 116 a) der Rat gegeben: „Wer einen Kranken in seinem Haus hat, begebe sich zu einem Weisen (mit der Bitte), dass dieser für jenen (bei Gott) um Erbarmen flehe". Als besonders wirksamer „Gesundbeter" wird der Rabbi Chanina ben Dosa (2. Jahrhundert n. Chr.) erwähnt, der, wenn er „über einem Kranken" (oder für einen solchen) betete, sogar ein Kennzeichen zu haben glaubte, ob sein Gebet erhört werde oder nicht: „Wenn mein Gebet geläufig vonstatten geht, wird es angenommen; geht es nicht geläufig vonstatten, so weiß ich, dass es verworfen worden ist" (Berachoth 34 b). Ebenso wird ihm eine heilende Fernwirkung durch Gebet zugeschrieben, die ganz dem von Kanaa aus geschehenen Heilungswunder Jesu an dem Sohn des „Königischen" in Kapernaum (Johannes 4, 46ff.) nachgebildet ist (wie ja Thalmud und Midrasch, meist unbewusst, ungemein viel aus dem Neuen Testament entlehnen; vgl. m. „Jesus und die Rabbinen" Leipzig, Hinrichs, 1905). Besonders interessant für uns ist die in dem (Berachoth 34 b unten) folgenden Bericht angegebene *Gebetsstellung* des Rabbi Chanina ben Dosa, als er für den erkrankten Sohns eines Kollegen Rabbi Jochanan ben Sakkai „um Erbarmen fleht", da sie ganz mit der oben aus der kabbalistischen Schrift „Hechaloth rabbathi" erwähnten übereinstimmt: *„Er legte den Kopf zwischen seine Knie* und betete um Erbarmen für ihn; da wurde er (der Kranke) gerettet." Dieselbe Haltung nimmt (1. Könige 18, 42) schon der Prophet Elias, der große Wundertäter, ein, als er auf der Höhe des Berges Karmel Gott um Regen bittet. Aber beide Male ist dies nicht ein autosuggestives Mittel, von dem (wie in „Hechaloth rabbathi") der Erfolg der Aktion mit abhängig ist, sondern diese Körperhaltung drückt lediglich allertiefste Andacht aus. Dass der Gebetserfolg nicht ihr, sondern der *besonderen Wohlgefälligkeit des Beters vor Gott* zugeschrieben wird, geht deutlich aus den bewundernden Worten des (dem Rabbi Chanina an Wissen überlegenen und an Frömmigkeit gleichwertigen) Rabbi Jochanan ben Sakkai hervor: „Wenn ich auch den ganzen Tag meinen Kopf zwischen die Knie gelegt hätte, ich würde nicht erhört worden sein!" – Wie gegen Krankheiten, so wird natürlich auch wider alle anderen Fährlichkeiten gebetet. Im Thalmud finden sich mancherlei Gebetsformeln zu *Schutz und Trutz* wider einzelne äußere und innere Gefahren usw., so z. B. beim Betreten einer fremden Stadt, beim Weilen darin, beim Hinausgehen, bei Fortsetzung der Reise usw., ferner beim Betreten und Verlassen eines öffentlichen Badehauses (in dem oft manches Unsittliche vorkam), beim Niederlegen und Erwachen (Berachoth 60 a, b), bei Antritt einer Reise, bei Gefahr durch wilde Tiere (Berachoth 29 b), und was der Gebete für solche besonderen Fälle noch mehr sind. – *Indessen nicht jedes Gebet wird erhört*! „Vergeblich“ ist das Gebet, welches das Eintreten von Dingen noch abwenden oder abändern will, wenn sie bereits *geschehen* sind, so z. B. (Berachoth 54 a), wenn ein Heimkehrender beim Hören eines Getümmels in der Stadt betet, es möge nicht sein Haus betroffen *haben*, oder das Kind, mit dem seine Frau bereits schwanger geht, möge ein Knabe sein (obwohl das Geschlecht sich doch nun schon gebildet hat) usw. Ein weiterer sachlicher Nichterhörungsgrund kann die *Verworrenheit* und *Inkorrektheit* des Gebetes sein; daher die Warnung des Rabbi Eleasar: „Stets ordne erst der Mensch sein Gebet, dann bete er“ (Rosch ha-schanah 35 a); denn „nur wer ein *vollkommenes* Gebet spricht, wird erhört werden“ (daselbst 18 a). Gerade aber das Bestreben, für *jede* Lebenslage eine korrekte (vollkommene) Gebetsformel festzusetzen, bewirkte eine *Unmenge* noch dazu ziemlich *langer Gebete* und mutete damit mindestens dem Laien eine Gedächtniskraft zu, die seine Fähigkeiten überstieg. So lautet z. B. das oben erwähnte vierteilige Gebet beim Betreten und Verlassen einer Stadt:

„1. Möge es dir wohlgefallen, Herr, mein Gott, dass du mich in diese Stadt in Frieden hineinführest!
2. Ich danke dir, Herr, mein Gott, dass du mich in diese Stadt in Frieden hineingeführt hast!
3. Möge es dir wohlgefallen, Herr, mein Gott, *und Gott meiner Väter*, dass du mich aus dieser Stadt in Frieden herausführest!
4. Ich danke dir, Herr, mein Gott, dass du mich aus dieser Stadt in Frieden herausgeführt hast, so leite mich in Frieden und stütze mich in Frieden und lass mich einherschreiten in Frieden und rette mich von der Hand jedes Widersachers und Wegelagerers.“ –

Zu diesen Gelegenheitsgebeten kamen dann noch die allgemeinen täglichen Gebete, nämlich (schon in thalmudischer Zeit) mindestens:

1. Sogleich beim Erwachen ein keineswegs kurzes Morgengebet (Berachoth 60 b), sodann
2. die Rezitation der „Sch’ma“-Formel (bestehend aus den Versen 5. Mose 6, 4–9; 11, 13–21; 4. Mose 15, 37–41), darauf
3. das aus achtzehn einzelnen Gebetsstrophen bestehende, lange „Achtzehnergebet“, ferner
4. das Vespergebet (Minchah), abends dann
5. nochmals das „Sch’ma“, endlich
6. das erheblich lange Nachtgebet (Berachoth 60 b).

Hierzu treten noch vor und nach der „Sch’ma“ je zwei lange, hymnenartige „*Segen*“, sowie am Sabbat noch besondere *Zusatzgebete* zu den werktäglichen. Man wird zugeben, dass nur ein ganz besonders gelehriger Kopf außerdem auch noch die korrekte Form aller speziellen *Schutzgebete* zu behalten und jederzeit zur Verfügung zu haben vermochte, und dass sich ganz von selbst das Bedürfnis nach *kürzeren Schutz- und Trutzformeln* für die einzelnen Lebensfälle geltend machte. – Dazu kam noch dreierlei:

(a) Selbst ein rabbinisch formuliertes Schutzgebet konnte nicht allein durch Weglassungen oder Irrtümer beim Hersagen *unwirksam*, sondern durch die Möglichkeit eines bösen Nebensinns eines gewählten Ausdruckes sogar *gefährlich* werden! So endet z. B. das oben erwähnte Badegebet mit dem Satz „(und dass mir nichts Schändliches oder Sündhaftes widerfahre;) sollte dies aber geschehen, so möge mein *Tod* die Sühne meiner sämtlichen Sünden sein!" Der im 4. Jahrhundert n. Chr. lebende babylonische Gelehrte Abaji bemerkt hierzu, die Erwähnung des Todes in diesem Schutzgebet stelle geradezu ein *böses Omen* dar, „sperre dem Satan das Maul auf". Noch mehr kann dies bei den in der Not schnell selbstformulierten Gebeten eintreffen und den ganzen Schutzzweck vereiteln, z. B. wenn einer bittet, Gott möge ihn „nur dies eine Mal noch" erretten, womit er sich indirekt weiteren Schutzes für die Folge begibt.
Sodann aber **(b)** kann ein Gebet unbewusst *sündhaft* sein oder der Beter ist seiner *Sünden* halber unwürdig, so dass ein solches Gebet überhaupt nicht zu Gott empordringt! Der Midrasch drückt das bildlich so aus, dass ein Engel (Achsariel) die Öffnungen des siebten Himmelsgewölbes verstopfe, durch welche sonst die Gebete zum Sitz der Gottheit hinaufgelangen; dies sei z. B. geschehen, als Mose Gottes Ratschluss, dass er nicht ins gelobte Land kommen solle, durch Gebete abzuändern strebte (Debarim rabba, Kap. 11), und aus Teil (S. 32) wissen wir ja schon, dass die menschliche Sünde das Kanalsystem der Untersephiroth und Sephiroth so verstopfen kann, dass weder Gebete empor- noch Segnungen herabzusteigen vermögen. Drittens aber **(c)** richtet sich ja das Gebet an Gott und *nur indirekt gegen die drohenden dämonischen Gewalten*! Der Betende kehrt gleichsam Gott das Gesicht, diesen Widersachern aber den *Rücken* zu und fällt ihnen anheim, wenn sein Gebet aus einem der angeführten Gründe nicht erhört wird; sie haben es dann leicht, den damit schutzlos Gewordenen nunmehr sozusagen im Rücken anzugreifen. –
Alles dies nun bewirkt, dass in dem Menschen das psychologische Bedürfnis nach noch einem anderen als dem Gebetsschutz entsteht. Der bei der Gottheit um Schutz in diesem oder jenem Fall Nachsuchende weiß, dass er zufolge seiner Sünden keinen gegründeten, sicheren Anspruch auf Erhörung seines Schutzflehens hat; ihm ist es ferner (auf dem Boden der geschilderten Anschauungen) bewusst, dass er leicht durch Versehen in Form und Inhalt des Gebetes die Wirkung dieses erhabenen Schutzmittels gefährden kann, und nicht minder ist ihm klar, dass die ihn „von allen Enden her" bedrohenden, meist dämonischen Gefahren so zahlreich sind, dass ihm gar nicht gegen jede einzelne bei Bedarf stets das gerade geeignete Gebet zu wählen und zu sprechen möglich ist. Indessen, wenn ihm die Gottheit auch nicht in jedem Fall aus ihren Legionen von Dienstengeln mächtige Helfer sendet: ein Frommer und mit ihrem heiligen Wesen Vertrauter steht dennoch immer unter ihrem Schutz, und der *Felsenglaube* an den himmlischen Schutzherrn, der die Seinen trotz ihrer Schwächen nie verlässt, wird ihm zur Kampfwaffe, das *Bekenntnis* zu ihm zum Feldgeschrei wider alle feindlichen Gewalten, denen er mutig *die Stirn zeigt* und Trutz bietet, ohne in jedem Einzelfall besondere Hilferufe des Gebetes auszusenden. Es ist durchaus jüdische, zumal rabbinisch-kabbalistische Weltanschauung, *dass die Gottheit viel zu erhaben sei, um mit jeder einzelnen Erbärmlichkeit, Not und Fährlichkeit des Menschenlebens behelligt werden zu dürfen, und dass auch schon aus Gründen göttlicher Heilspädagogik*

der Weltenlenker keineswegs wolle, dass der Mensch tatenlos alles nur ihm überlasse; vielmehr sei der Staubgeborene in die Stürme des Erdenlebens gestellt, um *selber nach Kräften tätig zu sein und sich als echter Lebenskämpfer zu bewähren* (vgl. m. „Kabbalah" von 1903, § 144f.). Des Schiffers Kind, das seinen Vater am Steuer weiß, ruft auch nicht bei jeder heranrollenden Woge: „Vater, hilf mir!" – sondern stemmt sich mit seinen Rudern gegen den Schwall und singt sein Trutzlied in das Sturmgeheul hinein.

(b.) Eine solche Trutzäußerung und zugleich ein abwehrender Selbstschutz wider die vorausgesetzten dämonisch-feindlichen Mächte liegt in den *Segensformeln* („Berachoth": Eulogien, Benediktionen, Lobpreisungen, Segenssprüchen), die kein Flehen zur Gottheit sind, wohl aber in Form der Lobpreisung oder eines Segenswunsches das Bekenntnis der *Zugehörigkeit zu Gott* und damit die *Teilnahme* des Lobpreisenden an *dem göttlichen Schutz* verlautbaren. Die *einfachste* (und z. B. in dem Thalmudtraktat Berachoth, in der Peßach-Haggadah [Liturgie des Passahfestes] und an unzähligen anderen Stellen immer wiederkehrende) Formel ist: „*Gepriesen* („baruch": gebenedeit, gesegnet, gelobt) *sei Er* (Gott), *der* (dies und das getan hat oder tut)!" –
Eine *zweite* Formulierung redet Gott selbst an, wie z. B. eine jede Strophe des (unter a) erwähnten „Achtzehnergebets": „Gepriesen seist Du, Herr (Jhwh), Gott Abrahams, Isaaks und Jakobs", oder „Gepriesen seist Du, Herr, der die Toten belebt" (ferner: „… der mit Erkenntnis begnadet", „der Wohlgefallen an der Buße hat", „reichlich Vergebender", „Erlöser Israels", „der da heilt die Krankheiten seines Volkes Israel" usw. usw.), oder, wie in den Benediktionen zum „Sch'ma" (s. o. unter a): „Gepriesen seist Du, Herr (Jhwh), unser Gott, König der Welt, der Licht formt" usw. –
Eine *dritte* Art der Formulierung solchen „Segens" ist der *Segenswunsch*, und zwar entweder auf die Person des Redenden (und seine Umgebung) bezogen: „Der Herr, unser Gott, sei *uns* hold" (Psalm 90, 17), oder auf eine angeredete Person gerichtet: „Der Herr segne und behüte Dich" usw. (4. Mose 6, 24 ff., so genannter Ahronidischer Segen), ferner: „Der Barmherzige gedenke *Deiner* (des Kranken) zum Heile", oder (auf die 2. und auf dritte Personen bezogen): „Der Allgegenwärtige erbarme sich über *Dich* und über *alle* Kranken Israels" (Schabbath 12 b). –
Dieser Segensformeln gibt es, wie gesagt, eine Unzahl für alle täglichen Verrichtungen und Vorkommnisse sowohl wie für eine Menge außergewöhnlicher Ereignisse. Nach dem Thalmud (Berachoth 60 b) hat z. B. der gesetzestreue Jude in aller Herrgottsfrühe gleich vom Aufwachen an, noch bevor er so weit ist, die beiden längeren Benediktionshymnen vor dem „Sch'ma" zu beginnen, fünfzehn kürzere Benediktionen („Gepriesen sei Er, der …") herzusagen: Beim Krähen des Hahnes, beim Aufschlagen der Augen, beim Aufrichten im Bett, beim Anziehen des Hemdes (das noch im Bett geschieht – man schlief nackt), beim Verlassen des Bettes, beim Betreten des Fußbodens, beim ersten Schritt auf diesem, beim Schuhanziehen, beim Gürtelumlegen, beim Umbinden des Kopftuches (Turbans), der „Zizith" (Schaufäden d. h. des mit diesen versehenen Mantels), der „Thephillin" (Gebetsriemen) des Armes sowie der des Kopfes (s. o.), beim Waschen der Hände und beim Gesichtwaschen! –
Andere Benediktionen sind z. B. zu sprechen: beim Wahrnehmen von Kometen, Erdbeben, Donner, Wind und Blitz, beim Erblicken von Bergen, Hügeln, Meeren, Strömen

und Wüsten, bei Regen und frohen, sowie bei bösen Nachrichten, beim Erwerb eines neuen Hauses oder neuer Geräte (Berachoth 54 a) usw. usw., immer mit der Formel „Gepriesen sei Er, der …“ –

Neben dem Motive frommer Dankbarkeit für Gottes Walten und Wohltaten ist hier auch das andere lebendig, sich durch diese Lobpreisung des göttlichen *Schutzes* zu versichern, was schon daraus hervorgeht, dass an den angeführten thalmudischen Stellen diese Benediktionen unmittelbar neben Schutz- und Trutz-*Gebeten* stehen. Indessen, ganz abgesehen davon, dass hier die ungemeine Menge der einzuprägenden Formeln (mehr noch als bei den Gebeten) es schier unmöglich macht, den korrekten Wortlaut jeder einzelnen im Kopf zu behalten, sowie ihn im gegebenen Fall bereit zu haben und anzuwenden, erscheint die Benediktion auch ihrer ganzen Natur nach nicht berufen, gerade als Schutz- und Trutzmittel allzu intensiv zu wirken. Sie ist mit ihrer Form eines bloßen Bekenntnisses oder milden Wunsches sozusagen zu objektiv, verkündet wohl, aber begründet nicht die Überzeugung vom göttlichen Schutz und ist wider die feindlichen Dämonengewalten nicht aggressiv genug, so dass ihre suggestive Wirkung auf den zu schützenden Menschen nicht sehr nachdrücklich ist.

(c.) Ganz anders die *magische Formel*. Für sie ist die Gewissheit göttlichen Schutzes eine ganz selbstverständliche Voraussetzung. Der mit genauer Kenntnis der wirkungsmächtigen Gottes- und Engelsnamen ausgerüstete Kabbalist (der solches Wissen und Können ja nur als frommer Mann erlangt) zieht ja durch die Anwendung jener Namen ohne weiteres himmlische Kräfte auf sich herab!

Mit diesen ausgerüstet, rückt er nun ganz energisch durch beschwörende Worte oder Handlungen den feindlichen Gewalten auf den Leib. Er *hofft* nicht nur, wie Beter und Segenssprecher, auf die Gewährung des göttlichen Schutzes, sondern ist dessen kraft seiner „Namens“-Macht *sicher*, sein Vertrauen auf die Wirksamkeit *seiner* Hilfsmittel ist *unbedingt* und fest *begründet*, daher von größter Suggestivkraft und wirkt auf ihn selbst und nach außen in allerintensivster Weise.

Man könnte das Verhältnis zwischen Gebet, Benediktion und Magie vielleicht (zwar etwas derb, aber sachgemäß) mit dem verschiedenen Verhalten dreier Knaben vergleichen, die sich von bösen Buben bedroht fühlen. Der eine läuft zu seinem in der Nähe sitzenden Vater und bittet ihn um Hilfe gegen die Bösewichte; der andere spricht nur: „Dort sitzt mein Vater!“ oder redet diesen an, damit jene zugleich wissen, dass er hier Schutz hat; der dritte endlich borgt sich Vaters Stock aus und jagt die Widersacher davon! –

Zur Erkenntnis des Wesens von Gebet, Benediktion und magischer Formel (oder auch Handlung) mussten wir diese drei Dinge *logisch* scharf voneinander scheiden. *Praktisch* kommen sie natürlich auch in Verbindung miteinander vor. Wie wir dies in Bezug auf Gebet und Benediktion soeben (unter b) schon sahen, so ist es auch bei Gebet und magischer Formel (oder Handlung) der Fall, und zwar nicht erst in den mittelalterlichen kabbalistischen Schriften, sondern bereits in der thalmudisch-mystischen Theurgie. So berichtet der Thalmud von Choni ha-meagg'l (Choni, dem „Kreiszieher“ d. h. durch das Ziehen magischer Kreise um sich her Wirkenden), der im letzten Jahrhundert vor Christi Geburt gelebt haben soll, eine solche Verwendung von Gebet und Magie gleich hintereinander. Bei Regenmangel pflegten die Rabbiner zunächst ein allgemeines Fasten anzuordnen, dgl. Bußgebete. Bei Anhalten der Not wurden besonders fromme, als Gott wohlgefällig geltende Männer um ihre Fürbitte ersucht, damit ihr Gebet Regen herabziehe. So auch Choni ha-meagge'l, von dem diese Wettermachkunst mehrfach berichtet wird (Thaanith 19 a, dgl. 23 a b im babylonischen, Thaanith 66 d im palästinischen Thalmud). „Er betete, aber es kam kein Regen herab." Da beschließt er ein stärkeres Mittel als das Gebet anzuwenden, nämlich das magische Kreisziehen: „Was tat er? Er *zog einen Kreis*, stellte sich hinein und sprach: ‚Herr der Welt! Deine Kinder haben ihr Angesicht auf mich gerichtet, weil ich bei Dir (beliebt) wie ein Haussohn bin. Ich *schwöre bei Deinem großen Namen*, dass ich nicht eher von hier weiche, als bis Du Dich (durch Regensendung) über Deine Kinder erbarmt hast'," worauf Regen kommt. Choni unternimmt hier also sogar das kühne Wagnis die Gottheit selber zu beschwören, und zwar aufgrund seiner innigen Vertrautheit mit ihr. Die Theurgie besteht hier in dem Ziehen des schützenden magischen Kreises und in der Beschwörung Gottes selbst bei seinem „großen Namen"!

Chonis Zeitgenosse, der berühmte Rabbi ben Schatach, missbilligt (Thaanith 23 b) an und für sich dieses Verfahren als eine des Bannes würdige „Entweihung des Himmels" (d. h. der Gottheit), gibt aber zu, dass sich Choni, dieses „verwöhnte Schoßkind Gottes", solches unerhörte Tun herausnehmen dürfe. Die geistlichen Richter im Hohen Rat (Synhedrion) aber preisen den „Kreiszieher" ohne Einschränkung, indem sie auf ihn Hiob 22, 28 anwenden und diesen Vers dahin erklären: „Was Du auf Erden anordnest, dem gibt Gott im Himmel seine Zustimmung und lässt es geschehen!" – Der Bericht über diese Dinge ist rabbinische Tradition des zweiten nachchristlichen Jahrhunderts. Er zeigt mindestens, dass die Rabbiner jener Zeit sogar an der *auf die Gottheit selbst* gerichteten Theurgie eines frommen Mannes keinen Anstoß nahmen – wie viel weniger an einer mit Hilfe des „großen Namens" gegen die *widergöttlichen* Mächte sich wendenden Magie!

Aus dieser wollen wir nunmehr, in der Zweiten Abteilung, einige Elementarkapitel genauer behandeln, soweit sich der Stoff auch Lesern, die der rabbinischen Sprachen (Neuhebräisch und Aramäisch) unkundig sind, vermitteln lässt.

Zweite Abteilung: Elemente der Praxis

A. Magische Wissenschaften

I. Gottesnamen

In dem großen Sephiroth-Schema des 1. Teils dieses Buches (S. 15ff.) habe ich die den einzelnen *Sephiroth* von dem berühmten Rabbi *Mose ben Nachman* (Nachmanides, 1195–1270 in Kastilien) zugeordneten *Gottesnamen* angegeben; zugleich aber sahen wir auch , dass der *Sohar* eine etwas *andere* Zuordnungsweise befolgt, indem er den Namen „Jhwh“ (Herr, das so genannte Tetragrammaton) auf die Sephirah Tiphereth bezieht, zumal wenn es heißt „Jhwh Zebaoth“ (Herr der Heerscharen), wobei dann „Zebaoth“ insbesondere als Inbegriff der Sephiroth Nezach und Hod gedeutet wird, der Gottesname „Elohim“ aber in Beziehung zur Sephirah Geburah tritt (vgl. auch weiter oben). Je nach der Erwähnung – Anrufung, Schreibung usw. – des einen oder anderen Namens nach der einmal angenommenen Zuordnung wird die entsprechende Sephirah mit ihren metaphysischen Kräften in Wirksamkeit versetzt; die mehr oder minder als Nebenkräfte nötigen Unter-Sephiroth werden ebenso durch die Erwähnung der ihnen zugeordneten Engelsnamen zur Tätigkeit gebracht. Der innigen Verbindung aller Sephiroth (s. S. 75) aber entspricht völlig nur ein Gottesname, welcher *alle* anderen in sich begreift.

Der Inbegriff aller dieser Einzelnamen (und zugleich der von ihnen abhängigen Kräfte der Sephiroth usw.) ist der geheimnisvolle, wundermächtige

Große Gottesname!

Dieser wird auch „*Schem ha-mephorasch*“ (der „auseinandergesetzte“ Name) genannt und beschrieben als Name von *zwölf* oder *zweiundvierzig* oder *zweiundsiebzig Buchstaben.*

Über den „Schem ha-mephorasch“ überhaupt und die einzelnen, aus soundsoviel Buchstaben oder Wörtern bestehenden „Namen“ insbesondere ist eine ganze Bibliothek von Deutungsversuchen geschrieben worden, die mir aber allesamt an dem Richtigen vorbeizuraten scheinen. Ich versuche im nachstehenden *eine eigene, selbständige Lösung*, die mir wenigstens in kabbalistischem Sinn richtig deucht. Die Wichtigkeit der Sache erfordert und lohnt eine genauere Erörterung.

1. Der „Schem ha-mephorasch“

„Mephorasch“ ist Passivpartizip vom Stamm „p(a)r(a')sch“, dessen Grundbedeutung „*auseinandersetzen*“ ist (was schon der alte Lexikograph Burtorf bemerkt hat); diese spaltet sich in zwei verschiedene Unterbedeutungen: (a) auseinanderbringen, (einzelnes) voneinander scheiden, sondern, *absondern*, so heißen die einzelnen Bibelabschnitte des Alten Testamentes im Hebräischen „Paraschah“ (Sonderung, Abschnitt) und die Pharisäer nannten sich „Peruschim“ (Abgesonderte, vom profanen Volk Geschiedene, „*Heilige*“); die andere Unterbedeutung ist: (b) Stück für Stück zum Verständnis vorlegen, darlegen, verdeutlichen, „Auslegen“, erklären, verständlich aussprechen, verdolmetschen, zumal begrifflich paraphrasieren, umschreiben (durch einen deutlicheren, bekannteren Begriff oder Ausdruck ersetzen).

Nach der *ersten* Bedeutung (a) könnte daher (wie auch öfters angenommen worden ist) „Schem ha-mephorasch“ heißen: „der *heilige* Name“ oder auch (weil Absondern auch ein Entfernen, Wegtun, Verbergen sein kann) „der *verborgene* oder *geheimnisvolle* Name“. Indessen ist im gesamten hebräischen Schrifttum für „*heiliger* Name“ geradezu stereotyp der Ausdruck „Schem (ha-) *kodesch*“ (Name der Heiligkeit = heiliger Name), und „*geheimnisvoller*“ Name würde – wie schon Blau (Altjüd. Zauberwesen, S. 126) erkannt hat – viel natürlicher „Schem (ha-) *nisthar*“ heißen. Aber, wie Blau ferner richtig bemerkt, fehlt in der älteren jüdischen Traditionsliteratur sogar der ganze *Begriff* „geheimnisvoller Name“, und mir kommt diese Bezeichnung angesichts der sonstigen Anschaulichkeit, Deutlichkeit und Genauigkeit der rabbinischen Ausdrucksweise viel zu inhaltsleer und unbestimmt vor.

Ganz anders, wenn man das Wort in der *zweiten* Bedeutung (b) nimmt: der verdeutlichte, verdolmetschte, *umschriebene* Gottesname!

Den spezifisch jüdischen, erst dem Mose kundgetanen Offenbarungsnamen „Jhwh“ *sprachen die Juden* bekanntlich aus heiliger Scheu *nicht aus*, sondern ersetzten ihn durch das Wort „Adonaj“ (Herr), wie dies auch in allen Übersetzungen des Alten Testaments bis auf die Neuzeit der Fall ist. In der vokalisierten hebräischen Bibel erscheint das Wort „Jhwh“, das man doch stehen lassen musste, mit den Vokalen von „Adonaj“, so dass (mit Abschwächung des Anfanges zu e) „*Jehowah*“ dasteht, was aber von sachkundigen Juden niemals so gelesen und ausgesprochen wurde. Rein willkürlich ist die moderne Vokalisierung „*Jahweh*“ (gewöhnlich sogar „Jahwe“ geschrieben, ohne h, als ob man „Vate“ statt „Vater“ sagte!), die taktloserweise sogar von jüdischen Skribenten in Schrift und Wort angewendet wird, während die modernen jüdischen Übersetzer – nach der ebenso willkürlichen Deutung dieses „Jahwe“-, oder „Jahve“-Gemächtes – „Jhwh“ mit „Ewiger“ wiederzugeben pflegen, so dass sie 1. Mose 21, 33; 2. Mose 3, 15; Jesaja 40, 28; Jeremia 10, 10; Psalm 9, 8 usw. einen „*ewigen Ewigen*“ haben! Die ungefähr ebenso geistreiche Vermutung, der „Schem ha-mephorasch“ bedeute den mit „richtiger“ *Vokalisation* ausgesprochenen Gottesnamen „Jhwh“, scheitert an der einfachen Tatsache, dass es allezeit für eine *Todsünde* galt, „Jhwh“ *vokalisiert auszusprechen* (Blau a. a. O., S. 129 mit Belegstellen)! Die so oft bezeugte *mündliche Anwendung* des Schem (bei Beschwörungen usw.) und das Bestreben der Kabbalah, den „Schem“ zu solchem Gebrauch zu *lehren*, würde daher ein Frevel ohnegleichen sein! Aber beim „Schem ha-mephorasch“ handelt es sich ja überhaupt nicht um den *vier*buchstabigen Gottesnamen (das Tetragrammaton „Jhwh“), sondern um den 12-, 24-, 72-*buchstabigen* „*Namen*“! Gerade in der „ältesten Stelle“ (Kidduschin 71 a des babylonischen Thalmuds; vgl. Blau, S. 137) über das Aussprechen des „Namens“ beim Priestersegen ist als ausgesprochen nicht das Tetragrammaton, sondern der „*zwölfbuchstabige*“ Name genannt!

Der 12-, 24-, 72buchstabige „Name“ bildet also einen *Ersatz* für das (vokalisiert) auszusprechen verbotene Tetragrammaton „Jhwh“!

Es handelt sich also (noch weitere Beweisführung verbietet der Raum) beim „*Schem ha-mephorasch*“ um die eben genannten *mehrbuchstabigen* „*Namen*“.

Über deren Natur ist bei besonnenem Nachdenken von vornherein folgendes klar:

a) Sie können, da sie ja bei Beschwörungen usw. *ausgesprochen* werden sollen, *nicht* aus dem für die Aussprache *verbotenen* Namen „Jhwh“ (in etwa 3- bis 18maliger Wiederholung) oder in einer Kombination seiner Bestandteile bestehen (vgl. auch unten, unter 4., Schluss).
b) Da stets nur von *einem* „Schem ha-mephorasch“ die Rede ist, können diese 3 Namen nur Bestandteile eines und desselben Namens, also *nur an Buchstabenzahl verschieden* sein, der 72buchstabige Name muss den 42- und den 12buchstabigen Namen *unverändert in sich schließen* (wie etwa „Theodorus“ enthält: „Theodor“ und „Theo“, oder „Elisabetha“: „Elisa“ und „Lisa“).
c) Da der „Schem ha-mephorasch“ den unaussprechlichen Gottesnamen *verdeutlichen*, umschreiben, gewissermaßen *übersetzen soll*, darf er kein sinnloses Buchstabenkonglomerat bilden, sondern muss aus *verständlichen* und *aussprechbaren* Bestandteilen zusammengesetzt sein! Dieser *aussprechbare* Gottesname wird (da er in der hebräischen Sprache ein 72buchstabiges Wort oder Kuppelwort, wie etwa im Sanskrit, nicht vorhanden ist) aus *einzelnen Worten* bestehen, die sich natürlich nicht auf Beliebiges oder Unbedeutendes, sondern auf das *Wesen der Gottheit* beziehen müssen, da doch eben (wie wir bereits weiter oben sahen) der Name das *Wesen* ausdrückt und trägt!
d) Diese Worte, welche die Einzelbestandteile des „Schem ha-mephorasch“ bilden, können nicht einzelne Gottesnamen sein, wie wir sie z. B. auf S. 106ff. kennen lernten. Denn der „Schem ha-mephorasch“ soll doch eine „Erläuterung“ des unaussprechbaren Namens „Jhwh“ sein, dieser aber kommt ja unter jenen Gottesnamen selbst zweimal vor, und es geht doch schon logisch nicht an, etwas zu Erläuterndes *durch sich selbst* zu erläutern (als ob ich sagen wollte: Gott ist ein göttliches, unsichtbares usw. Wesen)! Außerdem könnte „Jhwh“ schon wegen seiner Unaussprechbarkeit auch nicht einmal Bestandteil des aussprechbaren „Schem ha-mephorasch“ sein.
e) Da aber der „Schem“ ganz unzweifelhaft in verständlichen Worten die höchsten Wesenseigentümlichkeiten der Gottheit auszudrücken hat, ergibt sich ganz ohne weiteres aus dem Vorstehenden die Vermutung, dass in ihm die *Sephiroth* vorkommen werden, welche ja gerade den Ausdruck jener höchsten göttlichen Wesensseiten bilden! Weil jedoch der „Schem“ in seiner praktisch-kabbalistischen Anwendung auf die Erscheinungswelt einwirken soll, so steht zu erwarten, dass er *außer* den Namen der doch rein metaphysischen *Sephiroth*-Potenzen (a) auch Bestandteile enthält, welche *das göttliche Wirken in dieser Erscheinungswelt zum Ausdruck* bringen. Der universale Gottesname muss, da Gottes Wesen schlechthin *alles* in sich schließt, (b) ferner auch die noch über die metaphysische Welt der Sephiroth hinaus ins Unendliche verschwimmende Höhe des *Absoluten* ahnen lassen, kurz, vom reinen Sein (der „Aseität“) der Gottheit bis zu ihrer Weltschöpfung und Weltregierung Kunde geben. Dann erst drückt er, so weit menschliches Begriffs- und Sprachvermögen dessen fähig ist, die göttliche Wesenheit derart aus, dass seien formgerechte Aussprache (bei Anrufung oder in Beschwörungen) die größtmögliche Fülle übernatürlicher Kräfte zu verleihen imstande ist.
Nach diesen eingehenden systematischen Überlegungen finden wir die richtigen mehrbuchstabigen Gottesnamen der rabbinischen Mystik ganz von selbst.

2. Der 12buchstabige Gottesname

Der zwölfbuchstabige Gottesname besteht aus den Buchstaben (d. h. Konsonanten; Vokale sind im Hebräischen keine Buchstaben) der drei obersten Sephiroth: K(e)T(he)R, C(ho)C(h)M(a)H, T(he)BUN(a)H (Binah)* = 12 Buchstaben (Konsonanten); oder vielleicht auch – weil „Kether" öfters aus dem Rahmen der übrigen Sephiroth herausgehoben wird (vgl. S. 29).

„Chochmah" und „Thebunah" wie oben, aber nebst der Hilfssephirah „D(a)'AT(h)" = ebenfalls 12 Buchstaben (da „A" hier der hebräische Buchstabe „Ajin" ist). Die zuletzt genannten Kombination (Chochmah, Thebunah, Da'ath) hat schon Wilhelm *Bacher*, der große Budapester Rabbinist, in seinem Buch „Die Agada der babylonischen Amoräer" (S. 17ff.) vorgeschlagen, weil in der Thalmudstelle Chagigah 12 a gerade diese drei (aufgrund von Sprüche Salomons 3, 19f.) als die ersten der „zehn Dinge" genannt sind, „mit welchen Gott die Welt geschaffen hat". Wir müssten dann die Sephirah „Kether" hier ausscheiden und einer anderen Namensgruppe des „Großen Namens" zuweisen (s. u. 4.); ihre Stellung als höchste über den anderen Sephiroth würde sie dann in Verbindung zu dem „Absoluten" (dem die höchste Bezeichnung der Gottheit dastellenden „En" oder „En soph", vgl. S. 29) setzen. Vom kabbalistischen Standpunkt aus ist mir aber die Verbindung „*Kether*, Chochmah, Thebunah" als „12buchstabiger Gottesname" sympathischer, da gerade diese drei Sephiroth in der Kabbalah die Offenbarungs-Trinität" (vgl. S. 44f.) repräsentieren und so sich ganz ausgezeichnet dazu eignen, im Priestersegen (s. S. 162ff.) als aussprechbarer Ersatz für das dreimalige *nicht* aussprechbare „Jhwh" zu dienen („Jhwh" segne und behüte dich usw.). – „Kether" kommt übrigens (in Gestalt seines Synonyms „Atarah", vgl. Fußnote 81, S. 60) mit „Chochmah", „Binah" (Thebunah) und „Tiphereth" auch schon in den Sprüchen Salomons (4, 5 und 9) vor; „Thebunah" ist das ältere und sehr häufige Synonym zu „Binah", wie „Geburah" mit „Din" und „Chesed" mit „Gedullahs" parallel ist (vgl. S. 135).

3. Der 42buchstabige Gottesname

Dieser enthält, wie oben als nötig erkannt war (vgl. oben 1b), den 12buchstabigen Namen in sich, zugleich aber *mehr*, nämlich *sämtliche Sephiroth-Namen*, welche zusammen 42 Buchstaben (Konsonanten) aufweisen: K(e)T(he)R, C(ho)C(h)M(a)H, T(he)BUN(a)H, G(e)DUL(la)H,* T(hi)P(h)ER(e)T(h), G(e)BUR(a)H, N(e)Z(a)C(h), J(e)SOD, HOD, M(a)LKUT(h). – Bacher benutzt auch für die Ermittlung des 42buchstabigen Namens die oben (unter 2) erwähnte Stelle Chagigah 12a, wo aber noch nicht alle „zehn Dinge" die späteren allgemein üblichen Sephiroth-Namen haben, wahrscheinlich infolge ungenauer Erinnerung des erst spät-thalmudischen Überlieferers (Rab Sutra bar Tobiah nach dem Ausspruch Rabs. Da in dieser ungenauen Form die Namen nur 38 Buchstaben enthalten, hilft sich Bacher damit, dass er (um die 42 voll zu

* „U" ist im Hebräischen Konsonant.

* Ein Doppelkonsonant wird im Hebräischen nur einmal geschrieben, bei vokalisiertem Text erhält dann der Konsonant einen Punkt in die Mitte als Verdoppelungszeichen, im vokallosen rabbinischen Text nichts. Das „h" bei „Th" usw. steht im Hebräischen nicht, sondern dient nur im Deutschen der Unterscheidung verwandter Laute (V, Th, P, Ph, K, Ch). Langes „U" ist im Hebräischen Vokalkonsonant, dgl. „O" in „Jeso'd", „Hod"; „E" = Konsonant „Aleph" mit „E" = Laut.

machen) rein willkürlich noch das Tetragrammaton „Jhwh" hinzusetzt, was aber *unzulässig* ist, wie bereits oben (unter 1a) gezeigt wurde. – Dass die von mir zur Konstituierung des 42buchstabigen Namens verwendeten üblichen Sephiroth-Bezeichnungen nicht etwa *jünger* sind als jene Chagigah 12a genannten Namen, habe ich bereits in auf S. 60f. durch den Nachweis erhärtet, dass die sämtlichen uns geläufigen Sephiroth-Bezeichnungen bereits im Alten Testament, nämlich im 3. und 4. Kapitel der Sprüche Salomons und in Psalm 145 vorkommen; ich füge noch 1. Chronika 29, 11 hinzu, wo „Gedullah, Geburah, Tiphereth, Nezach, Hod" unmittelbar hintereinander stehen und gleich darauf „Mamlachah" = Malkuth folgt! – Dass dieser 42buchstabige Name zu mystischen Zwecken dienlich sei, beweist (wie Blau, Altjüd. Zauberwesen, S. 139, richtig gesehen hat) die Nachricht Kidduschin 71a, dass man diesen Namen (d. h. die Tatsache, dass er gerade aus den *Sephiroth*-Namen bestehe) nur einem Jünger offenbart habe, von dem Missbrauch nicht zu befürchten stand. Und dem Umstand entsprechend, dass die Sephiroth ja metaphysische Vermittlungskräfte zwischen dem Absoluten und der Erscheinungswelt sind, wird die Wirkung des 42buchstabigen Namens folgendermaßen beschrieben (a. a. O.): „Wer ihn kennt, mit ihm achtsam verfährt und ihn in Reinheit bewahrt, der ist beliebt *droben* und angenehm *hienieden*, er genießt Ehrfurcht bei den Menschen und erbt *zwei Welten*, diese und die zukünftige." – Nun muss man sich nicht vorstellen, dass die mystische Kraft dieses 42buchstabigen Gottesnamens etwa dadurch wirksam gemacht wurde, dass man die Sephiroth-Namen einfach hintereinander aufsagte. Die Kunst seiner Verwendung bestand vielmehr darin, dass man die Sephiroth-Namen mit dem sonstigen *Inhalt* des Gebets, der Beschwörung usw. in engen gedanklichen *Zusammenhang* brachte, ähnlich etwa, wie in jener feierlichen Anrufung Gottes, durch welche (vgl. S. 76ff.) der Prophet Eliah (Elias) den Altkabbalisten Rabbi Simeon ben Jochai zum mystischen Lehrer weiht, oder vielleicht nach Art der (sozusagen „sephiroth-haltigen") Bibelverse, die allerdings nur je eine Anzahl von Sephiroth umfassen, aber in geeigneter Verbindung sie *sämtlich* enthalten können; z. B.: ‚Der Herr hat die Erde durch Weisheit (*Chochmah*) ergründet (jasa'd), den Himmel durch Verstand (*Thebunah*) bereitet; durch seinen Rat (*Da'ath*) sind die Tiefen zerteilt" (Sprüche Sal. 2, 19, 20). „Dein, Herr, ist Größe (*Gedullah*), Stärke (*Geburah*), Herrlichkeit (*Tiphereth*), Sieg (*Nezach*) und Pracht (*Hod*) … Dein ist das Reich (Mamlachah = *Malkuth*); Du bist erhaben über alles als Haupt" (1. Chron. 29, [30,] 11). – Es ist dies *eine* Art der „Verbindung" von Gottesnamen, dieses von der Kabbalah als besonders wirkungsmächtig erachteten theurgischen Verfahrens.

4. Der 72buchstabige Gottesname

Dies ist der eigentliche „große" und umfassende Gottesname. Nach dem oben (1b) Erörterten muss er den 42buchstabigen Namen in sich schließen, nach der weiteren Untersuchung (1e) aber außerdem noch *mehr* enthalten, nämlich (a) den Ausdruck des *absoluten Wesens* Gottes und (b) die Bezeichnung seiner *Wirksamkeit in der Erscheinungswelt*. In *welchen Worten* diese Erweiterung des 42- zum 72buchstabigen „Schem" besteht, darüber haben wir keine ältere Überlieferung; die späteren Kabbalisten haben überhaupt nur *geraten*, was wohl der in einer einzigen (allerdings öfter wiederholten) Midrasch-Nachricht ohne jede weitere Bezeichnung erwähnte 72er-

Name sei, und bieten nur willkürliche und haltlose Vermutungen; auch in der neueren Literatur findet sich nichts Brauchbares; Bacher berücksichtigt diesen 72buchstabigen Namen nicht genauer. – Nun wissen wir aber schon aus Teil 1, dass der kabbalistische Ausdruck für das Absolute „En“ oder „En soph“ ist. – Der Name ferner, unter welchem schon Jesaja 6, 3 die Gottheit aus dem *Unsichtbaren*, aus der Transzendenz, in *sichtbare Erscheinung* eintritt (und welcher im kabbalistischen Sinn auch eine Offenbarungstrinität darstellt), ist „Kado'sch, Kado'sch, Kado'sch“ (Heilig, heilig, heilig); dies kommt u. a. auch im „Buch Rasiel“ als Bestandteil eines im übrigen sehr phantastischen „Schem ha-mephorasch“ vor. – Die Bezeichnung endlich, mit welcher in dem ersten menschlichen *Segensspruch* der Bibel (1. Mose 14, 19) Gott als der *universale Herr* der gesamten *Erscheinungswelt* angeführt wird, lautet: „*Koneh schama'jim wa'arez*“ (Eigentümer von Himmel und Erde)! Für mystische Zwecke muss diese Gottesbezeichnung umso dienlicher erscheinen, als sie laut der Bibel von *Melchisedek* stammt, in dem schon die alten Juden und Christen einen mystischen Typus des Messias sahen, weshalb er auch im neutestamentlichen Hebräerbrief (7, 3) ganz im Einklang mit der altjüdischen Mystik beschrieben wird als „vaterlos, mutterlos, ohne Stammbaum, weder einen Anfang der Tage noch ein Ende des Lebens habend“. – „Koneh schama'jim wa'arez“ ist mithin ein sehr geeigneter Bestandteil des mystischen „Schem ha-mephorasch“; sonst könnte man auch noch an den in den Psalmen häufigen Ausdruck denken: „*Oseh schama'jim wa'arez*“ (Schöpfer Himmels und der Erden). –

Rechnen wir (s. o. unter 3) „Kether“ *nicht* zu den Sephiroth, indem wir dort die Hilfssephirah „Da'ath“ einsetzen, so hat „Kether“ alsdann als Bindeglied zwischen Sephiroth und dem *Absoluten* („En“) seinen Platz bei diesem. Lassen wir dagegen bei dem Sephiroth „Da'ath“ fort, so gehört „Kether“ noch mit zu den Sephiroth, und wir müssen hier statt des sonst allein schwer verständlichen „En“ den volleren Ausdruck „*En soph*“ (s. o.) für das Absolute einsetzen.
E(J)N (im Hebr. die drei Buchstaben Aleph, Jod, Nun) mit K(e)T(he)R, oder aber E(J)N SOP(h) ergeben 6 Buchstaben; Kon(e)H S(cha)M(a)J(i)M W(a):(a)R(e)Z geben zwölf Buchstaben; K(a)DOS(ch) dreimal = 3 x 4 = zwölf Buchstaben (dieselbe Buchstabenzahl hat: „Oseh“ usw.); 6 + 12 + 12 = 30. Hierzu den 42buchstabigen Namen (s. o. 3) gerechnet, erhalten wir den 72*buchstabigen Namen*!

Dieser lautet also in seiner Vollständigkeit, vom Absoluten her beginnend: „*En soph; Kether, Chochmah, Thebunah, Gedullah, Geburah, Tiphereth, Nezach, Hod, Jeso`d, Malkuth; Kado'sch, Kado'sch, Kado'sch; Koneh schama'jim wa'arez*“, oder mit den angeführten Modifikationen. „*En; Kether; Chochmah, Thebunah, Da'ath, Gedullah, Geburah, Tiphereth, Nezach, Hod, Jeso`d, Malkuth; Kado'sch, Kado'sch, Kado'sch; Oseh schama'jim wa'arez.*“ –

Der einzige mir bekannte Versuch, den 12-, 42- und 72buchstabigen „Schem“ einheitlich auseinander zu entwickeln ist der von *Blau* (Altjüdisches Zauberwesen, S. 144) gemachte, der den Namen „Jhwh“ verwendet, und zwar in folgendem Schema:

JHWH JHWH JHWH
HWH JHWH JHWH
WH JHWH JHWH
H JHWH JHWH
JHWH JHWH
HWH JHWH
WH JHWH
H JHWH
JHWH

Das sind zusammen 72 Buchstaben. Die ersten vier Reihen mit 12 + 11 + 10 + 9 Buchstaben sollen dann den 42buchstabigen Gottesnamen bilden! – Weshalb es aber überhaupt unzulässig ist, den *einer Aussprache entzogenen* Namen „Jhwh" zur Konstituierung des *ausgesprochenen* großen Gottesnamens zu verwenden, habe ich bereits oben (1a) dargelegt. Das demnächst Bedenklichste ist die *abnehmende Zahl* der Buchstaben bei diesem Schema in Verbindung mit der dadurch bewirkten *Verstümmelung* der Gottesnamen! Wie wir weiter unten bei Besprechung der Amulette sehen werden, wird ein solches „Deminutions"-Verfahren auf kabbalistischem Boden *einzig und allein* zur *Vertilgung* oder Schwächung von *schädlichen dämonischen Gewalten* vorgenommen; bei dem hochheiligen „Großen *Gottes*namen" angewandt, stellt es vom kabbalistisch-religiösen Standpunkt aus *geradezu ein Sakrileg* dar – und ist auch logisch falsch, da doch ein so reduzierter, geschwächter (und auch bei anderer Zeichnung des Schemas stets *verstümmelter*) Gottesname ein untauglicher Repräsentant der göttlichen Universalmacht ist und unmöglich als die *Kraft*quelle und das Symbol höchster *Fülle* angesehen werden kann, an welche die Kabbalisten gedacht haben! –
Dies gilt in noch höherem Grad von einer anderen (erheblich älteren) Schreibtischidee, welche ebenfalls „Jhwh" verwendet und dabei nicht einmal die Buchstaben-*Zahl*, sondern nur den Buchstaben-*Wert* (s. Anhang: Gematria) berücksichtigt. J hat im Hebräischen den Zahlenwert von 10, H ist 5, W = 6. Der 72buchstabige „Name" wird nun durch folgendes künstliche Torso-Schema konstruiert:

JHWH	=	10 + 5 + 6 + 5	=	26
JHW	=	10 + 5 + 6	=	21
JH	=	10 + 5	=	15
J	=	10	=	10
		Zusammen:	=	72

Den 42buchstabigen Namen aber erzeugt folgende Künstelei:

JHWH	=	10 + 5 + 6 + 5	=	26
JHW	=	5 + 6 + 5	=	16
		Zusammen:	=	42

Oder:

JHWH	=	10 + 5 + 6 + 5	=	26
HW	=	5 + 6	=	11
H	=	5	=	5
		Zusammen:	=	42

Wirkliche *Buchstaben* kommen im ersten Fall nur 10, im zweiten sogar nur 7 zur Verwendung. Dass aber mit dem Ausdruck: „Ein Name von 12, 42, 72 *Buchstaben*“ keinesfalls gemeint sein kann: „Ein Name, dessen Buchstaben eine Zahlen-*Wert* von 12 usw. darstellen“, ergibt sich für jeden Einsichtigen von selbst.

Und wo bleibt denn hier der *zwölf*buchstabige „Name“? Der alte Zahlendilettant weiß sich anscheinend hier ebenso wenig Rat wie etwa – die moderne Theologie an einem Sterbebett!

5. Der „Name der 72 Namen“

Die bereits oben (unter 4) erwähnte, vielfach wiederholte Midrasch-Stelle über den 72*buchstabigen* Gottesnamen lautet. „Mit seinem Namen hat er (Gott) sie (die Israeliten, aus Ägypten) erlöst, und dieser Name des Heiligen, Gebenedeiten (Gottes) besteht aus 72 *Buchstaben.*“ (Vgl. die Stellen bei Blau, Altjüd. Zauberwesen, S. 139). Nun gibt es aber auch eine Überlieferung im Midrasch (Schir rabba zu 2, 2), in welcher der eben erwähnte Satz lautet: „Und dieser Name des Heiligen, Gebenedeiten (Gottes) besteht aus 72 *Namen*“! – Dies ist kein Schreibfehler oder eine belanglose Verschiedenheit der Lesart, sondert eine ganz *andersartige Tradition* über den „Schem ha-mephorasch“! Was für Namen gemeint seien, darüber fehlt jede zuverlässige Nachricht. Auf jeden Fall liegt die Anschauung vor, dass diese, den „Großen Gottesnamen“ bildenden 72 (Spezial-) *Namen* allergrößte Wirksamkeit besäßen, da mit ihnen die *Befreiung Israels* aus Ägypten ins Werk gesetzt worden sei – jene in der israelitischen religiösen Geschichte noch heute an jedem Passahfest aufs neue als die *höchste* gepriesene Heilstat Gottes! – Man könnte nun die 72 erlösungsmächtigen *Namen* sehr leicht dadurch finden, dass man aus den (mehr als 72) biblischen Bezeichnungen göttlicher Eigenschaften die 72 für diesen Zweck bedeutsamsten auswählte. Das wären immerhin 72 heilgeschichtliche und daher wirkungsmächtige *Namen* Gottes.

Die mittelalterlichen *Kabbalisten* freilich gehen hier einen ganz *anderen* Weg – schon im „Buch Rasiel“ und anderwärts. Sie überlegten folgendes: Gott hat (nach der oben mitgeteilten Überlieferung) die Israeliten aus Ägypten durch seinen „72namigen Namen“ errettet. Die eigentliche Errettung geschah durch die Vernichtung der nachsetzenden Ägypter, die in den Versen 19 – 21 des 2. Buches Mose beschrieben ist.* *Jeder dieser Verse enthält eigentümlicherweise* (im hebräischen Text) *72 Buchstaben*! Sollten sich aus diesen 3 x 72 Buchstaben 72 mystische *Namen* (zu je 3 Buchstaben) zusammensetzen lassen? – Einen Fingerzeig hierfür glaubte man *in der Thalmudstelle Sukkah* 45a gefunden zu haben. Daselbst heißt es bei Beschreibung des „Gebots der

* 2. Mose 19: „Da erhob sich der Engel des Herrn, der vor dem Heer Israels herzog, und ging hinter sie“ (also nach den Verfolgern hin). „Auch erhob sich die Wolkensäule von ihnen vorn hinweg und trat hinter sie (20) und kam zwischen das Heer der Ägypter und das Heer Israels, und die (sonst) dunkle Wolke erleuchtete die Nacht, und der eine (Gegner) kam dem anderen nicht nahe die Nacht lang. (21) Und Mose reckte seine Hand über das Meer, und der Herr ließ das Meer während der ganzen Nacht durch einen starken Ostwind zurückdrängen und machte das Meer trocken, indem die Wasser sich verteilten.“

Weidenzweige“ am jüdischen Laubhüttenfest, man habe beim Umkreisen des Altars gerufen. „Anna, Jhwh, (Adonaj) hoschia; anna, Jhwh (Adonaj), hazlichah na!“ (Ach, Jhwh [Herr], hilf; ach, Jhwh [Herr], beglücke doch!) Nach einer anderen Überlieferung aber habe man gerufen: „Anna,[**] WHW, hilf doch!“ – Dieses rätselhafte „WHW“ fand man in jenen drei Versen (2. Mose 14, 19 – 21) dadurch wieder, dass man daselbst den 1. Buchstaben von V. 19, den letzten von V. 20 und den 1. Buchstaben von V. 21 des hebräischen Textes nahm; da kam gerade dieses eigenartige „WHW“ heraus! Nun fuhr man in jenen Versen auf dieselbe Weise weiter fort (2. Buchstabe von V. 19, zweitletzter von V. 20, 2. Buchstabe von V 21 usw.) und erhielt so 72 Kombinationen von je 3 Buchstaben, in denen man nun *zweiundsiebzig* (je dreibuchstabige) erlösungs- und wundermächtige mystische *Gottesnamen* gefunden zu haben glaubte!
Vers 19 von 2. Mose 14 beginnt im Hebräischen Text mit W (wa-jissa = und es erhob sich), Vers 20 endet mit H (lajlah = Nacht), Vers 21 beginnt mit W (wa-jet = und es reckte), so kommt jenes in Sukkah 45a erwähnte Wort „WHW“ heraus. – Der 2. Buchstabe (d. h. Konsonant) von vorn in V. 19 ist J(wa-Jissa), der zweitletzte von V. 20 ist L(lajLah), der zweitvorderste von V. 21 wieder J; wir erhalten somit als zweiten Teil-Namen „JLH“. In demselben Sinn fortfahrend erhält man folgende 72, aus je 3 (hebr.) Buchstaben bestehenden Namen, in deren Gesamtheit man den „Großen Gottesnamen“ von 72 „Worten“ gefunden zu haben meinte:
WHW, JLJ, SJT, ’LM,[*] MHSch, LLH, :K:, KHT, HSJ, :LD (10), L:W, HH’, JSL, MBH, HRJ, HKM, L:W, KLJ, LWW (20), PHL, NLK, JJJ, MLH, HHW, NTH, H::, JRT, Sch:H, RJJ (30), :WM, LKB, WSchR, JChW, LHCh, KWK, MND, :NJ, Ch’M, RH’ (40), JJS, HHH, MJK, WWL, JLH, S:L, ’RJ, ’SchL, MJH, WHW, DNJ (50), HChSch, ’MM, NN:, NJT, MBH, PWJ, NMM, JJL, HRCh, MZR (60); WMB, JHH, ’NW, MChJ, DMB, MNK, :J’, ChBW, R:H, JBM (70), HJJ, MWM.
Wir haben hier das oben erwähnte „WHW“ zweimal (1 und 49), ebenso das in der vorletzten Fußnote genannte „:NJ“ (Ani ? 38). – Die Kabbalisten suchen nun (schon im Buch Rasiel) diese großenteils rätselhaften Buchstabengebilde mystisch zu deuten, doch macht die Art und Verschiedenheit ihres Verfahrens dabei weit mehr den Eindruck künstlichen Ratens als den des Fußens auf einer alten Tradition – ein untauglicher Versuch an einem *untauglichen Objekt*. Jawohl! Denn ich halte diese ganze Konstruktion des „72namigen Namens“ aus 2. Mose 14, 19ff. für ein mittelalterliches, erst in die Mischnah Sukkah 45a hineingeheimstes Erzeugnis, und zwar aus folgendem Grund:
Zum *Aussprechen* eignen sich weitaus die meisten der 72 Schem-Wörter überhaupt nicht, da sie meist überhaupt gar nicht hebräische Wortstämme darstellen, geschweige denn einen Sinn ergeben. Nun wird aber überall, wo in Thalmud, Midrasch und der späteren Literatur (oft genug!) theurgische Anwendungen des „Schem ha-mepho-

[**] Die gewöhnliche Lesart ist „Ani“. Dies kann aber hier dem Zusammenhang nach nicht wie sonst „Ich“ heißen, sondern scheint *ebenfalls einen mystischen Gottesnamen* darzustellen. So heißt auch der 38. von den sogleich anzuführenden 72 „Namen“: „:NJ“ = Ani!

[*] ’ hier = hebr. Ajin. : = hebr. Aleph.

rasch“ berichtet werden, geradezu *stereotyp der Ausdruck „hiski'r“ („er sprach aus“* den Namen*) angewendet!* Da erscheint es doch völlig als ein Unding, dass die alten Rabbiner als hochheiligen Gottesnamen Wortgebilde *ausgesprochen* haben sollen, die zum großen Teil nicht allein allen Bildungsgesetzen ihrer Sprache *zuwider*, sondern *ohne jeden Wortsinn* waren – noch dazu, wo diese Namen ausgesprochenermaßen dazu dienen sollten, den (durch Verbot einer Aussprache entzogenen) Namen „Jhwh“ zu *„explizieren“*! So unfromm, sinnlos und unlogisch waren *diese* Männer nicht! Sie, die in unermüdlichem Erkenntnisdrang sich bemühten, jede metaphysische Wesenseigenheit Gottes scharf und klar in *Begriff und Wort* zu fassen, sollten sich hier – statt diese schwer errungene Erkenntnis anzuwenden, um sich mit Kraft vom Hochheiligen her auszurüsten – blöde damit begnügt haben, einem alten abergläubischen Holzweiblein gleich unverstandenen und unverständlichen Hokuspokus herzuleiern? Nimmermehr!
Wir müssen uns daher bescheiden, die wirkliche Form und Aussprache des *„Namens der 72 Namen*“ einfach nicht mehr zu kennen. „Es gibt auch eine Kunst des Nichtwissens“, sagte schon Immanuel Bekker! –
Betreffs der Bestandteile des 72buchstabigen Namens gibt es ja, wie wir sahen, auch keine absolute Tradition, doch entspricht meine obige Deutung (unter 4) sehr gut den Texten der Beschwörungen (s. u.). eine Stütze für meine Ansicht habe ich auch in „Thikkune Sohar“, wo die übliche Umschreibung des Gottesnamens – nämlich *„Hakadosch baruch hu*“ (H-KDOSch BRUK HU: = der Heilige, gebenedeit sei er) derart auf das ganze Universum bezogen wird, dass „Ha-kadosch“ das Absolute, *„Baruch*“ (Baruk) die 10 Sephiroth, „Hu“ aber die Erscheinungswelt darstelle. [„Baruch“: B (Zahlenwert = 2) = die beiden Schechinah, nämlich die „obere Mutter“ Binah (s. o. S. 130) sowie Malkuth; R = Reschith (Anfang) = Chochmah (vgl. S. 30); U (Zahlenwert = 6) = die sechs Sephiroth Gedullah, Geburah, Tiphereth, Nezach, Hod, Jeso‘d; K = Kether.]

6. Das Tetragrammaton

d. h. der „vierbuchstabige Gottesname“ (Jhwh) ist, wie wir sahen, *nicht* der ausgesprochene, sondern der *geschriebene* Gottesname. Wir haben „Jhwh“ schon in mancherlei Beziehungen kennen gelernt. Seine *Wirksamkeit in der Welt* (vgl. S. 127f. „Jhwh“ als Symbol der göttlichen Weltordnung) und bezüglich Israels zeigt sich, kabbalistisch gedacht, bei schriftlicher Darstellungsform dieses Namens in dem Parallelismus seiner 12 Permutationen zu den 12 Sternbildern, den 12 Monaten und zu den 12 Stämmen Israels. – Ich führe das Schema hier an, erstens, weil die z. T. astrale Kombination zu der (sogleich zu besprechenden) Astrologie hinüberleitet, sodann aber auch, um einigen noch immer Hartgläubigen zu beweisen, dass die Beziehung zwischen den 12 *Stämmen* und den 12 *Tierkreisbildern* (vgl. mein „Babylonisches Astrales“, S. 48–59) kein Phantasie-Erzeugnis von A. Jeremias oder mir ist, sondern wirklich auf jüdischer Tradition beruht. Ich führte a. a. O. bereits die Aussage des Midrasch Thanchumah an, dass die Zwölfzahl der Stämme Israels *„in der Ordnung der Welt begründet*“ sei; denn es habe „der Tag 12 Stunden, die Nacht zwölf Stunden, *das Jahr 12 Monate und der Tierkreis 12 Sternbilder*“ – über die Zuordnung der einzelnen Sternbilder zu den einzelnen Stämmen vermochte ich aus Thalmud und Midrasch keine systematische Zusammenfassung zu zitieren, sondern musste das verstreute Material über die in den einzelnen Quellen erwähnten Entsprechungen erst selbst zusammenordnen. Dagegen bietet das nachstehende, auf den großen Thalmud- und Kabbalah-Kundigen Nachmanides (1195 – 1270) zurückgehende *kabbalistische Astralschema* eine solche systematische Einzelzuordnung in noch erweitertem Zusammenhang, nämlich unter Verbindung von je einer Permutation von „Jhwh", einem Stammesnamen, einem Tierkreisbild und dem zu diesem gehörigen Monatsnamen. – Zunächst das Schema, dann seine Erläuterung!

JHWH-Israel-Tierkreis-Schema

Erstes Panier

Zeichen: Buchstabe „J"

JHWH	Jehudah	Widder	Nisan
JHHW	Isaschar	Stier	Ijjar
JWHH	Sebulon	Zwillinge	Siwan

Zweites Panier

Zeichen: Buchstabe „H" (1)

HWHJ	Ruben	Krebs	Thammus
HWJH	Simeon	Löwe	Ab
HHJW	Gad	Jungfrau	Elul

Drittes Panier

Zeichen: Buchstabe „W"

WHJH	Ephraim	Waage	Thischri
WHHJ	Manasse	Skorpion	Cheschwan
WJHH	Benjamin	Schütze	Kislew

Viertes Panier

Zeichen: Buchstabe „H" (2)

HJHW	Dan	Steinbock	Tebeth
HJWH	Asser	Wassermann	Schebat
HHWJ	Naphtali	Fische	Adar

Die vier „*Paniere*" sind die in der Bibel (4. Mose 1, 52ff. und 2, 2 – 32) erwähnten Paniere (Degel) oder Lagerordnungen Israels. Nun heißt es ferner Psalm 20, 6: „In (hebr.: Mit) dem *Namen unseres Gottes* wollen wir ein *Panier* errichten, Jhwh wird erfüllen alle Deine Wünsche." Das erfolgverheißende Panier besteht also aus „Jhwh", dem „Namen unseres (dem Mose für Israel geoffenbarten) Gottes"! – Der Name „Jhwh" verteilt sich nun in seinen 12 Permutationen ebenso auf die 12 Stämme, wie „JHW" mit seinen 6 Permutationen im Buch Jezirah I, 13 auf die 6 Raumdimensionen (vgl. S. 47ff., Fußnote 60, S. 56, Fußnote 100, S. 66). Die 12 Stämme liegen (4. Mose 2) nach den 4 Himmelsrichtungen, je 3 Stämme als eine Gruppe beieinander. Dem entsprechen *vier Gruppen* der 12 Permutationen von „Jhwh", von denen die ersten drei mit „J" beginnen, die zweiten drei mit „H“, die dritten drei mit „W“, die vierten drei mit dem zweiten „H“ des Namens „JHWH“. Ganz ebenso gruppieren sich die Tierkreiszeichen in vier Gruppen zu je drei, desgleichen zerfallen die Monate in vier Gruppen (Frühling, Sommer, Herbst, Winter) zu je 3 Monaten! – Das *Wichtige* an dieser Zusammenstellung ist die Parallelisierung der 12 Stämme und Tierkreisbilder; in der Einzeldurchführung zeigt sich (vgl. Teil 1 und Anm. 130, S. 72) ein astrologischer Grundirrtum: während nämlich die Reihenfolge der Paniere (und Stämme) gemäß 4. Mose 2 von Osten über Süden und Westen nach Norden aufgezählt wird, geht die Anordnung der Sternbilder umgekehrt in der üblichen Weise von Osten über Norden und Westen nach Süden! Die astrologisch korrekten rabbinischen Zuordnungen der Stämme zu den Tierkreisbildern finden sich in meinem „Babylonisch-Astralen“ S. 55ff.

II. Astrologie

„Die himmlischen Gestirne machen nicht bloß Tag und Nacht, Frühling und Sommer, nicht dem Sämann bloß bezeichnen sie die Zeiten der Aussaat und der Ernte. Auch des Menschen Tun ist eine Aussaat von Verhängnissen, gestreut in der Zukunft dunkles Land, den Schicksalsmächten hoffend übergeben. Da tut es Not, die Saatzeit zu erkunden, die rechte *Sternenstunde* auszulesen, des Himmels *Häuser* forschend zu durchspüren, ob nicht der Feind des Wachsens und Gedeihens in seinen Ecken schadend sich verberge.“ – „Das Erste aber und Hauptsächlichste bei jedem ird’schen Ding ist Ort und Stunde.“ – Hierin stimmen die Kabbalisten mit Schillers Wallenstein, seinem Seni und allen Astrologen überein, jedoch unter Betonung des dreifachen jüdisch-monotheistischen Grundsatzes, dass des Menschen freier Wille einen Bestandteil des göttlichen Weltplanes bilde, dass Gebet, Wohltätigkeit und Reue (Buße) das Verhängnis zerreißen könne, und dass die Astrologie überhaupt nur über das äußere Weltgeschehen, nicht über Heilstatsachen Auskunft gebe. Ausführlicheres über die Grundlagen der rabbinischen und damit auch der kabbalistischen Astrologie findet der Leser in meinem „Babylonisch-Astralen“ (im folgenden „B.-A.“) S. 115 bis 135. Hier muss ich das dort Gebotene wesentlich erweitern.

Den Nerv der gesamten Astrologie bilden die
Planeten!

Gott hat jedem Planeten einen bestimmten Grundcharakter angeschaffen, damit der Planet durch diesen die von ihm „regierten“ Verhältnisse beeinflusse. So hat jeder Planet seine eigene Bedeutung auch für das Schicksal des Menschen, sofern die für diesen wichtigen Ereignisse in die Zeit fallen, die von diesem Planeten regiert wird.

Dass und wie die Planeten in erster Linie (1) die 24 *Tagesstunden* und sodann (2) die 7 einzelnen *Wochentage* „regieren“, können wir schon von den Thalmud-Midrasch-Rabbinen lernen (B.-A., S. 116 bis 124); hierzu kommt noch (neu): das Regiment der Planeten (3) über die *Monate* und (4) über die *Jahre.* Außerdem sind noch (5) einige sonstige Beziehungen der Planeten auf irdische Dinge interessant.

1. Planeten und Stunden

Hier kommt vornehmlich die *Geburtsstunde* in Betracht; doch gilt das Gesagte auch für die übrigen Stunden des Tages, von denen wiederum die besonders günstig sein werden, in denen der Planet der Geburtsstunde regiert.

Die sieben astrologischen „Planeten" sind in orientalischer Reihenfolge (in Klammer die hebräischen Namen):

Saturn (Schabbathai) — im Folgenden: S
Jupiter (Zedek) — im Folgenden: J
Mars (Ma'adi'm) — im Folgenden: M
Sonne (Schemesch) — im Folgenden: ○
Venus (Nogah) — im Folgenden: V
Merkur (Kochab) — im Folgenden: m
Mond (Lebanah) — im Folgenden: ☽

Die ersten drei heißen „äußere" oder „obere", Venus und Merkur dagegen „innere", „untere" oder „sublunarische" (Untermond-) Planeten. Die 24 von diesen Planeten durchlaufenen Tagesstunden beginnen nach orientalisch-jüdischem Brauch mit etwa 6 Uhr abends; die erste astrologische Stunde z. B. des *Sonntags* ist also *Sonnabend abends 6 – 7 Uhr*! Ich beginne mit dem Stundenlauf der Planeten am Sonntag (Sonnabend-Abend 6 Uhr), weil der Sonntag als Schöpfungs- und daher erster Wochentag angesehen wurde, und bezeichne die Wochentage (im Hebr. 1, 2, 3 usw. Tag genannt) nach unserer Weise mit So., Mo., Di., Mi., Do., Fr., Sb. (s. folgende Tabelle)

Stundenregentschaft der Planeten

	Stunde		**So**	**Mo**	**Di**	**Mi**	**Do**	**Fr**	**Sb**
1.	6 – 7	abends	○	☽	M	m	J	V	S
2.	7 – 8	abends	V	S	○	☽	M	m	J
3.	8 – 9	abends	m	J	V	S	○	☽	M
4.	9 – 10	abends	☽	M	m	J	V	S	○
5.	10 – 11	abends	S	○	☽	M	m	J	V
6.	11 – 12	abends	J	V	S	○	☽	M	m
7.	12 – 1	nachts	M	m	J	V	S	○	☽
8.	1 – 2	nachts	○	☽	M	m	J	V	S
9.	2 – 3	nachts	V	S	○	☽	M	m	J
10.	3 – 4	nachts	m	J	V	S	○	☽	M
11.	4 – 5	nachts	☽	M	m	J	V	S	○
12.	5 – 6	nachts	S	○	☽	M	m	J	V
13.	6 – 7	vormittags	J	V	S	○	☽	M	m
14.	7 – 8	vormittags	M	m	J	V	S	○	☽
15.	8 – 9	vormittags	○	☽	M	m	J	V	S

16.	9 – 10	vormittags	V	S	○	☽	M	m	J
17.	10 – 11	vormittags	m	J	V	S	○	☽	M
18.	11 – 12	vormittags	☽	M	m	J	V	S	○
19.	12 – 1	nachmittags	S	○	☽	M	m	J	V
20.	1 – 2	nachmittags	J	V	S	○	☽	M	m
21.	2 – 3	nachmittags	M	m	J	V	S	○	☽
22.	3 – 4	nachmittags	○	☽	M	m	J	V	S
23.	4 – 5	nachmittags	V	S	○	☽	M	m	J
24.	5 – 6	nachmittags	m	J	V	S	○	☽	M

Man sieht aus dieser Tabelle, wie unsere *Wochentage zu ihren* (planetarischen) *Namen* gekommen sind. Sie haben diese weder nach der alten Planetenfolge (Saturn, Jupiter, Mars, Sonne, Venus, Merkur, Mond), noch nach der modernen erhalten (Merkur, Venus, Mars, Jupiter, Saturn, dazu Mond und Sonne im alten Planetensinn). Ihre Bezeichnungen rühren vielmehr von *demjenigen Planeten* her, welcher bei diesem Tagesstundendurchlaufen *ihre erste Stunde regiert*: Sonntag (Sonne), Montag (Mond), Dienstag (Ziustag, Ziu = Mars), Mittwoch (französisch Mercredi, Merkurstag), Donnerstag (Donar = Jupiter), Freitag (Freia = Venus), Samstag (Sabbatstag, Sabbathai = Saturn).

Außerdem kann man aus nachstehender Tabelle sofort den regierenden Planeten der *Geburtsstunde* oder einer sonstigen Stunde ablesen. Wer z. B. Sonntags früh zwischen 4 und 5 Uhr zur Welt kam, ist unter dem Stunden-Regiment des Mondes geboren und steht mit seinen äußeren Lebensschicksalen unter dessen mystischem Einfluss, insbesondere an den Tagesstunden, die zum Mond in Beziehung stehen. Für den eben Genannten werden also diejenigen Stunden der Wochentage (und vornehmlich des Sonntags) von Bedeutung sein, in denen der Mond regiert, also z. B. Vorsonntag (Sonnabend) abends 9–10, Sonntag früh 4–5 und vormittags 11–12, dgl. abends (schon zu Montag gehörig) 6–7 Uhr.

Die Bedeutung der Stundenplaneten gebe ich (a) nach der alten rabbinischen Tradition (B.-A., S. 118), sodann (b) nach einer Auswahl aus neueren kabbalistischen Deutungen.

Sonne als Stundenplanet, zumal der Geburtsstunde: (a) Ruhm und Ehre, genügende Wohlhabenheit und Unabhängigkeit, Offenheit, kein Glück mit Heimlichkeiten; (b) Weisheit, Scharfblick, selbst Prophetengabe, klares Urteil, Geschicklichkeit, Beredsamkeit; Seelengröße, edler Stolz, Feuergeist; Gunst bei hohen Herren. –

Venus: (a) Reichtum, starke Sinnlichkeit; (b) liebenswürdig, lebenslustig, schönheits- und kunstbegeistert, menschenfreundlich, vertrauensselig, leichtgläubig; doch auch wenig widerstandsfähig gegen Schicksal und Versuchung, leichtsinnig, eitel, Genuss liebend, sogar unmoralisch; rasches, aber zweifelhaftes Glück.

Merkur: (a) Gedächtnisstärke, Schreibgewandtheit; (b) Anstelligkeit, leichtes Auffassungsvermögen, Gewandtheit in allen Berufen und Lebenslagen, Beobachtungs- und Redegabe, Talent für Kunst und Wissenschaft, sanguinisch, aber auch launenhaft, von Stimmungen abhängig; mehr starke Augenblicks- als andauernde Erfolge.

Mond: (a) Wechselnde Erfolge und Misserfolge, Lust und Leid, Abhängigkeit von anderen, Glück in heimlichen und gewagten Sachen; (b) mehr stille Denker als Tatenmenschen, empfindsam, mitleidig, rücksichtsvoll, religiös, doch auch empfindlich, schüchtern, zögernd, zwischen Offenheit und Verschlossenheit wechselnd; fleißig, beharrlich, doch auch eigensinnig; bescheiden, doch echte Leistungen und Erfolge.

Saturn: (a) Allerhand Pläne, aber wenig Erfolg; (b) tiefangelegte, oft grüblerische, nachdenkliche Naturen, Gelehrsamkeit, zähe Energie, Arbeitskraft, Zuverlässigkeit, Beständigkeit, Arglosigkeit; persönliche Würde; oft anfängliches Missgeschick und erst später Erfolg.

Jupiter: (a) Rechtschaffenheit; (b) ernster, hoher, moralischer Sinn; behutsam, umsichtig bis zu Misstrauen und Verschlossenheit; durchdringende geistige Energie und Charakterstärke, doch auch starker Ehrgeiz, Fanatismus, Rachsucht; große aber nicht immer glückbringende Erfolge.

Mars: (a) Gewalttätigkeit bis zum Blutvergießen; (b) Kampfnaturen, rücksichtslose Tatenmenschen, eiserne Charaktere, die erst durch Sünde und Irrtum zur Größe und zum Sieg gelangen, ebenso bewundert wie gehasst, grob, ja roh, aber ehrlich, unter der rauen Schale Kindergemüt; schwer errungener, aber nachhaltiger Erfolg. (Mars stört oft die heilsame Wirkung *eines* anderen Planeten, verstärkt aber auch die guten Einflüsse *zweier* glückbringender Gestirne; ganz ähnlich bei Schiller, Wallensteins Tod I 1: „Und beide Segenssterne, Jupiter und Venus, nehmen den verderblichen, den tück'schen Mars in ihre Mitte, zwingen den alten Schadenstifter, mir zu dienen; denn lange war er feindlich mir gesinnt und schoss … die roten Blitze meinen Sternen zu. Jetzt haben sie den alten Feind besiegt und bringen ihn am Himmel mir gefangen.“)

2. Planeten und Tage

Wie die Planeten (als Gestirne der abendlichen Anfangsstunden) die Wochentage „regieren“, haben wir bereits gesehen. Ist die Geburts-*Stunde* von demselben Gestirn regiert wie der Geburts-Tag, so verstärkt sich natürlich der Einfluss des Planeten; dies ist mithin (nach dem Schema zu 1) immer der Fall, wenn die Geburt in der 1., 8., 15., 22. Stunde des in Frage kommenden Tages geschieht (also um 6–7 Uhr des Vorabends, d. h. vorhergehenden Tages, sowie um 1–2, 8–9 und 3–4 Uhr desselben Tages). – Jeder Planet regiert mindestens 3 von den 24 Stunden eines Tages; regiert er aber dessen erste Stunde, so herrscht er an diesem Tag im Ganzen *viermal* (der Thalmud nennt dies Schabbath 129b „doppelt herrschen“: erstens dreimal an gewissen Stunden innerhalb des Tages herrschen und zweitens durch das Beherrschen der Anfangsstunde den ganzen Tag regieren). – Der Tagesregent drückt dem ganzen Tag den allgemeinen Stempel seiner speziellen Bedeutung auf, weshalb z. B. (Schabbath a. a. O.) Dienstags, wo der blutige Mars den Tag regiert, der Aderlass als gefährlich widerraten wird. (Weiteres, auch über das Regieren der *letzten* Stunde eines Tages – 5 bis 6 Uhr abends – in m. „B.-A.“, S. 120ff.) – Dass die allgemeine und ständige mystisch-symbolische Natur eines Wochentages auch durch den Umstand beeinflusst werden kann, welches „Himmelshaus“ zu dem tagregierenden Planeten gehört, werden wir sogleich (unter 3) sehen, indem wir das in Thalmud und Midrasch nicht berührte Verhältnis zwischen Planeten und Monaten betrachten.

3. Planeten und Monate

Die Planeten durchwandern den Tierkreis mit seinen 12 Sternbildern: Widder, Stier, Zwillinge, Krebs, Löwe, Jungfrau, Waage, Skorpion, Schütze, Steinbock, Wassermann, Fische. Deren Verteilung am Himmel ist (wie schon Ende des vorigen Kapitels, bei den 4 „Panieren“, angedeutet wurde) folgende:

Krebs

Löwe Zwillinge

Jungfrau Stier

Waage Widder

Skorpion Fische

Schütze Wassermann

Steinbock

Wie die Wochentage, so wurden auch diese 12 Tierkreiszeichen unter die sieben astrologischen Planeten verteilt, indem man der Sonne und ebenso dem Mond je *ein* solches Sternbild als „Haus“ zum „Regieren“ zuwies, jedem anderen Planeten aber je *zwei* Sternbilder als „*Häuser*“, und zwar (z. B. in „Buch Rasiel“ 17a) wie folgt:

Sonne:	Löwe
Mond:	Krebs
Merkur:	Zwillinge, Jungfrau
Venus:	Stier, Waage
Mars:	Widder, Skorpion
Jupiter:	Fische, Schütze
Saturn:	Wassermann, Steinbock

Schon in dieser allgemeinsten Form zeigt sich ein Einfluss der Tierkreisbilder auf den allgemeinen Charakter der durch die Planeten „regierten“ Wochentage. So heißt es z. B. im Thalmud (Mischnah, Kethuboth I 1), der angemessene Hochzeitstag für eine Jungfrau sei der 4. Tag der Woche (d. h. Mittwoch), der für eine Witwe dagegen der 5. Wochentag (Donnerstag). Die thalmudische Begründung dieses Brauches ist sehr mangel- und zweifelhaft: Als Hochzeitstag für die Jungfrau sei der Mittwoch gewählt, weil Montag und Donnerstag Gerichtstag sei, so dass derjenige Bräutigam, der in der Brautnacht (vom Mittwoch zu Donnerstag) seine Braut als nicht mehr jungfräulich

vorgefunden habe, deswegen sogleich Donnerstag früh gerichtliche Klage anbringen könne. Dass dann ebenso gut auch der Sonntag sich als Hochzeitstermin für Jungfrauen eignen würde, wird übersehen, und warum eine Witwe donnerstags zu heiraten habe, dafür fehlt jeder plausible Grund. Viel einleuchtender wird uns der Brauch, wenn wir aus obigem Schema ersehen: a) dass der Planet des Jungfrauen-Hochzeitstages, also des Mittwochs, nämlich der Planet *Merkur*, als erstes seiner Himmelshäuser das der „*Jungfrau*“ bewohnt; b) ebenso, dass der Planet des Witwenhochzeitstages, nämlich *Jupiter*, seine erste Jahresstation im „Haus“ der „*Fische*“ hat, die in folgender Beziehung gerade zu einer Witwe stehen: Eine solche ist bei ihrer Wiederverheiratung nach kabbalistischer Ansicht ganz besonders der dämonischen Gefahr des „bösen Blickes“ (vgl. S. 145) ausgesetzt – sei es, dass der Geist des ersten Mannes der neuen Heirat missgünstig ist, oder dass die Unvermählten die Konkurrentin beneiden oder hassen; die Fische aber sind ein Symbol des Schutzes gerade wider den bösen Blick (vgl. die Belegstellen in m. „B.-A.“, S. 58).
Jedem der 12 Tierkreiszeichen entspricht ein *Monat*, d. h. ein Zwölftel des Jahres. So verband man denn mit obigem Schema noch *zwölf Monatsfristen*, während deren die sieben Planeten in je einem oder zweien der „Himmelshäuser“ des Tierkreises „regierten“ (vom 22. Juni, der Sommersonnenwende ab berechnet), und erhielt so neben den bisherigen Beziehungen der Stunden und Wochentage zu den Planeten auch noch solche Beziehungen dieser zwölf Monatsfristen zu ihnen. Und so bekamen die Planeten neben dem Einfluss auf das Wesen der von ihnen regierten Stunden und Tage jetzt auch Beziehungen zu der Gesamtheit der Monate.

So entstand das folgende ausführlichere Schema:

Planeten-Monats-Schema

Sonne	nur	im Haus des Löwen	: 22. 07. – 22. 08.
Merkur	(a)	im Haus der Jungfrau	: 22. 08. – 22. 09.
Venus	(a)	im Haus der Waage	: 22. 09. – 22. 10.
Mars	(a)	im Haus des Skorpions	: 22. 10. – 22. 11.
Jupiter	(a)	im Haus des Schützen	: 22. 11. – 22. 12.
Saturn	(a)	im Haus des Steinbocks	: 22. 12. – 22. 01.
Saturn	(b)	im Haus des Wassermanns	: 22. 01. – 22. 02.
Jupiter	(b)	im Haus der Fische	: 22. 02. – 22. 03.
Mars	(b)	im Haus des Widders	: 22. 03. – 22. 04.
Venus	(b)	im Haus des Stiers	: 22. 04. – 22. 05.
Merkur	(b)	im Haus der Zwillinge	: 22. 05. – 22. 06.
Mond	nur	im Haus des Krebses	: 22. 06. – 22. 07.

Dieses Planeten-Monats-Schema ist zunächst dazu nützlich, hilfsweise den beeinflussenden Planeten für das äußere Geschick solcher Leute zu finden, die ihre Geburtsstunde nicht kennen. Denn der *Tag der Geburt* gibt allein *keinen* genügenden Anhalt für die Ermittlung des gerade dieses Menschenwesen regierenden Planeten. Weiß z. B. jemand nur, dass er sonntags geboren ist, so gibt ihm das noch kein Recht, die Sonne als „sei-

nen“ Planeten, sich demnach als ein „Sonntagskind“ zu betrachten. Wäre er nämlich sonntags *nach* 6 Uhr abends geboren, so gehörte er ja schon als Montagskind unter die Herrschaft des Mondes! (Vgl. Vorbemerkung zum „Stundenregentschafts-Schema“!) Selbst bei berühmten Männern steht zuweilen nicht fest, ob der Tag ihrer Geburt beispielsweise der 10. oder 11. eines Monats war, so dass es sich nach Obigem dann um drei verschiedene Wochentage handeln könnte (nämlich außer dem 10. und 11. noch um die 6 letzten Stunden des 11. = astrologisch die 6 Anfangsstunden des 12. Monatstages). – Da gibt denn der *Planetenmonat* (vom 22. des einen bis zum 22. des anderen Kalendermonats) wenigstens eine Aushilfe. Wer z. B. am 30 Juli geboren ist, hat auf jeden Fall die Sonne als Monatsplaneten, und er darf, wenn er weiß, dass er sonntags geboren sei (aber nicht, ob etwa nach 6 Uhr abends), sich doch mit einer gewissen Wahrscheinlichkeit als „Sonntagskind“ betrachten, weil er immerhin im „Zeichen der Sonne“ geboren wurde.
Ist bei bekannter Geburtsstunde der Planet dieser Stunde derselbe wie der des Wochentages der Geburt, und fällt dieser außerdem in eine Monatsperiode, die unter demselben Planeten steht, so wird durch dieses Zusammentreffen natürlich der Einfluss dieses Planeten auf das äußere Geschick des Menschen in ganz besonderem Maße verstärkt. Kommen drei Planeten für Stunde, Tag und Monat in Frage, so beeinflussen sie gegenseitig ihre Grundbedeutung; z. B. zwei günstige stärken einander und schwächen oder vernichten den Einfluss eines dritten, ungünstigen (vgl. oben bei Wallenstein Jupiter und Venus gegen Mars) oder umgekehrt, usw.
Der 22. als jeweiliger Schlusstag eines Planetenmonats und zugleich der Anfangstag des nächsten ist ein konventioneller Ausgleich zwischen den wirklichen astronomischen Anfangstagen, die in die Zeit vom 21.–24. fallen können. Seine Doppelnatur, als Monatsschluss- und Monatsanfangstag zugleich, erklärt sich auch aus der bei den Kabbalisten sichtbaren Verquickung von orientalisch-jüdischer und abendländisch-christlicher Tagnormierung! Die kabbalistischen Astrologen rechnen zumeist nicht – was sehr kompliziert werden würde – nach dem jüdischen Mondjahr, sondern nach dem astronomischen Sonnenjahr zu 365 Tagen, mit 12 Monaten zu 30 bzw. 31 (oder im Februar 28–29) Tagen, halten aber am astrologischen Tages*beginn* um 6 Uhr abends (nach unserer Zeit) fest. Ihr „22.“ umfasst also noch sechs Abend-Stunden von unserem 21., an dem noch bis Mitternacht der vorherige Monatsplanet herrscht, und dann 18 Stunden unseres 22., an dem der nächste zu „regieren“ beginnt!
Dasjenige „Haus“ nun, d. h. der Tierkreisabschnitt, zu dem nach vorstehender Monatsplanetentabelle der Tag der *Geburt* gehört, heißt gewöhnlich das „*Haus des Lebens*“ (Beth Cha’jjim). Für einen am 30. Juli Geborenen würde also der Tierkreisabschnitt des „Löwen“ oder das „Haus der Sonne“ als „Haus des Lebens“ anzusehen sein. Tritt nun (da ja alle Planeten den Tierkreis durchwandeln) am Himmel der Planet meiner Geburtsstunde (z. B. der Mond) in das „Haus des Lebens“ ein, so ist die Zeitspanne, während deren er sich in diesem Haus befindet, für mich eine sehr günstige Zeit; ungünstige Zeit dagegen herrscht für mich, wenn in meinem „Haus des Lebens“ ein Planet steht, dessen astrologischer Charakter demjenigen meines Geburtsplaneten entgegengesetzt, also schädlich oder feindlich ist. So sieht (in Wallensteins Tod V, 5) der erschrockene Astrologe Seni plötzlich „ein gräulich Zeichen im Haus des Lebens“ (Wallen-

steins) stehen. Wallenstein aber bezeichnet (a. a. O. I, 1) Jupiter und Venus als „seine“ Sterne, da Jupiter die Sternstunde seiner Geburt regierte und sein Geburtstag der 24. September war, der nach der obigen Monatsplanetentabelle zum „Haus der Venus“ gehört. – Günstig ist im allgemeinen auch der ganze Planetenmonat, in den der Geburtstag fällt, also z. B. für einen am 30. Juli Geborenen die Spanne vom 22. Juli–22. August, für einen (gleich Wallenstein) am 24. September Geborenen die Zeit vom 22. September bis 22. Oktober.

Aufgrund dieser und anderer Berechnungen sind überhaupt folgende Monatszeiten für die in den einzelnen Planetenmonaten Geborenen (s. Monatsplanetentabelle) günstig oder ungünstig:

Geburt im Monat der *Sonne*

Günstig: 22. 7.–22. 8.; 22. 3.–22. 4.
Ungünstig: 22. 9.–22. 10.

Geburt im Monat des *Merkur*

Günstig: 22. 8.–22. 9.; 22. 5.–22. 6.
Ungünstig: 22. 11.–22. 12. (22. 4.–22. 5.)

Geburt im Monat der *Venus*

Günstig: 22. 9.–22. 10.; 22. 4.–22. 5.
Ungünstig: 22. 2.–22. 3. (22. 5.–22. 6.)

Geburt im Monat des *Mars*

Günstig: 22. 10.–22. 11.; 22. 12.–22. 1.; 22. 3.–22. 4.
Ungünstig: 22. 6.–22. 7. (22. 1.–22. 2.)

Geburt im Monat des *Jupiter*

Günstig: 22. 11.–22. 12.; 22. 2.–22. 3.; 22. 6.–22. 7.
Ungünstig: 22. 12.–22. 1. (22. 7.–22. 8.)

Geburt im Monat des *Saturn*

Günstig: 22. 12.–22. 1.; 22. 9.–22. 10.
Ungünstig: 22. 3.–22. 4. (22. 8.–22. 9.)

Geburt im Monat des *Mondes*

Günstig: 22. 6.–22. 7.; 22. 4.–22. 5.
Ungünstig: 22. 10.–22. 11.

Bei genauerem Studium vorstehender Tabelle erkennt man sofort, welche Planeten einander feindlich sind, und wann dies der Fall ist: Die günstige Zeit für den einen ist die ungünstige für den anderen (vgl. z. B. Jupiter und Mars usw.).
Ein paar moderne Beispiele verdeutlichen vielleicht am besten die Vorstellungen von den ungünstigen und günstigen Planetenzeiten. Für den (um bei einer schon erwähnten

Person zu bleiben) im Monat der Venus (22. 9.–22. 10.), nämlich am 24. September (1583) geborenen *Wallenstein* wäre nach Obigem die Zeit vom 22. 2.–22. 3. als ungünstig zu betrachten; am 25. Februar (1634) wurde er denn auch ermordet! – Zar *Alexander II.*, im (zweiten) Monat der Venus (22. 4.–22. 5.), nämlich am 29.4. (1818) geboren, hatte dieselbe ungünstige Zeit (22. 2.–22. 3.) und wurde denn auch am 13. 3. (1881) ermordet. – Kaiserin *Elisabeth* von Österreich, im Monat des Saturn (22. 12.–22. 1.), nämlich am 24. 12. (1837) geboren, hatte als ungünstige Zeit: 22. 8.–22. 9.; am 10. 9 (1898) wurde sie ermordet.
Für *Napoleon I.*, im Monat der Sonne (22. 7. bis 22. 8.), nämlich am 15. 8. (1769) geboren, war ungünstig die Zeit vom 22. 9.–22. 10.; am 18. Oktober 1813 Schlacht bei Leipzig! – Für *Luther*, im Monat des Mars (22. 10.–22. 11.), nämlich am 10. 11. (1483) geboren, war ungünstig 22. 1.–22. 2.; am 18. 2. (1546) starb er. – Auch Glückszeiten lassen sich nach der obigen Tabelle historisch belegen, z. B. bei Luther: Reichstag zu Worms, eigentlicher Reformationsbeginn, 17. u. 18. 4. (1521), entsprechend der Mars-Glückszeit vom 22. 3. bis 22. 4. – Doch sind alle vorgenannten sonderbaren Umstände auch vom astrologischen Standpunkt aus mehr Zufälle, da der so wichtige Stern der Geburtsstunde bei den meisten dieser Personen, weil unbekannt, nicht mit in Rechnung gezogen werden kann; bei Napoleon scheint übrigens als solcher der Jupiter anzunehmen zu sein. –
Das bisher Erörterte ist ohne *astronomische* Schulung verständlich und ausführbar. Es stellt gewissermaßen eine hausbackene Elementar-Astrologie dar, die auch den meisten Kabbalisten genügte. Manche von diesen waren ja (wie wir auf S. 90, und oben bei der Zuordnung der 12 Stämme zu den Tierkreisbildern sahen) sogar in der altorientalisch-astralen Tradition nicht sattelfest. Andere freilich, mit den astronomischen Kenntnissen ihrer Zeit ausgerüstet, drangen auch tiefer in die subtilere astrologische Theorie und Praxis ein die sich auf wirkliche und für jeden Fall besonders angestellte *Beobachtungen* am Himmel bezog. Allerdings weisen diese sozusagen „astronomischen" Kabbalisten keine nennenswerten Abweichungen von der allgemein üblichen „wissenschaftlichen" Astrologie auf. Es wird daher genügen, nur das Allernötigste über ihr Verfahren anzudeuten. So wurde z. B. beim „Horoskop- oder Nativität-Stellen", d. h. bei der Berechnung des künftigen äußeren Schicksals eines Neugeborenen, nicht einfach der *Planet* genommen, der für die Stunde der Geburt im Tages- und Wochenschema als „Regent" angegeben war (s. o. S. 181f.), sondern man beobachtete (oder berechnete hinterher), welcher *Punkt der Ekliptik* gerade im Augenblick der Geburt aufging. An diesem Punkt, den man auch „Horoskop" im engeren Sinn nannte, dachte man sich den „Genius (oder jüdisch: Schutzengel) der Geburt" befindlich, und das Tierkreiszeichen, in dessen Gebiet jener Punkt sich beim Aufgehen befand, hieß der „Gebieter der Geburt", derjenige Planet aber oder die Planeten, die damals gerade in diesem Zeichen standen, galten als spezielle Geburts- und Schicksalsplaneten. Wenn nun zu ermitteln war, ob und wann für ein Vorhaben die „rechte Sternenstunde" oder der geeignete Tag sei, ob der gegenwärtige Tag, die gegenwärtige Stunde sich als günstig oder ungünstig erweise usw., so beobachtete man zunächst, in welchem „*Haus*" (Tierkreisgebiet) der „Genius der Geburt" stehe, und was für „Aspekte" die Planeten zeigten, zumal der Planet (oder die Planeten) der Geburtsstunde. Mit „*Aspekten*" sind die verschiedenen Stellungen der

Planeten zueinander gemeint, nämlich: die *Konjunktion* oder Zusammenkunft (gleiche astronomische Länge), die *Opposition*, Doppel- oder der Gegenschein (Längenunterschied von 180 Grad), *Trigonal-* oder *Gedrittschein* (Verschiedenheit der Länge um 120 Grad), *Quadratur* oder *Geviertschein* (Längenverschiedenheit von 90 Grad, Quadratstellung), *Sextil-* oder *Gesechstschein* (Längenunterschied voneinander um 60 Grad); andere verstehen unter diesen Ausdrücken einfach eine Dreiecks-, Vierecks- und Sechsecksstellung von Planeten zueinander. Die Kabbalisten wiechen, wie gesagt, soweit sie nach der damaligen Astronomie „operieren", von den allgemeinen mittelalterlich- astrologischen Normen in keiner nennenswerten Weise ab. Viel mehr übrigens, als man aus der kabbalistischen Literatur (zumal aus dem in dieser Hinsicht auffallend dürftigen „Sohar") entnehmen kann, beweisen für eine starke Beschäftigung mit „astronomischer" Astrologie auf jüdischer Seite die geschichtlichen Nachrichten von *jüdischen Hofastrologen*! So war um 1230 *Jakob Anatoli* in Neapel Hofastrologe des großen römisch-deutschen Kaisers Friedrich II. Im Heimatland und um die Abschlusszeit des Sohar (Spanien um 1300) hatte Alfons X. von Kastilien († 1284) den Juden *Jehudah ben Mose Kohen* zum Hofastrologen und Leibarzt; zur selben Zeit lebte der Mitarbeiter an den „Alfonsinischen Sterntafeln" dieses Königs, der jüdische Astronom *Isaak ibn Sid*, als Vorbeter zu Toledo. Hofastrologe des portugiesischen Königs Emanuel war der Lissabonner Rabbiner *Abraham Zakuto*, der vorher als Professor der Mathematik und Astronomie zu Salamanca 1473 den berühmten „Immerwährenden Almanach" (astronomische Tabellen und Tafeln) veröffentlicht hatte, 1486 auf der Konferenz zu Salamanca lebhaft für das Unternehmen des Kolumbus eingetreten war und 1497 den Entdecker Vasco de Gama für dessen Expedition instruierte. Auch sein Schüler *Jose Vecinho*, der Miterfinder des nautischen Astrolabiums (zur Berechnung der Breitengrade auf See), war portugiesischer Hofastrologe, und zwar beim König Johann II. – Wenn wir auch von diesen und anderen jüdischen Astrologen keine kabbalistischen Schriften besitzen, so dürfen wir sie doch, wie alle gebildeten Juden ihrer Zeit, als Kenner der Kabbalah ansprechen. Jedenfalls galt Bonet de Lattes, der jüdische Hofastrologe und Leibarzt der Päpste Alexander VI. und Leo X., für Kabbalahkundig, und von dem getauften *Paulus Ricius* (Professor der Philosophie zu Pavia, dann Leibarzt Kaiser Maximilians I. und Übersetzer thalmudischer Mischnah-Traktate ins Lateinische), der sich auch astrologisch betätigte, ist eine Schrift stark kabbalistischen Inhalts bekannt, die ihn wegen ihrer Lehre von der Beseelung der Gestirne u. a. mit dem bekannten Luthergegner Professor Eck aus Ingolstadt in Konflikt brachte. Wir dürfen von den mittelalterlichen und anfangs der Neuzeit lebenden jüdischen Astrologen getrost annehmen, dass jeder von ihnen kabbalistische Kenntnisse besaß, wenn auch nicht umgekehrt alle Kabbalisten Astrologen, geschweige denn solche mit eingehenderen astronomischen Kenntnissen waren.

4. Planeten und Jahre

Noch viel später als die Ansichten über die „Regierung" der einzelnen Monatsabschnitte durch die Planeten ist die Lehre von deren „Regentschaft" über die einzelnen *Jahre*. Die Reihenfolge der *Planeten als Jahresregenten* ist (gleich ihrer Aufeinanderfolge als Stundenbeherrscher) die antike astronomisch-astrologische: *Sonne, Venus,*

Merkur, Mond, Saturn, Jupiter, Mars. Jedes durch die Zahl 7 teilbare Jahr unserer Zeitrechnung ist ein Marsjahr (also herrscht z. B. 1913 Venus, 1914 Merkur, 1915 Mond, 1916 Saturn, 1917 Jupiter, 1918 Mars, 1919 Sonne, 1920 Venus usw. über das Jahr). Die astrologische Bedeutung des jahrregierenden Planeten ist dieselbe wie die vorn bei den Planeten als Stundenregenten angegebene. Hat jemand einen und denselben Planeten etwa gar zum Stunden-, Tages-, Monats- und Jahresregenten, so wird natürlich jene planetarische Einwirkung und Bedeutung ganz ungemein verstärkt; günstig ist es auch noch, wenn jene vier Funktionen von befreundeten Planeten zusammen ausgeübt werden, während dagegen ein Zusammenstehen von einander feindlichen Planeten in jenen vier Stellungen als keine gute Vorbedeutung gilt.
Für die *jüdische* Jahresrechnung, die mit 3760 v. Chr. beginnt (so dass man *unseren* Jahren 3760 zuzählen muss, um das jüdische Jahr zu erhalten, das aber schon im Herbst vorher anfängt), sind durch 7 teilbar die Jupiterjahre. Marsjahre sind also diejenigen, welche auf die bei ihnen durch 7 teilbaren Jahre folgen. Die Planetenjahre selbst werden durch diesen Divisionsunterschied nicht berührt, sondern sind im Allgemeinen beide Mal gleich, nur dass ihr Jahresanfang zuweilen nach dem christlichen, zuweilen nach dem jüdischen Kalender gerechnet wird.
Ich erwähne die für die ältere und mittlere Kabbalah ganz wenig bedeutsame Jahresregentschaft der Planeten nur, weil moderne Kabbalisten unter Abänderung der ursprünglichen Methode den Versuch gemacht haben, aus der astrologischen Bedeutung des Jahresplaneten Schlüsse auf den Charakter des von ihm beherrschten *Jahres* zu ziehen. So zeigen sich tatsächlich eine Reihe von Jahren der Neuzeit, die (durch 7 teilbar, also) *Marsjahre* sind, von stürmischen Ereignissen oder Kriegen bewegt, z. B. 1806, 1813, 1848, 1862 (Nordamerikanischer Bürgerkrieg), 1876 (Serbisch-montenegrinisch-türkischer Krieg), 1883 (Französisch-chinesischer Krieg), 1897 (Griechisch-türkischer Krieg), 1904 (Russisch-japanischer Krieg), 1911 (Italienisch-türkischer Krieg). Aber gerade in der jüdischen Geschichte fallen die blutigen Ereignisse und sonstigen Unglückszeiten zumeist *nicht* in Marsjahre! (Ausnahmen etwa z. B. die Marsjahre 63 und 70 nach Christi Geburt, in denen Jerusalem von Pompejus bzw. Titus erobert wurde.) Daher kommt diese Art planetarischer Jahresmantik für die jüdische Astrologie sehr wenig in Betracht. –
Ich möchte diesen Abschnitt nicht schließen ohne ein kurzes Wort über die *größere Ehrlichkeit des astralen Weltbildes der Astrologie* gegenüber dem der modernen Astronomie. Die Astrologie sagt: Gott will uns durch das astrale Weltbild, wie es *uns erscheint*, Anzeichen für gewisse äußere Ereignisse des Menschenlebens und irdischen Geschehens geben. Sie bescheidet sich bewusstermaßen mit dem *subjektiven* Weltbild, wie es sich unserem auf den Himmel gerichteten Auge darbietet. Die moderne Astronomie dagegen erhebt den Anspruch, ein *objektives* Weltbild konstruieren zu können, obwohl es ihr dazu an dem Allernötigsten gebricht und z. T. zerbrechen muss. Kein Astronom kann uns mit Notwendigkeit beweisen, dass sich die Erde um die Sonne dreht und nicht umgekehrt diese um jene; den unbequemen Argumenten des streitbaren *Johannes Schlaf*, welcher unerschrocken die antike Anschauung von der Erde als Mittelpunkt unseres Planetensystems verficht, stehen die Männer vom offiziellen Sternguckerbau recht hilflos gegenüber und kommen über Zirkelschlüsse wenig hinaus. Trotz-

dem tun sie so, als sei die Lehre von der zentralen Stellung der Sonne eine absolute Vernunftwahrheit, ähnlich wie unsere „monistischen" Naturwissenschaftler z. B. die bloße *Hypothese* des „Weltäthers" usw. als unumstößliche wissenschaftliche „*Tatsache*" behandeln u. a. M. Doch als Schlimmste: Die Astronomen wissen ganz genau, dass wir von „entfernteren" Sterngebilden nicht im mindesten wissen und sagen können, ob sie heute *überhaupt noch existieren*, obwohl wir sie sehen. Die Sternleute haben selber berechnet, dass der Lichtstrahl, der uns den Andromedanebel zeigt, aus jener Riesenform bis zu uns etwa 92 000 Jahre braucht; sogar von dem uns nächsten Fixstern aus dauert es rund 4 ½ Jahre! So, wie wir den Andromedanebel heute sehen, hat er in Wirklichkeit also vor 92 000 Jahren ausgesehen; wie er *heute* aussieht, könnten wir auf Erden erst in 92 000 Jahren erfahren! Bei anderen Gestirnbildern am Himmel ist diese Zeit nach ihrer Entfernung wiederum anders. Wir sehen mithin am Fixsternhimmel Bilder von dem verschiedensten Alter zwischen etwa 92 000 und 4 Jahren. Wenn die Sterne des Andromedanebels schon seit 91 000 vernichtet wären, würden wir sie also trotzdem noch 1000 Jahre lang erblicken, als wären sie noch vorhanden. Ob an der Stelle, wo wir die verschiedenen Fixsterngebilde bemerken, heute noch irgend etwas vorhanden ist, ja ob in den letzten Jahren, Jahrhunderten, Jahrtausenden etwas Wirkliches noch da war, darüber fehlt uns jegliche Kunde. Und dennoch benutzt die moderne Astronomie diese ganz verschieden alten Elemente, um daraus ein Bild des gegenwärtigen Weltgebäudes zu konstruieren, das wir als wirklichkeitsgemäß hinnehmen sollen. Wenn ein unbegabter Quartaner sich vorstellen würde, dass neben unserer inländischen Telefon- und Automobilkultur in Ägypten der böse Pharao Ramses II. herrsche, in Griechenland der gute Miltiades seine Hopliten wider den schlimmen Perserschah Xerxes einexerziere, während in Rom der wackere Cicero gegen Catilina donnere und im fernen Mexiko gleichzeitig Ferdinand Cortez Abenteuer erlebe, so würde dieses sonderbare Geschichtsbild an Richtigkeit etwa jenem astronomischen Weltbild entsprechen. Nur weiß es so ein guter Junge nicht besser, während die gelehrten Herren Astronomen in ihrem Fall uns bewusstermaßen mit einem Sammelsurium von Lichtstrahlbildern denkbarst verschiedenen Alters und längst vergangener Wirklichkeit hinters Licht führen, indem sie uns zumuten, aus diesen, heute objektiv bestimmt unrichtigen Erscheinungen ein vermeintlich objektives, geschlossenes Bild des Universums zusammenzustoppeln oder uns vorzaubern zu lassen! – Als ob dies nicht weit faulerer Zauber wäre als selbst die verstiegenste Astrologie!

III. Magische Quadrate

Magische Quadrate sind quadratische Zusammenstellungen von aufeinander folgenden Zahlen (Gliedern einer arithmetischen Progression) in der Art, dass die senkrechten, waagerechten und diagonalen Felder zusammen dieselbe Summe ergeben. Den Zusammenhang dieser magischen Quadrate mit der Astrologie habe ich bereits S. 150f. berührt; ihre Verwendung als Amulette wird bei deren Besprechung zu erwähnen sein. Scheffler (Die magischen Figuren, Leipzig 1882) verlegt ihren Ursprung und ersten Gebrauch mit hoher Wahrscheinlichkeit ins alte Indien; dort geschah dann auch schon die Zuordnung der einzelnen Quadrat-Arten zu je einem der sieben Planeten, was wir (oben S. 150) bei den Kabbalisten erst über die Zwischenstufe der sieben Metalle hinweg erfolgen sahen.

Ich gebe nun die einzelnen Quadrat-Schemata in der kabbalistischen Verbindung mit den Erzen und (in Klammern) mit den entsprechenden Planeten, wobei ich noch bemerke, dass man die Zahl der Seitenfelder eines solchen Quadrates als seine „Wurzel" bezeichnet, und dass der kabbalistische Name einer solchen Figur „Kamea" heißt. In den Originalen stehen statt der arabischen Zahlen die diesen entsprechenden hebräischen Buchstaben (vgl. m. „Kabbalah" von 1903, S. 95ff.)

1. Dreier-Quadrat (Quadratwurzel 3)

„Kamea des Bleis" (des Saturn)

4	9	2
3	5	7
8	1	6

Die Vertikal-, Horizontal- und Diagonalsummen sind hier jedes Mal 15, hebräisch JH (J = 10, H = 5). „JH" oder „Jah" ist aber zugleich Abkürzung des Gottesnamens „Jhwh", der spirituell alle Sephiroth umfasst, vgl. S. 76ff. Den dynamischen Sephiroth-Brennpunkt aber in Bezug auf die Welt der Erscheinungen bildet die Sephirah „Malkuth", welcher (nach „Thikkune Sohar") der Planet Saturn entspricht.

2. Vierer-Quadrat (Quadratwurzel 4)

„Kamea des Zinns" (des Jupiter)

4	14	15	1
9	7	6	12
5	11	10	8
16	2	3	13

Vertikal-, Horizontal- und Diagonalsummen = 34, hebräisch DL als Zahlzeichen (D = 4, L = 30), vokalisiert ausgesprochen aber Dal = dünn, dünnflüssig, wovon nach hebräischer Etymologie „Bedi'l" (Be-DiL) = Zinn abgeleitet wird. Planet des Zinns ist Jupiter, dem die Sephirah „Nezach" entspricht.

3. Fünfer-Quadrat (Quadratwurzel 5)

„Kamea des Eisens" (des Mars)

11	24	7	20	3
4	12	25	8	16
17	5	13	21	9
10	18	1	14	22
23	6	19	2	15

Vertikal-, Horizontal- und Diagonalsummen = 65. Diesen Zahlenwert hat der Gottesname „Adona`j" (ADNJ; A = 1, D = 4, N = 50, J = 10). Mit Mars verbunden gehört dieser zur Sephirah „Geburah" (Stärke), ähnlich wie sonst auch „Eloah" (vgl. S. 50).

4. Sechser-Quadrat (Quadratwurzel 6)

„Kamea des Goldes“ (der Sonne)

Die einfache Form dieses Quadrates ist folgende: Vertikal-, Horizontal- und Diagonalsummen = 111. Diesen Zahlenwert hat der biblische Ausdruck „Ha-sahab ha-pas“ = lauteres Gold (S = 7, 3 H = 15, B = 2, P = 80, S = 7). Zum Gold gehört als Planet die Sonne.

6	32	3	34	35	1
7	11	27	28	8	30
24	14	16	15	23	19
13	20	22	21	17	18
25	29	10	9	26	12
36	5	33	4	2	31

Die Kabbalisten haben noch ein anderes Sechser-Quadrat, aus den 36 ungeraden Zahlen von 1–71 bestehend:

11	63	5	67	69	1
13	21	53	55	15	59
37	27	31	29	45	47
35	39	43	41	33	25
49	57	19	17	51	23
71	9	65	7	3	61

Vertikal-, Horizontal- und Diagonalsumme = 216 = hebräisch „Arjeh“ = Löwe (A = 1, R = 200, J = 10, H = 5) = Sonne = Tiphereth. – Betrachten wir die Diagonalreihen, so ergeben nicht nur die gegenüberliegenden Eckziffern, sondern auch die sich auf der Diagonale entsprechenden Felder die Zahl 72 (1+71, 11+61, 15+57, 29+43, 21+51, 31+41), ebenso die sich entsprechenden Zahlen neben den Eckziffern (13+59, 49+23, 63+9, 69+3) und die beiden Mittelzahlen jeder Außenseite (37+35, 47+25, 5+67, 65+7), endlich auch die symmetrisch liegenden Zahlen des Innenraums (27+45, 39+33, 53+19, 55+17) – so dass alle diese 36 Zahlen untereinander in wunderbarer Harmonie verbunden sind.

Die Zahl 72 entspricht dem Zahlenwert der Worte „Chen sahab“ = Anmut oder Gunst des Goldes (Ch = 8, N = 50, s = 7, h = 5, b = 2). Vgl. auch den 72buchstabigen „Namen“ S. 115ff.

Wenden wir dasselbe Verfahren auf das voranstehende, einfache Sechserquadrat an, so erhalten wir allenthalben als Summe je zweier sich entsprechenden Felder die Zahl 37 (1+36, 6+31, 8+29, 15+22, 11+26, 16+21 usw.), die aber keine kabbalistische Bedeutung erfahren hat.

5. Siebener-Quadrat (Quadratwurzel 7)

„Kamea des Kupfers“ (der Venus)

22	47	16	41	10	35	4
5	23	48	17	42	11	29
30	6	24	49	18	36	12
13	31	7	25	43	19	37
38	14	32	1	26	44	20
21	39	8	33	2	27	45
46	15	40	9	34	3	28

Vertikal-, Horizontal- und Diagonalsummen = 175 = Zahlenwert von SzOD Ha-MeNJ (Geheimnis der [babylonischen] Venus!) Die Summe je zweier harmonisch gelagerten Felder (4+46, 22+28, 11+39, 18+32, 23+27, 24+26 usw.) ist stets 50 = hebräisch N, dem Anfangsbuchstaben von „Nechoscheth“ (Kupfer) und „Nogah“ (Venus), wozu als Sephiroth „Hod“ gehört.

6. Achter-Quadrat (Quadratwurzel 8)

„Kamea des Quecksilbers“ (des Merkur)

8	58	59	5	4	62	63	1
49	15	14	52	53	11	10	56
41	23	22	44	45	19	18	48
32	34	35	29	28	38	39	25
40	26	27	37	36	30	31	33
17	47	40	20	21	43	42	24
9	55	54	12	13	51	50	16
64	2	3	61	60	6	7	57

Oder:

8	58	62	4	5	59	63	1
9	15	51	53	52	54	10	16
48	18	22	44	45	19	23	41
25	39	35	29	28	38	34	32
33	31	27	37	36	30	26	40
24	42	46	20	21	43	47	17
49	55	11	13	12	14	50	56
64	2	16	60	61	3	7	57

Vertikal-, Horizontal- und Diagonalsummen = 260 = Zahlenwert von KoKhaB KeS(z)ePh ChaJjiM (Stern des Quecksilbers). Die Summe je zweier harmonisch gelagerten Felder (1+64, 8+57 usw.) = 65 = S(z)aDA = Sephirah Jeso`d.

7. Neuner-Quadrat (Quadratwurzel 9)

„Kamea des Silbers" (des Mondes)

37	78	29	70	21	62	13	54	5
6	38	79	30	71	22	63	14	46
47	7	39	80	31	72	23	55	15
16	48	8	40	81	32	64	24	56
57	17	49	9	41	73	33	65	25
26	58	18	50	1	42	74	34	66
67	27	59	10	51	2	43	75	35
36	68	19	60	11	52	3	44	76
77	28	69	20	61	12	53	4	45

Vertikal-, Horizontal- und Diagonalsummen = 369 = Zahlenwert von K'eReN Ha-SaHaB (Goldene Mondsichel). Die Summe der harmonisch gelagerten Felder (5+77, 37+45 usw.) = 82 = LaBaN (der Weiße, Mond). Zugehörige Sephirah: Chochmah.

Wichtiger als diese z. T. sehr gekünstelten Erläuterungen der Beziehungen zwischen den Quadraten, Planeten, Metallen und Sephiroth ist die praktische Verwendung der sieben magischen Quadrate.
Wie schon S. 150 erwähnt ist, beruht deren Benutzung für die Zukunftsdeutung usw. auf dem Umstand, dass viele Zahlen auf den schrägen Linien (Diagonalen) der Quadrate eine gewisse Reihenfolge (arithmetische Progression) zeigen, die mit einzelnen Lebensabschnitten in Verbindung gesetzt wird, und ferner ist die Beobachtung von Bedeutung, dass (wie wir eben sahen) gewisse Quadratfelder in harmonischen Beziehungen zueinander stehen. Da ein Lebenslauf oder eine andere geschlossene Zeitspanne tatsächlich bei eindringender Beobachtung einen *periodischen Rhythmus im Geschehen* erkennen lässt und auch die Resultate gewisser mehr oder minder auseinander liegender Jahre des Einzel- oder Völkerlebens eine harmonische Beziehung zueinander aufweisen, so lag es nahe, die Jahre eines Menschenlebens oder einer anderen Periode nach dem periodischen Schematismus eines der sieben Planeten-Quadrate zu ordnen und so statt einer unübersichtlichen, unterschiedslos dahin laufenden geraden Zeitlinie ein klares *Zeit-Bild* mit übersichtlich *gruppiertem* Inhalt zu gewinnen – ein ähnliches Verfahren wie das der analysierenden und gruppierenden „pragmatischen" Geschichtsschreibung gegenüber der alles auf denselben Faden hintereinander reihenden Annalistik.

I. Betrachten wir daraufhin zunächst *die Quadrate mit ungeradzahliger Wurzel* (Dreier-, Fünfer-, Siebener- und Neunerquadrat), so bemerken wir u. a. folgendes:

1. *Die erste Hauptdiagonale* von der Ecke oben links nach unten rechts (Haupt-Linksdiagonale) enthält eine fortlaufende Zahlenreihe, deren einzelne Zahlen je um 1 verschieden sind; vgl. z. B. im Neunerquadrat die Diagonalreihe 37–45.

2. Auch die (von der linken oberen Ecke aus gerechnet) mit „*ungeraden*" Feldern beginnenden, anderen Schräglinien von links nach rechts abwärts (Linksdiagonalen) enthalten aufeinanderfolgende, je um 1 differierende Zahlenreihen; im Neunerquadrat: 29–35, 21–25, 13–15, 47–53, 17–61, 67–69.

3. Die mit geraden Feldern beginnenden Schräglinien (Linksdiagonalen) enthalten nur unvollständige Reihen dieser Art, z. T. auch keine. (Im Neunerquadrat z. B. die Reihen: 78–76, 6–4, 70–66, 16–12, 62–56, 26–20, 54–46, 36–28).

4. Die *zweite Hauptdiagonale* von rechts oben nach links unten (Haupt-Rechtsdiagonale) zeigt ebenfalls eine periodische Zahlenreihe, deren einzelne Glieder um die Wurzelzahl des jeweiligen Quadrates verschieden sind; z. B. beim Neunerquadrat: 5, 14, 23, 32, 41, 50, 59, 68, 77, also Differenz 9. – Auch bei den anderen „ungeraden" Rechts-Links-Schräglinien (Rechtsdiagonalen) ist dieselbe Differenz in vollständigen Reihen da, bei den „geraden" Nebendiagonalen aber sind diese Reihen wieder unvollständig usw.

5. Die Zahl im vorletzten (nächst-untersten) Feld der *ersten* Längsreihe – also z. B. beim Neunerquadrat die 36 – heißt die *„Leitzahl"*, da sie in der gewöhnlichen Zahlenreihe der linken Eckzahl des Quadrates vorangeht. Die linke Eckzahl aber bedeutet den Anfang der Hauptdiagonale, d. h. der Hauptperiode des zu deutenden Zeitabschnittes, und die Leitzahl stellt daher gewöhnlich ein Jahr vor, das einen bedeutsamen *Wendepunkt* bildet. Bedeutsam ist auch oft die Zahl im zweitobersten Feld der *letzten* Längsreihe (im Neunerquadrat also die 46), welche als *Nebenleitzahl* der mit dem dritten Feld der ersten Längsreihe (47) beginnenden zweiten Linksdiagonale in der Zahlenreihe vorangeht.

6. Für die Daseinsdeutung kommen vornehmlich die von links oben nach rechts unten laufenden Schräglinien (*Linksdiagonalen*) in Betracht, besonders diejenigen, welche mit „ungeraden" Feldern beginnen (also im Neunerquadrat die Diagonalen 13–25, 21–25, 29–35, 37–45, 47–53, 57–61, 67–69, samt den Eckzahlen 5 und 77).

II. Bei den *Quadraten mit „geradzahliger" Wurzel* (also den Vierer-, Sechser-, Achterquadraten) steht immer die Wurzelzahl (4, 6, 8) in der *linken* oberen Ecke, am Beginn der Haupt-Linksdiagonale; in der *rechten* oberen Ecke (am Anfang der Haupt-Rechtsdiagonale) steht immer eine 1, am Ende (unten links) das „Quadrat" der Wurzelzahl (d. h. diese mit sich selbst multipliziert). Die Zahlenreihe der Haupt-*Linksdiagonale* steigt immer um einen Beitrag, der *um 1 kleiner* als die Wurzelzahl ist, also im Viererquadrat um 3, im Sechserquadrat um 5, im Achterquadrat um 7 (Viererquadrat-Linksdiagonale. 4, 7, 10, 13; Sechserquadrat: 6, 11, 16, 21, 26, 31; Achterquadrat: 8, 15, 22, 29, 36, 43, 50, 57); bei der Haupt-*Rechtsdiagonale* beträgt die ständige *Differenz stets 1 mehr* als die Wurzelzahl, also im Viererquadrat: 5 (1, 6, 11, 16), im Sechserquadrat: 7 (1, 8, 15, 22, 29, 36), im Achterquadrat: 9 (1, 10, 19, 28, 37, 46, 55, 64). – Während die Quadrate mit ungerader Wurzel ein *einzelnes Mittelfeld* haben (im Dreierquadrat: 5; im Fünferquadrat: 13; im Siebenerquadrat: 25; im Neunerquadrat: 41), fehlt ein solches den Quadraten mit gerader Wurzel naturgemäß; die beiden Hauptdiagonalen schneiden sich hier nicht in einem einzigen Feld, sondern machen sozusagen zur Quadratmitte vier zusammenliegende Felder (z. B. beim Achterquadrat: 29, 38, 37, 36), die dann bei der Deutung des Quadrats auf Zentralereignisse des zu erklärenden Zeitabschnittes hinweisen.

III. Um zu ermitteln, *welches Planetenquadrat* z. B. für die Deutung eines Lebenslaufes anzuwenden sei, sind verschiedene Operationen notwendig. Zuweilen kommen so-

gar zwei oder mehr Quadrate in Betracht, deren Deutungsresultate dann kombiniert werden müssen. Ich berücksichtige hier nur die Wahl *eines* Quadrates. Hauptsächlich bestimmend ist für die Wahl des entsprechenden Quadrates der *Planet der Geburtsstunde*, in zweiter Linie der des Geburtstages. Ist dieser Planet z. B. der Mond, so wird man demnach die „Kamea des Mondes", d. h. das Neunerquadrat, zu wählen haben. – In das gewählte Quadrat trägt man nun die Jahre des zu deutenden Zeitabschnittes, also z. B. des Lebenslaufes, derart ein, dass man in dasjenige Feld des Quadrates, das die Zahl 1 enthält, das Geburtsjahr schreibt, in das dort mit 2 bezeichnete Feld die Jahreszahl des 2. Lebensjahres und so fort, bis alle Felder des Quadrates mit Jahreszahlen ausgefüllt sind. – Bei einem Quadrat, das nicht genügend Felder enthält, fängt man nach vollständiger Ausfüllung in derselben Weise wieder von neuem an, so dass also z. B. beim Viererquadrat in das Feld der 1. Jahreszahl nun auch die Ziffer des 17. Lebensjahres eingetragen wird usw. –
Um nicht zu weitschweifig zu werden, bemerke ich nur noch, dass es bei der Deutung von Quadraten mit *geraden* Wurzeln (4, 6, 8) sich hauptsächlich um die in der Links- und der Rechtsdiagonale stehenden Zahlen handelt, dass dagegen bei der Deutung der Quadrate mit *ungeraden* Wurzeln vornehmlich alle *Linksdiagonalen* in Betracht kommen.
Als Beispiel gebe ich hier, da antike und mittelalterliche Lebensläufe zu fern liegen und auch ihre Jahreszahlen nicht immer genau bekannt sind, die *Linksdiagonalen* der in ein *Neuner*quadrat eingezeichneten Lebensjahre *Napoleons I.* wieder (der in einer vom Mond regierten Stunde geboren war) und füge noch die *Haupt-* und *Nebenleitzahl* (s. o. zu I 5; es sind hier die Zahlen 1804 und 1814) in eckigen Klammern hinzu.
Der Einfachheit halber lasse ich die Jahrhundertbezeichnungen (17 und 18) weg; Napoleon war 1769 geboren.

(18)		(17)		(17)		(17)		(17)
05	–	97	–	89	–	81	–	–
–	06	–	98	–	90	–	82	[14]
15	–	07	–	99	–	91	–	83
–	16	–	08	–	00	–	92	–
–	–	17	–	09!	–	01	–	93
–	–	–	18	–	10	–	02	–
–	–	–	–	19	–	11	–	03
[04]	–	–	–	–	20	–	12	–
–	–	–	–	–	–	21!	–	13

Das Linksdiagonal-Schema ist dann folgendes: Wir haben hier fünf Linksdiagonalen, welche fünf Lebensperioden darstellen und (abgesehen von dem unbekannten Inhalt der Knabenjahre 1781–83) auch *tatsächlich den bedeutsamen Lebensabschnitten Napoleons I. entsprechen*!

1789–1793: Hellenbach (s. o. S. 150f.) nennt diesen Zeitraum richtig die Periode des „Parteigängers Napoleon"; sie endet mit seiner Ausweisung aus Korsika, seiner Beförderung zum Artilleriehauptmann und dem Tode Ludwigs XVI., wodurch Napoleons Ehrgeiz eine neue Richtung erhielt.

1797–1803: Der *Konsul Napoleon* und seine Feldzüge gegen Italien und Österreich (1797 Friede zu Campo Formio, 1798 Feldzug in Ägypten, 1798 Sturz des Direktoriums, 1800 Marengo, 1802 Konsul auf Lebenszeit, 1803 letztes Jahr seines Konsulates).

1804 (Leitzahl): *Napoleon „erblicher Kaiser"*!

1805–1813 (Hauptdiagonale): Die *Glanzzeit* im Leben Napoleons (1805 Austerlitz, 1806 Jena und Auerstedt, 1807 Friede zu Tilsit; 1809 Wagram, Friede zu Wien, auch Einverleibung des Kirchenstaates usw., *Gipfel* der Herrschaft Napoleons [Mittelpunkt des Quadrats!]; dann langsamer Abstieg: 1812 Russland, 1813 Leipzig und Ende der Glücksperiode).

1814 (Nebenleitzahl): Napoleon auf *Elba* gefangen.

1815–1821: Die *Endperiode*, umfassend den letzten Verzweiflungskampf (Waterloo), die Gefangenschaft auf St. Helena und den Tod daselbst. –

In ähnlicher Weise lassen sich die Lebensläufe anderer berühmter Männer (zumal großer Tatenmenschen, deren Lebensgang in gewaltigen Rhythmen verläuft) durch Einzeichnung ihrer Lebensjahre in die magischen Quadrate als sinnvoll gegliederte Daseinsperioden darstellen. Gerade der geordnete Sinn, der sich durch geeignete Anwendung dieser Quadrate in die buntscheckige Mannigfaltigkeit der Erscheinungswelt (auch noch in anderen Beziehungen) bringen lässt, hat die Kabbalisten umso mehr angezogen, als sie darin nicht eine „Intelligenz des Fatums", sondern einen Ausfluss des allweisen, weltregierenden göttlichen Willens erkannten. Und dies macht es wiederum verständlich, dass sie die „Kameen" (Quadrate), als Symbole ordnenden göttlichen Waltens, auch in der Form von *Amuletten* verwendeten gegen dämonische Gewalten, welche ja eben den geordneten Verlauf des menschlichen Daseins zu stören versuchen.

IV. Traumdeutung

Wie oben bereits ausgeführt, halte ich es für das Zweckmäßigste, hier als Grundlage der ganzen mystischen Traumdeutung das „*Thalmudische Traumbuch*" (Traktat Berachoth 55aff.) – unter Weglassung der Wiederholungen, Schuldiskussionen und anderer Zusätze – in verständlichem Deutsch mit den nötigsten Erläuterungen (in runden Klammern) wiederzugeben.

Thalmudisches Traumbuch

„Rabbi Chisda hat gesagt: Jeder Traum (ist von Bedeutung) außer dem, der durch Fasten entsteht. Derselbe hat ferner gesagt: Ein Traum, den man nicht deutet, ist wie ein Brief, den man nicht liest. Ferner: Weder ein guter Traum, noch ein böser geht ganz in Erfüllung. Ebenso: Ein böser Traum ist (sofern er zur Buße veranlasst) besser als ein guter Traum (sofern er übermütig macht). Endlich: Die Vorbedeutung eines bösen Traumes wird schon erfüllt, wenn er Schmerz verursacht, die eines guten Traumes, wenn er (dem Träumenden) Freude macht. – Zwischen den Versen (Sacharjah 10, 2): „Die Träume reden Eitles" und (4. Mose 12, 6): „Und im Traum werde ich (Gott) mit ihm reden" besteht kein Widerspruch. Im letzten Fall handelt es sich um Träume, die durch einen Engel gesandt werden, im ersten um Träume, die ein Dämon verursacht (vgl. oben S. 152).

Rabbi Jochanan hat gesagt: Drei Träume gehen in Erfüllung: Der Traum, den man am Morgen (vor dem Aufstehen) träumt, der Traum, den ein anderer von einem träumt, und der Traum, der durch einen zweiten bestätigt wird. Manche sagen, (dies sei) ein Traum, der sich wiederholt (wie 1. Mose 41, 32 gesagt ist). Rabbi Samuel bar Nachmani hat als Ausspruch des Rabbi Jochanan überliefert: Man (Gott) lässt einen Menschen nichts anderes träumen, als was er (unbewusst) in seinem Herzen (bereits) denkt. – Ein (römischer) Kaiser sprach zu Rabbi Josua: Da ihr (Juden) euch für sehr weise ausgebt, so sage mir doch, was ich träumen werde. Jener antwortete: Du wirst träumen, dass die Perser (mit denen du jetzt Krieg führst) dich unterwerfen, berauben und das Vieh mit einem goldenen Stab hüten lassen! Der Kaiser dachte den ganzen Tag daran und träumte (infolgedessen) in der Nacht (wirklich) davon. – Es gab einen Traumdeuter namens Bar Chadja, der legte dem, der ihm Geld gab, seinen Traum in günstigem Sinn aus; wer ihm aber kein Geld gab, dem deutete er den Traum zum Bösen ... Raba kam zu ihm (ohne Geld zu geben) und sprach: Ich träumte, dass die äußere Tür meines Hauses einfiel. Jener erwiderte: Deine Hausfrau wird sterben! Raba darauf: Auch träumte ich, dass meine Back- und Schneidezähne ausfielen. Der Traumdeuter: Deine Söhne und Töchter werden sterben! Raba: ich träumte, zwei meiner Tauben flögen davon. Der Traumdeuter: Du wirst dich von zwei Frauen scheiden lassen! Raba: Ich träumte von zwei Rübenköpfen. Der Traumdeuter: Du wirst zweimal Schläge (Kopfnüsse) bekommen. – Alsdann kam Raba wieder (zu dem Traumdeuter) und gab ihm Geld. Dann sagte er (lauter üble Träume, nämlich zuerst): Mir träumte, meine Hauswand stürze ein. Der Traumdeuter: Du wirst Güter ohne Grenzen (Schranken) gewinnen. Raba: Mir träumte, das Haus (meines Kollegen) Abaji stürzte ein und der Staub (davon) bedeckte mich. Der Traumdeuter: Abaji wird sterben und sein Lehramt an dich kommen! Raba: Mir träumte, mein Haus stürzte ein und alle Welt holte sich sämtliche Ziegel (davon). Der Traumdeuter: Deine Lehre wird sich in aller Welt ausbreiten! Raba: Mir träumte, mein Haupt wäre gespalten und mein Gehirn flöße heraus. Der Traumdeuter: Dein Kopfkissen wird einen Riss bekommen und seine Wolle herausquellen. Raba: Ich rezitiere den Lobgesang über die Erlösung aus Not. Der Traumdeuter: Dir wird wunderbare Rettung zuteil werden! –

Ben Dama sprach zu seinem Oheim Rabbi Ismael: Mir träumte von zwei zerbrochenen Kinnbacken. Jener erwiderte: Zwei römische Vornehme haben Böses wider dich beraten, sind aber gestorben! Bar Kappara sprach zu Rabbi (Jehudah dem Großen): Mir träumte, meine Nase sei zerbrochen. Jener erwiderte: Der Zorn (Aph = Nase und = Zorn) ist von dir abgewendet worden! Jener sprach weiter: Mir träumte, meine Hände seien abgehauen. Rabbi Ismael: Du wirst auf deiner Hände Arbeit nicht mehr angewiesen sein! Der andere ferner: Mir träumte, meine beiden Füße seien abgehauen. Rabbi

Ismael: Du wirst ein Pferd zum Reiten erhalten! – Ein Ketzer sagte zu Rabbi Ismael: Mir träumte, ich begösse einen Olivenbaum mit Öl. Rabbi Ismael: Du hast deine eigene Mutter beschlafen! (Vgl. S. 152f.). Der Ketzer: Mir träumte, ich risse einen Stern aus. Rabbi Ismael: Du hast den Sohn eines Israeliten geraubt! (Nach 1. Mose 37, 10). Der Ketzer: Mir träumte, ich verschlänge den Stern. Rabbi Ismael: Du hast den Sohn eines Israeliten (als Sklaven) verkauft und den Erlös dafür verzehrt! Der Ketzer: Mir träumte, dass meine beiden Augen einander küssten. Rabbi Ismael: Du hast deine Schwester beschlafen! (Vgl. S. 152). Der Ketzer: Mir träumte, dass ich den Mond küsste. Rabbi Ismael: Du hast das Weib eines Israeliten beschlafen! (1. Mose 37, 10 wird Josephs Traum vom Mond auf Lea bezogen, die Sonne auf Jakob, die Sterne auf Jakobs Söhne). Der Ketzer: Mir träumte, dass ich einen Myrtenstrauß zerträte. Rabbi Ismael: Du hast eine verlobte Jungfrau beschlafen! Der Ketzer: Mir träumte, ein Strauß schwebe über mir, einer unter mir. Rabbi Ismael: Du hast den Beischlaf in verkehrter Lage ausgeübt! Der Ketzer: Mir träumte, Raben kämen zu meinem Bett. Rabbi Ismael: Dein Weib hat mit vielen Männern Unzucht getrieben! Der Ketzer: Mir träumte, Tauben kämen zu meinem Bett. Rabbi Ismael: Du hast viele Weiber geschändet! Der Ketzer: Mir träumte, mir flögen zwei Tauben davon. Rabbi Ismael: Du hast zwei Weiber genommen und sie ohne Scheidebrief entlassen! Der Ketzer: Mir träumte, dass ich Eier abschälte. Rabbi Ismael: Du hast Toten die Kleider weggenommen. Da sagte der Ketzer: Alles Übrige stimmt, nur dieses eine nicht! Indem kam die Frau und sagte: Der und der, dem du den Mantel auf deinem Leib da weggenommen hast, ist gestorben! – (Über die folgenden Deutungen mittels biblischer Verse s. o. S. 153). Träumt man von einem Brunnen, so bedeutet das Frieden (nach 1. Mose 25, 11 und 26, 19). Drei Dinge bedeuten (wenn man davon träumt) Frieden: Fließendes Wasser (nach Jesaja 66, 12), Vogel (nach Jesaja 31, 5) und Topf (nach Jesaja 26, 12). – Wer ein Rohr im Traum sieht, darf auf Weisheit hoffen, wer von vielen Rohren träumt, darf auf Vernunft hoffen (nach Sprüche 4, 5, 7, wo der Thalmud, statt „kena'h" = erwirb, „kaneh" = Rohr deutet). Gurken, Palmknospen, Wachs und Rohr sind immer beim Traum von guter Vorbedeutung. –

(Tiere) Wer einen Esel im Traum sieht, hoffe auf Heil (nach Sacharjah 9, 9). Wer eine Katze im Traum sieht an einem Ort, wo man sie „Schunra" nennt, auf den wird man ein schönes Ehrenlied (Schirah na'ah) singen; träumt er aber davon an einem Ort, wo man sie „Schinra" nennt, so steht ihm eine schlimme Veränderung (Schinnuj ra) bevor (vgl. S. 153). Weiße Trauben bedeuten im Traum zu jeder Zeit Gutes, dunkle nur dann, wenn es Traubenzeit ist, andernfalls haben sie üble Vorbedeutung. Ein Schimmel bedeutet in jeder Gangart, wenn man davon träumt, etwas Gutes, ein braunes Pferd nur, wenn es ruhig steht, Böses dagegen, wenn es läuft. Wer Ismael, Abrahams Sohn, im Traum sieht, dessen Gebet wird erhört werden, nicht aber, wenn er von einem „Ismaeliten" (Araber) träumt. Wer ein Kamel im Traum sieht, dessen Tod war im Himmel schon beschlossen, ihm aber wieder erlassen worden. Wer einen Elefanten im Traum sieht, dem werden Wunder geschehen, und wer viele Elefanten sieht, wird Wunder über Wunder erleben. –

(Ritualien) Wer Thephillin im Traum anlegt, darf auf Größe (Gedullah!) hoffen (nach 1. Mose 28, 11, wo der „zu Häupten gelegte Stein" auf die Thephillin des Hauptes" – s. o. S. 128 – gedeutet wird). Wer im Traum betet, für den ist dies eine gute Vorbedeutung, doch nur dann, wenn er damit nicht zu Ende kommt. (Es folgen noch einige gequält günstige Ausdeutungen von Inzest- und anderen Unzuchtsträumen.)

(Früchte und Bäume) Wer Weizen im Traum sieht, für den bedeutet dies Frieden (nach Psalm 147, 14). Wer Gerste im Traum sieht, von dem weichen seine Missetaten (Umdeutung des hebr. Textes von Jesaja 6, 7). Wer einen Trauben tragenden Weinstock sieht, dessen Weib wird keine Fehlgeburt erleiden (nach Psalm 128, 3). Wer eine Rebe im Traum seiht, darf auf den Messias hoffen (nach 1. Mose 49, 11). Wer einen Feigenbaum im Traum sieht, bei dem bleibt die göttliche Lehre aufbewahrt (nach Sprüche 27, 18). Wer kleine Granatäpfel im Traum sieht, dessen Geschäft wird sich gleich einem Granatapfel mehren; sind es große, so wird sein Geschäft groß (ansehnlich) werden wie ein Granatapfel. – Wer kleine *Olivenfrüchte* im Traum sieht, dessen Geschäft wird sich ebenfalls gleich den Oliven vermehren. Wer einen Oliven-*Baum* im Traum sieht, der wird viele Kinder bekommen (nach Psalm 138, 3), oder er wird guten Ruf genießen (nach Jeremiah 11, 16). Wer Oliven-*Öl* im Traum sieht, der darf auf das Licht der göttlichen Lehre hoffen (nach 2. Mose 27, 10). Wer Datteln (Themarim) im Traum sieht, dessen Missetaten werden ein Ende haben (thammu; laut Klagelieder 4, 22). Wer eine Ziege sieht, für den wird das laufende Jahr gesegnet sein (nach Sprüche 27, 27); sind es viele Ziegen, so bedeutet es ebenso viele Segensjahre. Wer eine Myrte im Traum sieht, dessen Besitztümer werden gedeihen; hat er aber noch keine, so wird ihm eine auswärtige Erbschaft zuteil werden. (Nach einigen gilt dies nur, wenn man die Myrte am Baum, nicht abgeschnitten sieht). Wer einen Ethrog (Citrus, Paradiesapfel) im Traum sieht, der wird vor seinem Schöpfer Ehre finden (vgl. 3. Mose 23, 40); wer einen Lulab (Palmzweig) im Traum sieht, dessen Herz wird nur auf seinen Vater im Himmel gerichtet sein.

(Haustiere und Hausdinge) Wer eine Gans im Traum sieht, darf auf Weisheit hoffen (laut Sprüche 1, 20 nach hebr. Umdeutung). – Wer einen Hahn im Traum sieht, darf auf einen (demnächst zu zeugenden) Sohn hoffen; sind es mehrere Hähne, so bedeutet es ebenso viele Söhne. – Wer ganze Eier im Traum sieht, dessen Gebetserhörung ist zweifelhaft; sieht er zerborstene Eier, so ist sein Gebet erhört worden. Dasselbe gilt von geborstenen Nüssen, Gurken und Glassachen. (Scherben = Glück!) Wer träumt, er gelange in eine Stadt, dessen Wünsche werden gestillt werden (nach Psalm 107, 30). Wer träumt, er ließe sich die Haare (des Hauptes) schneiden, für den bedeutet dies Gutes (vgl. 1. Mose 41, 14); träumt er es von Haupthaar und Bart, so bedeutet es Gutes auch für seine ganze Familie. Wer träumt, er sitze in einem Boot, dessen Name wird sich verbreiten; träumt er es von einem großen Schiff, so gilt das auch für seine Familie; doch muss das Fahrzeug in Bewegung begriffen sein (entsprechend dem sich weiter fortpflanzenden Ruhm). Wer träumt, er verrichte seine Notdurft, für den ist dies von guter Bedeutung (laut Umdeutung von Jesajah 51, 14). Wer träumt, er steige auf ein Dach, wird hoch emporkommen; träumt er dagegen von Herabsteigen, so wird er (in seinen Verhältnissen) „herunterkommen“.

(Unerwartet gute Vorbedeutungen) Wer im Traum seine Kleider zerreißt (Trauerzeichen), dem zerreißt man (im Himmel) sein Verhängnis! Wer in Babylonien träumt, er sei nackt, der ist von Sündenschuld frei, wer es aber in Palästina träumt, der ist bar an religiöser Pflichterfüllung. Wer träumt, dass er von Häschern ergriffen werde, der wird (von Gott) Schutz erfahren, träumt er, sie hätten ihm ein Halseisen umgelegt, so wird er Schutz über Schutz erfahren. Dies gilt aber nur von einem Halseisen, nicht von einem Strick (um den Hals). – Wer träumt, er lasse sich zu Ader, dem werden seine Missetaten vergeben werden (nach Jesajah 1, 18 und Jeremiah 2, 22). – Wer eine Schlange im Traum sieht, für dessen Unterhalt ist gesorgt; träumt er, sie habe ihn gebissen, so wird sein Unterhalt verdoppelt werden. Wer aber vom Sterben infolge des Bisses träumt, der verliert seinen Unterhalt.

(Biblisches) Drei Könige: Wer vom König David träumt, der darf auf Frömmigkeit hoffen; wer vom König Salomo träumt, darf auf Weisheit hoffen; wer vom König Ahab träumt, mag sich vor (göttlichen) Strafen hüten. Ebenso drei Propheten: Wer von Ezechiel (oder seinem Buch) träumt, darf auf Weisheit, wer von Jesaja träumt, darf auf Trost hoffen; wer aber von Jeremiah träumt, mag sich vor Strafen hüten.

Drei große Hagiographen (nach der jüdischen Bibeleinteilung): Wer vom Buch der Psalmen träumt, darf auf Frömmigkeit, wer von den Sprüchen Salomonis träumt, darf auf Weisheit hoffen; wer aber vom Buch Hiob träumt, mag sich vor Strafen hüten. Dasselbe gilt (der Reihe nach) von folgenden drei kleinen Hagiographen: Hoheslied, Prediger Salomonis und Klagelieder (Jeremia).

(Allgemeines) Alle Arten von Metallgeräten haben im Traum gute Vorbedeutung, ausgenommen Hacke, Schlichteisen (Hobeleisen) und Axt, sofern Griffe daran sind. Ebenso haben im Traum alle Früchte gute Vorbedeutung, außer unreifen Datteln. Auch alle Gemüse haben im Traum gute Vorbedeutung, außer (abgeschnittenen) Rübenköpfen. Desgleichen alle Farben außer blaugrün und alle Flugtiere außer Steineule, Nachteule und Fledermaus. –

Träumt man, man sehe einen (bereits) Verstorbenen (noch lebendig) im Haus, so bedeutet das Frieden für das Haus. Träumt man, ein (bereits) Verstorbener habe im Haus gegessen und getrunken, so bedeutet dies Glück für das Haus. Träumt man aber, er habe etwas aus dem Haus fortgenommen, so bedeutet das Unheil für das Haus. –

Bis hierher das thalmudische „Traumbuch". Für die Traumdeutung gilt als allgemeiner Grundsatz das gleich am Beginn bei einer (hier fortgelassenen) Schulerörterung gesprochene Wort: „Wie das Getreide nicht ohne Spreu sein kann, so kann auch kein Traum ohne nebensächliche Bestandteile sein." Es darf nicht jede Einzelheit eines Traumes ausgedeutet werden, sondern nur die *typischen Momente* – ganz ähnlich wie bei den rabbinischen und auch schon Jesu Gleichnissen (vgl. hierüber die von allen berufsmäßigen Ignoranten ignorierten Schriften von Lic. Paul *Fiebig*: Altjüdische Gleichnisse, Tübingen 1904, und Die Gleichnisreden Jesu, Tübingen 1912).

Für die Deutungskritik der Träume unterscheiden die Rabbiner zweckmäßig drei Klassen:

1. *Prophetische Träume*, die so genannten „Wahrträume" (s. o. S. 152), welche gewisse künftige Ereignisse ohne symbolische oder ähnliche Einkleidung mindestens in ihren Hauptzügen so real wiedergeben, wie sie sich dann abspielen. Sie bedürfen keiner weiteren Ausdeutung.
2. *Einfache Träume*, welche in bildhafter Einkleidung diese und jene bedeutsamen Momente zukünftigen Geschehens in sich schließen und in dieser Beziehung Gegenstand der Ausdeutung sind. Denn (so sagt das mystische Buch „Ha-ma'aloth") ein solcher Traum ist „eine vom Stamm der Prophetie gefallene Frucht", propheti-

sches Fallobst, das nicht zur vollen Reife offenbarender Kraft gelangt ist, bei dem vielmehr die bedeutsamen Momente erst von einem Kundigen ausgesondert werden müssen, wie man die brauchbaren Teile solchen Obstes herausgeschält. – Berachoth 57b wird im selben Sinn der Traum „ein Sechzigstel der Prophetie" genannt.

3. *Äffende Träume* dämonischer Art (s. o. S.152 und in diesem Abschnitt zu Anfang unseres „Traumbuchs"), entsprechend den Träumen und Weissagungen der Lügenpropheten (vgl. Ezechiel 13, 3ff. und Prediger Salomonis 5, 6 im aramäischen Text: „In der Masse der Träume der Lügenpropheten").

Zu der letztgenannten Gattung gehören auch die bei physischer Ermattung sich einstellenden (meist quälenden) Träume, z. B. die von fastenden Leuten. Vgl. im Thalmud Schabbath 11a: „Fasten ist für den Traum so (wenig) gut wie Feuer für die Stoppeln"; ebenso im „Traumbuch". Die Krankheitsträume gelten natürlich als Werk der Dämonen und daher als trügend oder bedeutungslos.

An die im Vorstehenden gekennzeichneten thalmudischen Grundlagen halten sich auch die Kabbalisten. Das, was sie hinzufügen, ist meist nichtjüdischen Ursprungs und geht im Allgemeinen auf die „Oneirokritik" des Artemidoros aus dem 2. und auf des Synesios „Abhandlung über die Traumbilder" aus dem 5. Jahrhundert n. Chr. zurück, die ihrerseits allerdings wiederum auf altorientalischem Material fußen, so dass indirekt auch hier alte Tradition vorliegt.

B. Magische Künste

Bereits auf Seite 135ff. und 157ff. habe ich erwähnt, dass die „praktische Kabbalah" weder „schwarze (teuflische) Magie" treibt, noch ihr Wissen und Können zu bösen Zwecken oder auch nur zur Befriedigung von Habsucht, Eitelkeit einerseits oder Neugier andererseits gebraucht, dass sie vielmehr nur sittlich erlaubte Zwecke verfolgt und hierzu als hauptsächlichstes, ja nahezu als einziges Mittel die Suggestion im allerweitesten Umfang und mit aller erreichbaren Macht verwendet, sei es zu Schutz und Trutz oder zu Heilungen. Bevor ich nunmehr diese allereigentlichste kabbalistische „*Praktik*" in ihren wesentlichsten Elementen vorführe, muss ich, um von vornherein ihre wahre Natur festzustellen und jedes Missverständnis auszuschließen, mit allem Nachdruck betonen, *dass die alte kabbalistische Magie mit dem modernen Spiritismus nicht das mindeste zu tun hat!*

Die praktische Kabbalah verschmäht bewusstermaßen *jede Taschenspielerei*, jedes bloße „Augenblendwerk", wie sie es nennt. Der moderne Spiritismus ist aber in seinen praktischen Experimenten nichts mehr und nichts weniger als *gewöhnliche Taschenspielerei* und, da er dies absichtlich verschweigt oder leugnet, ganz gemeiner *Humbug*, bei dem es sich außer bewussten Nasführern bestenfalls um betrogene Leichtgläubige handelt. Es gibt *kein* spiritistisches Experiment, das nicht ein geschickter Taschenspieler nachmachen könnte und schon nachgemacht hätte, wie jedermann durch Carl *Willmanns* „Moderne Wunder" (Leipzig, Otto Spamer, 2. Aufl. 1892) in aller wünschenswerten Klarheit kennen lernen kann. Noch *jedes* von wirklichen Sachkennern kontrollierte „Medium" ist als Schwindler entlarvt worden, und die angewandten Tricks sind zum Teil so plump, dass man über die Dummheit der oft recht „gebildeten" Betrogenen auch dann noch staunt, wenn man längst weiß, dass religiös degenerierte Zeiten stets den Bankert „Aberglauben“ von neuem zeugten. –

Selbst eine Anzahl wirklich, ja sogar im übrigen wissenschaftlich gebildeter Leute (ich denke z. B. an das bekannteste Beispiel, den verstorbenen Leipziger Astronomieprofessor Zöllner) haben sich verleiten lassen, an den Humbug zu glauben, weil sie wähnten, durch jene Experimente Beweise für ihre wissenschaftlichen oder religiösen Ansichten erhalten zu haben, z. B. hinsichtlich des Vorhandenseins eines Raumes mit mehr als drei Dimensionen, hinsichtlich der Tatsächlichkeit und des Wie einer bewussten Fortexistenz der Seele usw. Aber ich kann sehr wohl der Meinung sein, dass unser dreidimensionaler Raum nur ein Spezialfall einer räumlichen N-Dimensionalität ist, dass die Seelen Verstorbener ein bewusstes Fortleben genießen – sei es zu ihrer Lust oder Qual – aus dem heraus sie sogar mit uns gegebenenfalls in seelische Verbindung treten können usw. (vgl. oben S. 160f.), muss mir aber doch sagen, dass im ersten Fall die spiritistischen Experimente einfach *nichts* bewiesen haben und hinsichtlich der Art des seelischen Fortlebens im „Sommerland“ oder sonst wo derartige Vorstellungen erwecken, dass man entweder lauthals zu lachen genötigt ist oder an jeder göttlichen und sittlichen Weltordnung verzweifeln müsste. Nur der grobklotzigen Borniertheit eines amerikanischen Geldjacherer-Hirnes kann man es allenfalls zugute halten, wenn ihm nicht das mindeste dabei auffällt, dass die angeblichen abgeschiedenen Seelen selbst von Leuten, die im Diesseits große und scharfsinnige Geister waren, bei ihren spiritistischen Schreib- und Klopfmitteilungen nichts als das banalste Zeug von sich zu geben wissen, so dass das spiritistische Jenseits, das schöne „Sommerland“, anscheinend eine Verblödungsregion ist, in der man langsam selbst Grammatik und Orthographie verschwitzt. Nur eine knotige Yankeeseele mag es ferner nicht empören, dass nach der spiritistischen Psychologie die abgeschiedenen Geister unserer Lieben (und schließlich einst wir selbst) gezwungen sein sollen, auf den Befehl irgendeines dahergelaufenen Abenteurers jenes paradiesische Dasein zu verlassen, um als dienstfertiger Clown- und Akrobatengeist mit Tischklingeln Skandal zu machen, Gitarre im Geisterkabinett zu zupfen, Stühle zu rücken, Stiefelknechte durch die Luft zu befördern, mit Blumen und Südfrüchten um sich zu werfen oder in phosphorbestrichenem Gazegewand beim Türrahmen des verdunkelten Medium-Zimmers umherzumunkeln, und was dergleichen geistreiche Scherze sind. – Dass in unserem „Volk der Dichter und *Denker*“ (?) selbst die wissenschaftlich gebildeten Anhänger des Spiritismus sich auf den geistigen Tiefstand der Durchschnittslandsleute eines Barnum herabdrücken ließen und an diesen unwürdigen Vorstellungen über den Zustand der abgeschiedenen Seelen keinerlei Anstoß nahmen, stellt sie theoretisch ebenso weit unter die Kabbalisten, die gerade in dieser Hinsicht Lehren voll tiefsten Sinnes und tiefer Ethik entwickeln, wie andererseits die Praxis der spiritistischen Gaukler abgrundtief unter der Suggestionsmagie der praktischen Kabbalah steht.

Aus dem Gebiet der „magischen Künste“ der Kabbalisten gebe ich im Folgenden gemäß der oben S. 157 angedeuteten Einteilung nur das Wesentlichste über magische Maßnahmen und Dinge zu *Schutz und Trutz* sowie zu *Heilzwecken.*

I. Schutz und Trutz

Schutz und Trutz fasse ich hier im weitesten Sinn. Schutz ist ja zugleich Trutz, wenn durch die schützenden Veranstaltungen widrige Gewalten (Dämonen) am Schaden gehindert werden, und Trutz zugleich Schutz, insofern Angriff die beste Verteidigung ist. Zum „Schutz und Trutz" rechne ich nicht nur Anrufungen von Engelshilfe, sondern auch die Maßnahmen und Dinge, durch welche Geistwesen genötigt werden, eine bisher passive oder widerstrebende Person zugunsten einer anderen zu beeinflussen, z. B. bei „Liebeszauber", oder jemanden an irgendetwas zu verhindern oder selbst etwas nicht zu tun usw.; die Heilungen behandle ich nachher besonders. Solcher Schutz und Trutz geschieht teils durch beschwörende Worte und Handlungen, teils durch sichernde Dinge, d. h. vornehmlich durch Amulette. Amulettinschriften und mündliche Beschwörungsformeln sind inhaltlich oft nahezu gleich.

1. Beschwörende Worte und Handlungen

a) Mündliche Formeln

Schon in der Theurgie und Dämonurgie des Thalmud und Midrasch finden sich eine Anzahl *kurzer* Formeln dieser Art, auf die bereits Blau (Altjüdisches Zauberwesen, S. 70ff.) hingewiesen hat. Wenn z. B. zwischen zwei dastehenden oder gehenden Männern ein Hund, ein Weib, ein Schwein, eine Schlange hindurchgeht oder beide je rechts und links an einem dieser Geschöpfe und an einem Dattelbaum vorbeigehen, so fällt Bezauberung auf sie; um sich vor solcher sofort zu schützen, müssen sie die *Bibelverse* 4. Mose 23, 22 und 23 sprechen, die mit „El" (:L) = „Gott" anfangen und schließen, oder den Vers 23, 19, welcher mit „Lo" (L:) = „nicht" anfängt und bis zu dem Wort „We-lo" (WL:) = „und nicht" hergesagt wird, was (wenn man die Buchstaben von hinten nach vorn liest) auch wieder das schützende „El" (:L) ergibt! – Gegen Bezauberung bei Verrichtung der Notdurft (Stuhlgang): „Nicht (L:) mir, nicht mir (sollen schaden) weder Thachim, noch Thachthim (männliche oder weibliche den After schädigende Dämonen), weder die da, noch (etwas) von denen da, Zauber des Zauberers, noch Zauber der Zauberin!" – In der Nacht zu Mittwoch und Sonnabend ist Wassertrinken gefährlich. Gegen Dämonengefahr, wenn man dennoch trinken muss, schützt entweder das Hersagen der *Psalm*-Verse Ps. 29, 3 – 10 oder die Formel: „Lul, Schaphan, Anigron, Anirdaphin (Dämonen), ich sitze zwischen den Sternen, ich wandle zwischen Mageren und Fetten" (an anderer Stelle: „Die Ziege im Stall ist fetter als ich"), d. h. ich genieße himmlischen Schutz (vgl. m. „Babyl.-Astrales", S. 119, 146), sucht euch einen anderen aus! –

Längere Beschwörungsformeln, die sich an Dämonen richten, sind auch schon alt, wie z. B. die von Blau (a. a. O., S. 97ff. und 113ff.) mitgeteilten jüdisch-griechischen aus dem 3. Jahrhundert n. Chr., wo der Dämon behufs Liebeszaubers u. a. so beschworen wird: „Ich beschwöre dich, dämonischer Geist, mit dem heiligen Namen Aoth Abaoth (lies: Adonaj Zebaoth), bei dem Gott Abrahams, Isaaks und Jakobs, bei Jao Aoth Abaoth (Jhwh Adonaj Zebaoth), dem Gott Israels … Ich beschwöre dich bei dem großen Gott, dem ewigen und urewigen, dem allmächtigen, dem über alle anderen Götter erhabenen. Ich beschwöre dich bei dem, der den Himmel und das Meer geschaffen hat.

Ich beschwöre dich bei dem, der die Frommen heiligt. Ich beschwöre dich bei dem, der den Stab mitten ins Meer setzte … Ich beschwöre dich bei dem, der der Mauleselin Nachkommenschaft versagte. Ich beschwöre dich bei dem, der das Licht von der Finsternis schied. Ich beschwöre dich bei dem, der die Felsen zermalmt. Ich beschwöre dich bei dem, der die Berge zerreißt. Ich beschwöre dich bei dem, der die Erde in ihren Grundfesten zusammenhält. Ich beschwöre dich bei dem heiligen Namen, den man nicht nennt in der Welt; ich aber will ihn nennen, und die Dämonen sollen aufgestört, von Entsetzen und Furcht erfasst werden“ usw. – Die andere Formel beschwört nach den Befehlsworten: „Weiche, Dämon, von dem N. N.“ den Dämon bei dem, der sich Israel in der Wolken- und Feuersäule offenbarte, das Volk aus Pharaos Macht erlöste und die Ägypter mit zehn Plagen schlug. „Ich beschwöre dich, dämonischer Geist, zu sagen, *wer du bist*“ (vgl. oben S. 143 und Markus 5, 9!); „denn ich beschwöre dich bei dem Siegel, das Salomo (!) auf die Zunge des Jeremias (!) legte, und dieser sprach – so sage auch du, wie du beschaffen seist: himmlisch, luftig, irdisch, unterirdisch oder unirdisch, ein Jebusiter, Pheresiter oder Gergesener (biblisch nur Matth. 8, 28!!).“ Weiter wird Gott in der Beschwörung genannt: der Schöpfer des Lichts, des Menschen, des Universums, der große Gott Sabaoth (Zebaoth), der den Jordan und das Rote (erythra) Meer gespalten, „der die 140 (!) Sprachen lehrte und nach seinem Plan verteilte …, der die übermütigen Giganten (beim Turmbau zu Babel) mit seinen Wetterstrahlen niederblitzte, den der Himmel der Himmel preist, den da preisen die Flügelwesen der Cherubim …, der dem Meer Grenzen gesetzt hat, eine Mauer aus Strandsand, und ihm verbot, darüber hinauszuschreiten, und es gehorchte die Tiefe (Abyssos) …, der die vier Winde von den heiligen Äonen (Welt-Ecken, Himmelsgegenden?) her zusammenrüttelt (Jerem. 46, 36) …, der im reinen (himmlischen) Jerusalem wohnt, wo vor ihm das nie verlöschende Feuer in alle Ewigkeit in Brand gehalten wird …, bei seinem heiligen Namen ‚Jaeo Barrenyzun’ (?), ein Wort, vor dem die glühende Hölle bebt, den Flammen umstrahlen und Eisen umklirrt (?) und jeder Berg in der Grundfeste fürchtet … und der das All aus dem Nichtseienden zum Sein geschaffen hat“.

Ich führe diese antiken Beschwörungsformeln an, um wieder einmal zu zeigen, welch ein geringer Unterschied zwischen der älteren Mystik und Theurgie und derjenigen der mittelalterlichen Kabbalistik ist, nur dass es bei dieser noch obendrein von allerhand Engeln in den Beschwörungsformeln wimmelt. So heißt es z. B. im „Buch Rasiel“ 33b: „Mit Erlaubnis des verehrungswürdigen und furchtbaren Namens (Gottes) beschwöre ich dich, Dämonenkönig *Aschmedaj* (s. o. S. 143) und all deine Schar, Agrath bath Machlath (vgl. m. „Bab.-Astrales“, S. 146) und all deine Schar, dass ihr nicht beschädigt und nicht erschreckt und nicht bestürzt den N. N., sondern ihm helft und unterstützt gegenüber aller Not, Schaden und vor aller schlimmen Plage (usw.) im Namen der vier Türöffner Diohan, Pethichajan, Jedihon, Segaron“ usw. – oder (das. 32b): „Ich beschwöre dich, (Engel-) Fürst *Metatron* (vgl. m. „Bab.-Astrales“, S. 113f.), bei dem Namen des Gottes Israels, des Gottes Abrahams, Isaak und Jakobs, bei dem Namen der Engel, welche vor dem großen Gott stehen, als da sind die sieben Engel Michael, Gabriel, Raphael, Anael, Jeziriel, Sariel, Asiel … Ich beschwöre dich, Fürst Metatron, bei dem Namen der (Engel-) Fürsten, die gesetzt sind über die vier Wenden des Jahres: über die erste Nuriel und Zadkiel, über die zweite Asiel, Sammael, Anael, über die drit-

te Sabdiel und Semaniel, über die vierte Gabriel und Raphael" usw. usw. – Andere kabbalistische Engel- und Dämonenbeschwörungen sind noch weit wort- und namenreicher. Weitere Aufzählungen wären an dieser Stelle zwecklos, da dem Leser ein oder mehrere Dutzend unverstandene Engelnamen usw. keinen Erkenntnisgewinn bringen und die Erklärung und Klassifizierung dieser Namen weit abführen würde in ein vielfach noch unaufgehelltes Gebiet. – Viel wichtiger und interessanter ist der Umstand, dass in vielen Beschwörungsformeln die *Namen* der Sephiroth sich *nicht* erwähnt finden! Dies kann man als eine Stütze für die schon oben (S. 134) berührte Tatsache ansehen, dass wesentliche Bestandteile der praktischen Kabbalah älter als die Durchbildung der theoretischen Kabbalah sind; diese Beschwörungen mittelalterlicher Kabbalisten unterscheiden sich in der genannten Beziehung von den erwähnten griechisch-jüdischen Formeln des 3. Jahrhunderts n. Chr. so gut wie nicht. Auch die von Burtorf (Lexicon chaldaicum von 1639, Spalte 828f.) „aus einem alten Manuskript" im hebräischen Text nebst lateinischer (mäßiger) Übersetzung wiedergegebene *Verfluchungs*-Formel anscheinend spätkabbalistischer Herkunft nennt auch keine Sephiroth *direkt* mit Namen. Die Mächte, durch deren Kraft die Verfluchung wirken soll, werden vielmehr wie folgt bezeichnet: Der Herr aller Herren (Gott) – der obere (himmlische) und untere (irdische) Gerichtshof [vgl. m. „Babylonisch-Astrales", S. 59ff.] – die oberen (himmlischen) Heiligen – die Seraphim und Ophanim [vgl. S. 50f.] – die große und kleine Versammlung [vgl. „Bab.-Astr.", S. 69ff.] – (hierauf die kabbalistischen Engel:) Addirion und Akathriel, Sandalphon und Hadraniel, Ansisiel und Pethachiel, Seraphiel und Segansael, Michael und Gabriel, Raphael und Mescharathiel – (die Gottesbeinamen:) Zabzabib und „Habhabib, welches der große Gott ist" – – „die zweiundsiebzig Namen des großen Königs" (d. h. Gottes) – – und „Zurtak, der Kanzler" (Gottes, d. i. Metatron).
Indessen wenn hier auch keine Sephiroth-Namen *direkt* angeführt sind, so enthalten doch die herangezogenen Gottes- und Engelsbezeichnungen *deutliche Beziehungen auf Sephiroth*, und zwar, dem Verfluchungszweck entsprechend, auf Sephiroth (und Untersephiroth) der „linken", *strengen* Seite (vgl. S. 27ff. und oben s. VIII): „Zabzabib" = der Zerfasernde. – „Habhabib" = der Sengende, zum Brandopfer Bringende; hierzu gehört die Sephirah „Geburah" (Strenge), der die Engelordnung „Seraphim" (= Brennende) und die Leber, das Organ des Grimmes, zugeordnet sind (vgl. S. 50). – „Herr aller Herren": 5. Mose 10, 17. – „Zurtak" (= Zurdak) = Fels-Zermalmer; über „Metatron" als Kanzler und himmlischer Vize-Gerichtspräsident vgl. m. „Babylonisch-Astrales", S. 59. – Von dem Zusammenhang der „72 Namen" Gottes mit den Sephiroth haben wir gehandelt. – „Akathriel" = Krone Gottes = Sephirah „*Kether*" (Krone); vgl. auch „Bab.-Astr.", S. 137! – „Addiriel" = Gewaltiger Gottes (vgl. die „Erellim" = Gewaltigen bei der Sephirah „*Binah*"). – „Sandalphon" (Synadelphos = Mitbruder; ebenfalls zu der Trinitäts-Sephirah „*Binah*" gehörig, ist auch schon in m. „Bab.-Astr." S. 137 erwähnt. – „Hadraniel" = Glanz Gottes = Sephirah „*Hod*" (Glanz). – „Ansisiel" (= Zwang Gottes), „Seraphiel" (s. o. zu „Seraphim") und „Gabriel" (Starker Gottes) gehören ganz offensichtlich zu „*Geburah*", der Sephirah der Strenge, des Strafgerichtes. „Pethachiel" = Türhüter Gottes, „Mescharathiel" = Dienstmann Gottes sowie die Erzengel Michael usw. deuten auf den Strafvollzug. –

Dagegen gibt es aber auch Beschwörungsformeln, in denen die *Sephiroth* (ganz ähnlich wie auf S. 77ff.) und überhaupt die *Bestandteile des „72buchstabigen Namens“* (s. o. S. 173ff.) ganz klar als Attribute Gottes auftreten, und zwar unter Verwendung von Bibelstellen, welche diese Bestandteile ausdrücklich nennen. Eine solche Formel ist z. B. folgende (aus „Emek ha-melech“):
„Ich beschwöre dich, du unreiner Geist, bei dem lebendigen Gott, der da ewiglich besteht, dessen *Herrschaft* (Malkuth!) unvergänglich und dessen Macht *ohne Ende* (adsopha = En soph!) ist, bei dem Erlöser und Erretter (Nothelfer), der da Zeichen und Wunder tut im Himmel und auf Erden (Daniel 6, 26[27]f.), der *Himmel und Erde geschaffen* hat (Ps. 115, 15), der da *heilig* ist in allen seinen Werken (Ps. 145, 17), *heilig* und hehr ist sein Name (Ps. 111, 9) und *heilig* alle seine Pfade (Ps. 77, 14), der die Erde durch *Weisheit* (Chochmah) *gegründet* (jasa'd), den Himmel durch *Verstand* (Binah) bereitet und durch seinen *Rat* (Da'ath) die Tiefen zerteilt hat (Sprüche 3, 19f.), sein ist *Größe* (Gedullah), *Stärke* (Geburah), *Herrlichkeit* (Tiphereth), *Sieg* (Nezach) und *Pracht* (Hod) und *Herrschaft* (Mamlachah = Malkuth); bis hierher aus 1. Chron. 29 [30], 11), er (ist es), der die Erde beben lässt und die *Grundfesten* (Mosadah = Jeso`d) des Himmels bewegt (2. Sam. 22, 8), der da sendet seine Hand von seiner *heiligen Höhe* (Ps. 144, 7 und 102, 20; vgl. Rum ma'alah = Kether: S. 29), der da sitzt auf den Cherubim (Ps. 99, 1; Cherubim zu „Geburah“ gehörig: S. 50), der Herr aller Herren, der große, mächtige und schreckliche Gott (5. Mose 10, 17), der da macht seine Engel zu Winden und seine Diener zu Feuerflammen (Ps. 104, 4) – dass du nicht schädigst noch gefährdest diesen N. N., Sohn des N. N., noch sein ganzes Haus, noch alles, was sein ist, sondern entweichest und entschwindest wie ein Gesicht der Nacht (Hiob 20, 8), durch die Kraft der sieben Augen, welche die ganze Welt durchlaufen (Sacharja 4, 10), welches sind die heiligen Engel Michael, Gabriel, Raphael, Uriel, Suriel, Raguel und Jerachmeel“ usw. usw. –
Noch zwei Schutzformeln, die sich nicht direkt gegen Dämonen, sondern *gegen Zauberweiber* richten und schon im Thalmud (Pesachim 110b, 111a) zu finden sind: Wer Zauberweibern begegnet, spreche folgendes: „Heißer Menschenkot aus durchlöcherten Körben in Euer Maul, Ihr Zauberweiber! Euer Haupt werde kahl! Der Wind verwehe Eure (bezauberten) Brotkrumen! Er zerstreue Eure (Zauber-) Gewürze; es vergehe der Safran in Euren Händen!“ – Wider zwei auf einem Kreuzweg sitzende Zauberweiber schützt folgende Formel: „Agrath („Bab.-Astr.“, S. 146), Aslath, Usja, Belusja – getötet sind sie vom Pfeil!“ (d. h.: Eure Dämonen sind durch Gegenzauber unwirksam geworden).
Andere Beschwörungsformeln finden sich im nächsten Abschnitt (auf Amuletten); sie sind oft den vorstehenden ganz ähnlich, mussten aber von ihnen hier abgetrennt werden, weil sie *geschrieben* und nicht (wenigstens nicht in erster Linie) zum Gesprochenwerden bestimmt sind.

b) Magische Handlungen

1a. Eine Maßnahme, welche gegen alle, zumal überraschende Gefährdungen durch Dämonen und insonderheit gegen den *„bösen Blick“* (s. o.) schützt, ist die seit alten Zeiten und allenthalben verbreitete *Ausführung* der „Fica“ („Feige“), einer ursprünglich obszönen Gebärde, durch die einerseits das „böse Auge“ abgelenkt, andererseits (ähnlich wie in der soeben aus Pesachim 111a zitierten Formel) dem Dämon seine Ohnmacht höhnisch vorgehalten und suggeriert werden soll. Sie besteht darin, dass man die Finger zur Faust ballt und dann den Daumen zwischen Zeige- und Mittelfinger hindurchstreckt, so dass er zwischen beiden mehr oder weniger herausschaut.[190] Außer dieser Form gibt es noch die „*Doppel-Fica*“, die ich aber nur auf dem Boden der *jüdischen* Magie gefunden habe. Bei ihr steckt man zunächst den Daumen der rechten Hand zwischen Zeige- und Mittelfinger der linken Hand, sodann den linken Daumen zwischen den rechten Zeige- und Mittelfinger und krümmt nun den linken Zeigefinger fest um den rechten Daumen, den rechten Zeigefinger um den linken Daumen, so dass beide Fäuste, mit herausschauenden Daumenenden, oben fest miteinander verschränkt erscheinen. Zugleich mit dieser verstärkten Schutzgebärde ist zweckmäßig ein *Schutzspruch* zu murmeln. So schreibt es schon der Thalmud vor: „Wer eine (fremde) Stadt betritt und sich vor dem bösen Blick fürchte, nehme den Daumen der Rechten in die Linke und den Daumen der Linken in die Rechte und spreche: Ich, N. N., Sohn des N. N., stamme vom Samen Josephs ab, über den das böse Auge keine Gewalt hat“ (Berachoth 55a). –

1b. Da nach der Zahlenmagie ungerade Zahlen günstig und darum heilig sind, *gerade Zahlen* aber dämonischem Einfluss unterliegen, so empfiehlt es sich, wenn man z. B. zwei Becher getrunken oder zwei Gerichte gegessen hat, ebenfalls die *Fica*-Gebärde zu machen und dabei zu sagen: „Ihr (zwei Becher) und ich sind *drei*.“ Hört man nun (einen Dämon) raunen: „Ihr (drei) und ich sind vier“, so erwidere man flugs: „Ihr (vier) und ich sind *fünf*“ usw., immer eine *ungerade* Zahl nennend bis man endlich den Widersacher mundtot gemacht hat (Pesachim 110a).

2. Vom *Einkreisen*, entweder in der Form des Umkreisens einer unbekannten Erscheinung oder als Ziehen eines Kreises um *sich selbst*, war bereits S. 157f. und 169 die Rede. Keinem mit hebräischer Wurzelkunde und Sprachvergleichung Vertrauten sage ich etwas Neues, wenn ich darauf hinweise, dass das Wurzelwort von „me’agge’l“ (Kreiszieher), nämlich „’(a)g(a’)l“ gleich den meisten dreibuchstabigen Wurzeln aus zwei zweibuchstabigen verschmolzen ist „’ag“ (= chag) und „gal“ (gala’l, gara’r), die beide „rund, kreisförmig“ und verbal „rund sein, umrunden, umkreisen“ bedeuten. Daher „’Iggu’l“ (Kreis), „’Aggi’l“ (Schild), „Galgal“ oder „Gilgal“ (*Ringwall, Tierkreis* oder *Rad*, Rundung, Kreis; urverwandt das griechische „Kyklos“ = Kreis), Geli’l (Galiläa = Landkreis), „’Agalah“ (Räderwagen), „’Agi’l“ (Reif, Ring); „’ug“ und „chug“ (kreisen, zirkeln), „*Chag*“ (das *Umkreisen des Altars* usw., die *Festprozession*, die Festfeier). Der Ringwall ist die älteste Schutzwehr aller Völker; der Tierkreis (Galgal) ist der himmlische Ringwall. Umkreisen ist zunächst eine *schützende* Bewegung: Die homerischen Helden umkreisen einen gefallenen Genossen, ihn mit dem Schild (!) schirmend (Ilias 5, 299. 8, 331. 13, 420 u. ö.); Apollon „umwandelt“ (d. h. schützt) seine heilige Stadt Chryse (Ilias 1, 37). Der Psalmist fleht: „Sei du mein Schirm, behüte mich vor Bedrängnis … *umringe mich*“ (thesobebeni; Ps. 32, 7); „wer aber auf den Herrn ver-

---

190 Über die weite Verbreitung der „Fica“ vgl. A. Seligmann, Der böse Blick, Berlin, H. Barsdorf 1910, Bd. I, S. 49, 116; Bd. II, S. 184–186 und öfters.

traut, den wird Gnade *umringen*" (Ps. 32, 10). Als schützende, weihende Prozessionen sind Flurumgänge, Flurumritte allenthalben ein alter religiös-mystischer Brauch. Umgekehrt kann solch eine Prozession auch im *feindlichen* Sinn geschehen, wie z. B. in der Bibel die Bundeslade an sechs Tagen je einmal, am siebenten Tag siebenmal um die Mauern von Jericho herumgetragen wird, um die Stadt mystisch dem Untergang zu wiehen (Josua 6, 11ff.); ebenso „umkreist" der Strafkelch des Herrn den Sünder (Habakuk 3, 16), desgleichen andere von Gott gesandte Übel (Hiob 16, 13. 19, 6). Insonderheit aber „umgeben" alle feindlichen dämonischen Mächte („von allen Enden her", s. o. S. 141) den Menschen von allen Seiten: Hunderttausende (Ps. 3, 7 – ebenso wie Ps. 91, 7 auf Dämonen gedeutet, vgl. m. „Babylonisch-Astrales", S. 140), widergöttliche Feinde (Ps. 17, 11; ebenso gedeutet), „große Farren" und „Hunde" (Ps. 22, 13. 17; dgl.) usw. Infolgedessen muss der Schutz gegen diese Gewalten auch ein ringförmig geschlossener, ringwallähnlicher, also *kreisförmiger* sein, gleichwie Gott selbst sein Heiligtum und seine heilige Stadt wie eine *feurige Ringmauer* (Chomah) zu umgeben und *in ihrer Mitte* (bethochah) zu sein verhieß (Sacharjah 2, 9 [2, 5 bei Luther] und 9, 8). – Das *Ziehen des magischen Kreises* erfolgt unter Hersagung geeigneter *Sprüche*, z. B. solcher, welche *Sephiroth*-Namen enthalten oder andeuten: „An diesem Tag wird sein der Herr eine liebliche Krone (Atarah = Kether) und ein Diadam (Zephirah) der Herrlichkeit (Tipharah = *Tiphereth*) für den Rest seines Volkes" (Jesaja 28, 5), „und die Wissenden werden gekrönt werden (Stammwort: k:th:r, wovon „*Kether*") mit Einsicht" (*Da'ath*). „Gelobt sei der Name (!) Gottes von Ewigkeit zu Ewigkeit. Sein ist beides, Weisheit (*Chochmah*) und Stärke (*Geburah*; hier wegen des Kampfzweckes besonders betont); er gibt Weisheit (*Chochmah*) den Weisen und den Einsichtigen Verstand" (*Binah*; Daniel 2, 20f.). [Oder: „Er hat die Erde durch seine Kraft gemacht, den Weltkreis (!) bereitet durch seine Weisheit (*Chochmah*) und den Himmel ausgebreitet durch seinen Verstand" (*Thebunah* = Binah; Jeremia 10, 12).] „Wer auf den Herrn vertraut, den umgibt (!) Gnade" (*Chesed*; Ps. 32, 10) usw. usw. – Von einem magischen Schutzkreis berichtet auch *Seligmann* (Der böse Blick, Berlin, H. Barsdorf, 1910) I, S. 399: „In Marokko versammeln sich an den ersten acht Abenden nach der Geburt des Knaben die nächsten Verwandten in dem Zimmer der Wöchnerin. Der Vater verschließt sorgfältig die Türen, liest mehrere Stunden lang aus der Bibel vor und *zieht* dann mit der Spitze eines *Degens* einen *Kreis* um das Bett, in dem sich Mutter und Kind befinden. Nachdem die Verwandten das Zimmer verlassen haben, wird der Degen neben das Kind gelegt." (Vgl. Abbildung 18 auf S. 84 meiner „Kabbalah" von 1903 – Degen hinterm Kopfkissen der *Mutter* – nach bildlichen Darstellungen der Bräuche *deutscher* Juden, wie sie in Buxtorfs „Jüdischer Synagoge", Kirchers „Jüdischem Ceremoniell", ferner bei Jungendrees usw. gegeben sind, so dass also der Brauch in Deutschland schon im 17. Jahrhundert üblich war.)
Man kann auch *zwei* (konzentrische) *magische Kreise* ziehen und in den Ring zwischen beiden „Mauern" (worauf Jesajah 22, 11 bezogen wird) einen Dämon (Sched), eine „Ruach", einen „Massik" oder eine Seele bannen. Diese müssen dann darin bleiben, bis sie entlassen werden; denn (wie es schon Berachoth 5b heißt) „kein Gefesselter kann sich selber aus dem Hause der Fesselung (Gefängnis) befreien".

3. Um *eine Seele* (eines Lebenden) *zu beschwören* – etwa zu dem Zweck, ihr dies oder jenes Tun oder Lassen zu suggerieren – eignet sich am besten die Zeit, wo jener Mensch voraussichtlich schläft; denn nach rabbinischer Ansicht verlässt während des Schlafes die Seele den Menschen, um in den „Intermundien" (wie auch die Dämonen, s. o. S. 141 und besonders m. „Babyl.-Astr." S. 47) umherzuschweben, ist also dann am leichtesten zitierbar. [*Wir* würden hier höchstens an die Möglichkeit einer Fernsuggestion auf die Seele des Schlafenden denken.] Außer allerintensivster Gedankenkonzentration auf den Zweck, das Objekt und den Inhalt dieses magischen Befehls gilt es für vorteilhaft, hierbei irgendeinen Gegenstand zu haben und zu verwenden, der zu jenem Menschen in Beziehung steht, z. B. ein Ding, das ihm gehört, oder noch besser einige Haare, Nägel oder dergleichen von ihm, letzten Endes auch einen von ihm stammenden (aber verschenkten oder verlorenen) Gebrauchsgegenstand, den er nachweislich früher benutzte. (Die Anschauung, dass derartige Gegenstände immer noch mit dem früheren Herrn in einem gewissen Zusammenhang stehen, übt noch heute, oft unbewusst, ihren Einfluss aus. So haben viele eine – übrigens auch rein ethisch gerechtfertigte – Scheu, Sachen aus einer Mobiliar-Zwangsversteigerung zu erwerben und heimzubringen, weil sie fürchten, etwas von dem Unglück des vorigen Besitzers mit ins Haus zuschaffen. Wer ferner mit jemand in Todfeindschaft geraten ist, sucht alles von jenem Erhaltene mindestens aus seinem nächsten Gesichtskreis zu entfernen, es ihm wohl gar zurückzusenden oder es zu vernichten. Andererseits spielt jene Anschauung auch eine Rolle bei der Wertschätzung von Gegenständen, die wir von lieben Verstorbenen oder Entfernten als Andenken besitzen.)

4. Mystisch-magischen Ursprungs sind auch verschiedene bekannte altjüdische *Trauer-Begräbnisbräuche.* So darf man sich nicht höher setzen, als der Tote liegt, da ihm zu Häupten die Schechinah (= Sephirah Malkuth) schwebt. Aus demselben Grund ist es auch verboten, sich zu Füßen der Leiche zu stellen und ihr ins Gesicht, zumal auf die geschlossenen Augen (oder, wie es heißt, „unter die Augen") zu sehen. Die Hände des Toten werden in der Welt zur Faust zusammengebunden, dass die Handrückenknochen des Zeige-, Mittel- und Goldfingers hervortreten und so den Buchstaben „Schin" bilden (vgl. S. 155), der an „Schaddaj" und „Schechinah" = Malkuth erinnert. Dass man hinter der aus dem Haus getragenen Leiche Wasser ausgießt, und dass beim Verlassen des Friedhofs das Leichengefolge sich die Hände in fließendem Wasser wäscht, hat seinen Grund in der Überzeugung von der dämonenscheuchenden Kraft des Wassers. Hygienische Gründe sind hier ebenso wenig wie bei dem sonst vorgeschriebenen Begießen der Hände („Netila'th jada'jim" ist nicht „Handwaschung") oder den rituellen Tauchbädern maßgebend; nicht einmal Säuberungszweck wird verfolgt, was nicht nur durch das Fehlen von Seife oder dergleichen, sondern noch besser durch – den Augenschein erhellt. Auch sagt schon die ältere Traditionsliteratur (z. B. Berachoth 55a, Pesikta rabbathi, Kap. 20, 94b) ausdrücklich, dass das „Bedecken mit Wasser" (also Eintauchen darin oder Besprengen damit) zur Abwehr dämonischen Einflusses, zumal des „bösen Blickes" dient.

5. Unter vielem anderen möchte ich noch einen *Feuerbann* nebst *Feuersegen* erwähnen, den *Schudt* (Jüdischer Merkwürdigkeiten II. Teil, Frankfurt und Leipzig 1714, VI. Buch, 2. Kap., Paragraph 5) beschreibt, da ich bei den Amuletten noch einmal hierauf zurückkommen muss. Schudt sagt: „Sie (die Juden) haben zweyerlei Art das Feuer zu löschen, eine *von ferne mit Worten*, wann sie das Feuer *ansprechen*, die andere in der Nähe durch Schrift. Beyder Kraft soll bestehen in denen aus dem 4. Buch Mosis Kap. 11, V. 2 genommenen Ebreischen Worten [hebr. Text, dann:] *Da schrey* [schrie] *das Volk zu Mose, und Mose bat den Herrn, da verschwand das Feuer*. Wann nun einer, nach der ersten Weise, das Feuer *ansprechen* will, so tritt er an einen Ort, da er die ganze Flamme übersehen kann und lässt sich eine Pfanne mit glühenden Kohlen, samt einer Gießkanne voll Wasser bringen; Siehet damit das lodernde Feuer an, murmelt die angeführte hebräische Worte syllbenweise nach einander her, und geust bei jeder Syllabe (Silbe) ein wenig Wasser über die glühende Kohlen, und wann er fertig ist, so glaubt er, das Feuer müsse augenblicklich verschwinden." Spöttisch fügt der Herr Rektor hinzu, dass bei dem großen Frankfurter Judengassenbrand das Mittel versagt habe, nach jüdischer Ansicht aber nur deshalb, weil Gott zur Strafe der dortigen Juden die Rollen des Wasser- und Feuerengels vertauscht gehabt habe, so dass die kabbalistische Einwirkung auf den früheren Wasser-, jetzt Feuerengel den Brand nur noch ärger machte.

2. Amulette

In meiner „Kabbalah" von 1903 (Leipzig, L. Fernau) sagte ich S. 93: „Eigentlich sind schon die Thephillin (Gebetsriemen, Phylakterien) und die „Mesusah" (Türpfostenkapsel), beide mit Zetteln darin, auf welchen Bibelverse stehen, Amulette des thalmudisch-rabbinischen Judentums, deren Wirkung auf den in ihnen befindlichen Gottesworten und Gottesnamen beruht." Einige unter meinen freundlichen Kritikern glaubten mich darauf hinweisen zu sollen, dass „nach rein jüdischer Auffassung" die genannten Dinge lediglich den Zweck hätten, den Israeliten an Gottes Gebote zu erinnern und so als Schutzmittel gegen die Sünde zu dienen. – Ich will mich nicht darauf berufen, dass ich seit bald einem kleinen Menschenalter die jüdische Traditionsliteratur und den jüdischen Kultus recht genau zu kennen meine und mir auch zu überlegen pflege, was ich schreibe, sondern ganz einfach zwei jüdische Gelehrte anführen, die jeder Kritiker als Autoritäten auf diesem Gebiet anerkennen muss, wenn er sich nicht lächerlich machen will. So sagt L. *Ginzberg* (Jewish Encyclopedia IV 519): „dass sie (die *Thephillin*) von den Juden der thalmudischen Zeit als *Amulette* angesehen wurden (vgl. Thargum zum Hohenliede 8, 3; Genesis rabba 35; Menachoth 33b); das Befestigen der *Mesusah* an die Tür … und das Anlegen der *Zizith* … wurde von den Rabbinern ebenfalls als *Schutzmittel gegen alle bösen Mächte* betrachtet (Berachoth 5a; Numeri rabba 48b)." Und *Blau* (Altjüdisches Zauberwesen, Budapest 1898) schreibt S. 152: „Hoheslied 8, 3 wird vom Thargum auf *Thephillin* und *Mesusah* bezogen, welche Israel vor den *Massikin* [s. o. S. 143] schützen (vgl. Mechiltha 12a 17)"; ferner S. 87f.: „Die Kemea [lies Kamea = das *Amulett*] wird in verschiedenem Zusammenhang *mit den Thephillin zusammen* genannt (Schabbath VI 2; Siphra Weiß 53b unten; Thosephtha Baba bathra II 6; Kelim XXIII 1; Mikwaoth X 2) … Kemea und Thephillin waren nämlich *denselben gesetzlichen Bestimmungen unterworfen*; denn beide hatten um ihren Inhalt einen undurchdringlichen Überzug aus Leder … Von dieser Umhüllung wird ausdrücklich gesprochen; sie kann unrein werden, so lange der als Amulett zu schützende Gegenstand in sie eingewickelt ist … Ein solches Stück Leder, das einem Amulett als Umhüllung dienen konnte, durfte man am Sabbat nicht über die Straße tragen.“ [Auch Thephillin wurden am Sabbat nicht getragen] Sodann S. 151: „*Thephillin konnten auch Amulette sein*; die beiden konnten voneinander bloß durch den Knoten des Riemens unterschieden werden, *wie die Mischnah ausdrücklich sagt* (Erubin X1; vgl. 96b). Auf diesen Gebrauch – oder Missbrauch – der Thephillin als Amulette bezieht sich auch das Verbot (Schabbath 41b unten), beim Beten oder beim Schlafen die Thephillin in die Hand zu nehmen oder die Thorah (Gesetzesrolle) sich auf den Schoß zu legen, nämlich [wie Blau richtig erklärt], um beides in vorschriftswidriger Weise als *Amulette* zu gebrauchen. Dass auch die Thorah-Rolle wie ein Amulett benutzt wurde, zeigt die Meinung (Sanhedrin 21b), der jüdische König solle das Thorahbuch „beim Auszug und Heimkehren *wie eine Art Amulett* an seinen Arm hängen, gemäß Ps. 16, 8 (dasselbe nochmals a. a. O., 22a)! – Man darf versichert sein, dass, wenn ich anders schreibe, als man es in den üblichen Schulen und Büchern gelernt hat, dies jedes Mal seine guten Gründe und Belegstellen für sich hat. Dass die Kabbalisten von den jüdischen Ritualien eine wesentlich andere Ansicht hatten als die in einem verphilologten Rabbinerseminar oder einem Reform-„Tempel“ verkündete, habe ich oben dargelegt, und ich würde nichts Entrüstungswertes dabei finden, wenn sie die Thephillin usw. sogar direkt für Amulette erklärt hätten; denn ein kabbalistisches Amulett kann – recht verstanden – mindestens etwas ebenso Heiliges sein, wie etwa ein „philosophischer“ oder „patriotischer“ Synagogensermon. Im Übrigen trägt ja der „moderne“ Jude weder Thephillin oder Zizith, noch hängt an seiner Tür eine Mesusah; ob der griechische „*Erlöser*-Orden“ und andere erlechzte Knopfloch-Kreuze von ihren jüdischen Trägern als – Amulette angesehen werden, kann hier unerörtert bleiben. Ich wende mich nach dieser nicht unnötigen Vorbemerkung zu den unbestrittenen *kabbalistischen Amuletten.*

a) Unbeschriebene Amulette (Talismane)

In Thalmud und Midrasch werden als Amulette ohne Inschrift erwähnt:

1. Schmucksachen, zumal Edelsteine, und ganz besonders Stirnbänder mit solchen, die (ähnlich wie bei der „Fica“ schon erwähnt wurde) den „bösen Blick“ auf sich und so von ihrem Träger hinweg lenken sollten. Bei Pferden diente demselben Zweck ein Fuchsschwanz oder ein glänzender Streifen zwischen den Augen (Blau, Altjüd. Zauberwesen S. 89ff., 166).
2. Kräuterwurzeln, ja auch in Leder eingewickelte Getreidekörner, doppelte Metallplatten usw. (Blau, S. 88f.). Auch der so genannte „Erhaltungsstein“ (Eben thekimah), den schwangere Frauen zur Verhütung einer Frühgeburt trugen, gehört hierher (Schabbath 66b).
3. Ferner dienten einfache *geknotete* Bänder oder Fäden als Amulette für Neugeborene (Blau, S. 90); denn der Knoten ist nicht nur zauberwirkend, sondern auch zauberbrechend und vor Zauber behütend.

Die Kabbalisten lassen diese Traditionen zwar natürlich gelten, weitaus wichtiger und wirksamer aber sind für sie die Amulette mit Inschriften, die geschriebenen Amulette!

b) Die geschriebenen Amulette

Obwohl ich in dieser Abteilung aus Zweckmäßigkeitsgründen (der klareren Disposition wegen) die Maßnahmen zu Schutz und Trutz und die zu Heilungen bestimmten Mittel geschieden habe, fasse ich hier bei den geschriebenen Amuletten beides zusammen, um nicht später noch einmal auf die Heil-Amulette allein eingehen zu müssen. Ich unterscheide hier vielmehr:

1. Zettel mit bloßen Bibelsprüchen

oder längeren Bibelstellen, wie z. B. 2. Mose 15, 26: „Ich will der *Krankheiten keine* auf dich legen, die ich auf Ägypten gelegt habe; denn ich bin der Herr, dein Arzt.“ – Als „Lied wider die Dämonen“ werden ausdrücklich Psalm 3 und 91 bezeichnet (Blau, S. 95, Anm. 4), auch Psalm 91, 5 allein („dass du nicht erschrecken müssest vor dem Grauen des Nachts und vor den Pfeilen, die Mittags fliegen“), wobei „Grauen“ („Pachad“, also Schreckgespenst) und „Pfeile“ (wie oben S. 141) auf Dämonen bezogen werden. Dieser sehr beliebte Gebrauch von (auch anderen) Psalmen heißt „Schimmusch thehillim“. So wird z. B. Psalm 97 häufig in Form eines *siebenarmigen Leuchters* (Menorah) geschrieben und als Amulett gebraucht. In dem auf S. 9 meiner „Kabbalah“ von 1903 abgebildeten südrussischen Wochenbett-Amulett ist u. a. Psalm 121 verwendet (s. u. 3), und so finden noch andere Psalmen, je nach der Verwandtschaft ihres Inhalts mit dem zu erreichenden Zweck, entsprechende Verwertung. – Ein anderes Amulett (bei Seligmann, a. a. O., S. 177) trägt die Worte: „Joseph wird wachsen, wie ein Baum an der Quelle“ (1. Mose 49, 22), wobei die Worte „ale’ ajin“ (an der Quelle), wie sehr oft, gedeutet werden als „erhaben über das böse Auge“; hierauf beruht das schon im Thalmud oft zitierte Axiom, dass über seine Nachkommenschaft das böse Auge keine Gewalt habe. – Sonst sind noch besonders üblich: Der Anfang des „Schma“ (5. Mose 6, 4: „Höre Israel“ usw.) sowie der „Ahronidische Segen“ (4. Mose 6, 24 26: „Der Herr segne dich … gebe dir Frieden“).

2. Amulette mit abnehmenden Wortbuchstaben

Etwa gleich alt sind: Das thalmudische „*Schebriri*“, welches (Pesachim 112a) als Mittel gegen Augenkrankheit (besser: gegen den bösen Blick) erwähnt ist, und das allbekannte „*Abrakadabra*“, das (offenbar nach mündlicher jüdischer Überlieferung) zuerst der unter Kaiser Caracalla lebende Arzt Serenus Sammonicus mitteilt.

a) „*Schebriri*“ (שכרירי) hat folgende Form:

Wie das Wort mit jeder Zeile um einen Buchstaben abnimmt, so soll es auch die Krankheit tun. – Auf dem gleichen Prinzip beruht

b) „*Abrakadabra*“, das ich (in meiner „Kabbalah“ von 1903) zum ersten Mal richtig als eine Verballhornung von (אפרא כרכרא) = „Abbada kedabra“ („Nimm ab wie dieses Wort“) erklärt habe. Es hat dann mit hebräischen (Konsonant-) Buchstaben folgende Form:

א פ ר א כ ר כ ר א
א פ ר א כ ר כ ר
א פ ר א כ ר כ
א פ ר א כ ר
א פ ר א כ
א פ ר א
א פ ר
א פ
א

c) „Wa-thischka“ („und es verschwand“, nämlich das Feuer), aus 4. Mose 11, 2; mitgeteilt von *Schudt* an der zum Schluss des vorigen Abschnittes S. 212 mitgeteilten Stelle. Es kommt hier ein (entweder ein- oder doppelseitiges) Amulett in Betracht, das in seiner vollsten Form folgendes enthält:

Auf der kreisrunden *Vorderseite* den so genannten „Davidsschild“ (Mage’n David), das als Symbol jeder Synagoge bekannte sechseckige Doppeldreieck, wie auf dem Umschlag meiner „Kabbalah“ von 1903. In dessen Mittelfeld steht hier das Wort: (אנכא). Das sind die Anfangsbuchstaben der Worte: (אפח נפור כעולס אדני) = „Du bist mächtig in Ewigkeit, Herr!“ In den sechs Kantendreiecken stehen die Buchstaben von (יהוה) und (יה) (Jhwh und Jh = Jah) so verteilt, dass sich links oben und unten sowie ganz unten je ein ה (h) befindet, ganz oben sowie rechts oben je ein י (j) und rechts unten das ו (w). Um den Rand läuft der Spruch 4. Mose 11, 2 hebräisch (ohne Vokale). Die *Rückseite* enthält nochmals denselben Spruch, darauf das vorletzte Wort „*wa-thisch-ka*“ (ותשקע) nochmals in *abnehmender Buchstabentraube* und darunter die Bitte: „Möge es wohlgefällig sein vor dir, J-J (= Jhwh), mein Gott und Gott meiner Väter, dass, *wie dieses Wort von selbst abnimmt, so auch dieses Feuer abnehme*.“ – Unter Weglassung der Kreislinie gebe ich den hebräischen Text der Rückseite, besonders des abnehmenden „Wa-thischka“ („und es verschwand“) wegen.

ויצק העם אל משה
ויפלל משה אל י״י ותשקע האש
ותשקע
תשקע
שקע
קע
ע
יהי רצון מלפניך י״י אלהי ואלהי
אבותי כשם שתיבה זה ממעט
את עצמו כך ימעט האש הזה
א״ם א״ם א״ם

Schudt beschreibt die Anwendung folgendermaßen: „Nach der anderen Weiß suchen sie *mit Schrifften* ein Hauß zu retten, wann es noch nicht angangen [vom Feuer ergriffen] ist, da sie mit Kreiden den sogenannten Mogen Dovid an die Thür (schreiben); so es aber schon im Brandt, schreiben sie dieselbige Worte auf eine *Brod-Rinde* [!], und gehen damit 3. mahl ums Feuer herum [!], ehe sie dieselbige darein werffen. Es ist aber (דוד מגן), Mage'n Davi'd, oder wie sie es ausreden, Mo'gen Do'vid, der Schild Davids oder die hieroglyphische [mystische] Figur, welche David, ihrem Fürgeben nach, soll auff seinem Schild gehabt haben."

Wir haben hier (außer dem im vorigen Abschnitt erwähnten „Ansprechen", also mündlichen Beschwören) als Vorbeugungsmittel das einfache Anschreiben des heiligen Doppel-Dreiecks (Hexagramms, Davidsschildes) an das Haus, dagegen als magischen Löschbann über das bereits ausgebrochene Feuer zweierlei Mittel: erstens das *Umkreisen* (s. o. S. 208ff.) und zweitens das *Brot-Amulett* mit den zwei Gottesnamen auf dem „Davidsschild" der Vorderseite, samt dem Feuerspruch auf Vorder- und Rückseite sowie dem Gebetswunsch wegen Erlöschen des Feuers und dem sozusagen vorbildlich abnehmenden Kernwort „*wa-thischka*" (und es erlosch) auf der Kehrseite. Dieses, wie man auch passend sagen könnte, „*sympathetische*" *Abnehmen* des Amulettstichwortes und des zu bekämpfenden Übels ist die *Hauptsache* bei diesen Amuletten. Es entspricht ganz dem Verfahren bei sympathetischen Heilungen, wo das Verfaulen eines vergrabenen Gegenstandes, das Absterben eines „besprochenen" Tiers (im Thalmud, Schabbath 66b, einer in ein versiegeltes Metallrohr gesperrten Ameise) usw. das Abnehmen und Schwinden des Leidens vorbildlich in die Wege leiten soll. Da der springende Vergleichspunkt das Vermindertwerden und *Schwinden* (hier Wortschwund, dort Kraftschwund) ist und den Zweck dieses Verfahrens der Kraftschwund des schädlichen dämonischen Einflusses bildet, so muss das abnehmende Wort stets ein solches von *übler Vorbedeutung* für die schädigende Macht sein; so oben bei „Schebriri" die Verbalwurzel „sch(a)b(a')r" = zerbrechen, vernichten (nämlich den bösen Blick", nicht eine Augenkrankheit, wie die Erklärer sagen), ferner bei „Abdakadabra" (Abrakadabra) die Wurzel „:(a)b(a'd)" = abnehmen, vergehen (oder: „aba'r" = entfliehen, verschwinden). Es erhellt daraus die Richtigkeit meiner Behauptung (S. 176), dass *niemals ein Gottesname in solcher Verstümmelung* angewendet werden darf. – Die beiden Gottesnamen stehen bei diesem Amulett ganz angemessenerweise, getrennt von dem ominösen Wort der Rückseite auf der *Vorder*fläche des Amuletts, und zwar im „Davidsschild" (*Hexagramm*), dessen sechs Spitzen, wenn man sich den Tierkreis bzw. die kreisförmige Anordnung der Jakobssöhne oder der Monate (s. o. S. 178 u. 183) nummeriert vorstellt, auf die ungeraden Zahlen fallen, während dann die Scheitelpunkte der zwischen den Spitzen liegenden Winkel den geradzahligen Zeichen gegenüberliegen (anders A. Jeremias, Handbuch der altorientalischen Geisteskultur, Leipzig, Hinrichs 1913, S. 100f.). – Das *Brot* ist (ebenso wie der Backtrog) ein selbst noch heute bei uns auf dem Land angewandtes Mittel gegen Feuersbrunst.

3. Wochenbett-Amulette

(zum Schutz von Wöchnerin und Kind). Die größte Gefahr für Wöchnerin und Kind droht von der Dämonenkönigin *„Lilith“* (vgl.m. „Babyl.-Astrales“, S. 145), „Adams erster Frau“ (vgl. S. 143), die jüdisch-mystisch *„die erste Eva“* genannt wird (nämlich die 1. Mose 1 erwähnte, zum Unterschied von der 1. Mose 2 beschriebenen, aus dem Erdenkloß geschaffenen Eva). Jene Dämonin musste einst den sie in Gottes Auftrag bezwingenden Engeln *Senoi, Sansenoi* und *Samangeloph* (Sanui, Sansanui und Samangaluph) schwören, fürderhin weder selbst noch durch ihre Dämoninnen eine Wöchnerin oder deren Kind zu beschädigen, sofern diese durch die Namen der drei Engel geschützt seien („Babylon.-Astrales“, a. a. O.; vgl. auch m. „Kabbalah“ von 1903, § 173f.). Daher findet sich in allen mit Kreide an Wand oder Tür des Wochenzimmers gemalten Schutzsprüchen, sowie bei allen auf Pergament (Hirschhaut) geschriebenen Wochenbett-*Amuletten* die Formel: *„Adam Chawwa, chuz Lilith“* (Adam, Eva; hinaus Lilith!), d. h.: Menschen dürfen in diesem Zimmer sein, nicht aber Dämonen, zumal nicht Lilith (so richtiger, als in m. „Kabbalah“ S. 83 unter dem Bild, da auch das bereits geborene Kind sowie die Mutter zu schützen ist). Ich gebe zunächst:

a) Das Wochenbett-Amulett aus dem kabbalistischen *„Buch Rasiel“* 35a; die Originalabbildung ist folgende (auf die Hälfte verkleinert):

בשם אהיה והא הוא אא בכ או מאב אאא

(Oben rechts und links beide Mal: „Adam, Eva; hinaus Lilith!“ Zwischen den drei Bildern rechts stehen oben die Namen der drei Engel, „Senoi [rechts], und Sansenoi [Mitte] und Samangeloph“ [links], ebenso in den drei Bildern links; diese Bilder sind „Siegelzeichen der drei Engel“; auf der rechten Seite außerdem noch zwischen den Bildern einige Buchstaben, deren Erklärung hier zu weit führen würde, ebenso wie die der Buchstabengruppen der unter dem Ganzen stehenden Zeile hinter deren Anfangsworten: „Im Namen des ‚Ehejeh‘!“ [Ich werde sein].)

Hierzu gehört bei Anwendung des Amuletts die gesprochene oder auf die Rückseite geschriebene *Beschwörungsformel*: „Ich beschwöre dich, erste Eva (s. o.), bei dem ‚Namen‘, der dein Bildner war, und bei dem Namen der drei Engel (s. o.), die dein Bildner deinetwegen entsandte, und (bei dem Namen) des Engels auf den Inseln des Meeres (wo Lilith gefangen wurde), denen du schwörst, dass an dem Ort, wo du ihre Namen fändest, weder du noch deine Scharen und Diener irgendwen schädigen würdest, der ihre Namen trüge – also bei deren Namen und Siegelzeichen, die hier geschrieben sind, beschwöre ich dich und deine Heerscharen und Diener, dass ihr nicht schädiget die Wöchnerin N. N., Tochter des N. N., und ihr neugeborenes Kind, weder bei Tag noch bei Nacht, weder an ihrer Speise noch an ihrem Trank, weder an ihrem Haupt noch an ihrem Herzen, weder an ihren 248 Gliedern noch an ihren 365 Nerven (Sehnen); kraft dieser Namen und Siegelzeichen beschwöre ich dich und deine Heerscharen und Diener."

Es folgt nun noch auf derselben Blattseite eine wahre Wolke schützender Eigennamen, beginnend mit Michael, Gabriel, Raphael, Nuriel, Kedomiel, Malkiel, Zadkiel usw., die hier nicht weiter interessieren.

b) Der *Wochenbett-Amulettzettel* auf S. 9 meiner „Kabbalah" von 1903 enthält zunächst (oben) den ganzen 121. Psalm (vgl. oben S. 214: „Schimmusch Thehillim"); im Mittelviereck steht: „Der Allmächtige zermalmt den Satan", umgeben von 6 Variationen des Schriftverses (2. Mose 22, 18): „Die Zauberin sollst du nicht leben lassen." Die vier nächsten Zeilen enthalten die Namen: „Adam und Eva. Abraham und Sarah, Issak und Rebekka. Jakob und Leah." Darunter (zweizeilig): „Senoi, Sansenoi und Samangeloph (seien) drinnen, Lilith und all ihre Schar (bleibe) draußen!" Letzte (unsicher lesbare) Zeile: „Und sie sollen entweichen ins Meer." (?)

c) Das *Wochenbett-Amulett* auf S. 21 meiner „Kabbalah" von 1903 enthält in den vier Ecken (von rechts oben nach links herum) die Namen der vier Paradiesströme: „Pison, Gihon, Hiddekel, Phrath." In der Kreis-Peripherie steht (hebräisch): „Adam und Eva; hinaus Lilith, erste Eva! Schemariel (Bewahrung, Schutz Gottes), Chasdiel (Gnade Gottes), Senoi, Sansenoi, Samangeloph; ‚denn er hat seinen Engeln befohlen über dir, dass sie dich behüten auf allen deinen Wegen'. Amen, Sela!" – Im Mittelschild: „Gehe hinaus (du) und das ganze Volk, das dir auf dem Fuß folgt. Im Namen des K-U-P" (Kadosch u-Podeh = des Heiligen und Erlösenden; diese drei Buchstaben im Ganzen sechsmal permutiert). Um und an den Eckdreiecken des Hexagramms noch verschiedene dreibuchstabige Worte, nur z. T. verständlich.

4. *Glücksamulette* aus dem „Buch Rasiel" (34bff.):

a) Amulett, auf Pergament geschrieben, behufs *Glücks in Handel und Wandel*, an der linken Seite zu tragen. (Abbildung S. 20320) Oberes Rechteck: In den beiden Feldern oben und den beiden unteren Eckfeldern ist das Wort „z(a)l(a')ch" = „beglücken, Glück bringen" richtig (rechts oben) und sodann mit umgestellten Buchstaben (permutiert) geschrieben. In den oberen Ecken rechts und links steht „JH" = Jah = Jhwh; im Mittelfeld bei dem „Lebensbaum" rechts und links der Buchstabe Aleph, Anfangsbuchstabe von „Elohim" (Gott) und „Adonaj" (Herr). In jedem der drei Hexagramme darunter befindet sich in der Mitte der Gottesname „Schaddaj" (der Allmächtige), in vier von den sechs Ecken stehen die vier Buchstaben des Gottesnamens „Jhwh". – Hierzu gehört der (gesprochene und geschriebene) Segenswunsch: „Es möge dein Wille sein, Gott Israels, deinen Engeln zu befehlen, in das Haus des N. N., Sohnes des N. N., zu kommen, mit ihm zu wandeln und ihm Glück zu geben in seinem Handel und allem Werk seiner Hände zu Wohlgedeihen und Wohlgefallen, im Haus, in der Stadt und außerhalb der

Stadt; und dein heiliger Name und Siegel fördere ihn in seinen Geschäften und in seinem Haus und beglücke den N. N., Sohn des N. N. Amen, Sela."

b) *Amulett behufs Wohlgefallens bei Gott und Menschen,* auf reines Hirschleder geschrieben (vgl. Abbildung) Segenswunsch dazu: „Es sei deine Gnade (Chesed), Jhwh, auf N. N., dem Sohn des N. N., wie sie war mit Joseph, dem Gerechten, gleichwie

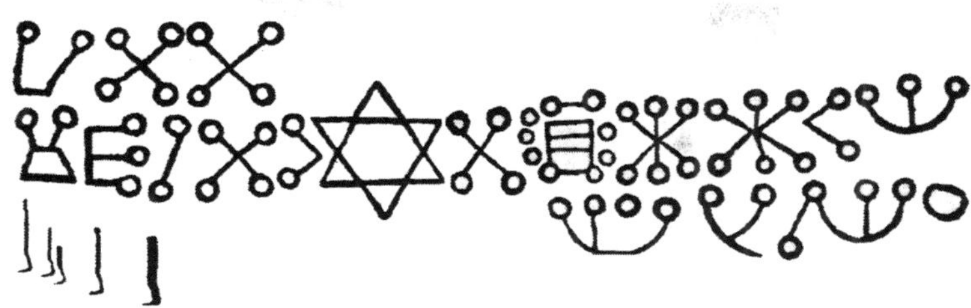

geschrieben steht: ‚Und der Herr war mit Joseph und breitete Gnade über ihm aus und verlieh ihm Wohlgefallen in den Augen aller, die ihn sahen' – im Namen von Michael, Raphael, Uriel" usw.

c) *Amulett zur Gewinnung von Liebe und Freundschaft* „geschrieben mit Lilien- und Krokuswasser und mit einem kupfernen Stift auf reines Pergament". Segenswunsch dazu: Der vollständig wiedergegebene Psalm 104 (siehe oben S. 214: „Schimmusch Thehillim").

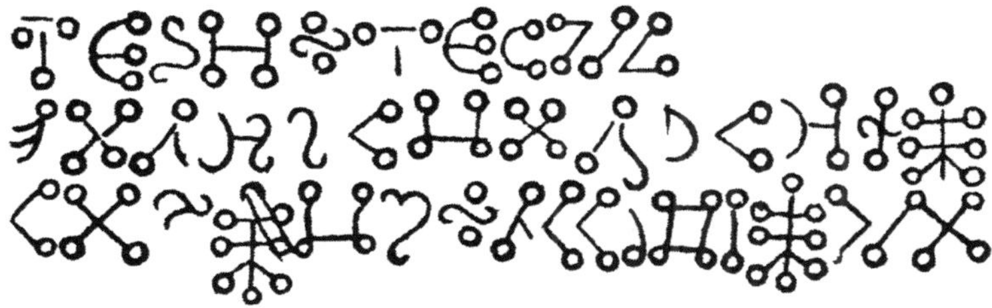

Kabbalistisches Amulett zur Gewinnung von Liebe und Freundschaft.

5. Amulett zum Schutz gegen Waffen

(„dass nicht Gewalt bekomme über den Menschen allerlei Waffengerät": Buch Rasiel 50a), geschrieben auf reines Hirschleder und am Hals getragen.

Hierzu geschrieben die „heiligen Namen" von einem Dutzend Engel und andere mystische Bezeichnungen; zum Schluss: „… sei beschützt N. N, Sohn des N. N." (Namen des zu Schützenden). –

In den vier Hexagrammen (Davidsschilden) der Gottesname „Jhwh", in den drei oberen außerdem noch dessen vier Buchstaben nochmals einzeln in je vier Eckdreiecken. –

Die zwei hebräischen Worte zwischen Zeile 1 und 2 sowie 2 und 3 (rechts) ergeben (für mich wenigstens) keinen deutbaren Sinn. Die aus Ringeln und Strichen bestehenden magischen Charaktere der Amulette entziehen sich der Deutung größtenteils ebenfalls gänzlich, obwohl sie ganz offenbar überwiegend der hebräischen Quadratschrift und z. T. auch der Kursive nachstilisiert sind. Die rechts vom untersten

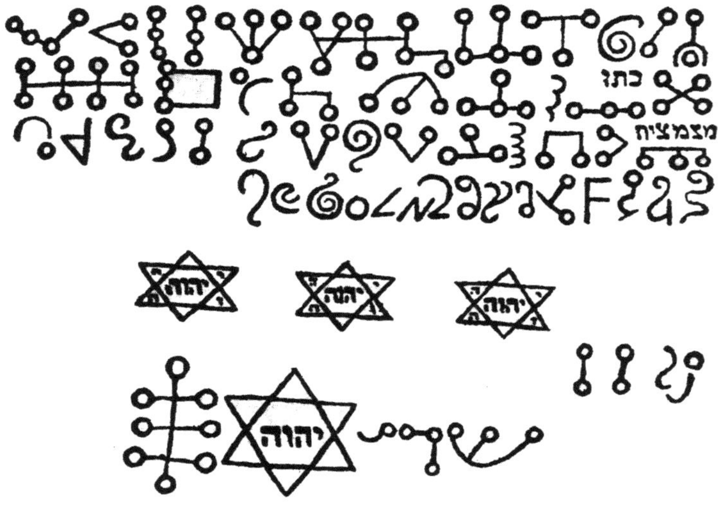

Kabbalistisches Amulett zum Schutz gegen feindliche Waffen.

Hexagramm stehenden drei Zeichen könnte man (von rechts nach links) für die hebräischen Buchstaben „Schin“ (Sch), „Daleth“ (D) und „Jod“ (J) halten und als „Schadda'j“ (der Allmächtige) lesen. – Ganz eigenartig mutet, gerade in einem *jüdischen* Amulett, die *Kreuzform* der links vom untersten Hexagramm stehenden Figur an, die übrigens mit geringen Abänderungen schon im vorletzten Amulett, (s. S. 219) und zwar sogar dreimal, zu finden ist. Sie stellt natürlich kein hybrides „griechisches“ oder sonstiges christliches Kreuz vor, sondern einen „Lebensbaum“ (Ez chaj'jim), der sich auf die zehn Sephiroth bezieht, vgl. oben. Der Teilstrich von dem obersten Ring bis zur nächsten Kreuzung bezeichnet den Einfluss von „Kether“, der nächste senkrecht nach unten den Einfluss von „Tiphereth“, der nächstuntere den von „Jesod“, der unterste den von „Malkuth“; ebenso stellen die seitlichen sechs Teilstriche die Einflüsse der übrigen sechs Sephiroth dar (rechts: Chochmah, Chesed, Nezach; links: Binah, Geburah, Hod). Wollte man die acht Ringel (statt der Teilstriche) als Bezeichnungen für die Sephiroth ansehen, so würden „Tiphereth“ und „Jesod“ in der Mittelreihe nicht mit dargestellt sein (in dem einen Baum, Amulett zur Gewinnung von Liebe und Freundschaft, Z. 2 rechts, würde sogar unten „Malkuth“ fehlen). Diese Sephiroth können fehlen, weil ja „Tiphereth“ nur eine Vermittlung, Zusammenfassung von „Chesed“ und „Geburah“, ebenso „Jesod“ eine solche von „Nezach“ und „Hod“ (ebenso „Malkuth“ der Inbegriff aller Sephiroth) ist, so dass, wenn die Einzel-Elemente dargestellt sind, ihre Zusammenfassung fehlen kann; in unserem „Waffen-Amulett“ sind übrigens „Tiphereth“ und „Jesod“ insofern aufgeführt, als „Tiphereth“ durch das „Jhwh“ in dem danebenstehenden Hexagramm dargestellt ist (S. 102) und „Schadda'j“ der Sephirah „Jesod“ entspricht. Auf weitere Einzelheiten hier einzugehen, verbietet der Raum.

6. Die magischen Quadrate als Amulette

Ihr Gebrauch ergibt sich aus dem oben S. 134f. und S. 150ff. Gesagten. Man trägt die „Kamea“ des Planeten, unter dem man geboren ist, sei es auf Pergament oder dergleichen geschrieben, sei es auf ein rundes oder quadratisches Metallplättchen graviert. Manche wollen, dass auch das Metall dieses Plättchens dem Charakter des Kamea-Planeten entspreche, so dass, wer z. B. unterm Jupiter geboren ist, ein Viererquadrat auf einem Zinnplättchen trage. Das Achterquadrat des Merkur kann natürlich nicht auf Quecksilber graviert werden; als Ersatz für dieses Metall wird teils Messing, teils Glas genannt. Auch auf gewisse Edel- und Halbedelsteine (die im Ring oder um den Hals usw. getragen werden) wird die Kamea eingraviert; man verwendet hierzu besonders die Edelsteine des hohenpriesterlichen Brustschildes (vgl. m. „Babyl.-Astrales“, S. 53, Anm. 2). Auch diese (sowie andere) Edelsteine werden gewissen Planeten zugeordnet, so dass z. B. ein unter der Herrschaft der Sonne Geborener ein Sechserquadrat auf einem Hyazinth zu tragen hätte. Die Zuordnung jener Steine zu den einzelnen Planeten ist nämlich meistens folgende (obwohl Abweichungen vorkommen): Sonne = Hyazinth (Leschem) und Topas (Pitdah); Venus = Smaragd (Bareketh) und Chrysolith (Tharschisch), Merkur = Saphir (Sappir); Mond = Beryll (Schoham); Saturn = Onyx (Jachalo'm) und Karneol (Odem); Mars = Jaspis (Jaschpheh) und Onyx (Jachalo'm), Karfunkel (Nophech).

7. Amulette wider den bösen Blick

Zwei moderne geschriebene Amulette dieser Art teilt *Seligmann* („Der böse Blick“, Berlin, H. Barsdorf, Bd. II, S. 358ff.) mit, leider schlecht übersetzt.[191] Es wird (in dem größeren von beiden) zunächst der „Name des Herrn“, sodann der des zu Schützenden genannt, danach werden eine Anzahl zu beschwörender Dämonen aufgezählt, darauf das „böse Auge“ (der „böse Blick“) in seinen verschiedenen Abarten beschworen. Den Schluss der Vorderseite bildet (der auch in dem anderen Amulett vorkommende Vers Psalm 121, 4): „Siehe, der Hüter Israels schläft noch schlummert nicht.“ Die Rückseite setzt die Beschwörung „aller Arten des bösen Auges“ fort, wobei u. a. das bekannte (und auch in dieser Schrift hier mehrfach erwähnte) Axiom erwähnt wird, dass über Josephs Samen der „böse Blick“ keine Gewalt habe; zum Schluss wird (wie in Amulett 1) der ganze 121. Psalm geschrieben und hinter diesen noch die Einzelnamen: Argaman, Ariel, Gabriel, Nuriel und Michael, sowie die Gottesnamen: starker Gott, Schadda'j (Allmächtiger), Jah, Adona'j, Zebaoth. –

---

[191] Sein Gewährsmann weiß nicht, dass „Dilah“ aramäisch ist und „derselben, von ihr“, dgl. „Dileh“ nichts anderes als „desselben, von ihm“ bedeutet, dgl. dass „Nega“ = Plage ist. Es muss daher (a. a. O., S. 359) heißen: „Keine *Plage* soll sich deinem Zelte nahen, weder Lilith und *ihre* Schar, noch Sammael und *seine* ganze Schar“ usw. Beides sind *keine* „guten Schutzengel“.

Soviel von den Amuletten. Von anderen Schutz- und Trutzmitteln sei hier nur kurz erwähnt, dass vor allem eisernen Gegenständen, zumal Messern und dergleichen, eine dämonbezwingende Macht zugeschrieben wird.
Über die Verwendung einer eingehüllten „Thorah"-Rolle (die zum Synagogengebrauch in Rollenform geschriebenen fünf Bücher Mosis enthaltend) als dämonenvertreibender Schutz und als Erleichterungsmittel einer schweren Geburt vgl. m. „Kabbalah" von 1903, S. 83.

II. Heilmittel

Herr Professor Dr. Ludwig *Blau* hat in seinem mehrfach erwähnten Buch über „Das altjüdische Zauberwesen" (Budapest 1898) eine erhebliche Anzahl magischer Heilmittel und Heilmethoden aus Thalmud und Midrasch zusammengetragen, nachdem schon Dr. Joseph *Bergel* in seiner bahnbrechenden, aber formell wie sachlich liederlichen Schrift über „Die Medizin der Thalmudisten" (Leipzig 1885) den interessanten Stoff zu bearbeiten begonnen hatte. Es wäre nun verlockend, in ähnlicher Weise eine „magische Medizin der Kabbalisten" zu schreiben, doch würde dies weit über den Rahmen dieser „Elemente" hinausgehen. Da zudem der verfügbare Raum dieses Teils sehr knapp ist, beschränke ich mich auf folgende Andeutungen.
In ihrem Charakter unterscheiden sich die kabbalistischen Mittel und Methoden von den älteren rabbinischen so gut wie nicht. Die Krankheiten werden, ganz im orientalischen Sinn, als das Werk schädlicher Dämonen aufgefasst. Die Hauptsache ist demnach die Beschwörung der Dämonen, die entweder mündlich (durch „Besprechungen" – „Lispelungen", sagen die Rabbiner – oder durch eine Art von Exorzismen) oder aber schriftlich, durch amulettartige Zettel usw. geschieht; auch die Heilmittel selbst sind z. T. darauf berechnet, den Dämon zu schrecken oder zu belästigen und dadurch zu vertreiben, z. T. aber suchen sie suggestiv auf den Kranken zu wirken. – Es ist schwer, die Grenze zu ziehen, was hierbei althergebrachte „Volksmedizin", und was speziell kabbalistisch ist; manches erweist sich ganz offenbar als von nichtjüdischer Seite her übernommen. Die Beschwörungsformeln sind, wie selbstverständlich, von den S. 205ff. angeführten in der Hauptsache nur dem Zweck nach verschieden; dasselbe gilt von den Krankheitsamuletten. Eine Anzahl kabbalistischer „Rezepte" für magische Heilmittel hier anzugeben, trage ich begründete Bedenken, da deren Nachahmung in unserer Zeit, wo es sich um ein bedeutend minder widerstandsfähiges Menschenmaterial handelt, leicht zu verderblichen Folgen führen könnte. Außerdem ist die Bedeutung der zum Gebrauch empfohlenen oder vorgeschriebenen Dinge nicht immer klar; ich aber möchte nicht, dass etwa jemand durch einen Deutungsirrtum von meiner Seite aus Schaden nähme. Endlich gestehe ich offen, dass mir die nötigen medizinischen Spezialkenntnisse fehlen, um hier Einzelheiten genügend zu behandeln. Alles in allem aber ist gerade dieser Nebenzweig der praktischen Kabbalah, sofern er sich nicht mit dem bereits (bei Beschwörungen und Amuletten) Ausgeführten deckt, ein gegenüber den übrigen Gebieten der praktischen Kabbalah so unbedeutender Teil, dass es mit dem hier Gesagten genug sein mag. Das Vorangegangene ist auf jeden Fall wichtiger.

Schlusswort

„Und mag dem Neid sein Herz zerbrechen: dennoch bin ich der erste gewesen" – so darf ich mit Johannes Reuchlin sagen, der das stolze Wort den wissenschaftlichen Gegnern und Verkleinerern seiner hebräischen Grammatik an den Kopf warf. Auch ich bin mit der kurzen Skizze meiner „Kabbalah" von 1903 (Leipzig, L. Fernau, S. 81–106) und mit der ausführlicheren Darstellung in diesem Schlussteil meiner „Elemente" der *erste* gewesen, der eine gemeinverständliche Einführung in das große, unbekannte und schwierige Gebiet der *praktischen* Kabbalah versucht hat. Rein *wissenschaftliche* Gegner kann ja dieses mein Beginnen nicht haben, weil es (vgl. Teil 1) bewusst *populär* ist, und wie gleich meiner früheren „Kabbalah" auch der erste Teil der vorliegenden Schrift bei berufenen Fachleuten „hohes Lob" ausgelöst hat (vgl. „Norddeutsche Allgemeine Zeitung" vom 14. September d. J.), so wird auch dieser zweite Teil seine Freunde finden, und das Totschweigen, das die Gönner aus dem christlichen und jüdischen Laodicea (Offenbarung des Johannes 3, 14, 16) bei meinem „Jesus und die Rabbinen" sowie „Babylonisch-Astrales in Thalmud und Midrasch" (Leipzig, Hinrichs) so erfolglos versuchten, wird hier noch weniger gelingen, da schon der erste Teil dieses Buches so überraschend günstige Aufnahme in der Leserwelt fand, obwohl er nicht, wie dieser zweite, vielfach in völliges *Neuland* führte. Wenn meine Vorläuferarbeit auf diesem Gebiet – die naturgemäß ihre Schwächen haben mag – zu weiteren Forschungen und hoffentlich zum Bessermachen anregt, so soll mir das nur willkommen sein. Mehr als Wegweiser zu sein, lag ja nicht in meiner Absicht.

Ich weiß, dass sich mancher darüber „giftet", dass gerade ich diese Arbeit begonnen habe. Andere wird der *Ton* ärgern, in dem ich allenthalben von der *modernistischen Theologie* jüdischer und christlicher Färbung spreche (die Farbe ist ja beidemal unecht). Ich gedenke mich demgegenüber nicht auf den Anti-Knigge zu berufen, den auf der Gegenseite z. B. Professor Loofs seiner Zeit in seinem „Anti-Haeckel" kübelweise über den lediglich unvorsichtigeren Jenenser Kollegen ausgegossen hat, sondern ich gestehe die volle Absichtlichkeit meiner Unfreundlichkeit ein, mit der Begründung, dass es nun einmal für mich keinen größeren Scheuel und Greuel gibt als die heuchlerische und leugnerische, alles Übersinnliche verrationalisierende, alles Tiefe verseichtende und alles unbequem Echte unterschlagende, ebenso zerfahrene wie zerfasernde, hier ätzende, dort schwätzende, bald freche und bald feige, wissenschaftlich wie religiös absolut unfruchtbare und trostlose Theologasterei der „klingenden Schelle", deren Hauptakteure leider hüben und drüben auf den maßgebenden „Stühlen Mosis" (Kanzeln und Kathedern) nisten – übrigens sowohl nach dem Evangelium (Matth. 24, 11, 15) wie nach dem Thalmud (Sotah 49b, Sanhedrin 97a oben) das Zeichen einer nahen Endzeit.

Noch andere ärgern sich darüber, dass ich in der „Kabbalah", sogar der „praktischen", so viel tiefen Sinn zu finden meine und sie so eifrig gegen die bisher übliche Geringschätzung verteidige. Man kann daraus sehen, wie „objektiv" ich bin. Christliche Freunde fanden (brieflich) schon im ersten Teil zu wenig betont, wie viel höher die Kirchenlehre und auch die christliche Mystik über der Kabbalah stehe. Das wäre meines Erachtens ein Vergleich von zwei inkommensurablen Größen und daher auf jeden

Fall ungerecht. Was für Resultate ich bei einem Vergleich der miteinander vergleichbaren Aussprüche Jesu und der Rabbiner gewinne, zeigt mein „Jesus und die Rabbinen". Hier dagegen konnte nur von meiner immanenten Kritik der Kabbalah die Rede sein, und da habe ich unter kritischer Ausscheidung des exegetischen Wustes die rein kabbalistischen Lehren aus sich heraus zu erklären und dem heutigen Verständnis zu vermitteln gesucht. Dass ich dabei gerade in philosophischer Beziehung vieles Eigenartige und Bedeutende fand, liegt nicht an mir, sondern an den Tatsachen. Die Hoffnung meines freundlichen Kritikers in der „Norddeutschen Allgemeinen Zeitung", es werde sich bald erweisen, wie viel die Kabbalisten der christlichen Scholastik verdanken, vermag ich nicht zu teilen. In vieler Hinsicht scheint mir das Gegenteil vorzuliegen. Einstweilen möchte ich hierzu auf die parallele Erscheinung hinweisen, dass die *christlichen Scholastiker dem jüdischen Philosophen Maimonides* sehr viele ihrer besten Gedanken schulden, wie dies für Wilhelm von Auvergne, Alexander von Hales, Vinzenz von Beauvais, Albertus Magnus, Thomas von Aquino, Bonaventura, Roger Bacon, Raimundus Lullus, Duns Scotus, Wilhelm von Occam, Nicolaus Cusanus, die beiden Pico von Mirandola (und außerdem für Reuchlin, Galatinus, Servet, Bodin, Scaliger und Leibniz) *J. Guttmann* in der Sammelschrift „Moses ben Maimon" (hrsg. V. Prof. W. Bacher usw., Leipzig, Fock 1908) mit einer Fülle von Zitaten nachgewiesen hat.
Die *töricht absprechende Haltung des Reformjudentums gegenüber der „Kabbalah"* repräsentiert so recht das „Kauder"-Welsch des „Berliner Börsen-Couriers" vom 5. Juli d. J., wo nicht mein Buch, sondern die Kabbalah selbst kritisiert und als „Rabbinismus im übelsten Sinn" verschrien wird, der „weder dem Juden noch dem Menschen(!) irgendetwas zum Verständnis seines Daseins nütze", noch „als Denksystem diskutabel" sei. Der „betreffende" Herr Meinungsfabrikant erklärt allerdings mit schöner Offenheit, dass sein „Interesse an jüdischer Wissenschaft und Literatur durch *keinerlei spezifisches Wissen* kontrolliert", sondern lediglich „auf *simples Blutsverständnis* (?!) beschränkt sei" – – – – kein Wunder, wenn mit annähernd derselben „Sachverständigkeit" und fast zur selben Zeit in dem so genannten „*Ritualmordprozess*" zu Kiew der als „Sachverständiger" und „Gutachter" vom Gericht bestellte katholische Priester *Pranaitis* dem Herrn Untersuchungsrichter gegenüber *sein* „Blutsverständnis" entdeckte und behauptete: „Seit der Zerstörung des Tempels sei das frühere Tieropfer durch die Ermordung eines Nichtjuden ersetzt. Der ganze *Ritus* sei in der *Kabbalah* angegeben, speziell im Buch *Sohar*." (Frankfurter Zeitung, Nr. 174; 3. Morgenblatt, 25. Juni 1913, S. 1.). Mich geht hier die allgemeine Frage, ob auf jüdischer Seite irgendwo, -wann und -wie „Ritual"- oder „Blutmorde" vorgekommen seien, nichts an; das ganze Thema ist in Stracks Schrift „Das Blut" (Leipzig, Hinrichs) mit großer Ausführlichkeit (in verneinendem Sinn) behandelt. Für mich kommt an dieser Stelle einzig und allein die Justus-Rohling-Pranaitische Behauptung in Betracht: *in der Kabbalah, „speziell im Buch Sohar", sei nicht allein der „Ritualmord" gelehrt, sondern sogar dessen „ganzer Ritus angegeben"!*
Da ich in vorliegender Schrift die Kabbalah so relativ hoch stelle (allerdings mit Unterscheidung der einzelnen Bestandteile), sehe ich mich umso mehr veranlasst, die Angelegenheit zu behandeln, zumal auch sie wieder lehrt, wozu Unwissenheit auf diesem Gebiet zu führen vermag. Ich nenne daher diese Schlussbetrachtung:

Herr Professor Rohling in Prag, der selbst (trotz seiner Bücher „Der Thalmudjude" [unverständig aus Eisenmengers „Entdecktem Judentum" abgeschrieben] und „Meine Antworten an die Rabbiner") nicht die Spur rabbinistischer Kenntnisse besaß, hatte sich von dem schlecht getauften ehemaligen Juden Ahron Briman („Justus") vorreden lassen, die Kabbalah lehre an zwei Stellen den „Ritualmord" und sein „Ritual", nämlich im zweiten Band des eigentlichen „Sohar" auf Blatt 119a und in den „Tikkune Sohar" auf Blatt 57; und er hatte sich, leichtfertig genug, sogar bereit erklärt, dies zu beschwören!

I. Die *erstgenannte* Stelle soll nach Rohling besagen: „dass alle Nichtjuden Gottlose sind, und dass man *ihre Töchter auf folgende Weise schlachten soll:*

1. Das Schlachten soll geschehen in Anwesenheit verlässlicher Juden; der Grund ist, dass ein heiliges Opfer nicht geheim dargebracht werden soll, sondern unter Assistenz.
2. Die anwesenden Juden sollen, ehe der Akt beginnt, ein Reuegebet sprechen, damit sie, wenn ihr Herz etwa von Sünde behaftet ist, rein werden und rein dem heiligen Opferakt beiwohnen (so ist auch ein Reuegebet vorgeschrieben bei sonstigen religiösen Handlungen, z. B. wenn ein Jude als Zeuge bei einer Trauung fungieren soll).
3. Bevor das Opfer geschlachtet wird, spricht der Schlächter, welcher als Opferpriester fungiert, ein Gebet, worin er verspricht, vor Uneingeweihten, vor Profanen über das Opfer, welches er darbringt, nicht reden und antworten zu wollen, vor Leuten dieser Art sich des lobwürdigen Werkes, das er vollbringen will, nicht rühmen zu wollen.
4. Das Opfermesser ist das Schlachtmesser, welches zwölfmal, indem man den Nagel über die Schneide gehen lässt, geprüft werden muss, ob eine Scharte daran sei.
5. Das Mädchen wird geschlachtet, indem man ihm zuvor den Mund verstopft, damit es nicht schreie, wie ein Tier stirbt, welches keinen Laut, keine Stimme von sich gibt.
6. Das Mädchen wird so geschlachtet mit dem Schlachtmesser, dass man alles Blut abfließen lässt, damit der Körper keine Farbe verliere und erblasse wie die Toten.
7. Nachdem das Mädchen geschlachtet ist, spricht der Schlächter sein Schlussgebet, indem er Gott das Gelübde macht, jeden Tag (wenn er könne) solch ein Opfer darbringen zu wollen."

In Wahrheit lautet die Stelle (sie beginnt übrigens schon auf Blatt 118b) wortgetreu übersetzt, wie sie schon Franz Delitzsch („Schachmatt", Erlangen 1883, S. 40f.) im Ganzen richtig wiedergab, folgendermaßen (meine Erläuterungen in Klammern):

„Die, welche nicht durch Thorah (Kenntnis des Religionsgesetzes) und (Beobachtung der) Gebote gekennzeichnet sind und das Sabbatgebot („Gedenke" und „halte", 2. Mose 20, 8; 5. Mose 5, 12)nicht erfüllen und mit dem Weiß und Blau der Schaufäden (4. Mose 15, 38) nicht gekennzeichnet sind – die also, die nicht durch solche Zeichen (treuer Gesetzeserfüllung) gekennzeichnet sind: Gräuel seien sie für euch, keine (echten) Kinder Israel, (sondern) Bauerntölpel [unwissendes Volk: „amme ha'arez"] sind sie. Was sind (als was gelten) diese? Gräuel und (unreines) Gewürm, wie die Mischnah-Lehrer erklärt haben (Pesachim 49b): „Die Bauerntölpel [Das unwissende Volk] sind Gewürm, und ihre Töchter [lies: Frauen] sind Gräuel, und von ihren Töchtern heißt es (5. Mose 27, 21): ‚Verflucht, wer bei einem Vieh liegt'!" Und ihr (dieser Gesetzesverächter) Tod ist ein offenkundiger Tod. Tod bedeutet (aber hier nur) Armut.

(Dieser) ihr Armutstod wird kein verborgener sein, wie derjenige der Vögel (deren vergossenes Blut laut 3. Mose 17, 13 mit Erde zugedeckt wird), die den Gesetzeseifrigen gleichen (da sie nach dem Midrasch das zur Erde geflossene Menstruationsblut der Braut Rebekka zudeckten), vielmehr ein offenkundiger vor den Augen der Menschen. (Obige Umdeutung von „Tod“ in „Armut“ ist durchaus berechtigt.) Ein Armer wird nämlich (laut Nedarim 7b) einem Toten gleichgestellt. Doch (ist hier ein Unterschied zu machen; denn einerseits) gibt es eine vor den Augen der Menschen verborgene Armut und (andererseits) eine vor den Augen aller Menschen offenbare Armut, (die so offenbar ist), wie das Blut des Schlachtviehs vor aller Augen ausgeschwenkt wird (3. Mose 1, 5), indem man sein Blut vor aller Augen ausgießt, ebenso verlieren diese (zu) Armen (gewordenen Gesetzesverächter) das Blut aus ihrem Gesicht vor den Augen der Menschen und werden bleich wie Tote. Wenn sie sich jedoch reuevoll bekehren und ihren Mund nicht zu Lästerungen wider Gott auftun, dann ist ihr (dereinstiger wirklicher) Tod kein (so beschämend offenbarer, sondern) ein verschlossener wie der eines Tieres, das ohne Stimme und Antwort (ohne jeden Einspruch) stirbt. Ihr Sündenbekenntnis lautet dann: „Ich habe keinen Mund, zu erwidern, keinen Sinn (Mut), mein Haupt zu erheben.“ (Ein solcher Bußfertiger) beichtet und bekennt (schon bei Lebzeiten) täglich die Einheit des Heiligen, Gebenedeiten (Gottes), damit (dereinst) sein Tod mit dem „Echa’d“ („Einer“: 5. Mose 6, 4) geschehe, (dieses „Echa’d“ aber ist in diesem Vergleich mit dem geschlachteten Tier angedeutet), insofern das Schlachten des Viehs mit zwölf Messerproben (Chullin 17b) und (dazu) mit dem Messer geschieht, was zusammen so viel ausmacht wie (der Zahlenwert von) „Echad“ (Aleph = 1, Cheth = 8, Daleth = 4, zusammen = 13 = 12 Messerproben + 1 Messer). (Ein solcher Bußfertiger) benedeit und heiligt täglich den Heiligen, Gebenedeiten (Gott) sowohl mit (den Formeln des Morgengebetes): „Benedeiet“ (den Herrn) und „Heilig, heilig, heilig“, wie bei jedem Essen und Trinken, gleichwie der Priester, der mit (den Worten): „Gebenedeit seist du“ die Segnung (Benediktion) und mit „der uns geheiligt hat“ die Heiligung vollzieht. Wenn (so) der Geist (des Menschen) den Heiligen, Gebenedeiten (Gott) täglich mit dem „Gebenedeit“ benedeit und mit dem Heiligpreisen heiligt und seine (Gottes) Einheit d. h. seine „Schechinah“ (seine Gegenwart in der Welt und Weltherrschaft = Malkuth) bekennt, so steigt der Heilige, Gebenedeite (Gott) auf jenen Geist herab mit vielen Heerscharen. Elias, so ist es! (sagt nämlich hier Mose zu Elias, den er unterrichtet.) Ein Mensch, der (so) die Matrone (= Schechinah = Malkuth, vgl. S. 32) benedeit und heiligt und als einzig bekennt, mit dem steigen viele Heerscharen der Matrone empor, und es steigen Heerscharen des Königs (Tiphereth, vgl. S. 32) zu ihm herab, sie alle, um seinen Geist zu behüten und ihm in prophetischen Träumen vieles Künftige zu kündigen und (ferner auch mancherlei) verborgene Dinge.“

Vergeblich wird man sich fragen, wie ein Mensch mit fünf gesunden Sinnen und auch nur ein wenig Kenntnis des rabbinischen Aramäisch aus diesem Text das Zeug herauslesen kann, das Rohling als Inhalt dieser Stelle angab und sogar beschwören wollte. Der Text handelt überhaupt nicht von Nichtjuden, geschweige denn von nichtjüdischen Mädchen, die geschlachtet werden sollen, sondern von *jüdischen* Gesetzesverächtern (das bedeutet „amme ha’arez“ stets). Diese werden, weil der Thalmud ihre Töchter (weil sie die Reinheitsgesetze für Frauen nicht beobachten) gleich dem Vieh sexuell verbietet, stark unhöflich auch selbst mit dem Vieh verglichen und ihnen ein schmachvoller Tod vor aller Augen in Aussicht gestellt. Sogleich aber wird dies ehrenhalber abgeschwächt und dieser Tod nur (recht künstlich) auf Armut gedeutet, der Vergleich dann aber ziemlich konfus (wie in den meisten jüdischen Gleichnissen vergl. 203S. 202) in der Richtung durchgeführt, dass ihr dereinstiger Tod bei ständig zu Lebzeiten geübter Buße kein schmachvoller sein werde, wobei das heiligende „Echad" durch einen Zahlenwert noch schnell einen Vergleich mit dem ehrenvollen Tod eines reinen Opfers herbeiführt. (Diese Künstelei ist für unseren Geschmack insipid, enthält aber nichts Verbrecherisches.) Schließlich sehen wir in echt orientalischer Gedankenassoziation an das Bekenntnis der Einheit Gottes („Echad") die Schilderung des aus dieser und anderen Formeln fließenden Segens geknüpft, unter kabbalistischer Bezugnahme auf die Sephiroth „Malkuth" und „Tiphereth". Das ist kraus, aber nicht im Mindesten grausig; gruselig ist nur Rohlings Ignoranz und Falscheidswilligkeit.

II. Die *zweite* angebliche „Blutritual"-Stelle lautet, aus „Thikkune Sohar" (vgl. Teil 1), Blatt 57a, wörtlich übersetzt:

„Ferner gibt es ein Gebot des Schlachtens, das auf gesetzlich gültige Weise erfolgt (aber dies ist nur ein „moralisches" Schlachten und geschieht) bei (Gesetz-) Entfremdeten, Menschen, die dem Vieh gleichen. Denn die, welche sich nicht mit der Thorah (Erfüllung des Religionsgesetzes) bemühen, muss man zu Opfern des Gebetes machen, indem man sie dem Heiligen, Gebenedeiten (Gott, auf diese Weise) als (Gebets-) Opfer darbringt. Und wenn sie (so) dem Heiligen, Gebenedeiten (Gott) als Opfer dargebracht werden und (zu ihrer Läuterung) mancherlei (von ihm verhängte) Plagen erdulden, so gilt von ihnen der Schriftvers (Psalm 44, 23): „Denn deinetwegen werden wir täglich erwürget und sind geachtet wie Schlachtschafe", gleichwie es (2. Mose 20, 24) heißt: „Und du sollst auf ihm [dem Altar] opfern deine Ganzopfer und Dankopfer". Das (diese Sühneprüfung durch gottverhängte Leiden) hat ihnen (dann) *von dem Tod durch den Todesengel geholfen*, wie es heißt (Ps. 36, 7): „Menschen *und* Vieh (das sind hier die Gesetzentfremdeten) hilfst du, Herr!" Hingegen diejenigen, deren Tun (dauernd ohne Buße und Genugtuung und viehisch) gleich den Tieren des Feldes ist, die da essen, ohne zu beten: deren Tod wird (auch) gleich dem der Tiere des Feldes sein und der Todesengel sie im Verhältnis zu ihrer Verschuldung strafen. Und nicht nur das, sondern er wird sie mit einem schartigen Messer schlachten (d. h. sie durch langsame Leiden aufreiben), und sie werden „Aas" genannt werden (also unheilig bleiben), und von ihnen gilt (Jesajah 26, 19): „Meine Aase werden dastehen." Was ist ein schartiges Messer? Sammael (der Todesengel), der „fremde Gott", heißt mit Recht ein schartiges Messer. Dessen Schartigkeit aber bedeutet das Todesgift (das nach jüdischer Anschauung an der Spitze vom Schwert des Todesengels haftet), (so dass die so von ihm zu Tode Gebrachten gewissermaßen) schadhaftes Fleisch (Trephah) und Aas (sind). Wenn sie aber ihren Händen (denen der Dämonen) überliefert worden sind, haben sie schon ihre Strafe empfangen (und sind dadurch geläutert), weshalb es (Jesajah 26, 19) heißt: „Meine Aase werden dastehen" (im Sinne von „auferstehen", gerettet werden). Das Anhaften des Todesgiftes aber bezieht sich auf seine (des Menschen) Füße, von denen es heißt (Sprüche 3, 5): „Ihre Füße laufen zum Tode", und das (Anhaften) bedeutet die achtzehn (Chullin 42a erwähnten) Arten des Anhaftens (Verwachsenseins), von denen es heißt

(1. Mose 8, 21): „Ich werde nicht mehr alles Lebendige (Chaj) schlagen, wie ich es getan habe" („Chaj" aber ist = 18; denn Ch = 8, J = 10). Das (aber bedeutet wiederum auch Heilsames; denn es) bezieht sich (zugleich) auf die, welche die 18 Segenssprüche (des „Achtzehnergebets") hersagen. (Obiger Vers mit „Chaj" = 18 wurde nach der Sündflut gesprochen.) Wer aber verursachte, dass das Wasser der Sündflut so groß ward? Leute, welche das Samenwasser des Beschneidungsbundes (d. h. ihren jüdischen Samen) in eine Menstruierende, eine Sklavin, eine Nichtjüdin und (oder) eine Hure fließen ließen. (Auch dies ist ein verbotenes „Anhaften".) Ständig aber ist die Rosenhaut der Lunge in jedem Fall, wo sie anhaftet, unbrauchbar (trephah) und nicht lebendig (d. h. untauglich, nicht zum Genuss erlaubt; ebenso ist es mit der Sünde), denn in jedem Fall, wo sie einem Menschen anhaftet, ist sie durch seine Verschuldung tödlich."
Der Sinn ist klar, trotz der krausen Einkleidung: Die dem Gesetz entfremdeten *Israeliten* können auf Fürbitte auch Sühneleiden dem von Gott über sie verhängten Tod entgehen. Leisten sie aber nicht Buße und Genugtuung, so werden sie als vor Gott Untaugliche durch tödliche Krankheiten qualvoll hingeopfert, wie ein Tier, das nicht gesetzmäßig geschlachtet und dadurch untauglich ist. Dies ist auch der Fall bei Tieren, die durch „Anhaftungen" (Verwachsungen) von Natur untauglich sind. Von hier springt der Gedanke über die „Zahlenspielerei" mit „Chaj" (= 18) zu den vor Gott ebenfalls untauglich machenden „Anhaftungen" der Sünde.
Die Stelle gehört zu dem exegetischen Unkraut, aus dem sich die großen kabbalistischen Gedanken (gerade durch ihren Kontrast zu dem verfilzten Gewirr) nur umso freier abheben, wie die Tanne aus dem moosigpilzigen niederen Wust. Man mag, zumal wenn man dergleichen zum ersten mal zu Gesicht bekommt, die assoziative Ideenflucht krankhaft, die Exegese heillos verbohrt, vielleicht auch grob das Ganze kompletten Unsinn nennen – wer aber würde es wohl diesem Stück ansehen, dass es für Rohling als Belegstelle zu folgender schon mehr als pathologischen Behauptung tauglich erscheint: „dass es eine Religionssatzung der Juden ist, dass ein Jude das Kind, welches er mit einer Nichtjüdin, die ihm zur gültigen Ehe in allen Fällen versagt ist, erzeugt, töten solle, sei es nach der Geburt oder schon im Mutterleib. Der Jude kann sich die Schändung der Nichtjüdin, welche er so (?) mit dem Kinde umbringen soll (?), erlauben, ohne dadurch der Ungnade Gottes und der etwaigen Verdammnis zu verfallen"!
Und dieser Unsinn feiert jetzt, nachdem er vor einem reichlichen Vierteljahrhundert glücklich in das verdiente Kehrichtfass gefegt wurde, eine „fröhliche Urständ"! –
Andere Kabbalah- und insbesondere Sohar-Stellen hat selbst das Lügenlaster des „Neophyten" Briman dem reinen Toren Rohling nicht zu soufflieren gewagt. Früher sollte die Lehre und das „Ritual" des jüdischen „Blutmordes" gewöhnlich im Thalmud stehen. Als dieser auch christlichen Gelehrten im Urtext immer bekannter wurde, hieß es, die Nachricht befände sich in einer der von der christlichen Zensur aus dem Thalmud ausgemerzten Stellen; da deren Zusammenstellung aber leicht im Buchhandel erhältlich, indessen nichts von dem Behaupteten darin zu finden war, wurde dem im Vergleich zum Thalmud wesentlich unbekannteren „Sohar" die Ehre zuteil als literarische „Ritualmord"- oder „Blutmord"-Quelle zu dienen. Nunmehr ist es auch mit diesem Trick nichts mehr! *Es gibt tatsächlich im ganzen „Sohar" keine einzige Stelle, welche mit Recht im Sinne eines „Blutrituals" ausgelegt werden könnte.*

Anhang

Gematria ist die „Buchstabenwägung“ (vgl. Buch Jezirah II 2 = Teil I, S. 86 und 56) nach ihrem Zahlenwert. Ihr exegetischer Gebrauch besteht darin, dass ein bedeutsames Wort durch ein anderes ersetzt oder erklärt wird, dessen Buchstaben denselben Zahlenwert wie jenes besitzen. Die Zahlenwerte der hebräischen Buchstaben sind:

א	:	= Aleph	= 1
ב	B	= Beth	= 2
ג	G	= Gimmel	= 3
ד	D	= Daleth	= 4
ה	H	= Heh	= 5
ו	W W auch	= Waw = O und U	= 6
ז	S	= Sajin	= 7
ח	Ch	= Cheth	= 8
ט	T	= Teth	= 9
י	J	= Jod	= 10
כ	K	= Kaph	= 20
ל	L	= Lamed	= 30
מ	M	= Mem	= 40
נ	N	= Nun	= 50
ס	S	= Samech	= 60
ע	’	= Ajin	= 70
פ	P	= Peh	= 80
צ	Z	= Zadeh	= 90
ק	Q (K)	= Koh	= 100
ר	R	= Resch	= 200
שׁ שׂ	Sch (S	= Schin = Sin	= 300 = 300)
ת	Th	= Thaw	= 400

Vgl. hierzu meine „Kabbalah“ von 1903, § 36f. (S. 17) und mein „Babylonisch-Astrales“, S. 84, Anm. 2.

Athbasch (Zeruph) ist der Ersatz eines Buchstabens des hebräischen Alphabets durch den ihm parallelen, wenn man die 22 Buachstaben dieses Alphabets in zwei parallelen Reihen von entgegen gesetzter Richtung schreibt, also (mit der oben angewandten Transkription):

א	ב	ג	ד	ה	ו	ז	ח	ט	י	כ
:	B	G	D	H	W	S	Ch	T	J	K
Th	Sch	R	Q	Z	P	’	S	N	M	L
ת	ש	ר	ק	צ	פ	ע	ס	נ	מ	ל

Albam: Dieselben zwei Reihen in gleichlaufender Richtung untereinander gesetzt:

א	ב	ג	ד	ה	ו	ז	ח	ט	י	כ
:	B	G	D	H	W	S	Ch	T	J	K
L	M	N	S	’	P	Z	Q	R	Sch	Th
ל	מ	נ	ס	ע	פ	צ	ק	ר	ש	ת

Über diese und andere Methoden vgl. m. „Kabbalah“, § 42f. (S. 19f.), ferner § 38ff. (S. 18ff.).